高等院校"十三五"规划教材——经济管理系列

生产与运作管理

张大成　殷延海　张一祯　编　著

清华大学出版社
北　京

内 容 简 介

生产运作管理是对生产运作系统的设计、运行与维护过程的管理，包括对生产运作活动进行计划、组织和控制，以及运作战略的制定、运作系统设计、运作系统运行等多个层次的内容。本教材涉及生产运作系统设计的基本知识和方法，生产运作系统运行的关键领域和专业技术，揭示了生产运作管理的发展方向。本教材以简明实用、定位明确、可操作性强、技术更新快为特色，按照生产运作系统设计、生产运作系统运行和生产运作创新模式的总思路，共精心设计了13章内容：生产与运作管理概述、生产与运作管理理论基础、生产与运作战略、企业选址、设施布置、产品和服务设计、工作设计、采购与供应链管理、库存分析与控制、生产能力与生产能力计划、生产计划、企业资源计划、生产与运作作业计划等。

本教材可作为高等院校管理类各专业本科生专业基础课程的教材，也可作为MBA等专业硕士相关课程的教材或参考书，还可供企业管理人员学习和参考。

本书封面贴有清华大学出版社防伪标签，无标签者不得销售。
版权所有，侵权必究。举报：010-62782989，beiqinquan@tup.tsinghua.edu.cn。

图书在版编目(CIP)数据

生产与运作管理/张大成，殷延海，张一祯编著. —北京：清华大学出版社，2019（2025.1重印）
高等院校"十三五"规划教材. 经济管理系列
ISBN 978-7-302-53232-3

Ⅰ.①生… Ⅱ.①张… ②殷… ③张… Ⅲ.①企业管理—生产管理—高等学校—教材 Ⅳ.①F273

中国版本图书馆CIP数据核字(2019)第129400号

责任编辑：陈立静　梁媛媛
装帧设计：刘孝琼
责任校对：李玉茹
责任印制：沈　露

出版发行：清华大学出版社
　　网　　址：https://www.tup.com.cn，https://www.wqxuetang.com
　　地　　址：北京清华大学学研大厦A座　　邮　编：100084
　　社 总 机：010-83470000　　邮　购：010-62786544
　　投稿与读者服务：010-62776969，c-service@tup.tsinghua.edu.cn
　　质量反馈：010-62772015，zhiliang@tup.tsinghua.edu.cn
　　课件下载：https://www.tup.com.cn，010-62791865

印 装 者：三河市科茂嘉荣印务有限公司
经　　销：全国新华书店
开　　本：185mm×260mm　　印　张：22.5　　字　数：556千字
版　　次：2019年11月第1版　　印　次：2025年1月第6次印刷
定　　价：59.00元

产品编号：076414-01

前　　言

一、编写背景

伴随着经济全球化、现代技术革命，尤其是信息技术的发展，近年来，明显表现出服务业和制造业同业融合趋势，信息化、物联网应用于一些产业部门实现产业突破，形成信息化、数字化、智能化、平台化新型服务业。多年来，"生产与运作管理"作为研究和学习现代制造技术和服务艺术管理方法的一门学科基础课程，通过工商管理、管理科学与工程、物流管理与工程等学科的教学与实践，已经形成了生产与运作管理学科体系，并作为一门本科专业的必修课在国内外高校设置和教学。与本课程配套的国内外教材有很多，但普遍问题是教材篇幅太多，凝练不够；实践性和时效性不理想；企业生产与运作管理的最新成果和新方法收集太少。因此选择一本合适的教材是教学的一个关键点。

二、编写目的

(1) 本教材编写的初衷是作者多年教学积累的一次奉献，是作者对历届管理类学生的生产与运作管理课程教学方案进行凝练后的展现。

(2) 基于本人业已完成的上海市教委市级重点课程项目的成果以及上海市级应用型本科专业转型项目的课程建设成果，通过教材编写旨在实现教学交流的目的。

(3) 具体落实教育部高校教育教学指导委员会管理类学科本科专业规范，注重国际交流，满足本科教学需要，提升应用型专业特色。

三、教材编写特色

(一)创新性

编写本教材，坚持古为今用、洋为中用，坚持创新的思想，收集企业最新的创新成果；在编写过程中注重企业创新需求和学生就业和创业实际要求，使教学能够服务于创新。

(二)应用型

在教材编写过程中，将应用型本科专业转型的要求和方案植入教材训练中，注重过渡性的安排和衔接，尤其是职业性知识和技术，以帮助学生适应转型的目标和要求。

(三)研究性

在教材中对生产与运作管理理论进行追根溯源，对管理思想的演变因素加以梳理，以便学生研究思考，推陈出新。以管理问题为导向，梳理思路，帮助学生开展探寻式研究。

(四)教育性

本教材编写不仅考虑了教的方面,更注重教学相长,为学生成才考虑,为学生服务,以学为主,授之以渔,将教学改革的成果变成教学成果,使学生受益。

(五)时效性

为了保持教材的新鲜度,不仅对内容知识点进行了及时更新,还力争做到案例、练习题及时更新,吸收业界科技新成果、新业态、新模式和新方法。

四、教材创新之处

本教材的创新点可以概括如下。

(1) 重点阐述供应链—需求链—价值链的内在关系,增强了生产与运作管理的转换能力,说明了生产与运作管理的本质内容。

(2) 基于电商影响下的服务业发展变化,介绍了互联网和移动互联网技术对商业、物流等创新服务模式的影响,增强了对生产与运作管理的新理论、新概念的理解和认识。

(3) 增加了制造业、服务业中新出现的平台经济、平台服务和共享经济等带来的理念、技术和服务的新型组织、新模式,以及所带来对跨界经营、虚拟经营的生产管理和服务业的运作管理变化。

(4) 完善了现代集成制造系统(CIMS)的介绍和集成技术应用等知识;增加了大量定制生产、业务流程重构、敏捷制造、ERP 等扩展内容,使生产与运作管理的新技术和新管理不断出现。

(5) 介绍了物联网、人工智能、无人机等新科技给生产与运作管理教学与时代性科技变革相结合带来的变化的促进作用。

五、教材编写内容说明

(一)教材内容设计

本教材共分 13 章。总体章节内容设计上分为三大部分。

第一部分为生产与运作管理概念、理论和战略规划,包括第一章、第二章和第三章,分别介绍生产与运作管理的基本概念、生产与运作管理理论和生产运作战略规划。重点论述了生产运作管理是实现企业战略的保证,生产运作策略是企业整体战略的一部分,生产与运作战略是企业生存和发展的核心竞争力的总体谋划。

第二部分为生产运作系统的设计,包括第四章、第五章、第六章和第七章。第四、五章叙述了生产和服务设施的选址和布置,即制造产品或提供服务的设施建在什么地点,生产和服务设施如何在厂区布置的问题。第六章阐述了产品和服务的设计和技术选择。产品设计是确定产品和服务的技术性能、指标和结构,是生产活动的龙头。第七章介绍了工作设计和作业组织。这四章将生产系统的设计在范围上从大到小最终落实到操作者活动的范围内。生产运作系统建立起来之后,为生产与运作提供了完整的硬件系统。

第三部分阐述生产运作系统的运行,包括第八章、第九章、第十章、第十一章、第十二章和第十三章。第八章到第十章主要介绍基于供应链管理的采购、库存、生产能力管理,这是生产与运作管理的供货保证、成本控制、能力保障等运营的关键环节;后面三章介绍具体计划编制过程涉及的综合生产计划、主生产计划和物料需求计划以及能力计划等,详细地分析计划的过程,以掌握制订生产与运作计划的技术方法。通过 MRP,可以确定对生产过程所需的各种零部件和制造资源的需求,从而将企业内的各种生产活动组织起来,实现 ERP 管理或进一步开展供应链管理。引导学生深入企业第一线,研究和熟悉具体的作业与流程,掌握生产与运作的操作方法与管理。

(二)编写安排

本教材由张大成、殷延海、张一祯共同编著,其中张大成负责统稿工作。具体的分工如下:第一、五、十、十一、十二、十三章由张大成(上海建桥学院)撰写;第二、三章由张一祯(上海海事大学)撰写;第四章由殷延海(上海商学院)撰写;第六、七章由刘欣(上海商学院)撰写;第八、九章由张广存(上海商学院)撰写。本教材在编写过程中参阅了大量的中外文参考书和文献资料,在此对国内外有关作者表示衷心的感谢。由于编者水平有限,书中难免有不妥之处,敬请读者批评指正。

编　者

目　　录

第一章　生产与运作管理概述 1

　第一节　生产与运作的基本概念 3
　　一、"生产与运作"提法的由来 3
　　二、产品生产与服务运作的比较 4
　　三、生产与运作的分类 6
　第二节　生产与运作管理 8
　　一、生产与运作管理概述 8
　　二、生产与运作管理的职能 10
　　三、生产与运作管理的内容和作用 ... 12
　第三节　生产与运作过程及生产方式 ... 16
　　一、生产与运作过程的概念 16
　　二、合理组织生产与作业过程 17
　第四节　生产与运作管理在企业管理中
　　　　　的地位 19
　　一、生产与运作管理在企业管理实践
　　　　中的地位 19
　　二、生产与运作管理在社会实践中的
　　　　地位 23
　本章小结 24
　自测题 24

第二章　生产与运作管理理论基础 27

　第一节　生产与运作管理理论概述 28
　　一、生产与运作管理的发展演变 28
　　二、生产与运作管理的发展状况 32
　　三、生产与运作管理的发展趋势 34
　第二节　生产与运作管理理论与方法 34
　　一、科学生产管理时期的理论
　　　　与方法 34
　　二、生产与运作方法论形成时期的
　　　　理论与方法 38
　　三、生产运作管理理论普及时期 44
　　四、生产与运作系统管理的理论
　　　　与方法 47

　第三节　生产与运作管理创新实践 51
　　一、生产与运作管理创新驱动发展 ... 51
　　二、价值链运营实践 57
　　三、供应链管理实践 58
　本章小结 60
　自测题 60

第三章　生产与运作战略 63

　第一节　生产与运作战略概述 65
　　一、战略的含义 65
　　二、企业战略管理 66
　第二节　生产与运作战略框架 70
　　一、生产与运作战略框架概述 70
　　二、生产与运作战略的竞争要素 73
　　三、生产与运作战略目标的含义
　　　　及构成 74
　　四、生产与运作能力 75
　　五、生产运作战略策略 75
　第三节　生产运作竞争战略 77
　　一、生产运作战略的竞争重点 77
　　二、订单赢得要素与订单资格要素 ... 79
　　三、竞争战略选择 80
　第四节　生产运作战略的制定与实施 81
　　一、生产运作战略的制定 81
　　二、生产运作战略的实施 84
　本章小结 85
　自测题 85

第四章　企业选址 87

　第一节　企业选址的影响因素 88
　　一、企业选址及其影响因素分析 88
　　二、企业选址的评价方法 92
　第二节　企业选址的决策步骤 94
　　一、普通生产企业的选址步骤 94
　　二、仓库选址的程序和步骤 97

第三节　企业选址的方法 98
　　一、因素评分法 98
　　二、重心法 100
　　三、解析法 102
　　四、仿真方法 103
　　五、因次分析法 104
本章小结 106
自测题 106

第五章　设施布置 109

第一节　设施布置的基本概念 110
　　一、设施布置及其影响因素 110
　　二、设施布置决策 112
　　三、基本的布置形式 114
　　四、设备布置的定量分析 116
第二节　产品专业化布置设计 123
　　一、产品专业化布置方式 123
　　二、流水线布置方式 124
第三节　工艺专业化布置设计 126
　　一、工艺专业化布置方式 126
　　二、工艺专业化布置方法 126
本章小结 129
自测题 129

第六章　产品和服务设计 131

第一节　企业研究与开发概述 132
　　一、研究与开发的概念及意义 132
　　二、R&D 的分类与特征 134
　　三、R&D 领域的选择 137
　　四、R&D 方式的选择 138
　　五、R&D 的评价 140
第二节　新产品开发技术 140
　　一、新产品/服务开发的重要性 140
　　二、产品生命周期 141
　　三、工业设计 143
　　四、标准化与大规模定制设计 144
　　五、稳健设计 147
　　六、并行工程 148

第三节　服务设计 151
　　一、产品设计与服务设计的比较 151
　　二、对服务设计的要求 152
　　三、工业化设计方法 153
　　四、顾客化设计方法 153
本章小结 154
自测题 155

第七章　工作设计 157

第一节　工作设计概述 158
　　一、工作设计的发展过程 158
　　二、工作设计的重要意义 159
　　三、工作设计的内容 160
第二节　工作方式 161
　　一、工作专业化 161
　　二、工作扩大化与工作职务轮换 162
　　三、工作丰富化 163
　　四、团队工作方式 163
第三节　工作研究与方法研究 165
　　一、工作研究概述 165
　　二、工作研究的内容和特点 166
　　三、工作研究的步骤 167
　　四、方法研究 168
第四节　时间研究 172
　　一、生产时间消耗及工时定额 172
　　二、测时法 174
　　三、预定时间标准设定法 175
　　四、工作抽样法 178
本章小结 179
自测题 179

第八章　采购与供应链管理 181

第一节　采购管理概述 182
　　一、采购与采购管理 182
　　二、采购的形式 183
　　三、采购的流程 184
　　四、采购谈判 185
　　五、供应商的评估与选择 187
第二节　供应链管理概述 190

一、供应链和现代供应链 190
　　二、供应链管理的定义 191
　　三、供应链的特征及其分类 192
　　四、供应链的绩效评价 195
　　五、供应链合作伙伴关系 197
　第三节　供应链环境下的采购管理 199
　　一、供应链环境下的采购管理的
　　　　概念 199
　　二、供应链环境下的准时化采购 203
　　三、供应链环境下的国际采购 206
　本章小结 207
　自测题 207

第九章　库存分析与控制 209

　第一节　库存概述 210
　　一、库存的概念 210
　　二、库存的分类 211
　　三、库存的作用 213
　　四、库存的弊端 214
　　五、库存成本 214
　第二节　库存的 ABC 分类分析法 215
　　一、ABC 分类基本思想 215
　　二、ABC 分类实施步骤 216
　　三、库存分析与控制的几种模型 218
　　四、库存盘点 232
　　五、准时化生产下的库存策略 232
　本章小结 233
　自测题 233

第十章　生产能力与生产能力计划 235

　第一节　生产能力的概念 236
　　一、生产能力的定义 236
　　二、生产能力的衡量 240
　　三、规模经济与经验曲线 242
　　四、生产能力指标标准 244
　第二节　生产能力的规划 245
　　一、生产能力计划的时间类别 245
　　二、产能平衡问题 246

　　三、增加生产能力的三种策略
　　　　与步骤 248
　　四、生产能力计划的步骤 249
　第三节　设计生产能力的影响因素 252
　　一、备用生产能力 252
　　二、扩展生产能力的时机与规模 253
　　三、备用生产能力与生产运营
　　　　战略 254
　第四节　生产能力计划方法 255
　　一、决策树分析 255
　　二、本量利分析 258
　本章小结 260
　自测题 260

第十一章　生产计划 263

　第一节　生产与运作计划的体系
　　　　　和框架 264
　　一、生产与运作计划概述 264
　　二、生产计划标准指标及生产的
　　　　产值类型 265
　　三、生产运作计划的体系和框架 266
　第二节　企业综合计划的编制 269
　　一、企业综合计划 269
　　二、两种基本的决策思路 274
　　三、综合生产计划编制程序 276
　　四、综合生产计划编制方法 277
　第三节　企业主生产计划编制 283
　　一、主生产计划概述 283
　　二、主生产计划编制逻辑 288
　本章小结 291
　自测题 292

第十二章　企业资源计划 295

　第一节　物料需求计划 296
　　一、物料需求计划概述 296
　　二、MRP Ⅱ 299
　第二节　产品结构与产品树 303
　　一、MRP 系统的常用数据 303
　　二、MRP 产品结构树 306

第三节 MRP 方案的编制 310
　一、物料需求计划方案 310
　二、物料需求计划编制案例 310
第四节 ERP 系统管理技术和应用 316
　一、企业资源计划的由来 316
　二、ERP 的核心思想 317
　三、ERP 系统的管理技术 319
本章小结 322
自测题 323

第十三章　生产与运作作业计划 325

第一节 生产与运作作业管理概述 326
　一、生产与运作作业管理的概念 326
　二、车间作业管理系统 327
第二节 生产与运作作业计划概述 329
　一、生产与运作作业计划的作用
　　　及生产作业计划的期量
　　　标准 329
　二、确定产品的生产周期 331
　三、车间作业计划的编制 333
第三节 生产与运作作业排序 336
　一、生产与运作作业排序的概念 336
　二、单台机器的排序问题 340
第四节 生产与运作作业控制 345
　一、生产与运作作业控制的概念 345
　二、生产作业控制的功能 346
本章小结 346
自测题 347

参考文献 350

第一章

生产与运作管理概述

【学习要点及目标】

通过本章的学习,掌握生产与运作管理的概念,了解生产与运作管理的内容和作用,认识现代生产与运作管理面临的形势,了解现代生产与运作管理的发展趋势。

【关键概念】

生产与运作　生产与运作管理　制造业　服务业　生产与运作系统　企业职能

引导案例：何为德国工业 4.0

德国政府出于领先意识、危机意识和机遇意识，为了确保未来德国在世界上的经济竞争力和技术领先地位，于 2013 年在《德国高技术战略 2020》中提出的国家发展战略，是给德国企业明确的一个努力方向。工业 4.0，意即"第四次工业革命"，其总体目标是实现"绿色的"智能化生产。

这是德国试图以高科技带动工业生产发展的国家战略，而不是国际标准，也就是说，各国没有跟上的义务。事实上，许多国家都发表了类似的纲领性文件，只不过各国有不同的提法，如美国的"先进制造业国家战略计划"、日本的"科技工业联盟"、英国的"工业 2050 战略"和中国的"智能加工"等。谁能早日实现这一战略，谁就在国际上获得了"先发制人"的先机，拥有了标准制定者的地位。资源整合，并非是创造发明德国工业 4.0 的目标，是在 2020 年至 2030 年之间，实现"第四次工业革命"，即"以信息物理系统为基础的智能化生产"。

工业 4.0 的基础，是已经实现的前三次工业革命。按一般的划分，第一次工业革命开始于 18 世纪后半叶，其主要标志是以蒸汽机的发明带来的机械化生产；第二次工业革命开始于 19 世纪后半叶，主要标志是以电力的发明带来的电气化和大规模流水线生产；第三次工业革命开始于 20 世纪后半叶，主要标志是通过信息技术和电气化的结合实现的自动化生产。第四次工业革命，从现在开始，其主要特征就是综合利用第一次和第二次工业革命创造的"物理系统"和第三次工业革命带来的日益完备的"信息系统"，通过两者的融合，实现智能化生产。

智能工厂，高于自动生产德国工业 4.0 的定义是"以信息物理系统为基础的智能化生产"。那么，什么是"信息物理系统"呢？

人体的结构，也许是最好的比拟。人体即由"物理"和"信息"两个系统组成，健壮的身体、灵巧的四肢、敏锐的感官，便相当于一个嵌入了无数传感器的"物理系统"，人的大脑和意识，赋予了人思考、社交和活动的能力，构成一个完备的"信息系统"，控制和操纵肌体这一"物理系统"。

用一句话概括，信息物理系统就是把物理设备连接到互联网上，让物理设备具有计算、通信、精确控制、远程协调和自我管理的功能，实现虚拟网络世界和现实物理世界的融合。

拥有上述五大功能的物理设备，不仅有"思考"能力，还有"社交"能力，并能通过"社交"和"思考"，实现自我调节和完善，这便是"智能化"的概念。智能化与自动化生产不同，自动化是工人通过电脑程序控制机器，完成自动生产，是一种单向的指令；而智能化是一种多向"交流"，工人、机器、产品、原料、物流、用户等与生产、供应和使用有关的各个环节之间，始终保持着双向的信息互换，使生产和服务实现最优化组合。网络世界，有赖信息安全生产、供应和使用等各个环节，要始终保持双向交流，那么问题来了，这样多节点的大数据交流，以及以此为基础的自动化生产、信息安全如何保障？

这个问题，便是德国工业 4.0 发展的"瓶颈"所在。美国国安局前工作人员斯诺登的披露，使世人对信息的安全性产生了极大的怀疑。德国拥有世界领先的制造技术，却没有世界一流的信息技术，没有安全的"信息系统"，就无法确保"物理系统"的可靠生产。

另外，谷歌等公司的无处不在和信息滥用，也使人们不得不多思考一个问题，在工业

4.0 的社会里，如果所有的产品始终与工厂保持着对话，其用户还能有隐私可言吗？

(资料来源：欧洲时报，2016.7)

问题： 为什么德国推出工业 4.0？第四次工业革命到来了吗？你理解"信息物理系统"吗？与德国相比，中国的"信息物理系统"水平怎样？

第一节 生产与运作的基本概念

一、"生产与运作"提法的由来

(一)生产与运作由来已久

1. 生产力发展的历史演变

人类生产力的变化，按工具划分为旧石器时代、新石器时代、铜石并用时代、青铜时代和铁器时代，铁器时代之后是机器大生产、蒸汽机时代、电气化时代、自动化时代、信息化时代。未来又会经历哪些时代？是基因时代、智能时代，还是太空时代？无论如何变化都离不开生产与运作，随着劳动分工的发展，生产与运作变得越来越专业，技术含量越来越高；社会化、规模化、精益化、智能化对运作的要求越来越高，生产与运作不断地推动产业演化与升级，作为生产力的主要作用力不断地创造历史。

2. 生产与运作是满足社会需求的基本作用力

人们为了生存和生活，用自己的双手运用劳动工具不断地生产和加工出各类生活必需品，使生产与生活更充实、富足、美好，人们运用大脑去谋划、选择和创新，运作出各种各样的生产与服务方式方法，满足人们不断提高的物资需求和精神需求。

3. 生产与运作是劳动分工形成的一种基本职能

人们无论是创业还是就业都需要做事业、做生意、做工作，为社会做出一定的贡献，那么他就与生产与运作直接或间接相关，这是所有相关者都要做到的基本职能。例如，一位工人直接从事生产作业工作，就要直接掌握生产与运作技术操作工作；一名销售人员必须与生产与运作紧密衔接，及时向顾客销售商品；一位会计人员，要全面核实生产与运作的产供销环节的成本和收益。所以，生产与运作知识不是仅仅生产人员要考虑和认识的，与生产与运作相关的人员都要掌握和认识这门知识，才能履行好这一基本职能。

(二)生产与运作活动及概念

1. 生产与运作活动

生产与运作活动是依据社会需求创造产品和提供服务的行为过程，其中包括产品创意、生产条件的设计、生产组织和技术支持、产品与服务的运作等一系列增值过程。一个典型的社会组织要选择产品与服务，构建生产与运作方式方法，采购原材料、零部件进行生产、加工、创造,产生产品或提供某种服务,使用户得到满足。这个过程就是生产与运作过程。

随着生产规模和市场交换领域的不断扩大,生产与运作活动越来越复杂化、系统化、社会化,涉及领域也逐渐增多,创造价值和财富的环节趋于多样,与人们的需求越来越密切,因此,生产与运作活动更加引起关注。

2. 生产与运作的概念

人们把有形产品的"生产"和无形服务的"运作"统称为"生产与运作",简称为"运作"或"运营"。

生产与运作职能是社会组织的基本职能之一。市场营销、生产与运作、财务会计是社会组织的三项基本职能,三者处在同一管理层次上,相互独立,又有着十分紧密的协作关系。生产与运作职能是组织创造价值的主要环节,是组织竞争力的源泉。

生产经营是指将资金投入企业,对产品(劳务)按照供产销的方式进行运作的经营活动。资本经营是指通过投融资、资产重组和产权交易等手段,对资本实行优化配置和有效使用,以实现资本盈利最大化的经营活动。可见,运作的范围更加宽广,不仅生产领域有运作的存在,在更加广泛的服务领域里,服务运作也是非常重要的组成部分。

二、产品生产与服务运作的比较

(一)产品与服务的区别

产品与服务的区别如表 1-1 所示。

表 1-1 产品与服务的区别比较项目一览表

比较项目	产 品	服 务
产出本身	有形	无形
产出的存储性	高	低
产出的一致性	高	低
顾客参与程度	低	高
产业性质	资本密集	劳动力密集
前场服务比例	低	高
规模经济的实现	增加批量	多点作业
劳动含量	低	高
生产率测量	易	难
交付顾客前质量改善机会	多	少
取得专利的情况	经常	偶尔
评估	易	难

产品生产与服务运作的主要区别在于,前者是产品导向型,后者是活动导向型。其区别包括表 1-1 中的几个方面。

(1) 产品生产带来的是有形的产品,而服务通常是指一种活动。

(2) 产出导向性的产品生产可建立起制成品库存,以缓冲需求变化带来的一些冲击。然而服务运作不可能建立起一定期间的库存且对需求变化极其敏感。

(3) 因为机械化使得产品规格变动不大,所以产品生产的生产流程顺利、效率高;而服务运作的产出多变、效率低。

(4) 从本质上讲,服务运作与顾客联系的程度要高于产品生产。提供服务与对服务的消费通常发生在同一地点,而产品生产与产品消费可相互分离,因此后者可在消费者不在场的情况下进行控制。这样就给制造商在选择工作方法、分配工作、安排工作进度和运作方面提供了相当大的主动权,而服务运作由于涉及与顾客的联系而使主动权受到较大的限制。

(5) 由于服务的就地消费和投入的变化程度高,服务业一般来说劳动含量较高,而制造业资本密集(机械化)程度较高。

(6) 产品生产可以通过增加批量实现规模经济,而服务则需通过多点经营来达到一定的规模。

(二)生产与运作的系统及转化

1. 生产与运作的系统

生产与运作活动是指"投入—变换—产出"的过程,即投入一定的资源,经过一系列多种形式的变换,使其价值增值,最后以某种形式产出供给社会的过程,也可以说,是一个社会组织通过获取和利用各种资源向社会提供有用产品的过程。

生产与运作系统如图1-1所示。

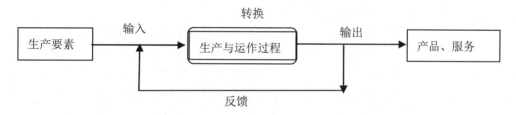

图1-1 生产与运作系统

其中输入包括:人力、设备、物料、信息、技术、能源、土地等劳动资源要素。输出包括两大类:有形产品和无形产品(服务)。转换是中间的变换过程,也就是劳动过程、价值增值过程,即生产与运作过程。

生产与运作就是将输入(生产要素)转化为输出(产品或服务)的过程,即创造产品和提供服务的过程。

生产与运作系统包含两类要素:硬件要素和软件要素。

1) 系统硬件要素

生产与运作系统的硬件要素就是指构成生产与运作系统主体框架的那些要素。它主要包括:①生产技术;②生产设施;③生产能力;④生产系统的集成。硬件要素是形成生产与运作系统框架的物质基础,建立这些要素需要的投资多,一旦建立起来并形成一定的组合关系之后,要改变它或进行调整是相当困难的。

2) 系统软件要素

生产与运作系统的软件要素就是在生产运作系统中支持和控制系统运行的要素。它主要包括:①人员组织;②生产计划;③生产库存;④质量管理。生产运作系统的软件要素的改变和调整较容易。因此，采用何种软件要素，决策风险不像硬件要素那样大。但在实施过程中，软件要素容易受其他因素的影响，因此，对这类要素的掌握和控制比较复杂。

2. 生产与运作系统的转化

生产与运作系统的转化是生产与运作过程的核心部分，是指将劳动对象直接加工成为企业主要产品的过程。如机械制造企业的毛坯加工、装配过程，纺织企业的纺纱、织布、印染过程，医院的挂号、诊断、化验、手术等。生产运作过程包括一系列相互联系的劳动过程和自然过程。劳动过程是指劳动者利用劳动工具，直接或间接地作用于劳动对象以生产产品或提供劳务的过程。例如，改变工件的几何形状、尺寸、表面状态、物理与化学属性的工艺过程，对原材料、零部件、产成品等进行的质量控制与检验过程，实现劳动对象工作地转移的运输过程等。自然过程是指借助自然力的作用使劳动对象发生物理或化学变化的过程，如食物发酵、自然冷却、自然时效等。其中，工艺过程是生产运作过程最基本的部分，而工序则是其中基本的组成单位。

三、生产与运作的分类

(一)生产与运作的类型

产品和服务千差万别，产量大小相差悬殊，生产与运作过程又十分复杂，因此，生产与运作的分类就比较难。一般按照其基本特征分类如下。

可以根据产品或服务的专业化程度来划分生产与运作类型。产品或服务的专业化程度可以通过产品或服务品种数的多少，同一品种的产量大小和生产运作的重复程度来衡量。显然，产品或服务的品种数越多，每一品种的产量越少，生产与运作的重复性越低，则产品或服务的专业化程度就越低；反之，产品或服务的专业化程度就越高。

(二)不同生产与运作类型的特征

不同生产与运作类型的设计、工艺、生产组织和生产管理的影响是不同的，因而导致生产与运作效率上的巨大差别。一般来讲，大量大批生产与运作容易实现高效率、低成本与高质量，单件小批生产与运作则难以实现高效率、低成本与高质量。

可以从不同角度对生产与运作进行分类。如果从管理的角度来看，可以将生产与运作分成两大类：制造性生产和服务性运作。制造性生产提供有形的产品，而服务性运作提供的基本上是无形的行为或绩效，它的运作可能与某种物质产品相联系，也可能毫无联系。

1. 制造性生产

制造性生产是通过物理和(或)化学作用将有形的资源要素输入转化为有形产品和服务输出的过程。

1) 按产品使用性能分类

通用产品，是按照一定的标准设计生产的产品。通用产品的通用性越强，产品的销路就越广；生产的机动性越大，对市场的适应性就越强。

专用产品，是根据用户的特殊需求专门设计和生产的产品。专用产品的适用范围狭小，需求量也不大。

2) 按生产工艺特征分类

加工装配式生产，是指先分别通过各种固有的加工作业工序，制造出图纸规定的零部件，再按照一定的工艺流程把零部件装配成最终的产品。

流程式生产，是把一种或数种物料从最初的工序或接近最初的工序投入，均匀、连续地按一定的工序顺序运动，在运动中不断地改变形态和性能，最后形成产品的生产过程。

3) 按产品需求特性分类

订货性生产，是指按用户订单进行的生产。

备货性生产，是指在对市场需求(现实需求和潜在需求)进行研究的基础上，有计划地进行产品开发和生产，生产出的产品不断地补充成品库存，通过库存随时满足用户的需求。

按照企业组织生产的特点，可以把制造性生产分成备货型生产和订货型生产两种。制造性生产是预测驱动的，是指在没有接到用户订单时，经过市场预测按已有的标准或产品系列进行的生产，生产的直接目的是补充成品库存，通过维持一定量的成品库存来即时满足用户的需求。轴承、紧固件、小型电动机等产品的通用性强，标准化程度高，有广泛的用户，通常采用备货型生产。与备货型生产相反，订货型生产是以顾客的订单为依据，按用户特定的要求进行生产。订货型生产的产品品种、型号规格和花色完全符合顾客的要求，产品一旦生产出来，就可以直接发给顾客，不必维持成品库存，也不必经过分销渠道销售。

4) 按生产的稳定性和重复性程度分类

大量生产，是指一次只生产一种或少数几种产品，但产量很大的生产类型。大量生产运作，具有品种单一、产量大、生产运作重复程度高的特点。美国福特汽车公司曾长达19年始终坚持生产T型车一个车种，就是大量生产运作的典型例子。

成批生产，是指轮番更新产品的品种，每种产品均有一定的数量，加工对象周期性的重复的生产类型。成批生产运作介于大量生产运作与单件生产运作之间，即品种不单一，每种都有一定的批量，生产运作有一定的重复性。例如，服装企业生产多采用此类生产。

单间小批生产，是指一次只生产一件或几件产品，但产品种类繁多的生产类型。单件生产运作与大量生产运作相对立，是另一个极端。单件生产运作品种繁多，每种仅生产一件，生产的重复程度低。例如，飞机制造、轮船制造多采用典型的单件生产运作。

5) 按工艺过程的特点分类

连续性生产是指物料均匀、连续地按一定的工艺顺序运作，在运作中不断改变形态和性能，最终形成产品的生产。连续性生产又称作流程式生产，如化工(塑料、肥皂、药品、肥料等)、炼油、冶金、食品、造纸等。

离散性生产是指物料离散地按一定的工艺顺序运作，在运作中不断改变形态和性能，最后形成产品的生产，如轧钢和汽车制造。

2. 服务性运作

服务性运作又称作非制造性生产运作，它的基本特征是提供劳务，而不是制造有形产品。

1) 按是否提供有形产品分类

按是否提供有形产品，可将服务性运作分为纯劳务运作和一般劳务运作两种。纯劳务运作不提供有形产品，一般劳务运作则提供有形产品。

2) 按顾客是否参与和需求特性分类

按顾客是否参与分类，可将服务性运作分为顾客参与的服务运作和顾客不参与的服务运作两种。

按顾客的需求特性，可将服务性运作分为通用型服务运作和专门型服务运作两种。通用型服务运作是指针对一般的、日常的社会需求所提供的服务。专门型服务运作是指针对顾客的特殊要求或一次性要求所提供的服务。

3) 按服务运作系统的特性分类

按资本、劳动密集程度和顾客接触程度分类，可以将服务性运作分为四种：大量资本密集服务、专业资本密集服务、大量劳务密集服务和专业劳务密集服务。按服务运作系统的特性，可将服务性运作分类成技术密集型运作和人员密集型运作。技术密集型运作需要更多的设施及其装备投入。人员密集型运作需要更多的人员。

4) 按服务运作的稳定性和重复性程度分类

按服务运作的稳定性和重复性程度，可将服务性运作分为大量大批运作和单件小批量运作。

3. 服务运作的特征

服务是以提供劳务为特征，但服务业也从事一些制造活动，只不过制造活动处于从属地位，例如餐馆需要制作各种菜肴。由于服务业的兴起，提高服务运作的效率已日益引起人们的重视。然而，服务运作管理与生产管理有很大的不同，不能把制造性生产管理的方法简单地搬到服务运作中。与制造业相比，服务运作有以下几个特点：一是服务运作的生产率难以测定。一个工厂可以计算它所生产的产品的数量，一个服务机构的具体服务量难以计量。二是服务运作的质量标准难以建立。三是与顾客接触是服务运作的一个重要内容，但这种接触往往导致效率降低。四是纯服务运作不能通过库存来调节，因此，需要专门对服务运作管理进行研究。

第二节　生产与运作管理

一、生产与运作管理概述

(一)生产管理与运作管理的概念

1. 生产管理

生产管理(Production Management)是指制造业生产管理领域使用的方法与技术。

生产管理是企业管理的重要组成部分，它要根据企业经营决策所确定的一定时期内的经营战略与计划任务，组织生产活动并保证实现。生产管理就是把这种处于理想状态的经营目标，通过产品的制造过程转化成为现实。

从生产管理的范畴来讲，它有广义和狭义之分。狭义的生产管理是指对生产系统运行的管理，它的着眼点主要在生产系统内部，即着眼于在一个开发、设计好的生产系统内，对开发、设计好的产品生产过程进行计划、组织、指挥、协调和控制等。

随着世界经济以及技术的发展，工业企业所处的环境发生了很大的变化，由此给现代企业的生产管理也带来了新的变化，使生产管理的范畴得到了相应的扩充与发展。企业为了更有效地控制生产系统的运行，适时适量地生产能最大限度地满足市场需求的产品，生产管理必然要参与到产品的开发与生产系统的选择、设计中去，以便使产品工艺的可行性、生产系统的合理性能够得到保障。因此，广义的生产管理可以理解为对生产系统设置和运行的管理。

2. 运作管理

运作管理(Operation Management)是指生产的概念及方法被应用到制造业以外的服务业与其他各行业。

为什么要学习运作管理呢？第一，运作管理活动在所有的企业组织中居核心地位，不论这些企业经营什么。第二，35%或更多的工作是与运作管理有关的，如顾客服务、质量保证、生产计划与控制、进度安排、工作设计、库存管理等。第三，企业组织所有其他方面的活动，如财务、会计、人力资源、后勤供应、营销、采购等都与运作管理活动相互联系，因此，对运作管理有一些基本了解是十分必要的。

(二)生产与运作管理的概念

1. 什么是生产与运作管理

所谓生产与运作管理，是指为了实现企业经营目标，提高企业经济效益，对生产与运作活动进行计划、组织和控制等一系列管理工作的总称。

生产与运作管理有狭义和广义之分。狭义的生产与运作管理仅局限于生产与运作系统的运行管理，实际上是以生产与运作系统中的生产与运作过程为中心对象。广义的生产与运作管理不仅包括生产与运作系统的运行管理，而且包括生产与运作系统的定位和设计管理，可以认为是选择、设计、运行、控制和更新生产与运作系统的管理活动的总和。广义的生产与运作管理以生产与运作系统整体为对象，实际上是对生产与运作系统的所有要素和投入、生产运作过程、产出和反馈等所有环节的全方位综合管理。按照广义理解，生产与运作管理符合现代生产与运作管理的发展趋势。

2. 生产与运作管理的内涵

生产与运作管理(Production and Operation Management)是管理的一个职能领域，既是为公司提供主要产品或服务的系统进行设计、评估和改进，又是对生产运作系统的设计、运行与维护过程的管理。它包括对生产运作活动进行计划、组织与控制。传统的生产管理主要是以工业企业，特别是制造业为研究对象，其关注点主要是一个生产系统内部的计划和控制，一般称为狭义的生产管理学，其内容主要是关于生产的日程管理和在制品管理。如今，生产与运作管理学的内涵和外延大大扩展了，它将凡是有投入—转换—产出的组织的活动都纳入其研究范围，不仅包括工业制造企业，而且包括服务业、社会公益组织及市政府机构，特别是随着国民经济中第三产业所占的比重越来越大，对其运作的管理日益重要，也成为运作管理研究的重要内容。不仅如此，现代生产与运作管理的内涵范围不再局限于生产过程的计划、组织与控制，而且还包括运作战略的制定、运作系统设计、运作系统运行等多个层次的内容。所以，从生产管理学到生产与运作管理学不仅是名称有了变化，而且其研究的外延和内涵都有非常大的变化。

二、生产与运作管理的职能

(一)从企业内部职能分析

1. 企业组织的三个基本职能

典型的企业组织有三个基本职能：财务、营销和生产与运作，如图 1-2 所示。

图 1-2　企业组织的三个基本职能构成

这三个职能和其他辅助职能分别完成不同的工作任务，但又具有相互联系的活动职责，这些活动对组织的经营来说都是必不可少的。

2. 企业组织三个职能的相互依赖性

这些职能必须相互配合才能实现组织的目标，并且每个职能都起着重要的作用。例如，除非生产部门与营销部门相互配合，否则营销部门推销的可能是那些非赢利的产品或服务，或者生产部门正在创造的是那些本无市场需求的产品或服务。同样，若无财务部门与生产部门的密切配合，当组织需扩大规模或购买新设备时，可能会因资金无着落而难以实现。

3. 生产与运作是核心职能

这是由与生产产品或提供服务直接相关的所有活动组成的。对大多数企业组织来说，运作职能是其核心，如图 1-3 所示。一个组织产品或服务的创造正是通过运作职能来完成的。利用投入，通过一个或多个转换过程(贮存、运输、切割)可获得制成品或服务。为确保获得满意的产出，需在转换过程的各个阶段进行检测(反馈)，并与制定好的标准作比较，以决定是否需要采取纠正措施(控制)。

运作职能的实质是在转换过程中发生价值增值，如图 1-4 所示。

图 1-3　企业三个基本职能的相互关系

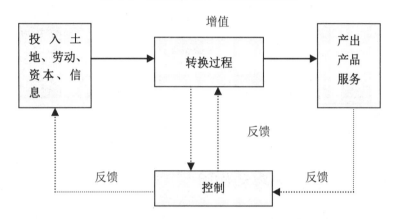

图 1-4　生产与运作系统转换过程增值示意图

(二)从企业组织结构的运作管理分析

1. 制造性企业

制造性企业组织结构如图 1-5 所示。

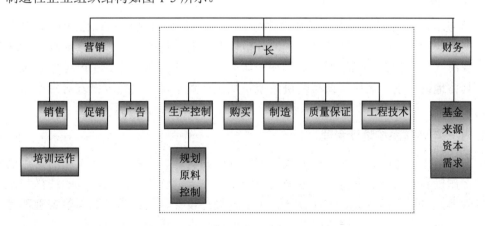

图 1-5　制造性企业组织结构示意图

2. 服务性企业

服务性企业组织结构如图 1-6 所示。

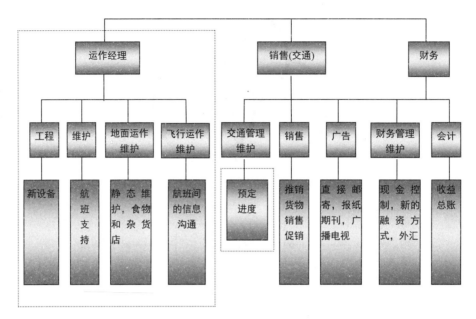

图 1-6　服务性企业组织结构示意图

三、生产与运作管理的内容和作用

(一)生产与运作管理的内容

生产与运作管理的内容包括广义的生产与运作管理和狭义的生产与运作管理。广义的生产与运作管理的内容可分为生产与运作系统战略决策、设计管理和运行系统管理三大部分。

1. 生产与运作系统战略决策

生产与运作系统战略决策是从生产系统的产出如何很好地满足社会和用户的需求出发,根据企业营销系统对市场需求情况的分析以及企业发展的条件和因素限制,从总的原则方面解决"生产什么""生产多少"和"如何生产"的问题以达到生产运作系统的定位管理。具体地讲,生产运作系统战略决策就是从企业竞争优势的要求出发对生产运作系统进行战略定位,明确选择生产运作系统的结构形式和运行机制的指导思想。

2. 生产与运作系统设计管理

生产与运作系统的设计包括产品或服务的选择和设计、生产与运作设施的定点选择、生产与运作设施的布置、服务交付系统设计和工作设计。一般产品或服务的选择和设计属于开发管理,包括产品决策、产品设计、工艺选择与设计、新产品试制与鉴定管理等。其目的是为产品生产与运作及时提供全套的、能取得令人满意的技术经济效果的技术文件,并尽量缩短开发周期,降低开发费用。

生产与运作设施的布置包括选址、布局、厂房设施采购和机器系统安装布置等,具体包括厂址选择、生产与运作规模与技术层次决策、厂房设施建设、设备选择与布置、工厂总平面布置、车间及工作地布置等。其目的是以最快的速度、最少的投资，建设成企业有效的生产运作系统。

服务交付系统设计主要包括生产与运作系统采购与物流供应链、信息支撑系统与产品交付系统的设计及其运行方式等。其目的是确保生产与运作系统正常运转，保证服务交付的质量，提高交付的满意度。

工作设计(Job Design)是指为了有效地达到组织目标与满足个人需要而进行的工作内容、工作职能和工作关系的设计。工作设计是一个根据组织及员工个人需要，规定某个岗位的任务、责任、权力以及在组织中工作的关系的过程。一个好的工作设计可以减少单调重复性工作的不良效应，充分调动劳动者的工作积极性，也有利于建设整体性的工作系统。

3. 生产与运作运行系统管理

企业生产运作运行管理的系统目标是按时完成上级主管部门下达的生产运作计划，提高生产运作的运行管理水平，降低运行和管理的成本。通过生产作业调度管理、运行经济、安全管理、作业管理、运行优化和运行评估等一系列过程实现数据化、智能化、自动化、信息化等，能有效地达到加强生产运作的作业管理，降低作业成本等目标。

(二)生产与运作管理的目标和任务

1. 生产与运作管理的目标

生产与运作管理所追逐的目标可以用一句话来概括：高效、低耗、灵活、准时地生产合格的产品和(或)提供满意的服务，也可概括为敏捷、高效、优质、准时地向社会和用户提供所需的产品和劳务。

(1) 高效是对时间而言，是指能够迅速地满足用户的需要。在当前激烈的市场竞争条件下，谁的订货提前期短，谁就能争取到用户。高效是指有效利用生产运作资源，以尽可能少的资源投入来满足用户同样数量和质量的产品、劳务需求。高效是低成本的前提，为此必须精心编制生产运作计划，合理组织生产运作过程，加强生产与运作控制，从而努力降低资源消耗，不断缩短生产运作周期，减少库存。

(2) 低耗是指生产同样数量和质量的产品，人力、物力和财力的消耗最少。低耗才能低成本，低成本才有低价格，低价格才能争取用户。优质是指以提高用户满足度为标准，努力生产高质量的产品，提供高质量的劳务。这是企业在激烈的市场竞争中建立竞争优势的一条有效途径。

(3) 灵活是指能很快地适应市场的变化，生产不同的品种和开发新品种或提供不同的服务和开发新的服务。敏捷意味着生产运作系统能够对用户的需求变化迅速作出反应。在当代社会，谁能够在这一点上成功，谁就在竞争中占据了主动。

(4) 准时是指在用户需要的时间，按用户需要的数量，提供所需的产品和服务。合格产品和(或)满意服务，是指质量，即在用户规定的时间，按用户需要的品种款式、数量、质量和价格水平向用户提供产品和劳务。

2. 生产与运作管理的基本要求

当前，激烈的市场竞争对企业的要求包括四方面：时间(Time，T)、质量(Quality，Q)、成本(Cost，C)和服务(Service，S)。T 是指满足顾客对产品和服务在时间方面的要求，即交货期要短而准；Q 指满足顾客对产品和服务在质量方面的要求；C 指满足顾客对产品和服务在价格和使用成本方面的要求，即不仅产品形成过程中的成本要低，而且在用户使用过程中的成本也要低；S 是指提供产品之外为满足顾客需求而提供的相关服务，如产品售前服务及售后服务等。

生产与运作管理人员与其他管理人员一样，都是通过管理他人来完成工作任务的。因此，他们必须具备技术技能、行为技能两方面的能力。

技术技能包括两方面：专业技术与管理技术。生产运作管理人员面临的是转化物料或提供各种特定服务这样的活动，他们必须了解这个过程，因此必须具备有关的专业技术知识，特别是工艺知识。不懂专业技术的人是无法从事生产运作管理的。但单有专业技术知识对生产运作管理人员是不够的，他们还需懂生产运作过程的组织，懂计划与控制，懂现代化生产运作管理技术。

行为技能生产运作管理者要组织工人和技术人员进行生产活动，他们必须具备处理人际关系的能力，要善于与他人共事，调动他人的工作积极性，协调众人的活动。

因此，对生产运作管理人员的要求是很高的。要获得这些技能，成为一名合格的生产运作管理者，一要靠培训，二要靠实践。生产运作管理人员是企业的宝贵财富，企业主管应当充分发挥他们的作用。

3. 生产运作管理要点

一个中心——以全面落实企业生产运作管理目标为中心。要建立各种明确的目标管理执行制度，以年度目标为纲，制定季度目标、月度目标、旬目标、周目标、日目标，保证年度企业生产运作目标的全面实现。

两个基本点——靠制度管人，按程序办事。生产运作管理靠人来做，人要靠制度来管，违规必罚；工作要靠程序来保证，丁是丁，卯是卯，违背程序就要严办。

三大运作规则——标准化、制度化、规范化。生产运作管理要有标准，实现标准靠制度保证，贯彻制度要严格规范。

四大运作原则——目标管理的原则，全员参与的原则，过程监控的原则，持续改进的原则。即按既定的目标，全员参与实施，加强过程监控，坚持持续改进。

五步控制方法——写所需，科学制订计划；做所写，认真实施计划；记所做，记录完成情况；查所记，查工作到位率；改所查，持续改进提高。

六"必"执行法——凡事必规定、规定必执行、执行必记录、记录必考核、考核必有效、有效必鉴证，从而保证生产运作过程管理准确、到位，确保企业目标的实现。

实践证明，这些管理要点在运作管理过程的控制中，还是管用的、见效的。

(三)生产与运作管理的作用

1. 生产与运作是企业创造价值的主要环节

企业的本质是人们通过协调合作、共同劳动创造物质财富的组织形式。物质财富的意义在于为人们生存所需要，且具有稀缺性。企业的本质赋予其核心功能，即通过对物质资料的处理与转换满足现实需要。在企业这一核心功能的前提条件下，由于物质资料的处理转换本身的现实需要以及人的认知、行动和交流能力的有限，必须建立一个保证这一功能实现的有效流程。这一流程涉及的对象、方法、资源是生产与运作管理的研究领域。对应于企业的功能，生产与运作管理解决的是物质对象的处理与转化过程中存在的问题，对应于企业的本质，则是针对人的协调合作、共同劳动。劳动的目的就是创造财富。生产与运作管理过程就是企业创造价值的过程。制造业完成从原材料到在制品，直至产品的转换，其价值也在逐步增值。而非制造业通过服务实现增值。随着生产规模的不断扩大、产品和生产技术的日益复杂，市场交换活动趋于活跃，一系列服务型中介应运而生，发挥着越来越重要的作用。与生产密切相关的物流业、金融业、保险业、外贸服务业、信息技术与网络服务业等在现代生活中所占的比例越来越高，这些在人类创造财富的整个过程中起着越来越重要的作用，同样是创造价值的必要环节，所以，生产与运作是企业创造价值的主要环节。

2. 生产与运作是企业经营的基本职能之一

生产与运作管理就是对人的共同劳动方式的规划设计。人们共同劳动中所涉及的关于物料、信息和资源的流程、步骤、方法是目前生产运作管理的关注焦点，但是人们共同劳动所必须具备的劳动关系、交流方式、价值观念、行为方式也理应是生产与运作管理所关注的问题，这些因素同样影响着生产目标的实现。生产与运作管理的责任是建立一个和谐、高效、有序的生产环境和生产方式，使每个人能有尊严地劳动和生存。

对应于企业的功能，生产与运作管理解决的是物质对象的处理与转化过程中存在的问题；对应于企业的本质，则是针对人的协调合作、共同劳动。生产与运作在企业战略中起到的作用是有效支持企业的战略发展和计划实施的重要过程，没有生产与运作，就没有战略目标，当然没有生产与运作的管理，企业也不能有效地达到战略目标，所以生产运作管理是企业经营的基本职能之一。

为了企业的正常经营，任何企业或组织都必须至少具备三项职能：营销、生产与运作和财务，如表1-2所示。

表 1-2　不同类型企业的基本职能

组织类型 \ 职能	营销	生产与运作	财务
汽车制造商	媒体广告 体育赞助 对外销售 4S店服务	设计汽车 制造零部件 装配汽车 选择供应商	付款给供应商 支付员工工资 编制生产预算 销售收入核算
物流商	揽货、营业推广 投标、报价 客户管理	运输、仓储 装卸搬运 流通加工	收缴物流费用 支付员工工资 物流成本核算
零售商	广告宣传 促销 门店销售	现场加工 店面设计 品类管理	向供应商付款 支付员工工资 现金流管理

3. 生产与运作管理是企业竞争力的源泉

西方关注运作问题反映出他们的价值观念。美国运作管理教科书中写道:"在将来,生存本身可能就取决于理解这些(运作管理的)细节。制造职能不再是理所当然的麻烦之源,它是一项关键的战略职能。"这反映出美国人在制造业全球化的环境中应对危机的生存方式。他们把全球化所带来的竞争压力和生存危机作为动力,立足自身进行思考,力图改善企业的运作管理,建立关于运作的"科学"和"直觉"体系,从而获得"核心竞争力"。他们把运作管理作为企业的"关键的战略职能",把质量、成本、速度作为运作问题的核心,认为通过在这三个方面不断获得提升,企业就能够获得生存,而对运作过程的研究和分析可以使企业找到提升的途径和方法。这实际上反映的是他们企业的谋生方式,背后所体现的是西方企业的文化价值观念:通过提高效率在市场竞争中获得生存。这是西方企业自己探索的生存道路,这造就了西方的经济成就,但同时也注定了其经济发展方式的不可持续性。把运作管理作为企业的"关键的战略职能",把"质量""成本""速度"作为运作问题的核心,认为通过在这三个方面不断地获得提升,企业就能够获得生存,而对运作过程的研究和分析可以使企业找到提升的途径和方法。

第三节 生产与运作过程及生产方式

一、生产与运作过程的概念

(一)生产与运作过程及其内涵

生产运作过程就是将输入(生产要素)转化为输出(产品或服务)的过程,即创造产品和提供服务的过程。

狭义的生产过程即产品的生产过程,是对原材料进行加工,使之转化为成品的一系列生产活动的运作过程。

广义的生产过程是指企业生产过程和产品生产过程。企业生产过程包括基本生产、辅助生产、生产技术准备、生产服务等企业范围内各种生产活动协调配合的运作过程。产品生产过程由一系列生产环节所构成,一般包含加工制作过程、检验过程、运输过程和停歇过程。产品生产过程是企业生产过程的核心部分。对于企业的专业方向而言,产品生产过程还有基本生产和辅助生产之分。基本产品是企业用以满足社会需要,在市场上销售的本企业的专业产品。辅助生产是生产辅助产品的基本生产活动。

(二)生产与运作过程组织

生产与运作过程包括一系列相互联系的劳动过程和自然过程。劳动过程是指劳动者利用劳动工具,直接或间接地作用于劳动对象以生产产品或提供劳务的过程。例如,改变工件的几何形状、尺寸、表面状态、物理与化学属性的工艺过程,对原材料、零部件、产成品等进行的质量控制与检验过程,实现劳动对象工作地转移的运输过程等。自然过程是指借助自然力的作用使劳动对象发生物理或化学变化的过程,如食物发酵、自然冷却、自然时效等。其中，工艺过程是生产与运作过程最基本的部分，而工序则是其中基本的组成单位。

按照性质和作用，生产与运作过程一般分为以下几个组成部分。

1. **基本运作过程**

它是生产与运作过程的核心部分，是指将劳动对象直接加工成为企业主要产品的过程，如机械制造企业的毛坯加工、装配过程，纺织企业的纺纱、织布、印染过程，医院的挂号、诊断、化验、手术等。

2. **生产技术准备过程**

生产技术准备过程是指产品投产前所进行的一系列生产与运作技术准备工作的过程，如产品与工艺设计、工艺装备设计与制造、新产品的试制和试验等。

3. **辅助运作过程**

辅助运作过程是指为保证基本生产与运作过程正常进行而向其提供辅助产品或劳务的辅助性生产运作活动过程，如机械制造企业的动力供应、设备维修、工具制造等。

4. **生产服务过程**

服务过程是指为基本生产与运作和辅助生产与运作提供生产性服务活动的过程，如材料供应、工具保管、理化检验等。

除此之外，有的企业还从事附属产品和副业生产与运作活动。

二、合理组织生产与作业过程

(一)合理组织生产与作业过程的基本要求

1. **生产过程的连续性**

生产过程的连续性是指产品和它的零部件在生产过程中各个环节上的运动，自始至终处于连续状态，不产生或很少产生不必要的中断、停顿和等待现象。生产过程的连续性是指产品在生产过程的各个阶段、各工序之间流转，同工厂布置、生产技术水平和管理工作的水平有关。其优点是：可以缩短产品的生产周期，减少在制品的数量，加速流动资金周转；可以更好地利用物资、设备和生产面积，减少产品由于停放、等待所造成的损失；有利于改善产品质量。

2. **生产过程的平行性**

所谓生产过程的平行性，是指加工对象在生产过程的各工艺阶段和各工序上的生产应平行交叉地进行。生产过程的平行性是指生产过程的各项活动、各工序在时间上实现平行作业，是生产过程连续性的必然要求。

3. **生产过程的比例性**

生产过程的比例性是指生产过程中基本生产过程和辅助生产过程之间，基本生产过程中各车间、各工段、各工序之间以及各种设备之间，在生产能力上保持适合产品制造数量和质量要求的比例关系，以适应产品生产的要求。

4. 生产过程的节奏性

生产过程的节奏性是指产品在生产过程各个阶段，从投料到最后完工入库，都能保持按计划有节奏地进行，要求在相同的时间间隔内生产大致相同数量或递增数量的产品，避免前松后紧，月初不工作，月末加班加点突击完成任务那种不正常现象的产生。生产过程的均衡性是指企业及其各个生产环节的工作都能够按计划进度的要求有节奏地进行。

5. 生产过程的适应性

所谓生产过程的适应性，就是指当企业产品更新换代或品种发生变化时，生产过程应具有较强的应变能力。也就是生产过程应具备在较短的时间内，可以由一种产品的生产，迅速转换为另一种产品的生产的能力。生产过程的适应性是指生产过程具有灵活应变的能力，以适应市场需求的变化。

(二)生产过程的构成

按照生产过程组织的构成要素，可以将生产过程分为物流过程、信息流过程和资金流过程。

物流过程包括采购过程、加工过程或服务过程、运输(搬运)过程、仓储过程等一系列过程。它既是物料的转换过程和增值过程，也是一个物流过程。

信息流过程是指在生产活动中，将其有关的原始记录和数据，按照需要加以收集、处理并使之朝一定方向流动的数据集合。

资金流过程是指生产过程中形成的资金流是以在制品和各种原材料、辅助材料、动力、燃料设备等实物形式出现的，分为固定资金与流动资金。资金的加速流转和节约是提高生产过程经济效益的重要途径。

(三)生产过程的分类

企业的生产根据各部分在生产过程中的作用不同，可划分为以下三部分。

(1) 基本生产过程。基本生产过程是指构成产品实体的劳动对象直接进行工艺加工的过程，如机械企业中的铸造、锻造、机械加工和装配等过程，纺织企业中的纺纱、织布和印染等过程。基本生产过程是企业的主要生产活动。

(2) 辅助生产过程。辅助生产过程是指为保证基本生产过程的正常进行而从事的各种辅助性生产活动的过程，如为基本生产提供动力、工具和维修工作等。

(3) 生产服务过程。生产服务过程是指为保证生产活动顺利进行而提供的各种服务性工作，如供应工作、运输工作、技术检验工作等。

上述三部分彼此结合在一起，构成了企业的整个生产过程。其中，基本生产过程是主导部分，其余各部分都是围绕基本生产过程进行的。

产品生产过程由一系列生产环节所构成，一般包含加工制作过程、检验过程、运输过程和停歇过程。产品生产过程是企业生产过程的核心部分。对于企业的专业方向而言，产品生产过程还有基本生产和辅助生产之分。基本产品是企业用以满足社会需要，在市场上销售的本企业的专业产品。辅助生产是生产辅助产品的基本生产活动。

(四)生产技术准备

生产技术准备工作包括以下几个方面。

1. 技术文件准备

技术文件包括产品和零件图纸，加工、装配工艺规程，工时定额及各类材料消耗定额等。在生产作业计划开始实施之前，有关技术文件应发到各工段、班组。

2. 原材料和外购、外协件的准备

原材料和外购、外协件应在规格、品种、数量、质量、到货期等方面满足和保证生产现场的需要。为此，计划人员必须掌握供应情况，必要时可根据来料、来件情况调整生产作业计划。

3. 设备维修准备

设备正常运转是完成生产作业计划的重要保证。在制订作业计划时，要考虑设备维护、保养、检查、修理等需要，贯彻设备预修制度，准备好易损备件，保证设备处于良好运行状态。

4. 工装准备

现场生产所需的各类工装(如工具、量具、夹具、模具)必须事先准备好。编制生产作业计划时要检查工装的准备情况，需要外购、制造、修理的就要及时组织采购、制造和修理。

5. 人员准备

对各技术工种工人的配备、工作轮班的安排、各班组及工作地工人的临时调配等，都要按生产作业计划的要求做好安排。

6. 动力和运输的准备

动力供应和物资运输都是正常生产的基本条件。动力供应需备好燃料，维护好输变电设备，使其保持正常运转。物资运输准备需做好运输车辆、设备设施的维护和保养，合理安排运输路线。

第四节 生产与运作管理在企业管理中的地位

一、生产与运作管理在企业管理实践中的地位

(一)生产与运作是决定企业战略的关键要素

1. 生产与运作面临的环境

(1) 市场需求多样化。随着经济的发展和社会的进步，市场需求逐渐朝着多样化、个性

化的方向发展。买卖关系中的主导权转到了买方，顾客有了极大的选择余地，对各种产品有了更高的要求。产品的寿命周期越来越短。这种趋势使企业必须经常投入更大的力量和更多的精力进行新产品的研究与开发，使企业不得不从单一品种大批量生产方式转变成为多品种、小批量生产方式。

(2) 技术迅猛发展。随着自动化技术、微电子技术、计算机技术、新材料技术、网络技术等一大批新技术的迅猛发展，企业有了更多的手段制造多样化的产品、提供多样化的服务，因此企业不断面临着生产运作技术的选择与生产运作系统的重新设计、调整和组合。

(3) 竞争日趋激烈。竞争的方式和种类越来越多，竞争的内容已不单纯是低廉的价格。质量、交货时间、售后服务、对顾客需求的快速反应、产品设计的不断更新、较宽的产品档次、更加灵活的供应链等，都成为竞争的主题。

2. 生产与运作管理的特征

随着科学技术的进步和企业经营规模的不断扩大，企业所面临的环境和采用的生产方式发生了巨大变化。这种变化不仅给企业的生产运作管理带来了极大的挑战，也增添了大量新的有力手段，而且也使企业的生产运作管理进入了一个新的阶段。这些新特征及其发展趋势主要表现在以下几个方面。

(1) 生产运作的涵盖范围增大。传统生产管理主要是制造业生产作业现场效率如何提高，如何使各种生产要素很好地配合、协调开展工作的问题，而现代生产运作管理的涵盖范围已经远远超过了制造环节，延伸到了生产技术选择、产品研发、工艺管理、市场调研和销售渠道、供应商管理等环节，把生产作业战略、新产品开发、产品设计、采购供应、生产制造、产品配送乃至售后服务看作一个完整的"价值链"，对其进行综合管理。

(2) 生产方式面临挑战。随着市场需求日益多样化、多变化，多品种小批量混合生产方式已经成为主流。生产方式的这种转变，使得在大量生产方式下靠增大批量、降低成本的方法不再适用，生产管理面临着多品种小批量生产与降低成本之间相悖的新挑战，要求从生产系统的"硬件"(柔性生产设备)和"软件"(计划与控制系统、工作组织方式和人的技能水平)全面改革创新。

(3) 科学技术广泛应用。现代科技的飞速发展已渗透到企业生产运作系统的各个环节：从投入要素看，大量有价值的信息的获取，需要借助先进的通信设备，企业对掌握现代科学技术知识的高素质人才的需求日益强烈；从生产运作过程看，企业要想提高生产率，必须采用先进的技术和设备；从产出看，只有高科技含量的产品才能为企业带来高附加值，因此越来越多的企业重视科学技术的应用。

(4) "全球生产运作"越来越多。随着全球经济一体化进程的加快，市场、企业及其生产运作日益国际化。全球地区贸易的兴起，地区合作成员不断增加，各个成员纷纷开放经济与市场、降低关税、保护知识产权等，所有这些都大大促进了国际化的进程。越来越多的企业都计划在其他国家或地区投资设厂，拓展海外业务。全球化加剧了竞争，对生产运作管理提出了新的挑战与要求。面向全球进行生产运作管理，是许多企业尤其中国企业面临的重要课题。生产运作管理的基本问题就是如何实现生产运作管理目标的问题。生产运作管理的目标可用一句话来概括："在需要的时候，以适宜的价格，向顾客提供具有适当质量的产品和服务。"这既是提升企业竞争力的重点，又是明确生产运作管理基本问题的出发点和着力点。

(二)生产与运作管理的任务是提高企业的竞争力

1. 企业竞争力的重点

竞争力是指一个企业在自由和公平的市场条件下生产经得起市场考验的产品和服务，创造附加价值，从而在市场竞争中求得生存和发展壮大的能力。生产运作管理的重要任务之一就是确定企业的竞争重点，培育并保持其竞争优势。不同的企业可以选择不同的特性作为自己竞争力的重点。要能发挥自己的特色，战胜竞争对手。一般来说，形成企业竞争重点的因素主要包括以下几个方面。

(1) 成本。只有低成本才能有真正的低价格。价格是战胜竞争对手最好最直接的手段。而达到低成本的途径有很多，有的比较明显，容易挖掘，有的则不明显，不容易发现。例如，企业一般做法是通过降低原材料的进价、消耗量，减少生产过程中的浪费等，这就属于比较明显易发现、易做到的；而通过提高生产能力利用率、提高全员劳动生产率、提高计划协调性、改善库存管理的状态和管理模式，甚至在产品设计和工艺结构选择等方面降低成本的途径就不那么容易掌握和操作了。

(2) 质量。质量就是对用户的适用性，主要可以分解为两个方面的目标：一是要达到较高的设计质量，即产品本身在设计上水平高、技术领先、工艺先进、服务良好，有利于后面的制造销售环节中降低成本的要求等；二是产品在批量生产状态下也能够保证稳定和一贯的好质量，即制造质量好。

(3) 时间。时间可以从两个方面来考虑。一是要能够达到快速交货，即交货期、生产周期要短，以快取胜。同样的产品质量、同样的价格前提下，谁的交货快，谁的产品就有竞争力。二是要能够及时交货，这是讲究一个"准"字。产品提前交货这种情况不难做到，只要付出必要的成本和代价就可以了。但更多情况下不容许提前，要求什么时间，几分几秒都不能差。例如，在大城市最繁华地区定向爆破一栋大楼后，清运垃圾的工作，要求道路、车辆、人员之间必须要非常准确地设计安排好互相之间进入、离开的时间，分秒不差，只要有一辆车没有准时，后面的车就进不去，全部都要乱。另外一个例子是新产品开发速度要快。企业开发新产品是企业未来的希望和方向。如果能够抢在竞争对手之前把产品推向市场，至少不晚于竞争对手推出自己的新产品。那么毫无疑问地会形成竞争的优势地位。

(4) 柔性。这是一个新名词，也是现代生产运作管理学的一个里程碑式的概念。生产系统具有柔性的特点，就具有了参与现代市场竞争的基本前提条件。反过来说，即便企业有一流的先进设备，也不一定有柔性。柔性不等同于现代化水平的设备装备程度，它是指企业的生产系统应对市场需求(数量、品种等)变化的适应性和可调节的能力。

2. 生产运作管理的基本问题

生产运作活动是一个价值增值的过程，是组织向社会提供有用产品的过程。要想实现价值增值，要想向社会提供"有用"的产品，其必要条件是：生产运作过程提供的有形产品或无形服务必须具有一定的使用价值。产品或服务的使用价值是指它能够满足顾客某种需求的功效。人总是有多种需求的，这些需求的内容因人而异、因时而异。当某种产品或服务在人需要的时候满足了人的某项要求,则实现了其使用价值。因此,产品或服务使用价值的支配条件主要是产品或服务质量和提供的适时性。

由此可见,产品或服务的质量、适时性及成本构成了生产价值的实现条件。此条件决定了企业生产运作管理的目标必然是适时地、以合理的价格向顾客提供优质的产品和服务。因此,从生产运作的目标与生产价值的实现条件就能引申出生产运作管理中的五个基本问题。

(1) 质量管理。这里的质量既包括适用性,即产品或服务满足顾客要求的程度,又包括差异性,即企业生产的产品或服务在顾客看来较竞争者拥有更合适的任何特质。质量与用料、做工及设计等密切相关。因此,要提高产品或服务的质量,就相应地转化为在生产运作管理中如何提高产品或服务的设计质量、制造质量和服务质量等质量管理问题。

(2) 进度管理。如何保证适时适量地将产品或服务提供给顾客,这里既涉及速度问题,又涉及柔性问题。速度问题对生产运作管理来说,就是要解决如何快速地将新产品或服务开发研制出来,并及时投放市场。柔性问题对生产运作管理来说,就是如何使生产对市场的变化具有快速的反应能力。这里既涉及产量的增减,又涉及对产品或工艺的快速改进——进度管理。

(3) 成本管理。如何才能使产品的价格既为顾客所接受,同时又能为企业带来一定的利润?这涉及人、物料、设备、能源、土地等资源的合理配置和利用,涉及生产率的提高,还涉及企业资金的运用和管理。归根结底是努力降低产品的生产成本——成本管理。

这三个问题简称为 QDC 管理。QDC 管理是生产运作管理的基本问题,但并不意味着是生产运作管理的全部内容。QDC 这个基本问题与生产运作管理的主要内容并不冲突,也不存在互相排斥的问题。QDC 主要是从横向角度来考虑生产运作管理,而生产决策、生产运作系统设计和运行则是从纵向角度来分析生产运作管理,两者相互并存,相互交错。

(4) 服务管理。对于产品制造个体来说,随着产品技术含量、知识含量的提高,产品销售过程中和顾客使用过程中,所需要的附加服务越来越多。当制造产品的硬技术基本一样时,企业通过提供独具特色的附加服务,就有可能赢得独特的竞争优势。对于服务型企业来说,在基本服务之外提供附加服务也会赢得更多的顾客。现在我国有些企业在制造产品的"硬"技术上与国际上一些一流企业相差无几,但在提供服务上,尚有较大差距,从而影响了产品的竞争力。国内企业在改进和加强售后服务上,还需要下功夫。

(5) 环境管理。环境管理越来越成为不可忽视的大问题,主要表现在以下两个方面:一是投入环节方面,要充分考虑到节约资源、考虑到人类社会可持续发展的问题;二是产出环节方面,要对生产过程中不可避免产生的"副产品"(废水、废料等)进行必要的处理,即所谓的生产过程绿色化问题。此外,还要努力做到产品本身绿色化、生产环境绿色化,这是 20 世纪末兴起的绿色潮流。ISO 14000 系列标准已经被称为进军国际市场的绿色通行证,足见环境保护问题在国际上的地位。

以上五个问题,构成了当今生产运作管理的基本问题,但这并不是生产运作管理的全部内容。生产运作管理的另一大类基本内容是资源要素管理,包括设备管理、物料管理、信息管理及人员管理。其中在设备管理和人员管理中,尤其需要强调的一点是"安全生产"问题。安全生产主要包括两个含义:通过设备保障和事前预警系统来提高生产的安全性;通过安全教育、技能培训和严格操作规程来保证生产人员的安全。事实上,生产运作管理中的这两大类管理是相互关联、相互作用的。质量保证离不开物料质量、设备性能及人的劳动技能水平和工作态度；降低成本取决于人、物料、设备的合理利用。反过来，对设备与物料本身，也应当以系统的、集成的观点去处理。

3. 提高生产效率的关键与方法

提高生产效率一直是生产型企业特别是老板关注的问题，但是想要真正提高企业的生产效率并没有说的那么简单，在市场竞争白热化的今天，企业主都想通过提高生产效率来达到降低企业生产成本的效果，但是想真正做好，必须狠下功夫。

总之，制造业企业环境的变化，使传统的生产组织方式越来越不适应新的经济发展形势，对企业的生产经营形成了较大的威胁，严重时会导致企业的破产，因此对原来形之有效的生产与运作管理必须进行重大的调整和变革，以适应当前和未来的竞争需要，抓住经济全球化所带来的机遇，通过对企业内部资源和能力进行整合，构建企业的核心竞争能力，抓住发展机遇，规避和克服威胁，制定出符合要求的生产战略。如何判断外部存在的威胁和机遇，如何发挥企业的优势而避免劣势，如何协助企业在竞争中处于不败的地位，这些都是摆在生产总监面前的课题。

二、生产与运作管理在社会实践中的地位

(一)生产与运作管理是最接近企业本质的核心功能

企业的本质是人们通过协调合作，共同劳动创造物质财富的组织形式。物质财富的意义在于为人们生存所需要，且具有稀缺性。企业的本质赋予其核心功能：通过对物质资料的处理与转换满足现实需要。在企业这一核心功能的前提条件下，由于物质资料的处理转换本身的现实需要以及人的认知、行动和交流能力的有限性，必须建立一个保证这一功能实现的有效流程。这一流程涉及的对象、方法、资源是生产与运作管理的研究领域。对应于企业的功能，生产与运作管理解决的是物质对象的处理与转化过程中存在的问题，对应于企业的本质，则是针对人的协调合作、共同劳动。

(二)生产与运作管理是一项关键的战略职能

生产运作就是要通过一系列的管理手段和方法，持续、稳定地生产出优质的产品，支撑企业的产品不断地占领市场，实现企业的战略部署。所以，运作管理作为企业的"关键的战略职能"，把"质量""成本""速度"三大核心要素作为运作改善的核心，通过在这三个方面不断获得改善，企业就能够获得生存与发展的核心竞争力，可以使企业找到持续不断提升的途径和方法。

(三)生产与运作管理思想体现了企业的哲学定义和价值观

中国的企业应当针对中国自身的问题考虑生产与运作管理的作用，应当基于自身的价值观念考虑运作管理的问题。明确运作管理的地位和作用的前提是明确树立自身的核心价值观念，明确企业应当如何生存。西方企业发展的核心价值是竞争。过度竞争不起积极作用，只具有消极作用。竞争造成争斗、欺诈、算计、腐败与自私自利，卑鄙的竞争手段总

是比正直的竞争手段有效。企业作为人们共同劳动、进行物质生产的组织形式,应当以不断满足(市场的)需要为出发点,通过不断提高质量以满足需要、通过节约和减少浪费来降低成本。中国的民营企业以家庭责任为核心,通过勤俭节约、同甘共苦求得生存,这是源于中国传统文化的积极面,但是缺乏在工业社会背景下通过社会分工合作不断满足社会物质需要的价值观念。效率是手段而不是目的,无限提高效率的结果是破坏自身的生存环境、破坏人的尊严。以无限提高效率的方式进行竞争是目前许多社会危机的根源。

(四)生产与运作管理承载着人类劳动过程的规划和协调作用

生产运作管理就是为了实现人们追求的不断满足而创造性地研究、开发与设计产品和服务的模式、形态和途径,在现代条件下可以对人的共同劳动方式进行科学的规划设计。在生产与运作活动中积极地协调和配置人们共同劳动中所涉及的物料、信息和资源,这些具体的流程、步骤、方法是目前生产运作管理的关注焦点。同时,对于人们共同劳动所必须具备的劳动关系、交流方式、价值观念、行为方式也是生产运作管理所关注的问题。可见,生产运作管理承载的规划和协调作用就是通过人类劳动过程不断调节这些因素以影响着生产目标的实现。

本 章 小 结

生产与运作就是将输入(生产要素)转化为输出(产品或服务)的过程,即创造产品和提供服务的过程。市场营销、生产与运作、财务会计是社会组织的三项基本职能。生产与运作过程包括一系列相互联系的劳动过程和自然过程。劳动过程是指劳动者利用劳动工具,直接或间接地作用于劳动对象以生产产品或提供劳务的过程。生产与运作管理是管理的一个职能领域,既是对提供公司主要产品或服务的系统进行设计、评估和改进,又是对生产与运作系统的设计、运行与维护过程的管理,它包括对生产与运作活动进行计划、组织与控制。现代生产与运作管理内涵范围不局限于生产过程的计划、组织与控制,而且还包括运作战略的制定、运作系统设计、运作系统运行等多个层次的内容。

自 测 题

(一)判断题

1. 生产过程包括工艺过程、运输过程、自然过程、等待停滞过程。　　　　　(　　)
2. 生产与运作管理的基本问题主要包括质量管理、成本管理及进度管理。　　(　　)
3. 商品结构中的主力商品就是指高档商品。　　　　　　　　　　　　　　　(　　)
4. 制造业产出的存储性低。　　　　　　　　　　　　　　　　　　　　　　(　　)
5. 资本密集的产业性质为服务业。　　　　　　　　　　　　　　　　　　　(　　)
6. 顾客参与程度高的为制造业。　　　　　　　　　　　　　　　　　　　　(　　)

7. 混合原则是在工艺原则基础上采用对象原则或在对象原则基础上采用工艺原则。
( )
8. 按生产稳定性和重复性可分为大量生产、成批生产与单件小批生产。 ( )
9. 生产与运作管理的目标是在需要的时候,以适宜的价格,向顾客提供具有适当质量的产品和服务。 ( )

(二)单选题

1. 制造业企业具有( )的特点。
   A. 增加批量实现规模化   B. 生产率测量难
   C. 劳动含量高   D. 前场服务比例高
2. 服务业企业具有( )的特点。
   A. 评估易   B. 产业性质倾向资本密集型
   C. 劳动含量低   D. 企业取得专利的情况偶尔
3. 制造业企业产出的产品交付顾客前质量改善( )。
   A. 易   B. 机会多   C. 机会少   D. 难
4. 下列生产属于加工装配型生产的是( )。
   A. 汽车   B. 饮料   C. 造纸   D. 烟草
5. 下列生产属于流程型生产的是( )。
   A. 机床   B. 计算机   C. 家具   D. 纺织
6. 能构成生产与运作系统主体框架的要素是( )。
   A. 生产计划   B. 生产库存   C. 生产技术   D. 质量管理
7. 从广义的生产与运作管理理解,生产与运作管理是对系统( )。
   A. 设置和运行的管理   B. 设置的管理
   C. 运行的管理   D. 机制的管理
8. 下列不属于生产管理的基本问题是( )。
   A. 提高质量   B. 降低成本   C. 保证交货   D. 提高产量

(三)问答题

1. 生产与运作是一种什么活动?
2. 生产与运作管理如何解释?
3. 制造业与服务业有什么区别?
4. 什么是生产过程?如何组织?
5. 生产过程的构成可以分为哪几部分?

第二章

生产与运作管理理论基础

【学习要点及目标】

通过本章的学习，掌握生产与运作管理的发展演变脉络，了解生与运作管理的主要理论和方法，认识现代生产与运作管理理论与方法，了解生产与运作管理创新实践。

【关键概念】

生产与运作管理理论　生产与运作系统管理　价值链　供应链

引导案例：华为企业如何运用科学管理理论

薪酬激励

华为公司的平均年薪高于同行业，基于良好的盈利能力，华为的平均薪酬与业绩的增长速度是相符的。

股权激励

华为在创业之初推行的是内部员工内部持股制度，但是内部所持股份在退出公司时价格要按照购股之初的原价回购，员工没有议价权。其后，华为几次修改了员工持股的规定，又建立了虚拟股票期权制度。最后，华为形成了到现在为止一直运行的"危机持股计划"。

荣誉激励

华为的荣誉激励方式在业内是与众不同的。在华为有一个"荣誉部"，它专门做三件事：①发荣誉奖；②先进典型事件报道；③给予物质奖励。

职权激励

华为公司的组织结构一共有五层，除了基层业务人员外，其他四层都是有一定的职权的，虽然大小不一，但是这些职权却可以激励员工。在华为，职位不单单是权力的象征，而且也是收入的象征。

福利制度

华为公司员工福利管理制度是公司提供给员工的除基本工资、浮动工资、特殊奖励之外的利益和服务，是公司整体薪酬的有机组成部分。公司福利由法定福利、普惠福利、特殊福利三部分组成。

建立知识产权与工作成就的联系

华为已连续6年蝉联中国企业专利申请排行榜榜首，华为进行产品与解决方案的研究开发人员占公司总人数的45%，对于华为庞大的研发人群，公司把研发人员专利的申请成果按重要性、难易程度建立"专利应用延续性开发"制度并分出等级，按等级进行差别奖励，对于处在不同应用阶段的专利申请者给予公司的荣誉性奖励。

大量事实证明，华为公司能够成为同行业领先企业，人才激励机制的创新是非常关键的，华为在不断刷新业绩、领跑行业标准的同时，只有不断地调整和变革公司的人才激励机制，才能满足企业管理的需要，实现企业的可持续发展。

(资料来源：新浪博客，2014.11.18，原标题：华为企业的领导者如何运用科学管理理论和行为科学理论(节选))

问题：华为企业的管理者为什么选择科学管理？华为企业的管理者是如何运用管理方法的？为什么华为更加注重人的管理？

第一节 生产与运作管理理论概述

一、生产与运作管理的发展演变

生产与运作管理实践活动伴随着人类生产活动的产生而产生，但是将管理活动发展成为一门学科则是 20 世纪才出现的事情,如表 2-1 所示。

表 2-1 生产与运作管理的发展历史

年代	概念	工具	创始人
20 世纪 10 年代	科学管理原理	时间研究与工作研究概念的形成	弗雷德里克·W.泰勒(美国)
1911 年	工业心理学	动机研究	弗兰克和吉尔布雷斯(美国)
1912 年	活动进度图	活动规划表	亨利·福特 亨利·甘特(美国)
1915 年	经济批量规模	EOQ 应用于存货控制	F.W.哈里斯(美国)
20 世纪 30 年代	质量控制	抽样检查和统计表	休哈特·道奇 罗米格(美国)
1930 年	工人动机的霍桑实验	工作活动的抽样分析	梅奥(美国) 提普特(英国)
20 世纪 40 年代	复杂系统的多约束方法	线性规划的单纯形法	运筹学研究小组 丹奇克
20 世纪 50~60 年代	运筹学的进一步发展	仿真、排队论、决策理论、数学规划、PERT 和 CPM 项目计划工具	美国和西欧许多研究人员
20 世纪 70 年代	商业中计算机的广泛应用	车间计划、库存控制、项目管理、MRP	计算机制造商领导的,尤其是 IBM 公司,约瑟夫·奥里奇和奥利弗·怀特是主要的 MRP 革新者
20 世纪 80 年代	服务质量和生产率、制造战略(JIT、TQC)和工厂自动化	服务部门的大量生产作为矩阵武器;制造业的看板管理、CIMS(CAD/CAM)和机器人等	麦当劳餐厅 哈佛商学院教师 丰田的大野耐一(日本)、戴明(美国)和朱兰以及美国工程师组织
20 世纪 90 年代	同步制造	瓶颈分析和约束优化理论	格劳亚特(以色列)
	全面质量管理	ISO 9000、价值工程、并行工程和持续改进	国际标准和技术学会、美国质量控制协会(ASQC)和国际标准化组织
	业务流程再造(BPR)	基本变化图	哈默和主要咨询公司(美国)(Michael Hammer 和 James Champy)
	电子企业	因特网、万维网	美国政府、网景通信公司和微软公司、蒂姆·伯纳斯·李
	供应链管理	SAP R/3、客户/服务器软件	SAP(德国)和 Oracle(美国)李效良
21 世纪初	电子商务	因特网、万维网	亚马逊网、美国在线、雅虎等

生产与运作管理作为一门学科出现到目前为止只有一百多年的历史,仍是一个比较新的领域,但是生产系统研究、设计和作业却是在古代就已经存在了。出现于产业革命时期

的现代工厂制度到今天，时隔两百多年，许多理论工作者和实践者都为生产运作管理学科的发展作出了巨大的贡献。而这段生产与运作管理发展的历史从体制上分为三个阶段，即放任管理阶段、科学管理阶段和现代管理阶段，根据时间的不同也可以将这三个阶段称为生产与运作管理的初始发展阶段、系统化发展阶段和现代化发展阶段。

(一)生产与运作管理的初始发展阶段

这一阶段始于18世纪后半期到19世纪末，是西方第一次工业革命初期。由于当时的手工业是由个体生产向手工作坊发展，并在生产中引入了机器，因此就产生了管理。在这一时期对生产运作管理作出突出贡献的人物有亚当·斯密、埃尔·惠特尼和查尔斯·巴贝奇。亚当·斯密是第一个研究生产经济学的古典经济学家。1776年，他在其经典著作《国富论》中系统地论述了劳动分工理论，通过对大量的调查资料进行分析后，他指出劳动分工可以很大程度地提高劳动生产率。亚当·斯密的劳动分工理论为生产和运作管理的形成奠定了主要的理论基础。

埃尔·惠特尼是第一个倡导零部件标准化和有效的质量管理的学者，为互换部件的早期普及作出了贡献。查尔斯·巴贝奇在《论机器和制造业的经济》中，发展了亚当·斯密的理论，他赞同亚当·斯密劳动分工能提高劳动生产率的理论，同时又在此基础上指出，亚当·斯密提出的三项劳动分工好处中忽略了分工可以减少支付工资这一好处。此外，他还提出了工资加利润分享制度，对专业化分工、机器与工具使用、时间研究、批量生产、均衡生产、成本记录等作出详细的阐述。这一阶段的生产与运作管理理论虽然还不够全面，没有形成专门的学科，但对于促进生产以及以后的科学管理理论的产生和发展，都产生了深远的影响。

(二)生产与运作管理的系统化发展阶段

到了19世纪末期，由于生产技术的提高、生产规模的发展和资本的日益扩大，企业的管理职能逐渐和资本所有权相分离，管理职能由资本家委托给以经理为首的各方面的管理人员所组成的专门管理机构承担。从此，专门的管理阶层出现，同时管理工作也成为有人专门研究的一门学科。这一阶段从19世纪末直到20世纪40年代，代表人物有泰勒、吉尔布雷斯夫妇、甘特以及福特等人。弗雷德里克·W.泰勒是生产管理发展史上最杰出的历史人物之一，他在1911年发表了《科学管理原理》一书，这是最早的系统地研究运作管理的著作。

这一时期还有一位著名的法国管理大师亨利·法约尔，他所研究的问题是组织结构和管理原则的合理化，他指出了企业经营的六方面职能，即技术职能、经营职能、财务职能、安全职能、会计职能、管理职能，同时还提出了管理人员需解决的十四条原则，即分工、权力与责任、纪律、统一命令、统一领导、员工个人要服从整体、人员的报酬要公平、集权、等级链、秩序、平等、人员保持稳定、主动性和集体精神。亨利·法约尔的贡献在整个管理领域都是崭新的，他的这些理论也为以后管理理论的发展奠定了基础。

这一时期由关注效率问题，到进一步关注成本降低问题，出现了工厂外迁到劳动力成本低的国家和地区的趋势，引起了产业转移升级、技术进步，倒逼发达地区改进生产和提高产品质量，扩大品种类别，向提供更多产品的流程方向发展。

(三)生产与运作管理的现代化发展阶段

这个阶段自20世纪40年代至90年代，特别是20世纪50年代到70年代，世界经济政治都发生了巨大的变化，科学技术迅猛发展，企业的规模也逐渐扩大，加速了企业经营国际化的进程。由于科学技术的发展、生产自动化程度的提高、管理工作逐渐细化，这些变化决定了企业在生产管理领域运用更先进的管理手段和方法出现的必然性。

首先，质量变革成就了日本国家经济的复兴，通过利用创新管理工具分析质量问题和原因，在降低缺陷方面取得了持续的改进。

其次，定制化与设计提高了生产与运作管理的核心竞争力，通过提供创新产品满足顾客的需求。

再次，基于时间的竞争优势是采用快速反应的供应和交货，赢得更多的订单。随着信息技术的发展，通过持续改进和流程再造实现了快速反应，结果是比竞争对手更快地开发出产品，提高订单处理速度，加快配送流程，对顾客需求的变化做出快速反应，改进运作质量。

最后，服务创新扩大了生产与运作管理的收益面，特别是造就了美国经济的迅速成长，掌握信息化技术，选择适用的现代服务模式和流程，实现顾客的期望。

在这一时期对运作管理发展作出突出贡献的人物有美国管理专家爱德华兹·戴明和约瑟夫·朱兰。他们把统计质量控制技术和工人参与质量管理改进的思想传播到日本。日本企业在此基础上创造出了全面质量管理体系(TQC)。在这一时期，随着计算机的应用，生产管理信息系统也逐渐升级到"计算机一体化制造"，这在生产与运作管理发展的历程中是具有划时代意义的。随着计算机的应用，全球化的发展趋势下，美国的著名管理学家理查德·施恩伯格创造出世界级的制造方式，主要特征有四个方面：无缺陷的全面质量管理、准时制生产方式、充分授权的工人自主式管理、满足社会和消费者要求的高度柔性的创造系统。

(四)生产与运作管理的网络化发展阶段

21世纪以来，随着互联网、移动互联网和物联网技术的推动，创新驱动已经成为世界各国发展的主题，投资面向创新型生产与运作企业，造就了一大批互联网和移动互联网企业，形成各类网络平台，通过各国生产与运作技术标准的国际化、跨国公司的全球化布局和生产与运作战略思考，极大地推进了新经济、新技术、新的生产和服务模式以及万众创新的产品、服务和组织形式的开发活动。以中国、印度等新兴大国的改革创新和发展为代表，消费主导型需求逐渐释放，形成产品需求多元化、个性化、规模化的差异化市场，全球化运作管理面对无边界的市场，实行全球采购、全球生产、全球销售、全球服务的模式，离不开网络。其中最显著的发展是电子商务平台在中国的快速发展，形成了以阿里巴巴为代表的著名企业，旗下派生出淘宝、天猫、蚂蚁金服等网络平台，形成一大批网商，经过互联网+模式出现虚拟与实体融合的新模式，极大地推进了新型商业模式创新，为现代服务业发展增添了"翅膀",一大批新零售、新物流、新金融等新型商业服务生态企业发展起来,靠互联网生长起来的新型生产与运作企业,造就了芸芸众生的一代依赖互联网生存的新生代宠儿,用互联网思维改变着社会、生活和消费。

21世纪以来,企业运作管理的一个重大变化是融入供应链管理之中。虽然供应链的概念在20世纪80年代就提出来了,历经80年代传统的供应链管理,90年代精细供应链管理、集成化的敏捷供应链管理,21世纪用户化的敏捷供应链管理之后,现在实行精益供应链管理,使得企业运作管理在生产制造业管理中得到普遍应用,成为一种新的管理模式。为应对日益激烈的市场竞争,许多企业在供应链环节远远无法满足自身发展的需求,因此,新型供应链管理服务系统作为连接供应链上下游公司的B2B平台应运而生,一些著名的企业在供应链管理实践中取得了巨大成就。目前国内已有专业的供应链服务公司运用供应链系统作为供应链上下游企业的业务处理平台,对于中小制造企业来讲,打造供应链就是一个分合的过程:把不具有核心竞争力的业务分出去,再与具有这些业务核心竞争力的企业联合起来。供应链管理体现为核心企业如何驾驭供应链,如何与供应链伙伴协调同步发展。成功的供应链管理是指整条供应链的优化和竞争力的提升,而不仅仅是指成本和利润在供应链企业中的分配。供应链管理的关键就在于供应链各节点企业之间的连接和合作,以及相互之间在设计、生产、竞争策略等方面的协调。代表21世纪发展方向的供应链管理,不仅已经改变或即将改变每个企业在全球经济格局中的位置,而且促使世界经济形成一种新的竞争趋势。在这种新的竞争趋势推动下,世界上越来越多的大企业努力冲破工业经济时代"重生产,轻物流"的思想束缚,建立现代供应链管理体系,并将它作为取得竞争优势的法宝,以提高物流能力,降低成本,创造更多的经济效益和社会效益。

而在21世纪的开始,世界也进入了一个崭新的发展阶段,即知识经济时代。可以说生产与运作管理在这一时期得到了空前的发展。

二、生产与运作管理的发展状况

(一)生产与运作管理范围大大扩大

生产概念的扩大,不仅使生产系统管理研究的导向和内容发生了很大的变化,而且也使生产系统管理研究的方法和手段发生了变化。在过去,生产管理系统的研究和实践主要考虑的是制造业的问题,甚至很多时候只涉及生产系统内部,绝大部分的生产管理理论和方法也是针对制造业的,但在今天,人们在继续研究制造业的生产管理问题的同时,已经开始把服务业的问题作为生产系统管理的一个重要方面加以研究,提出了许多更适用于服务业的新的生产系统管理理论和方法,并应用于实践中。

(二)多品种小批量生产已经成为生产方式的主流

随着科学技术的进步和人们生活条件的不断改善,消费者的价值观念变化很快,消费需求多样化、个性化,从而引起产品的寿命周期相应缩短。因此,一度被当作20世纪六七十年代生产特征的单一品种大批量生产方式,从80年代以后已是传统方式,逐渐从以大批量生产方式为主向以多品种小批量生产方式为主的方向转化,给生产管理带来了新的变化。

在市场需求多样化面前,大批量生产方式逐渐丧失其优越性,多品种、中小批量混合生产方式越来越成为主流方式。

(三)生产与运作管理模式不断更新

随着科学技术的飞速发展和居民消费水平的提高,当今社会已经进入多样化时代。多品种多样化给制造和管理带来了一系列的问题,使以多品种小批量生产为特征的现代生产,在生产组织、计划、协调和控制工作等方面变得更重要和复杂化,在生产与运作管理上如何使规模效益与多样化需求相结合,就成为一个突出的问题。谁能提高多品种小批量生产的效率,谁就会在竞争中占优势。提高多品种小批量生产效率的途径有两种:减少零件变化与提高生产系统的柔性。

(四)生产与运作管理企业竞争因素趋于多元化

现在的生产管理竞争体现在多方面的竞争,主要包括价格、质量、品种、时间、信誉、环保等竞争因素,主要竞争因素也在不断地发生变化。大量生产、精细生产、集成制造、敏捷制造、大量定制和绿色制造等典型的生产方式随主要竞争因素变化的规律,从以企业为中心的管理模式向以顾客为中心的管理模式进行转型;并分别就基于成本竞争、基于质量竞争、基于柔性竞争、基于时间竞争、基于服务竞争和基于环保竞争的生产运作管理开展竞争。

(五)生产与运作管理系统的集成与优化逐渐向供应链管理方向推进

中国制造业踏上复兴之路,不断创新发展,信息化已经成为创新型企业实现快速发展的重要技术支撑,更多的制造企业通过数字化与信息化技术的应用,增强了企业快速发展的动力。国内外主流的 ERP 厂商相继推出的 PLM 解决方案,逐渐被企业接纳及应用,ERP 和 PLM 加速融合。在市场需求的驱动下,在 GRPS 或 3G 网络等的技术支持下,自动识别技术已广泛应用于制造企业的各个领域,如采购、销售与生产等,从仓库或者厂区内的应用转向了整个供应链的应用。众厂商在产品性能和服务上提供了完整的虚拟化平台;通过更有效的管理运营和业务流程,来达到创造价值的目的。SAP、用友、金蝶、浪潮等 ERP 厂商都发布了基于 SOA 架构的 ERP 产品。SOA 为企业形成柔性生态系统提供了技术保障。通过加强供应链协作,与上下游企业实现协同,提升整个供应链快速反应能力,降低供应链成本,保证在恶劣的环境中实现生存与发展。

(六)生产与运作管理运用标准化、系统化和个性化不断提升产品和服务质量

企业在生存环境压力加大、各种相关标准规范要求增多、产品同质化加剧以及新材料、新能源和信息技术深度融合使制造技术越来越复杂的情况下,迫切需要有效的生产现场管理手段来支持掌握生产进度,在线监视质量,实时监控设备运作。车间级信息化受到企业与厂商的共同关注。他们更加关注产品技术状态管理,帮助企业追根溯源,识别客户订单的个性化和产品研发的复杂性,要求企业重视管理产品最终技术信息和生命周期过程数据,

这些信息有助于企业追根溯源，还原实际产品真相，提高顾客体验效果。在企业 PDM(产品数据管理)深化应用过程中越来越得到企业的关注。

全球环境的恶化、环保法规的出台要求企业从设计源开发绿色、环保、节能的产品。可持续设计、绿色设计等设计理念日益受到重视，制造企业对支持绿色设计的解决方案的需求与日俱增。

三、生产与运作管理的发展趋势

(1) 指导生产活动的供需协调论、劳动分工论、资源整合论和天人和谐论，特别是对绿色生产的论述具有前瞻性，对我国企业发展环保型的产品和服务有重要的指导意义。其中供需协调是一种平衡方法。生产与运作的管理是根据市场需求的变化编制生产计划，提出适当的供应与采购计划，确保供需协调与平衡。分工是卖方市场条件下提高效率，从而提高竞争力的方法；整合是在买方市场的条件下提高组织应变能力，从而提高竞争力的途径；天人和谐则是人与自然可持续发展的保证的观点，是在对生产运作管理的深刻分析的基础上提出的，具有普遍意义。

(2) 六个竞争因素(价格、质量、品种、时间、服务、环保)及其随消费水平提高而变化的规律被企业认可，这对我国企业在全球化市场如何制定运作战略、与国外企业竞争，具有重要的参考价值。因为任何企业都需要根据市场的具体情况和自身的核心竞争力来确定竞争重点，这就需要系统地考虑竞争因素，突出自身的长处，以获得竞争优势。

第二节　生产与运作管理理论与方法

一、科学生产管理时期的理论与方法

18 世纪 80 年代的工业革命、工厂制度产生以后，社会的基本生产组织形式从以家庭、手工工厂为单位转向以工厂为单位，机器代替了手工操作，生产规模迅速扩大，企业内部的分工日益细微，协作更加广泛，积累了大量的管理经验及实践，为建立早期管理理论打下了基础。生产与运作的实践历史久远，如纺织、印染、冶炼、酿酒等生产工艺复杂，运作过程早有史书记载，这里的生产与运作理论与方法均是按西方教科书列出的有限内容展开介绍的。

(一)泰勒的科学管理

在生产管理的发展史上，弗雷德里克·W.泰勒毫无疑问是个杰出的历史人物，他作为研究考察领域的生产组织、劳动控制、设备装置与生产控制的创始者，被称为"科学管理"之父。19 世纪末，由于实行了劳动分工，并按劳动技巧和效率的差别支付工人的劳动报酬，使工资制度逐步合理化，这是生产管理的初级阶段。20 世纪初，泰勒首创科学管理运动，将科学的定量分析方法引入生产与作业管理中(标准时间研究和工作研究)，使生产与作业管

理摆脱了经验管理的束缚。泰勒认为科学管理的根本目的是谋求最高劳动生产率，最高的工作效率是雇主和雇员达到共同富裕的基础，要达到最高的工作效率的重要手段是用科学化的、标准化的管理方法代替经验管理。泰勒认为最佳的管理方法是任务管理法。泰勒在他的主要著作《科学管理原理》中阐述了科学管理理论，使人们认识到了管理是一门建立在明确的法规、条文和原则之上的科学。泰勒的科学管理主要有两大贡献：一是管理要走向科学；二是劳资双方的精神革命。

泰勒的科学管理理论的主要内容包括以下三个方面。

1. 作业管理

作业管理是泰勒科学管理的基本内容之一，它由一系列科学方法组成。制定科学的工作方法，其目的在于提高每一个单位的劳动产量。

2. 组织管理

组织管理的主要任务是进行调查研究并以此作为确定定额和操作方法的依据；制定有科学依据的定额和标准化的操作方法工具；拟定计划、发布指令和命令；把标准和实际情况进行比较，以便进行有效的控制。在现场，工人或工头从事执行的职能，按照计划使用规定的标准工具，从事实际操作，不能自作主张、各行其是。泰勒把这种管理方法作为科学管理的基本原则，这也使得管理思想的发展向前迈进了一大步，将分工理论进一步拓展到管理领域。泰勒为组织管理提出了一个极为重要的原则——例外原则。所谓例外原则，就是指企业的高级管理人员把一般日常事务授权给下属管理人员负责处理，而自己保留对例外事项(一般也是重要事项)的决策权和控制权，如重大的企业战略问题和重要的人员更替等。这种例外的原则至今仍然是管理中极为重要的原则之一。

3. 管理哲学

与其说科学管理是一些由原理和原则组成的管理理论，不如说科学管理是一种改变当时人们对管理实践重新审视的管理哲学。正如美国管理学家德鲁克指出的那样："科学管理是一种关于工人和工作系统的哲学，总的来说它可能是自联邦主义文献以后，美国对西方思想作出的最特殊的贡献。"

泰勒的成就十分巨大，至少在以下几个方面的影响延续至今，成为现代管理理论的智慧根基。

首先，泰勒采用实验方法研究管理问题，开创了实证式管理研究先河。

泰勒不是坐在学院里进行饶有兴趣的逻辑性推论，而是走进工厂，深入车间，做了大量著名的实验，短则一周，长则竟达 26 年，如其金属切削实验。这就如同培根和伽利略首先在科学、哲学上引进实验方法，使得近代科学、哲学可以进入真正的科学层面一样，泰勒使得管理学由杂谈变成了一门严谨的科学。而其实证方法，则为管理学研究开辟了一片无限广阔的新天地。

其次，泰勒开创了单个或局部工作流程的分析，是流程/过程管理学的鼻祖。

泰勒的创造性贡献还在于他首先选取整个企业经营管理的现场作业管理中的某一个局部，从小到大地研究管理。这样一种方法与实证方法相配合，是一种归纳研究方法，即由许多具体案例或实验结果，归纳提升成为整体性结论。

再次，泰勒率先提出经验管理法可以为科学管理法所代替，从而开阔了管理的视野。

泰勒先生的管理理论之所以被尊称为科学管理理论，原因在于他首次突破了管理研究的经验途径这一局限性视野，提出要以效率、效益更高的科学性管理，来取代传统小作坊师傅个人经验传带或个人自己积累经验的经验型管理。

最后，泰勒率先提出工作标准化思想，是标准化或基准化管理的创始人。

泰勒以作业管理为核心的管理理论，其目的是达到现实生产条件下的最大生产效率，但其研究成果却是以标准化，以及各个环节和要素的标准化为表现形式。这是一个很重要的标准量化管理的研究成果，开启了标准化管理的先河。

(二)吉尔布雷斯夫妇的动作研究

弗兰克·吉尔布雷斯(1868—1924)是一位工程师和管理学家，科学管理运动的先驱者之一，其突出成就主要表现在动作研究方面。1912 年，在泰罗与甘特的影响下，吉尔布雷斯放弃了收入颇丰的建筑业务，改行从事"管理工程"的研究，他在体力劳动的操作方法上很有造诣。吉尔布雷斯夫妇对科学管理进行了验证。他们创造了一种衡量方法，通过它，有助于进一步打破衡量和管理的界限。他们改进了泰勒的方法，泰勒方法我们称为"工作研究"，而他们的方法，我们称为"运动研究"。其差别在于，泰勒是基于在生产线上找工人做实验的方法，而吉尔布雷斯夫妇发明了一个"动素"的概念，把人的所有动作归纳成 17 个动素，如手腕动作称为一个动素，就可以把所有的作业分解成一些动素的和。对每个动素做了定量研究之后，就可以分析每个作业需要花多少时间。

吉尔布雷斯研究问题的角度被他们称作"动作分析"。他们在照相机的帮助下，对砖瓦匠的活动进行了分析，使得吉尔布雷斯能够认定整个活动由 16 个单个动作组成。这些单个动作被他们称为"基本分解动作"。吉尔布雷斯还发明了一整套动作流程图，并且与打字机的生产者雷明顿(Remington)合作，协助研发出一种更为有效的德沃夏克键盘布局。

弗兰克·吉尔布雷斯夫妇在管理思想方面的主要贡献有：①动作研究。坚持"动作经济原则"，并把这种原则推广到工人中，使工作效率大为提高。②探讨工人、工作和工作环境之间的相互影响。③疲劳研究。建议在工作中播放音乐，以减轻疲劳，并向社会呼吁把消除疲劳放在头等重要的地位。④强调进行制度管理。弗兰克·吉尔布雷斯认为任何工作都有一种最好的管理方法，应该把这些方法系统化为一套制度，人人都遵照执行。⑤重视企业中的人。

(三)福特流水生产线

亨利·福特(Henry Ford，1863—1947)是 20 世纪最伟大的企业家，福特汽车公司创始人，汽车大王、美国汽车工程师与企业家，于 1903 年创立福特汽车公司。1908 年福特汽车公司生产出世界上第一辆属于普通大众的汽车——T 型车，世界汽车工业革命就此开始。

他也是世界上第一位使用流水线大批量生产汽车的人。1913 年，福特汽车公司开发出了世界上第一条流水线，这一创举使 T 型车一共达到了 1500 万辆，缔造了一个至今仍未被打破的世界纪录。它不但革命了工业生产方式，而且对现代社会和文化起着巨大的影响。

1913 年，福特应用创新理念和反向思维逻辑提出在汽车组装中，汽车底盘在传送带上以一定速度从一端向另一端前行中，逐步装上发动机、操控系统、车厢、方向盘、仪表、车灯、车窗玻璃、车轮，一辆完整的车组装成了。第一条流水线使每辆T型汽车的组装时间由原来的12小时28分钟缩短至90分钟，生产效率提高了8倍。

生产流水线是在一定的线路上连续输送货物的搬运机械，又称输送线或者输送机。按照输送系列产品大体可以分为皮带流水线、板链线、倍数链线、插件线、网带线、悬挂线及滚筒流水线这七类流水线。它一般包括牵引件、承载构件、驱动装置、张紧装置、改向装置和支承件等。流水线输送能力大、运距长，还可在输送过程中同时完成若干工艺操作，所以应用十分广泛。流水线是把一个重复的过程分为若干个子过程，每个子过程可以和其他子过程并行运作。福特的流水线不仅把汽车放在流水线上组装，也花费了大量精力研究提高劳动生产率。福特把装配汽车的零件装在敞口箱里，放在输送带上，送到技工面前，工人只需站在输送带两边，节省了来往取零件的时间，而且装配底盘时，让工人拖着底盘通过预先排列好的一堆零件，负责装配的工人只需安装，这样装配速度自然加快了。

生产流水线使产品的生产工序被分割成一个个环节，工人间的分工更为细致，产品的质量和产量大幅度提高，极大地促进了生产工艺过程和产品的标准化。制成品被大量生产出来，尤其是多样的日用品在流水线上变成了标准化商品。汽车生产流水线以标准化、大批量生产来降低生产成本，提高生产效率的方式适应了美国当时的国情，汽车工业迅速成为美国的一大支柱产业。因此，有一些社会理论学家将这一段经济和社会历史称为"福特主义"。福特先生为此被尊为"为世界装上轮子"的人。

1999年，《财富》杂志将他评为"20世纪最伟大的企业家"，以表彰他和福特汽车公司对人类工业发展所作出的杰出贡献。

(四)甘特图

亨利·劳伦斯·甘特(Henry Laurence Gantt)，是人际关系理论的先驱者之一、科学管理运动的先驱者之一，是生产计划进度图的发明者。1887年，甘特来到米德维尔钢铁厂任助理工程师，在这里，他结识了泰罗，并在后来和泰罗一起去了西蒙德公司和伯利恒公司。此后，甘特同泰罗密切合作，共同研究科学管理问题，直到离开伯利恒为止。1902年以后，甘特离开了泰罗，独立开业当咨询工程师，并先后在哥伦比亚、哈佛、耶鲁等大学任教。第一次世界大战期间，甘特放弃了赚钱的企业咨询，为政府和军队充当顾问，对造船厂、兵工厂的管理进行了深入的研究。因为甘特在战争期间的贡献，他获得了美国联邦政府的服务优异奖章。

甘特是泰罗创立和推广科学管理制度的亲密的合作者，也是科学管理运动的先驱者之一。甘特提出了任务和奖金制度，发明了甘特图，即生产计划进度图。在企业管理方面，甘特提出的奖励工资制有着很大影响，人们一般称之为"任务加奖金制"(task work with bonus)。泰罗的差别计件工资制着眼于工人个人，甘特则与泰罗不同，着眼于工人工作的集体性，所提出的任务加奖金制具有集体激励性质。甘特认为，泰罗的办法促进了管理者与工人之间的合作，但不能促进工人与工人之间的合作，而是促使工人进行单干。甘特在他的《劳动、工资和利润》中，论述了他的任务加奖金制设想。因此，泰罗认为，甘特的奖励工资制，在旧有的计日工资制与新的差别计件工资制之间搭起了一座桥梁。

甘特为管理学界所熟知的，是他发明的甘特图(Gantt Chart)。由于这种绘图办法提高了工作效率，甘特又进一步扩大了这种图表的范围，在图表上增加了许多内容，包括每天生产量的对比、成本控制、每台机器的工作量、每个工人实际完成的工作量及其与原先对工人工作量估计的对比情况、闲置机器的费用以及其他项目，使这种图表发展成为一种实用价值较高的管理工具。甘特提出：工作控制中的关键因素是时间，时间应当是制订任何计划的基础。解决时间安排问题的办法，是绘出一张标明计划和控制工作的线条图。甘特用图表帮助管理者进行计划与控制的做法是当时管理技术上的一次革命。

(五)梅奥的霍桑试验

自泰勒时代开始，数学的和统计的方法在生产与管理发展过程中就居于支配地位，只有一个例外情况，这就是霍桑试验。该试验始于 1924 年，完成于 1930 年。梅奥等人在西方电气设备公司的霍桑工厂研究工厂环境对工作效率的影响，研究结果出乎意料，他们发现人的因素要比以前理论工作者想象的重要得多。例如，尊重工人比只靠增加劳动报酬要重要得多。他们认为，工人的态度和行为取决于个人和社会作用的发挥，组织和社会对工人的尊重与关心是提高劳动生产率的重要条件。霍桑试验大大地推动了行为科学理论的发展，使管理的重点由物转向了人。

(六)哈里斯的经济订货批量

在泰罗以后，困扰着认真调查研究者的另一个难题是大规模问题的复杂性。要解决这类问题，必须要借助数学方法。F.W.哈里斯(F.W.Harris)在 1915 年作了数学分析的尝试，他最先发表了简单情况的经济批量的模型，开创了现代库存理论的研究。在此之前，意大利的 V.帕雷托在研究世界财富分配问题时曾提出帕雷托定律，用于库存管理方面的即为 ABC 分类法。哈里斯在研究物资采购批量与费用的关系时，发现两类费用与其有关：第一类是存储费，包括存货所占用的资金的利息、占用的仓库费用、库存耗损等与订货批量有关的费用，且批量越大，存储费越高；第二类是购置费，包括订货的手续费、采购人员差旅费、通信费等与订货次数有关的费用。订货的次数增加，购置费增加。而在年物资需求稳定的条件下，订货次数与订货批量成反比关系。这两类费用一个与批量成正比关系，一个与批量成反比关系，这两类费用叠加，总费用必然存在一个最低点，该点就是经济订货批量。随着管理工作的科学化，库存管理的理论有了很大的发展，形成了许多库存模型，应用于企业管理中已收到显著的效果。

二、生产与运作方法论形成时期的理论与方法

第二次世界大战开始以后，当代生产与运作管理的概念、理论和技术开始迅速发展。其主要表现在三个方面：一是统计质量的概念发展迅速，在产品质量控制中得到广泛应用；二是引用了线性规划，高速电子计算机的发展使大规模线性规划问题的解决成为可能；三是其他数学方法也发展起来。例如，排队论在生产线、机器保养等方面得到了应用。此外还发展了一些新的、更现实的库存模型。

(一)质量管理科学理论

1. 休哈特的控制图

沃尔特·休哈特(Walter Shewhart)于 20 世纪二三十年代提出系统过程控制理论并首创监控过程工具——控制图,统计质量控制理论形成于 20 世纪 30 年代,其代表人物是美国贝尔电话实验室的休哈特。1931 年,他在对统计质量控制的发展和在工业中的应用研究的基础上,出版了《加工产品的经济控制》一书,为质量控制理论奠定了基础。休哈特将数理统计的原理运用到质量管理中,提出了工序质量控制图的概念。控制图的出现,是质量管理从单纯事后检验进入检验加预防阶段的标志,也是形成一门独立学科的开始。1924 年,工程师休哈特提出了控制和预防缺陷的概念。后来他应西方电气公司的邀请,参加该公司所属霍桑工厂关于加强与改善质量检验工作的调查研究工作。在那里,休哈特提出用"6σ"的方法来预防废品,把控制图即预防缺陷法应用到工厂中。1931 年,休哈特将所涉及的质量控制方案和控制图汇集在一起,出版了《工业产品质量的经济控制》一书。与此同时,美国贝尔电话试验室成立了一个检验工程小组,小组的成员有休哈特、道奇和罗米格等人。其成果之一就是提出了关于抽样检验的概念。这些人成了最早把数理统计方法引入质量管理的先驱。

2. 道奇为首的抽样检验理论

道奇与罗米格于 20 世纪 30 年代提出抽样检验理论,主要是应用统计抽样检验进行控制的方法,其特点是"事后检验向事前预防、事中控制转移";它构成了质量检验的重要内容。1934 年在英国工作的 L.H.C.蒂皮特对工作(劳动)抽样理论(确定各种延迟、工作时间等方面标准的取样程序)的研究,进一步发展了抽样检验。1944 年,道奇和罗米格发表了合著《一次和二次抽样检查表》,这套抽样检查表目前在国际上仍被广泛地应用。

3. 稳健性设计方法

日本的田中玄一在 20 世纪五六十年代研究出稳健性设计方法,提出了产品质量以及产品开发设计能力。QFD(质量机能展开)是日本赤尾洋二在 20 世纪六七十年代所建立的,它利用矩阵表这类工具能够科学地将消费者的需求转化为所开发产品的规格要求。

(二)复杂数学方法应用

第二次世界大战期间,在研究战争物资的合理调配中,以定量的优化方法为主要内容的运筹学得到迅速发展。第二次世界大战后,20 世纪五六十年代,这些成果被广泛地应用于工厂等领域,生产与运作管理发展到一个新的阶段。20 世纪 40 年代复杂系统的多约束方法——线性规划的单纯形法由运筹学研究小组丹奇克提出,20 世纪五六十年代运筹学的进一步发展出现了仿真、排队论、决策理论、数学规划、PERT 和 CPM 等应用方法,美国和西欧许多国家的研究人员在 20 世纪 70 年代推出车间计划、库存控制、项目管理、MRP 等方法。例如,IBM 公司的约瑟夫·奥里奇和奥利弗·怀特就是 MRP 革新者。

1. 线性规划

线性规划(Linear Programming，LP)是运筹学的一个重要分支。自从1947年，美国学者、运筹学研究小组丹奇克(George B.Dantzig)提出线性规划的单纯形法和许多相关理论后，线性规划就成了经济学家分析问题的重要工具。苏联学者康托洛维奇在这方面贡献尤为突出，他与科普曼联合发表的《资源利用的经济计算》获得了1975年诺贝尔经济学奖。随着电子计算机的迅速发展，线性规划已广泛应用于工业、农业、商业、交通运输、经济管理和国防科技等各个领域，成为现代化管理的有力工具之一。

2. 运筹学

1955年我国从"运筹帷幄之中，决胜千里之外"(见《史记》)这句话中摘取"运筹"二字，将O.R.(Operations Research)正式译作运筹学。在中国古代文献中就有记载，如田忌赛马、丁渭主持皇宫修复等。说明在已有的条件下，经过筹划、安排，选择一个最好的方案，就会取得最好的效果。可见，筹划安排是十分重要的。普遍认为，运筹学是近代应用数学的一个分支，主要是将生产、管理等事件中出现的一些带有普遍性的运筹问题加以提炼，然后利用数学方法进行解决。前者提供模型，后者提供理论和方法。随着科学技术和生产的发展，运筹学已渗入很多领域，发挥了越来越重要的作用。运筹学本身也在不断发展，如线性规划、非线性规划、整数规划、组合规划等。运筹学的理论发展迅速，并形成众多分支学科，如图论、网络流、决策分析、排队论、可靠性数学理论、库存论、博弈论、搜索论、模拟等。由于这些方法在某些方面取得了极大的成功，人们对优化方法寄予了极大的希望，在20世纪50年代以后得到了广泛的应用。对于系统配置、聚散、竞争的运用机理进行了深入的研究和应用，形成了比较完备的一套理论，如规划论、排队论、存储论、决策论等，由于理论上的成熟和电子计算机的问世，又大大促进了运筹学的发展，世界上不少国家已成立了致力于该领域及相关活动的专门学会，美国于1952年成立了运筹学会，并出版期刊《运筹学》，世界其他国家也先后创办了运筹学会与期刊，1959年成立了国际运筹学协会(International Federation of Operations Research Societies，IFORS)。

3. 规划论

数学规划即上面所说的规划论，是运筹学的一个重要分支，早在1939年苏联的康托洛维奇(H.B.Kahtopob)和美国的希奇柯克(F.L.Hitchcock)等人就在生产组织管理和制定交通运输方案方面首先研究和应用线性规划方法。1947年旦茨格等人提出了求解线性规划问题的单纯形方法，为线性规划的理论与计算奠定了基础，特别是电子计算机的出现和日益完善，更使规划论得到迅速的发展，可用电子计算机来处理成千上万个约束条件和变量的大规模线性规划问题，从解决技术问题的最优化，到工业、农业、商业、交通运输业以及决策分析部门都可以发挥作用。从范围来看，小到一个班组的计划安排，大至整个部门，乃至国民经济计划的最优化方案分析，它都有用武之地，具有适应性强、应用面广、计算技术比较简便的特点。非线性规划的基础性工作则是在1951年由库恩(H.W.Kuhn)和塔克(A.W.Tucker)等人完成的，到了20世纪70年代，数学规划无论是在理论上和方法上，还是在应用的深度和广度上都进入成熟期，成为生产与运作管理的重要理论与方法。

4. 库存论

库存论是一种研究物质最优存储及存储控制的理论，库存是物质存储时工业生产和经济运转的必然现象。如果物质存储过多，则会占用大量的仓储空间，增加保管费用，使物质过时报废，从而造成经济损失；如果存储过少，则会因失去销售时机而减少利润，或因原料短缺而造成停产。因此，如何寻求一个恰当的采购、存储方案就成为库存论研究的对象。

5. 图论

图论是一个古老的但又十分活跃的分支，它是网络技术的基础。图论的创始人是数学家欧拉。1736年他发表了图论方面的第一篇论文，解决了著名的哥尼斯堡七桥难题，相隔一百多年以后，在1847年基尔霍夫第一次应用图论的原理分析电网，从而把图论引入工程技术领域。20世纪50年代以来，图论的理论得到了进一步发展，将复杂庞大的工程系统和管理问题用图描述，可以解决很多工程设计和管理决策的最优化问题，例如，完成工程任务的时间最少、距离最短、费用最省等。图论受到数学、工程技术及经营管理等各方面越来越广泛的重视。

6. 排队论

排队论又叫随机服务系统理论，是在20世纪初由丹麦工程师艾尔郎关于电话交换机的效率研究开始的，在第二次世界大战中为了对飞机场跑道的容纳量进行估算，它得到了进一步的发展，其相应的学科更新论、可靠性理论等也都发展起来了。

1909年，丹麦的电话工程师爱尔朗(A.K.Erlang)提出排队问题，1930年以后，取得了一些重要成果，1949年前后，开始了对机器管理、陆空交通等方面的研究，1951年以后，理论工作有了新的进展，逐渐奠定了现代随机服务系统的理论基础。排队论主要研究各种系统的排队队长、排队的等待时间及所提供的服务等各种参数，以便求得更好的服务。它是研究系统随机聚散现象的理论。

排队论又叫随机服务系统理论。它的研究目的是要回答如何改进服务机构或组织被服务的对象，使得某种指标达到最优的问题，比如一个港口应该有多少个码头、一个工厂应该有多少维修人员等。

因为排队现象是一个随机现象，因此在研究排队现象的时候，主要是以研究随机现象的概率论作为主要工具。此外，还有微分和微分方程。排队论把它所要研究的对象形象地描述为顾客来到服务台前要求接待。如果服务台已被其他顾客占用，那么就要排队。另一方面，服务台也时而空闲、时而忙碌，就需要通过数学方法求得顾客的等待时间、排队长度等的概率分布。

排队论在日常生活中的应用是相当广泛的，比如水库水量的调节、生产流水线的安排、铁路分成场的调度、电网的设计等。

7. 可靠性理论

可靠性理论是研究系统故障，以提高系统可靠性问题的理论。可靠性理论研究的系统一般分为两类：①不可修复系统，如导弹等，这种系统的参数是寿命、可靠度等；②可修复系统,如一般的机电设备等,这种系统的重要参数是有效度,其值为系统的正常工作时间与正常工作时间加上事故修理时间之比。

8. 对策论

对策论也叫博弈论,前面讲的田忌赛马就是典型的博弈论问题。作为运筹学的一个分支,博弈论的发展也只有几十年的历史。系统地创建这门学科的数学家是冯·诺依曼。

最初用数学方法研究博弈论是在国际象棋中开始的,旨在用来探索如何确定取胜的算法。由于是研究双方冲突、制胜对策的问题,所以这门学科在军事方面有着十分重要的应用。数学家还对水雷和舰艇、歼击机和轰炸机之间的作战、追踪等问题进行了研究,提出了追逃双方都能自主决策的数学理论。随着人工智能研究的进一步发展,对博弈论提出了更多新的要求。

9. 决策论

决策论研究决策问题。所谓决策,就是根据客观可能性,借助一定的理论、方法和工具,科学地选择最优方案的过程。决策问题是由决策者和决策域构成的,而决策域又由决策空间、状态空间和结果函数构成。研究决策理论与方法的科学就是决策科学。决策所要解决的问题是多种多样的,从不同的角度解决有不同的分类方法,按决策者所面临的自然状态的确定与否可分为:确定型决策、不确定型决策和风险型决策;按决策所依据的目标个数可分为单目标决策与多目标决策;按决策问题的性质可分为战略决策与策略决策,以及按不同准则划分成的种种决策问题类型。不同类型的决策问题应采用不同的决策方法。决策的基本步骤为:①确定问题,提出决策的目标;②发现、探索和拟定各种可行方案;③从多种可行方案中,选出最满意的方案;④决策的执行与反馈,以寻求决策的动态最优。

如果决策者的对方也是人(一个人或一群人),双方都希望取胜,这类具有竞争性的决策称为对策或博弈型决策。构成对策问题的三个根本要素是:局中人、策略与一局对策的得失。对策问题一般可分为有限零和两人对策、阵地对策、连续对策、多人对策与微分对策等。

10. 搜索论

搜索论是由于第二次世界大战中战争的需要而出现的运筹学分支,主要研究在资源和探测手段受到限制的情况下,如何设计寻找某种目标的最优方案,并加以实施的理论和方法。搜索论是在第二次世界大战中,同盟国的空军和海军在研究如何针对轴心国的潜艇活动、舰队运输和兵力部署等进行甄别的过程中产生的。搜索论在实际应用中也取得了不少成效,例如20世纪60年代,美国寻找在大西洋失踪的核潜艇"打谷者号"和"蝎子号",以及在地中海寻找丢失的氢弹,都是依据搜索论获得成功的。

(三)价值工程理论

价值工程起源于第二次世界大战期间的1938—1945年,创始人麦尔斯(L.D.Miles)是美国通用电气公司(GE)采购部的一位工程师。麦尔斯在通用电气公司工作期间负责原材料的供应,由于二战期间,美国市场各种原材料供应十分紧张,促使他不断寻找代用材料以满足生产的需要。在不断探索的过程中,"功能"这个概念逐渐变得清晰起来,提出了购买的不是产品本身而是产品功能的概念，实现了同功能的不同材料之间的代用，进而发展成在保证产品功能前提下降低成本的技术经济分析方法。1947年，麦尔斯在《美国机械工程师》杂志上发表《价值分析》(Value Analysis)一文，标志着"价值工程"这门学科正式诞生。

价值工程(Value Engineering，VE)是以产品或作业的功能分析为核心，以提高产品或作业的价值为目的，力求以最低的寿命周期成本实现产品或作业所要求的必要功能的一项有组织的创造性活动。其基本思想，就是以最少的费用换取所需的功能。麦尔斯则在20世纪40年代就提出了价值工程、价值分析的理论，这些理论与方法在很多领域都取得了巨大的经济效益。

(四)行为科学理论与方法

行为科学是20世纪30年代开始形成的一门研究人类行为的新学科，并且发展成国外管理研究的主要学派之一，是管理学中的一个重要分支，它通过对人的心理活动的研究，掌握人们行为的规律，从中寻找对待员工的新方法和提高劳动效率的途径。

行为科学是综合应用心理学、社会学、社会心理学、人类学、经济学、政治学、历史学、法律学、教育学、精神病学及管理理论和方法，研究人的行为的边缘学科，其是一门综合性学科。它研究人的行为产生、发展和相互转化的规律，以便预测人的行为和控制人的行为。

在这期间，人们也发现，生产与运作管理的对象是社会经济运动，是一种最复杂的运动形式，其行为主体是人，数学模型很难准确地描述生产系统，具有明显的局限性。

1. 需求层次论

马斯洛需求层次理论是行为科学的理论之一，由美国心理学家亚伯拉罕·马斯洛在1943年发表的《人类激励理论》论文中所提出。该文中将人类需求像阶梯一样从低到高按层次分为五种，分别是生理需求、安全需求、社交需求、尊重需求和自我实现需求。

2. 双因素理论

双因素理论又称激励保健理论(hygiene-motivational factors)，是激励理论的代表之一，由美国心理学家赫茨伯格于1959年提出。该理论认为引起人们工作动机的因素主要有两个：一是激励因素，二是保健因素。只有激励因素才能够给人们带来满意感，而保健因素只能消除人们的不满，但不会带来满意感。

3. X理论与Y理论

X理论与Y理论由美国社会心理学家、管理学家D.麦格雷戈在《企业中的人性面》(1957)一文中首先提出。麦格雷戈认为由于传统管理方式的缺陷日益明显和行为科学的发展，已经对X理论提出了挑战。X理论已被证明是建立在错误的人性假设基础之上的，所以需要建立一个更科学的人性假设。这种假设对人性的基本概括是：人生性并非懒惰和不可信任，组织成员对工作的好恶，取决于他们所处的环境，如果组织给予积极的诱导和激励，成员将渴望发挥其才智，反之则视工作为一种痛苦。强制和惩罚不是使组织成员完成组织目标的唯一方法。他们在执行自愿的任务中能够自我控制和自我指挥。人在正常条件下能学会承担责任，并能主动要求承担责任，具有相当高的创造力、想象力和解决工作中问题的能动性。但在现代社会条件下，实际上人的才智仅有一部分得到了使用。对组织成员来说，按成果付酬和委以重任是两种相关的报酬方式，而最大的报酬是使成员自我实现的需求得到满足。麦格雷戈称 Y 理论实现了"个人目标与组织目标的结合"。以 Y 理论为基础的管理方法能够鼓励组织成员参与决策，向他们提供承担责任和挑战性工作的机会，扩大他们的工作范围，便于组织分权和授权，倡导他们对自己的工作进行评价，通过激励和诱导，使他们努力工作来实现组织的目标。

三、生产运作管理理论普及时期

进入 20 世纪 50 年代，美国管理专家戴明和朱兰把统计质量控制技术和工人参与质量管理改进的思想传播到日本。日本企业经过 20 年的实践，创造出全面质量管理(Total Quality Control，TQC)。另外，线性规划、网络分析技术、价值工程、物料需求计划(MRP)、制造资源计划(MRPⅡ)、企业资源计划(ERP)等一些新的生产管理方式和方法的应用，使生产运作管理进入了现代管理阶段。20 世纪末，运用电子计算机、网络可以实现计算机集成制造，实现 MRP、ERP 系统的应用，通过 MRP、ERP 系统来大幅度地提高生产管理绩效。

(一)现代生产运作管理方式与方法

1. 物料需求计划(Material Requirements Planning，MRP)

20 世纪 40 年代，为解决库存控制问题，人们提出了订货点法，当时计算机系统还没有出现。随着计算机系统的发展，使得短时间内对大量数据的复杂运算成为可能，人们为解决订货点法的缺陷，20 世纪 60 年代提出了 MRP 理论，作为一种库存订货计划——MRP 阶段，即物料需求计划阶段，或称基本 MRP 阶段。随着人们认识的加深及计算机系统的进一步普及，20 世纪 70 年代推出闭环 MRP，MRP 的理论范畴也得到了发展，为解决采购、库存、生产、销售的管理，发展了生产能力需求计划、车间作业计划以及采购作业计划理论，作为一种生产计划与控制系统——闭环 MRP 阶段(Closed-loop MRP)。随着计算机网络技术的发展，企业内部信息得到了充分共享，MRP 的各子系统也得到了统一，形成了一个集采购、库存、生产、销售、财务、工程技术等为一体的子系统。这一阶段的代表技术是 CIMS(计算机集成制造系统)。进入 20 世纪 90 年代，随着市场竞争的进一步加剧，企业竞争空间与范围的进一步扩大，逐渐形成 MRPⅡ，主要面向企业内部资源全面计划管理的思想。

2. 企业资源计划(Enterprise Resources Planning，ERP)

ERP 是由美国加特纳公司(Gartner Group Inc.)在 20 世纪 90 年代初期首先提出的，当时的解释是根据计算机技术的发展和供需链管理，推进各类制造业在信息时代管理信息系统的发展和变革。制造业的进销存一直是其应用 ERP 系统的核心目的，不过随着制造业信息化的进展，传统的 ERP 系统已不能满足其需求，新型的可定制的、支持二次开发的，并可对接企业内部其他信息系统的 ERP 解决方案才是现代制造业所需要的。越来越多的企业倾向于选择 ERP 解决方案，尤其是跨国的全球性企业财务化功能极大地方便了全球数据的整合。通过将产品研发与制造、核算、采购和供应商集成在一起，缩短了开发周期，极大地降低了制造业的营运成本，通过从"按单设计"向"按单配置"的转型，能够快速响应不断变化的客户设计要求，同时将服务、质保、维护和备件控制等交付后，能够与财务和制造系统集成在一起。

(二)提高生产与运作管理绩效的理论与方法

1. 全面质量管理(TQC)

全面质量管理形成于 20 世纪 60 年代，首先提出全面质量管理概念的是美国著名质量管理专家费根堡姆(A.V.Feigenbaum)，其特点是"全员、全面、全过程的质量和多样化的方法"。其理论概括为"三全"：全面的质量、全过程、全员参与。美国通用电气公司的费根堡姆最先提出了全面质量管理(TQC)的思想，并且在 1961 年出版了《全面质量管理》一书。经过国内外很多公司多年的实践，TQC 在提高产品质量方面取得了巨大的成功，其核心就在"全面"二字。

20 世纪 60 年代后，戴明、朱兰、费根堡姆的全面质量管理理论在全球范围内得到了广泛的传播，各国都结合自己的实践进行了创新。特别是日本，提出了全公司质量管理(CWQC)，首创了 QCC 团队质量改进方法、田口质量工程学、5S 现场管理、TPM 全面生产维护、QFD 质量机能展开和 JIT 丰田生产方式等，归纳了"老七种""新七种"统计工具并普遍用于质量改进和质量控制。1979 年，美国质量管理专家克劳士比出版了他的开山之作《质量免费——确定质量的艺术》，确立了"第一次就把事情做对"和"零缺陷"的理论。20 世纪 80 年代，在戴明博士的倡导下，大力推行统计过程控制理论和方法，成效显著。

2. 全面生产管理制度(TPM)

TPM 是英文 Total Productive Maintenance 的缩写，汉语意思是全面生产维护。TPM 是 20 世纪 60 年代起源于美国的 PM(预防维护)，经过日本人的扩展及创新，于 1981 年形成了全公司的 TPM(全面生产维护)，并在日本取得巨大成功，随之在世界各地实施开来，1991 年在日本东京举行了第一次 TPM 世界大会，有 23 个国家 700 余人参加。TPM 最早是在 40 年前由一位美国制造人员提出的。但最早将 TPM 技术引入维修领域的是日本的一位汽车电子元件制造商——Nippondenso，是在 20 世纪 60 年代后期实现的。TPM 以追求生产系统效率(综合效率)的极限为目标，主要含义包括：①从意识改变到使用各种有效的手段，构筑能防止所有灾害、不良、浪费的体系，最终构成"零"灾害、"零"不良、"零"浪费的体系；②从生产部门开始实施，逐渐发展到开发、管理等所有部门；③从最高领导到第一线作业者全员参与。TPM 活动由"设备保全""质量保全""个别改进""事务改进""环境保全""人才培养"六个方面组成，可对企业进行全方位的改进。

3. 品管圈制度(QCC)

品管圈(Quality Control Circle，QCC)就是由相同、相近或互补的工作场所的人们自动自发地组成数人一圈的小圈团体(又称 QC 小组，一般 6 人左右)，然后全体合作、集思广益，按照一定的活动程序，活用品管七大工具(QC7 大手法)，来解决工作现场、管理、文化等方面所发生的问题及课题。它是一种比较活泼的品管形式。品管圈的特点是参加人员强调领导、技术人员、员工三结合。现代的 QCC 管理内容和目标突破了原有的质量管理范围，向着更高的技术、工艺、管理等方面扩展。

4. 品质控制(QC)

品质控制(Quality Control，QC)在 ISO 8402：1994 的定义是"为达到品质要求所采取的作业技术和活动"。其在 ISO9000：2005 的定义是："质量管理的一部分，致力于满足质量要求"。质量控制是为了通过监视质量形成过程，消除质量环上所有阶段引起的不合格或不满意效果的因素，以达到质量要求，获取经济效益，而采用的各种质量作业技术和活动。在企业领域，质量控制活动主要是企业内部的生产现场管理，包括进货检验员(IQC)、制程检验员(IPQC)和最终检验员(FQC)。质量检验从属于质量控制，是质量控制的重要活动。QC 七大工具由五图一表一法组成。五图：柏拉图、散布图、直方图、管制图、特性要因分析图(鱼骨图)；一表：查检表(甘特表)；一法：层别法。QC 新七种工具指的是：关系图法、KJ 法、系统图法、矩阵图法、矩阵数据分析法、PDPC 法、网络图法。相对而言，新七种工具在世界上的推广应用远不如旧七种工具，也从未成为顾客审核的重要方面。

5. 统计过程控制(SPC)

统计过程控制(SPC)是一种借助数理统计方法的过程控制工具。它对生产过程进行分析评价，根据反馈信息及时发现系统性因素出现的征兆，并采取措施消除其影响，使过程维持在仅受随机性因素影响的受控状态，以达到控制质量的目的。实施 SPC 的过程一般分为两大步骤：第一步是用 SPC 工具对过程进行分析，如绘制控制图等，根据分析结果采取必要措施，可能需要消除过程中的系统性因素，也可能需要管理层的介入来减小过程的随机波动以满足过程能力的需求。第二步则是用控制图对过程进行监控。控制图是 SPC 中最重要的工具。目前在生产实践中大量运用的是基于 Shew Hart 原理的传统控制图，但控制图不仅限于此。

我国的张公绪教授于 1982 年提出了质量诊断的概念和两种质量诊断理论，这是世界第一个系统诊断理论，并开辟了质量诊断理论的新方向，从此 SPC 上升为 SPD(统计过程诊断)，这是质量控制思想的一个飞跃。

6. 6σ管理

6σ管理是 20 世纪 80 年代末首先在美国摩托罗拉公司发展起来的一种新型的管理方式。其创始人之一的迈克尔·哈瑞和查理德·斯罗格将"6σ"称作"改革世界顶级企业的突破性管理策略"。摩托罗拉通信部的乔治·费西尔为了解决产品质量问题，达到顾客完全满意，创立了 6σ质量控制标准体系，并于 20 世纪 80 年代末 90 年代初在全球摩托罗拉推广。现在，6σ管理广泛用于摩托罗拉管理系统，在生产流程再造和产品的不断改进速度上，都发挥出巨大的能量，影响了其内部几十个管理、生产、交易流程。6σ管理是基于科学方法的管理，它强调了流程、测量、数据、信息和知识等科学方法的基本要素。现在的 6σ管理已经被 GE、深科技等国内外著名公司所采用。

7. 5S

5S 起源于日本，1955 年，日本当时只推行了前 2S，即整理、整顿，其目的是确保作业空间和安全，后因生产控制和品质控制的需要，而逐步提出后续 3S，即"清扫、清洁、修养"。1986 年，首本 5S 著作问世，从而对整个日本现场管理模式起到了冲击作用，并由此掀起 5S 热潮。现在，5S 成为现代企业管理的基础，也是其他管理活动有效展开的基础。目前国内企业在推行 5S 过程中往往停留在制造部门、物料部门或管理部门等，而研发、销售部门常会漠不关心，故真正做到全员参与活动的企业为数仍然不多。

8. 精益生产方式(LP)

日本丰田汽车公司从 20 世纪 50 年代起，花了 30 年时间创造出来独具一格的生产方式——准时化生产方式(JIT)。在此基础上，美国用了 5 年时间，花费了 500 万美元的巨资，概括出目前广泛采用的"精益生产方式(LP)"。进入 20 世纪 70 年代，计算机技术的发展和计算机的小型化、微型化，使得计算机开始大量进入企业管理领域，生产管理进入新的发展阶段，出现了敏捷制造(AM)、企业资源计划(ERP)、柔性制造系统(FMS)、计算机集成制造系统(CIMS)等生产技术，从而大大推进了精益生产管理水平。

精益生产起源于 20 世纪 60 年代的日本丰田公司，在现在各种资源都十分紧张的时代变得更为重要和流行。精益生产的基本原则是消除各种形式的浪费，包括物料、流程等很多方面。精益生产集中了大量生产(高产量、低成本)和手工生产(品种多和柔性)的优点。精益生产的实质是一种生产管理技术，能够大幅度地减少闲置时间、作业切换时间、库存、低劣品质、不合格的供货商、产品开发设计周期以及不合格的绩效。

四、生产与运作系统管理的理论与方法

进入 20 世纪 90 年代，业务流程重组(BPR)、供应链管理(SCM)、大规模定制被企业追求，这些新的生产与运作管理理论与方法使现在的生产管理模式发生了重大变化，从以企业为中心的管理模式转变为以顾客为中心的管理模式。现在的生产方式呈现出多样化，手工生产、大量生产、精益生产、集成制造、敏捷制造、大量定制生产、绿色制造等各种生产方式并存。

(一)业务流程重组

业务流程重组(Business Process Re-engineering，BPR)是于 1993 年由美国著名企业管理大师迈克尔·哈默(Michael Hammer)和詹姆斯·钱皮(James Champy)提出的，并合著出版了《再造企业》(Re-engineering the Corpration)一书，在 20 世纪 90 年代达到了全盛的一种管理思想。它强调以业务流程为改造对象和中心、以关心客户的需求和满意度为目标、对现有的业务流程进行根本的再思考和彻底的再设计，利用先进的制造技术、信息技术以及现代的管理手段，最大限度地实现技术上的功能集成和管理上的职能集成，以打破传统的职能型组织结构，建立全新的过程型组织结构，从而实现企业经营在成本、质量、服务和速度等方面的戏剧性的改善。业务流程重组最重要的是在组织高管层面有完善的业务流程重组管理计划与实施步骤，以及对预期可能出现的障碍与阻力有清醒的认识。

BPR 的 IT 应用支撑最佳工具为 BPM 业务流程管理软件，该类软件国际上的产品以

IBM、微软为主，国内以协达、用友、金蝶为主，其中用友、金蝶的 BPM 软件均采用 BPR(也译为业务流程重组、企业流程再造)，该理论是当今企业和管理学界研究的热点。美国的一些大公司，如 IBM、科达、通用汽车、福特汽车等纷纷推行 BPR，试图利用它发展壮大自己，实践证明，这些大企业实施 BPR 以后，都取得了巨大的成功。

(二)供应链管理

1. 经济链

供应链最早来源于彼得·德鲁克提出的"经济链"，而后经由迈克尔·波特发展成为"价值链"，最终日渐演变为"供应链"。

2. 价值链

20 世纪 80 年代初，美国学者波特在《竞争优势》一书中提出了价值链，价值链将分解为与战略性相关的许多活动，基本活动包括内部物流、生产作业、外部物流、市场和销售、服务，辅助活动包括采购、技术开发、人力资源管理、企业基础设施(总体管理、计划、财务、会计、法律、政府服务)和质量管理。价值链的概念把企业价值活动联系为一个整体，但这个价值链是针对单个企业的，1992 年和 1993 年山科(Shank)和葛因达加拉(Govindarajan)所描述的价值链比波特的范围广一些，他们认为任何企业都应该将自身的价值链放入整个行业的价值链中去审视，包括从最初的供应商所需的原材料直到将最终产品送到用户手中的全过程，同时企业必须对居于价值链相同或相近位置的竞争者进行充分的分析，并且制定出能保证企业保持和增强竞争优势的合理战略。

3. 供应链

最早使用供应链概念的人是赖特(Reiter)。随着精益管理思想的出现，沃麦克(Womack)和琼斯(Jones，1996)及马丁(Martin，1997)将价值链概念进一步拓展为价值流。所谓价值流，是一组从开始到结束的连续活动，这些活动共同对顾客具有价值，为顾客创造了一种结果。物流管理在发展到 20 世纪 90 年代以后吸收了上述价值链和价值流的思想，认为供应链是从客户(或消费者)需求开始，贯通从产品设计到原材料供应、生产、批发、零售等过程，把产品送到最终用户的各项有价值的业务活动的集成。赖特(1996)借鉴波特价值链和马丁价值流的概念，定义供应链为运作实体的网络，通过这一网络组织将产品或服务传递到特定的顾客市场。

最终演变为"供应链"的定义为：围绕核心企业，通过对信息流、物流、资金流的控制，从采购原材料开始，制成中间产品及最终产品，最后由销售网络把产品送到消费者手中。它是将供应商、制造商、分销商、零售商直到最终用户连成一个整体的功能网链模式。所以，一条完整的供应链应包括供应商(原材料供应商或零配件供应商)、制造商(加工厂或装配厂)、分销商(代理商或批发商)、零售商(大卖场、百货商店、超市、专卖店、便利店和杂货店)以及消费者。

4. 供应链管理

供应链管理(Supply Chain Management，SCM)在 20 世纪 70 年代晚期，由基斯·奥利弗

(Keith Oliver)通过与菲利浦斯(Philips)、赫尼肯(Heineken)、赫斯特(Hoechst)、卡德斯·史威士(Cadbury Schweppes)等客户广泛接触的过程中逐渐形成这一概念。于 1985 年由迈克尔·伊·波特(Michael E. Porter)提出。供应链管理就是指在满足一定的客户服务水平的条件下，为了使整个供应链系统成本达到最小而把供应商、制造商、仓库、配送中心和渠道商等有效地组织在一起来进行的产品制造、转运、分销及销售的管理方法。

5. 约束理论

约束理论(Theory of Constraints，TOC)是由以色列的物理学家和企业管理大师高德拉特博士(Eliyahu M.Goldratt)创造的。约束理论的基本理念是：限制系统实现企业目标的因素并不是系统的全部资源，而仅仅是其中某些被称为"瓶颈"的个别资源。约束理论认为，系统中的每一件事都不是孤立存在的，一个组织的行为由于自身或外界的作用而发生变化，尽管有许多相互关联的原因，但总存在一个最关键的因素。找出制约系统的关键因素并加以解决，能起到事半功倍的作用。管理的艺术就在于发现并转化这些瓶颈，或使它们发挥最大效能。约束理论就是一种帮助找出和改进瓶颈，使系统(企业)效能最大化的管理哲学。

由于采用了通俗的逻辑推理，更易于接受，所以 TOC 成为企业进步非常突出和有效的工具。现在，TOC 已经成为一种改进任何系统(如商务、工业、个人或环境)的有效方法。

(三)企业制造新方式

1. 集成制造

集成制造系统全称计算机集成制造系统(CIMS)，是 1973 年美国的约瑟夫·林顿博士针对企业所面临的激烈的市场竞争形势而提出来的组织企业生产的一种生产方式，是指从产品研制到售后服务的生产周期是一个不可分割的整体，每个组成部分应紧密地连接安排，不能单独考虑生产周期，而是形成一系列数据处理的过程。产品要进行分类、传输、分析，不断有数据产生，最终形成的产品可作为数据的物质表示。

CIMS 把有关自动化单元技术(或称自动化子系统)有机地结合起来，充分利用与制造相关的一切信息资源，在动态的竞争环境中寻求优化方案。其主要目的在于集自动化技术之手段，创造一种整体优化的生产模式。CIMS 模式主要由工程设计、产品加工和生产管理等行为组成。

CIMS 代表了当今工业综合自动化的最高水平，因此将 CIMS 概念引入工程设计领域并命名为计算机集成应用，既是大势所趋，也有利于计算机集成应用系统在设计工程中得以实现。

2. 敏捷制造

敏捷制造是美国国防部为了制定 21 世纪制造业发展规划而支持的一项研究计划。该计划始于 1991 年，有 100 多家公司参加，由通用汽车公司、波音公司、IBM、德州仪器公司、AT&T、摩托罗拉等 15 家著名的大公司和国防部代表共 20 人组成了核心研究队伍。此项研究历时 3 年，于 1994 年年底发表了《21 世纪制造企业战略》。在这份报告中，提出了既能体现国防部与工业界各自的特殊利益，又能获取他们共同利益的一种新的生产方式，即敏捷制造。

20世纪90年代，信息技术突飞猛进，信息化的浪潮汹涌而来，许多国家制订了旨在提高自己国家在未来世界中的竞争地位、培养竞争优势的先进的制造计划。在这一浪潮中，美国走在了世界的前列，给美国制造业改变生产方式提供了强有力的支持，美国想凭借这一优势继续保持在制造领域的领先地位。在这种背景下，一种面向21世纪的新型生产方式——敏捷制造(Agile Manufacturing)的设想诞生了。

敏捷制造是在具有创新精神的组织和管理结构、先进制造技术(以信息技术和柔性智能技术为主导)、有技术有知识的管理人员三大类资源支柱支撑下得以实施的。敏捷制造比起其他制造方式具有更灵敏、更快捷的反应能力。敏捷制造的目的可概括为"将柔性生产技术，有技术、有知识的劳动力与能够促进企业内部和企业之间合作的灵活管理(三要素)集成在一起，通过所建立的共同基础结构，对迅速改变的市场需求和市场实际作出快速响应"。从这一目标中可以看出，敏捷制造实际上主要包括三个要素：生产技术、管理和人力资源。

3. 大规模定制

大规模定制(Mass Customization，MC)定义为：以近似大批量生产的效率生产商品和提供服务以满足客户的个性化需求。其相似概念有大批量定制生产(Mass Customization Production，MCP)。在新的市场环境中，企业迫切需要一种新的生产模式，大规模定制由此产生。

1970年，美国未来学家阿尔文·托夫(Alvin Toffler)在 *Future Shock* 一书中提出了一种全新的生产方式的设想：以类似于标准化和大规模生产的成本和时间，提供客户特定需求的产品和服务。1987年，斯坦·戴维斯(Stan Davis)在 *Future Perfect* 一书中首次将这种生产方式称为 Mass Customization，即大规模定制(MC)。1993年约瑟夫·派恩(Joseph Pine II)在《大规模定制：企业竞争的新前沿》一书中写道："大规模定制的核心是产品品种的多样化和定制化急剧增加，而不相应增加成本；范畴是个性化定制产品的大规模生产，其最大的优点是提供战略优势和经济价值。"我国学者祈国宁教授认为，大规模定制是一种集企业、客户、供应商、员工和环境于一体，在系统思想指导下，用整体优化的观点，充分利用企业已有的各种资源，在标准技术、现代设计方法、信息技术和先进制造技术的支持下，根据客户的个性化需求，以大批量生产的低成本、高质量和效率提供定制产品和服务的生产方式。MC 的基本思路是基于产品族零部件和产品结构的相似性、通用性，利用标准化、模块化等方法降低产品的内部多样性，增加顾客可感知的外部多样性，通过产品和过程重组将产品定制生产转化或部分转化为零部件的批量生产，从而迅速地向顾客提供低成本、高质量的定制产品。

大规模定制生产方式包括诸如时间的竞争、精益生产和微观销售等管理思想的精华。其方法模式得到现代生产、管理、组织、信息、营销等技术平台的支持，因而就有超过以往生产模式的优势，更能适应网络经济和经济技术国际一体化的竞争局面。

4. 绿色制造

绿色制造，又称环境意识制造(Environmentally Conscious Manufacturing)、面向环境的制造(Manufacturing For Environment)等。它是一个综合考虑环境影响和资源效益的现代化制造模式，其目标是使产品从设计、制造、包装、运输、使用到报废处理的整个产品生命周期中，对环境的影响(负作用)最小，资源利用率最高，并使企业经济效益和社会效益协调优化。

绿色制造技术是指在保证产品的功能、质量、成本的前提下，综合考虑环境影响和资源效率的现代制造模式。它使产品从设计、制造、使用到报废整个产品生命周期不产生环境污染或环境污染最小化，符合环境保护要求，对生态环境无害或危害极少，节约资源和能源，使资源利用率最高、能源消耗最低。也就是说，要在产品整个生命周期内，以系统集成的观点考虑产品环境属性，改变了原来末端处理的环境保护办法，对环境保护从源头抓起，并考虑产品的基本属性，使产品在满足环境目标要求的同时，保证产品应有的基本性能、使用寿命、质量等。

第三节　生产与运作管理创新实践

一、生产与运作管理创新驱动发展

生产与运作管理作为一门学科出现到目前为止有一百多年的历史，仍是一个比较新的领域，但是生产系统却是在古代就已经存在了。如中国是最早使用车的国家之一，相传中国人大约在4600年前黄帝时代已经创造了车，大约4000年前当时的薛部落以造车闻名于世。《左传》说薛部落的奚仲担任夏朝(约公元前21世纪—前17世纪)的"车正"官职。《墨子》《荀子》和《吕氏春秋》都记述了奚仲造车。特别应该强调的是，汉朝杰出的科学家张衡发明了举世闻名的记里鼓车，三国时期的马钧发明了指示方向的指南车。张衡的科技贡献是多方面的，他发明的记里鼓车是一种利用减速齿轮系统带动车上小木人而报告车行里程的机械，每当车行1里或10里时，小木人就会自动击鼓一下，由击鼓的次数就可以了解已行走了多少路程。马钧是一位卓越的机械发明家，他制造的指南车是我国古代的一项重大发明。古代中国除四大发明以外，在许多领域都显示出制造大国的古代文明，例如冶炼、制陶、造船、建桥、纺织等都拥有精湛的工艺技术、能工巧匠和璀璨的稀少绝品、稀世珍宝和精品。

今天在民族复兴、国家崛起的现代化建设之中，现代制造业和现代服务业建设需要现代生产运作管理理论与方法，以创新驱动企业开发，制造更多满足顾客需要的新产品、新服务，尤其是各类研发中心、高科技园区、集成制造企业、物流服务区及城市展示中心等一批新兴产业集群，利用互联网+、移动互联网平台和物联网等网络资源，创新出能提供各种迎合人们快节奏、个性化、物美价廉、有品位的产品和服务。

(一)电子商务运营模式

商家(泛指企业)对商家的电子商务，即企业与企业之间通过互联网进行产品、服务及信息的交换，通俗的说法是指进行电子商务交易的供需双方都是商家(或企业、公司)，她(他)们使用Internet的技术或各种商务网络平台，完成商务交易的过程。这些过程包括：发布供求信息，订货及确认订货，支付过程及票据的签发、传送和接收，确定配送方案并监控配送过程等。有时写作B to B，但为了简便用其谐音B2B(2即to)。B2B的典型代表有国际铸业咨询网、Directindustry(finderwal)、百万网、阿里巴巴、百纳网、中国网库、中国制造网、机网、敦煌网、慧聪网、瀛商网、中国114黄页网、太平洋门户网、际通宝、龙之向导等。

B2B按服务对象可分为外贸B2B及内贸B2B,按行业性质可分为综合B2B和垂直B2B。垂直B2B有:中国化工网、鲁文建筑服务网、中国畜牧商城网、际通宝泵阀网等。B2C模式是我国最早产生的电子商务模式,以8848网上商城正式运营为标志。B2C即企业通过互联网为消费者提供一个新型的购物环境——网上商店(卓越亚马逊、天天团购网(时尚优品)、中国巨蛋、京东商城、乐购购、鹏程万里贸易商城、她秀网、红孩子商城、团火网、当当网、第九大道等),消费者通过网络在网上购物、在网上支付,如表2-2所示。

表2-2 电子商务主要的十二种运营模式

序号	类型名称	代表	特点	门店
1	综合商城(B2C)	淘宝线上、鹏程万里贸易商城、天河城、贝斯尼尔、正佳广场	人气足够旺、产品丰富、物流便捷,有成本优势,二十四小时不夜城,无区域限制,具有更丰富的产品	一家独大
2	专一整合型(B2C)	赛V网	用现代化网络平台和呼叫中心的方式为客户服务,主要做体育品牌用品业务,能做到只做正品,网站推广为主要手段	单一
3	百货商店(B2C)	乐购购物、鹏程万里贸易商城、亚马逊、当当网、卓越线上的沃尔玛	有自有仓库,库存系列产品,为更快的物流配送和客户服务。这种店甚至会有自己的品牌	多家
4	垂直商店(B2C)	麦考林、鹏程万里贸易商城、红孩子、京东商城、贝斯尼尔、国美买特网	服务于某些特定的人群或某种特定的需求,做深做细做专,提供有关这个领域或需求的全面产品及更专业的服务,以谋求赢利	多家
5	复合品牌店(B2C)	佐丹奴、百丽	大胆地运用价格歧视,而其完善的仓储调配管理通过网络的销售降低了商品店面陈列成本,分摊了库存成本,优化了现金流及货品流通的运作	众多
6	轻型品牌店(B2C)	PPG、VANCL、梦芭莎	基于品牌定位,加强产品设计,通过信息化应用,配合日益成熟的互联网销售平台,日趋完善的物流配送乃至各种服务等,整条链条日趋细化与完善	众多
7	服务型网店(C2C、B2C)	易美、亦得	为了满足人们不同的个性需求,服务为主,以收取适量的服务费赢利	众多
8	导购引擎型(B2C)	爱比网	"比友"(爱比网的网友)的产品体验点评,有效的流量,降低高品质B2C商家的营销成本	众多
9	在线商品定制型(C2C)	忆典定制	个性商品定制,让消费者参与到商品的设计中,能够得到自己真正需要和喜欢的商品,C2C是用户对用户的模式	一定数

续表

序号	类型名称	代　表	特　点	门　店
10	SNS-EC(社交电子商务)(C2C、B2M、M2C)	法国的 Zlio、中国的辣椒网(Lajoy)	social commerce 是电子商务的一种新的衍生模式，借助社交媒介，分享个人购物体验	少数
11	电子商务 ABC 模式 (AB2C)	淘福啦	由代理商(Agents)、商家(Business)和消费者(Consumer)共同搭建的集生产、经营、消费为一体的电子商务平台，三者之间可以转化。大家相互服务，相互支持，你中有我，我中有你	少数
12	电子商务 BSC 模式	美好地球村	B2B、B2C、C2C、C2B 于一体的电子商务交易保障平台，BSC 是英文 Business Service Consumer 的缩写	少数

注：ABC 模式是新型电子商务模式的一种，被誉为继阿里巴巴 B2B 模式、京东商城 B2C 模式、淘宝 C2C 模式之后电子商务界的第四大模式。

(二)虚拟仿真与虚拟现实

1. 虚拟仿真

仿真(Simulation)技术，或称为模拟技术，就是用一个系统模仿另一个真实系统的技术。虚拟仿真(Virtual Reality)实际上是一种可创建和体验虚拟世界(Virtual World)的计算机系统。这种虚拟世界由计算机生成，可以是现实世界的再现，亦可以是构想中的世界，用户可借助视觉、听觉及触觉等多种传感通道与虚拟世界进行自然的交互。它是以仿真的方式给用户创造一个实时反映实体对象变化与相互作用的三维虚拟世界，并通过头盔显示器(HMD)、数据手套等辅助传感设备，为用户提供一个观测与该虚拟世界交互的三维界面，使用户可直接参与并探索仿真对象在所处环境中的作用与变化，产生沉浸感。VR 技术是计算机技术、计算机图形学、计算机视觉、视觉生理学、视觉心理学、仿真技术、微电子技术、多媒体技术、信息技术、立体显示技术、传感与测量技术、软件工程、语音识别与合成技术、人机接口技术、网络技术及人工智能技术等多种高新技术集成之结晶，其逼真性和实时交互性为系统仿真技术提供了有力的支撑。

2. 虚拟现实

今天，虚拟现实已经发展成一门涉及计算机图形学、精密传感机构、人机接口及实时图像处理等领域的综合性学科。虚拟现实技术分虚拟实景(境)技术(如虚拟游览故宫博物院)与虚拟虚景(境)技术(如虚拟现实环境生成、虚拟设计的波音 777 飞机等)两大类。虚拟现实技术的应用领域和交叉领域非常广泛，几乎到了无所不包、无孔不入的地步，在虚拟现实技术战场环境，虚拟现实作战指挥模拟，飞机、船舶、车辆虚拟现实驾驶训练，飞机、导弹、轮船与轿车的虚拟制造(含系统的虚拟设计)，虚拟现实建筑物的展示与参观，虚拟现实手术培训、虚拟现实游戏、虚拟现实影视艺术等方面的应用和产业的形成都有强烈的市场需求和技术驱动。权威人士断言，虚拟现实技术将是21世纪信息技术的代表，它的发展，不仅从根本上改变了人们的工作方式和生活方式，劳和逸将真正结合起来，人们在享受环境中工作，在工作过程中得到享受；而且虚拟现实技术与美术、音乐等文化艺术的结合，将诞生人类的第九艺术。随着计算机技术的发展，在PC上实现虚拟现实技术已成为可能。所以，虚拟现实技术系统的运行趋势为单机桌面和互联网两种主要方式，因此，它对计算机硬件技术和网络技术的发展和应用也有很大的刺激作用。当今世界工业已经发生了巨大的变化，大规模人海战术早已不再适应工业的发展，先进科学技术的应用显现出巨大的威力，特别是虚拟现实技术的应用正对工业进行着一场前所未有的革命。虚拟现实已经被世界上一些大型企业广泛地应用到工业的各个环节，对企业提高开发效率、加强数据采集、分析、处理能力，减少决策失误，降低企业风险起到了重要的作用。虚拟现实技术的引入，将使工业设计的手段和思想发生质的飞跃，更加符合社会发展的需要，可以说在工业设计中应用虚拟现实技术是可行且必要的。例如，汽车生产中混合型装配线要在同一条线上装配不同品种的产品，必然会存在投产顺序优化的问题，不同种产品的装配生产顺序直接影响着企业的整体生产效率。采用建模仿真的方法对装配排序进行仿真分析，不仅能省去试运行的时间和成本，也能对已运行生产线进行分析和调整(比如紧急插单、机器故障等)，最大限度地提高生产效率。对于汽车生产这样的特殊企业，面对时刻需要插单和紧急排序的问题，汽车装配要在生产中实现在"需要的时候，按需要的量，生产所需要的产品"。混流装配线规划设计是一项复杂的系统工程，具有不可预测性和随机性。

(三)App的应用

现在的App多指智能手机的第三方应用程序。目前比较著名的App商店有Apple的iTunes商店里面的App Store，Android的Google Play Store，诺基亚的ovi store，以及Blackberry用户的Black Berry App World。苹果的iOS系统，App格式有ipa、pxl、deb；谷歌的Android系统，App格式为APK。另外，还有拇指玩推出的GPK，就是将数据包与游戏结合在一起安装的格式；诺基亚的S60格式有sis、sisx。

一开始App只是以一种第三方应用的合作形式参与互联网商业活动，随着互联网越来越开放，App作为一种盈利模式开始被更多的互联网商业企业看重，如腾讯的微博开发平台，百度的百度应用平台都是App思想的具体表现，一方面可以积聚各种不同类型的网络受众，另一方面可以借助App平台获取流量，其中包括大众流量和定向流量。

App创新性开发，始终是用户关注的焦点，而商用App客户端的开发，更是得到诸多网络大亨们的一致关注与赞许。与趋于成熟的美国市场相对比，我国开发市场正处于高速成长阶段，处于领军地位的是"App快车"，从2009年开始投身中文App客户端应用开发、企业移动平台开发，至今已成为"中国最大的移动应用开发平台"。

(四)互联网+

互联网+"工业4.0"协同制造更加突出互联网对制造业生产方式、组织形式、管理方式和商业模式创新变革的推动作用，这项行动围绕"智能化、个性化、网络化、服务化"

四方面提出了重点任务。

一是大力发展智能化制造。智能化制造是基于以互联网为基础的物联网、云计算、大数据等的新一代信息技术，贯穿于设计、生产、管理、服务等制造活动的各个环节，将给制造业带来生产效率和资源综合利用率的大幅度提升，研制周期的大幅度缩短，运营成本和产品不良品率的大幅度下降。在互联网技术与生产制造全过程融合发展的进程中积累了大量的经验，具备了发展智能制造带动制造业实现新跃升的良好环境。在当前形势下，应紧紧把握信息通信、互联网产业的技术优势，提升核心软硬件的技术水平与应用能力，鼓励以工业生产需求为引领，促进工业发展模式的变革。

二是发展大规模个性化定制。传统标准化生产模式下，企业与用户间信息交互不充分、企业内生产组织缺乏柔性，所以同质化生产是最经济合理的选择。随着C2B等电子商务模式的快速发展，市场逐渐由生产导向转为用户需求导向，千篇一律的共性产品越来越难以满足用户的个性需求。在互联网+时代，科工网运用互联网、机器人、3D打印、无人机等打造用户聚合平台、多元社交平台，收集用户的个性化产品需求，并逐步改变原有的相对固化的生产线和生产体系，从而打破渠道单一、封闭运行、单向流动的传统供需模式，使设计研发、制造、销售的全环节更加紧密并高效协作，实现了"个性化"与"规模化"理念的相辅相成。随着互联网技术和制造技术的发展日益成熟，柔性大规模个性化生产线将逐步普及，按需生产、大规模个性化定制将成为常态。

三是提升网络化制造水平。受空间、资源等限制，传统企业研发设计、制造等环节基本在企业内部独立完成。通过互联网平台开放的协同服务，可实现企业内部以及全球各方设计研发者之间的协同共享，打破地域限制，提高企业研发效率，降低企业创新成本，众包设计研发及云制造就是其典型的表现形式。科工网为企业提供了云设计、云仿真、云制造等服务，这些新的服务模式和业态将有效改善制造企业目前普遍存在的生产与创新能力低、成本高等问题。

四是加速制造业服务化转型。在市场竞争日趋激烈、生产要素成本不断攀升、供需对接日益便捷等因素作用下，制造本身在工业产品附加值构成中的比例越来越低，增值性服务逐渐成为企业竞争的新焦点。科工网依托云计算、大数据等互联网技术提升服务能力，通过数据分析给出相应的解决方案，从而将过去的被动维护或凭借经验开展的定期维护转变为按需提供的主动服务，实现了向服务型制造的有效转型，将有效节约企业运维成本，提升用户体验，大幅拓展产品的价值空间。

(五)移动互联网平台

移动互联网时代，并没有创造更多的信息，而是因为它改变了信息和人的二元关系，让人成为信息的一部分，由此改变了人类社会的各种关系和结构，也因此会引起整个社会商业模式的变迁。移动互联网的发展让信息变得更加透明化，消费者在选择产品的时候会比以前有更多的自主选择权。

移动互联网时代的品牌以用户为中心，让用户参与产品创新和品牌传播的所有环节。在移动互联网平台上"消费者即生产者"，网上品牌传播就是在用户的良好体验和分享中完成的。尤其是80后、90后的年轻消费群体，他们更加希望参与到产品的研发和设计环节，希望产品能够体现自己的独特性。作为企业应该把市场的关注重点从产品转向用户,从说服客户购买转变为让用户加深对产品的体验和感知。"产品是第一驱动力",大数据时代让用户成为商业行为的主宰者。或许以前,企业还有可能利用信息不对称,让用户认为自己提供的产品是最好的,以产品为导向形成竞争力,现在有很多 App 平台用户数达到了上亿的用户规模,却一直苦于找不到合适的盈利模式。越来越多的移动互联网企业开始清醒冷静,重新设定公司的运营目标,不再一味地追求个人用户数,而是更加实际,通过发展企业客户来获得收入。

运营管理系统未来将结合云计算技术实现云服务,实现运营平台管理的集中化、服务化、标准化。未来移动客户端的开发将趋于模板化和流程化,进一步降低移动客户端的开发难度,提高移动客户端开发的效率,和互联网网站建设的发展一致,使其成为一个便捷的、低门槛的开发领域。因此未来移动中间件不仅仅是一个简单的开发工具,而是定位于面向开发者,提供一种成熟的、基于开放标准的跨平台技术,并且具备整体解决方案能力,为应用开发者提供一个公众的服务平台,提供全面的移动客户端开发服务。

(六)共享经济

共享经济的概念始于 1978 年,但直到近几年才流行起来,发展模式还不成熟,依然有很多空间值得挖掘。面对尚未成熟完善的市场,各家共享经济公司在运作上也面临着许多难题:用户的定点停车和骑行车道一直是摩拜需要攻克的重点;短租平台不同于酒店的非标准化,使其房间出现质量不稳的问题;而新能源电动车的瓶颈,则在于普及率不够。

所有提供服务的平台,都是链接用户和共享物资的平台,后续都有非常多的潜在风险,这是我们要特别关注的问题。共享经济虽然仍有许多问题亟待解决,但是其正在改变大家的一些观念,比如对拥有的观念(像买房),这样大家的负担会少很多,活得更轻松。

共享经济正在重新建构我们的生活方式:早晨 8 点的地铁口,扫一扫摩拜单车,骑向一公里外的公司;中午休息,打开回家吃饭 App,选一款安心可口的私厨家常菜;下班后,选择滴滴顺风车,和附近的人拼车回家;临睡前,筹划起假期的安排,决定在小猪短租上预订一家民宿……随着移动互联网的发展,共享经济迎来了最好的时代。共享经济是一个快速自我迭代、自我演进的过程,共享经济的各种业态都在活跃生长,给行业带来了新的生机。

共享经济本指通过共享闲置资源、消化过剩产能来产生经济效益。过剩产能无处不在,比如闲置房间、闲置汽车位这类有形的,也有网络、数据等无形的过剩产能。消化过剩产能,产生经济效益的过程就是"去存量",以 UBER、滴滴快车为代表的共享出行便是典型的"去存量"。

共享经济不仅要做"减法",也要做"加法"。自我迭代、自我演进的过程,也是共享经济的发展特点。各种业态都在非常活跃地生长,不断发展出新增量、新商业模式。比如摩拜,不是利用闲置自行车,而是重新制造、定点定向为共享而设置,细节上以共享为目的来设计,从而给中国自行车行业带来新的生机。这类"增量"推动了结构转型、产业升级,从供给、生产端入手,在新兴领域创造新的增长点,淘汰落后产能。

(七)智能制造

智能制造(Intelligent Manufacturing，IM)是一种由智能机器和人类专家共同组成的人机一体化智能系统，它在制造过程中能进行智能活动，诸如分析、推理、判断、构思和决策等。通过人与智能机器的合作共事，去扩大、延伸和部分地取代人类专家在制造过程中的脑力劳动，毫无疑问，智能化是制造自动化的发展方向。在制造过程的各个环节几乎都广泛地应用人工智能技术。专家系统技术可以用于工程设计、工艺过程设计、生产调度、故障诊断等，也可以将神经网络和模糊控制技术等先进的计算机智能方法应用于产品配方、生产调度等，实现制造过程智能化。而人工智能技术尤其适合于解决特别复杂和不确定的问题。如果只是在企业的某个局部实现智能化，而又无法保证全局的优化，则这种智能化的意义是有限的。

智能制造源于人工智能的研究。人工智能就是用人工的方法在计算机上实现的智能。随着产品性能的完善化及其结构的复杂化、精细化，以及功能的多样化，促使产品所包含的设计信息和工艺信息量猛增，随着生产线和生产设备内部的信息流量增加，制造过程和管理工作的信息量也必然剧增，因而促使制造技术发展的热点与前沿，转向了提高制造系统对于爆炸性增长的制造信息处理的能力、效率及规模上。目前，先进的制造设备离开了信息的输入就无法运转，柔性制造系统(FMS)一旦被切断信息来源就会立刻停止工作。专家认为，制造系统正在由原先的能量驱动型转变为信息驱动型，这就要求制造系统不但要具备柔性，而且还要表现出智能，否则是难以处理如此大量而复杂的信息工作量的。其次，瞬息万变的市场需求和激烈竞争的复杂环境，也要求制造系统表现出更高的灵活、敏捷和智能。因此，智能制造越来越受到重视。

二、价值链运营实践

价值链(Value Chain)是企业设施与过程构成的网络，通过这个网络可以描述产品流、服务流、信息流和资金流，它们来自于供应商，经过企业的设施与流程后创造出产品或服务，并且传递给顾客。哈佛大学商学院教授迈克尔·波特于1985年提出的概念："每一个企业都是在设计、生产、销售、发送和辅助其产品的过程中进行种种活动的集合体。所有这些活动可以用一个价值链来表明。"企业的价值创造是通过一系列活动构成的，这些活动可分为基本活动和辅助活动两类，基本活动包括内部后勤、生产作业、外部后勤、市场和销售、服务等；而辅助活动则包括采购、技术开发、人力资源管理和企业基础设施等。这些互不相同但又相互关联的生产经营活动，构成了一个创造价值的动态过程，即价值链。价值链在经济活动中是无处不在的，上下游关联的企业与企业之间存在行业价值链，企业内部各业务单元的联系构成了企业的价值链，企业内部各业务单元之间也存在着价值链。

波特的"价值链"理论揭示：企业与企业的竞争，不只是某个环节的竞争，而是整个价值链的竞争，而整个价值链的综合竞争力决定了企业的竞争力。用波特的话来说："消费者心目中的价值由一连串企业内部物质与技术上的具体活动与利润所构成，当你和其他企业竞争时，其实是内部多项活动在进行竞争，而不是某一项活动的竞争。"

企业要生存和发展，必须为企业的股东和其他利益集团(包括员工、顾客、供货商以及所在地区和相关行业等)创造价值。我们可以把企业创造价值的过程分解为一系列互不相同但又相互关联的经济活动，或者称之为"增值活动"，其总和即构成企业的"价值链"。

"价值链"理论的基本观点是，在一个企业众多的"价值活动"中，并不是每一个环节都创造价值。企业所创造的价值，实际上来自企业价值链上的某些特定的价值活动；这些真正创造价值的经营活动，就是企业价值链的"战略环节"。企业在竞争中的优势，尤其是能够长期保持的优势，说到底，是企业在价值链某些特定的战略价值环节上的优势。而行业的垄断优势来自该行业的某些特定环节的垄断优势，抓住了这些关键环节，也就抓住了整个价值链。这些决定企业经营成败和效益的战略环节可以是产品开发、工艺设计，也可以是市场营销、信息技术，或者认识管理等，视不同的行业而异。

三、供应链管理实践

(一)供应链

供应链有时也被称作供需链，它跨越了采购、制造、仓储、分销等诸多环节，将供应商、制造商、分销商和用户衔接在一起。供应链管理(SCM)就是要通过优化供应链关系和流程，整合相关业务，提高企业竞争力。SCM系统则是用于对整个供应链进行掌控的计算机应用系统。

在供应链流程再造过程中，信息技术的任务是面向整个供应链体系建立相关支持平台，为业务衔接和数据交换提供支撑，使物流、信息流和资金流在供应链上有序流动。供应链关联着物料的变化和流动，以及相关信息与资金的流转。企业的运营是靠业务流来驱动的，但是要依靠信息流才能实现对工作流、物流和资金流的组织、控制和协调。只有做到物流、资金流与信息流同步，才能做到过程控制，否则业务管理只能是"事后诸葛亮"。

在当今企业信息量剧增的情况下，只有依托以网络和数据库为核心的信息系统，才能保证信息的完整性、精确性和及时性。采用信息技术能够有效改善供应链的动态特性，便于企业对相应波动作出及时有效的反应。信息系统使信息的传递由原来的线形结构变为网状结构，整个供应链各个环节可以实现信息实时共享，这就消除了信息延迟，缩短了供应链的长度。

(二)供应链管理体系

供应链管理的目标，是建设集成化的供应链管理体系，将企业内外的供应链有机地集成起来。因此，我们在建设供应链信息系统的时候，不能局限在企业内部某些具体的业务环节，必须首先从企业运营的整体视角出发设计一个整体解决架构，来保障整个供应链条的顺畅运转。

对于典型的制造企业，整个供应链可以分成两段：前端的销售供应链(或称分销供应链)和后端的采购供应链(或称制造供应链)。分销供应链涉及营销总部、办事处、经销商、服务网点及最终客户等环节，对应着电子商务的B2C(企业对客户)和B2R(企业对分销商)模式；采购供应链涉及供应商、采购、质检、仓储、制造等环节，对应着电子商务的B2B(企业对供应商)模式。

在供应链管理体系中,有五种相互关联和相互影响的基本流:物流、资金流、价值流、信息流和工作流。在计算机和网络技术支持下,信息流、资金流的转变可以在瞬息之间完成,而物流变动,也就是物料的运输、储存、装卸、保管、配送等活动是不可能这么迅速完成的。另外,采用信息技术虽然可以有效缓解供应链的动态特性,却无法完全消除它。因为信息技术虽然减少了供应链中的信息延迟,可产品生产以及货物运输中的物流延迟总是客观存在的。还有,信息波动的放大效应也是无法避免的,它是供应链本身固有的特性。这就说明,在实际运作中,物流和资金流、信息流的不一致是必然存在的。

(三)供应链管理系统集成

目前,大部分中小型企业的信息系统还远远谈不上决策支持,只能起到部分辅助决策的作用。在供应链管理中,管理者会遭遇数据和信息泛滥的情况,如果只经过简单的收集整理,是无法从中获得有用信息的。理想的供应链信息系统应该能够协助企业进行信息的收集整理,将有用的、准确的、及时的信息,以可利用的形式呈现给不同层面的决策者。

因此,制造企业进行供应链信息系统设计时不能停留在对现实操作流程的复制与迁就阶段,否则就不会给企业管理带来本质的变化。只有真正从信息技术的角度出发去组织和变革传统管理流程,以精确的数据构建起企业数据仓库,才能开展数据挖掘和知识挖掘,信息系统才能真正谈得上对决策的支持。

供应链的集成非常复杂,挑战主要来自两个方面。首先是系统整合:供应链涉及的每个部分都由很多特定的业务组成,而很多业务都有自己适用的软件。SCM系统是由大量的跨系统信息、数据、指令和运算组成的,这些系统包括电子商务网站、采购系统、生产系统、物流系统等,它们之间可能存在着相互冲突。要把不同的软件部分整合在一起,是非常麻烦的。其次是需求多变:供应链是一个动态系统,它总是在不断地变化,而SCM系统往往无法响应企业改变管理策略、商业流程的要求,因为大部分软件都是对现有管理流程的固化。

(四)供应链管理发展的趋势

全球化供应链。它强调全球范围内的供应链计划、执行。比如耐克,不同的设计师在世界各地共同来设计一款产品,制造的时候更是全球协作,那么软件一定要支持全球化的计划和执行。

敏捷化供应链。它强调提高制造系统对外部环境变化的应变能力,如工业4.0。现在供应链最大的竞争点就是速度,所以强调敏捷性非常重要。特别是在制造系统里面,尤其是在大中型企业里,强调互联网+、工业4.0,它们的核心就是自动化设备,因此供应链必须要适应外部的快速变化。

绿色化供应链。这是一种稳定的可持续发展的供应链,整个供应链运行过程中要减少能耗,减少产品损失与浪费。比如,以前在供应链管理过程中不太强调包装箱的回收、产品的回收,现在则非常强调这一点。如果上游企业有这个理念,而自己没有的话,就不是一个好的合格供应商,也就不能在供应链里面生存。

柔性化供应链。客户的个性化需求越来越多，时间的要求也经常变化，那么供应链是否能够快速响应、组织架构是否支持、配送体系是否灵活，这种柔性对于供应链来说非常重要。

集成化供应链。集成化供应链的发展影响越来越大。现在有很多客户都把自动化设备与供应链联结在一起，比如四川新华书店，就需要把传送带等自动化设备和供应链系统进行很好的集成。因此，将来整个供应链必须是一个集成的供应链，从计划层面到执行层面，设备都要集成在一起。

虚拟企业化供应链。随着互联网+的发展，诞生了很多虚拟企业，甚至还有一些制造工厂是虚拟的，它们在互联网上可能是一个实体，但实际上可能是分散在不同的供应商那边。所以，供应链系统要能支持虚拟企业分销中心、制造中心的发展。

社交化的供应链。以前供应链可以提供 E-Mail 系统，或者一些传统的交互方式，现在因为智能手机比较普遍，因此需要整个供应链的协同更加有效；此外，企业可能还希望在供应链系统里面有一套社交系统，只要跟供应链有关的信息都可以体现，包括报警体系、任务、工作流的控制等。

本 章 小 结

本章按时间顺序介绍了生产与运作管理发展进程中的重要人物和事件。从体制上的不同分为三个阶段，即放任管理阶段、科学管理阶段和现代管理阶段，而根据时间的不同也可以将这三个阶段称为生产运作管理的初始阶段、系统化阶段和现代化阶段。本章介绍了生产与运作管理的发展状况和发展趋势；重点介绍了生产与运作管理理论与方法的创始人和主要学者做出的贡献，主要包括科学生产管理时期的理论与方法、生产运作方法论形成时期的理论与方法、生产运作管理理论普及时期的理论与方法、生产运作系统管理的理论与方法等；阐述了生产运作管理创新实践中的电子商务运营模式、虚拟仿真、App 应用、互联网+、移动互联网平台、共享经济、智能制造等创新活动；分析了价值链运营实践和供应链管理实践的过程和思想演变。

自 测 题

(一)单选题

1. 生产计划进度图的发明者是(　　)。
    A. 泰罗　　　　B. 甘特　　　　C. 雷恩　　　　D. 梅奥
2. 霍桑试验的研究者是(　　)。
    A. 泰罗　　　　B. 甘特　　　　C. 雷恩　　　　D. 梅奥
3. 经济订货批量的发明者是(　　)。
    A. 帕累托　　　B. 泰罗　　　　C. 甘特　　　　D. 哈里斯

4. 控制图的首创者是( )。
   A. 休哈特　　　B. 贝尔　　　C. 哈里斯　　　D. 道奇
5. MRP 的革新者是( )。
   A. 丹奇克　　　B. 罗米格与道奇　C. 奥利奇与怀特　D. 贝尔
6. 供应链概念最早使用的是( )。
   A. Reiter　　　B. Womack　　　C. Jones　　　D. Martin

(二)判断题

1. 休哈特提出的经济订货批量。　　　　　　　　　　　　　　　　　　(　)
2. 对运作管理发展做出突出贡献的人物有中国管理专家W.E.戴明和J.M.朱兰。(　)
3. 精益生产的基本原则是消除各种形式的浪费，包括物料、流程等很多方面。(　)
4. 泰勒与甘特始终是科学管理的共同合作者。　　　　　　　　　　　　(　)
5. App 网络平台是生产运作的一种新模式。　　　　　　　　　　　　　(　)

(三)问答题

1. 简述供应链管理的七大发展趋势。
2. 科学管理中认为造成劳动生产率低下的三种原因是什么？
3. 如何解释发达城市制造业向欠发达地区迁移的现象？
4. 分析生产与运作管理现代化发展必然趋势的原因。

第三章

生产与运作战略

【学习要点及目标】

通过本章的学习，使学生了解企业间竞争的焦点，以及企业经营战略与生产运作战略的关系，熟悉生产与运作战略的内容，学会如何分清生产与运作战略。

【关键概念】

生产与运作战略　生产与运作战略框架　生产与运作能力　生产与运作竞争战略

导入案例：格力空调核心竞争力揭秘

一、供应商管理库存(VMI)

如果说格力空调是中国管理最好的国有控股企业，那么它的库存运作模式则是最好的证明。

格力早在数年前就开始导入供应商管理库存，这样，格力在主要零部件(注塑件、钣金件)上几乎是零库存。而即便是供应商那里有一定的库存，也仅仅是作为周转之需，其金额不到当年物料总金额的1%。而格力的呆滞物料几乎可以忽略不计。

那么格力是怎样做到供应商管理库存的呢？首先，格力和主要供应商之间是非常亲密的合作关系(甚至相互参股)，基于这一信任，格力提供原材料和模具给供应商，供应商挣得加工费。其次，格力提供给供应商自己的总装生产计划，供应商按短期日计划进行生产和送货，而这种计划往往不超过3天(即生产出来的几乎都是必需品)。最后，格力在自己车间内划给供应商一定的场地作为周转寄存仓库，从而大大地减少了主要零部件的库存数量、场地占用和人员配置。

供应商管理库存的前提是：①供应商数量必须少，每个供应商的交易金额足够大，否则，供应商就不可能按需送货，更无力承担寄存仓库运作管理，乃至售后处理工作；②供应商和主导厂商的关系必须非常亲密，否则，会造成供应商盲目生产和交货；③必须是短期计划，才能保证生产出来的是必需品。

二、精益生产(JIT)

格力是导入精益生产非常成功的企业，表现在：①拉动式生产(看板生产)。在格力，一切以PMC(一个计划部门)的指令为向导，过多生产和过早生产，都是不可接受的。②流水线生产。虽然格力早已全面运作流水线，但较之其他企业，其无形的流水线意识才是最宝贵的，即格力车间找不到一个多余的在制品。每天每个部门产出的都是成品，也只有成品。③柔性制造系统和多种技能。格力的生产系统是能适应大规模爬坡量产的柔性制造系统。这得益于它的多能工培训，24小时不间断的倒班生产模式和高素质的管理队伍，以及异常解决机制。④U形生产线。⑤快速换线(换模)。⑥平衡生产。

三、自有品牌，自建渠道

其特点是：①自有品牌。格力不同于绝大多数代工企业，它拥有自己的品牌。格力的品牌强调的是专业、技术和质量，这很符合像空调这种家电行业的行业特征。这使得格力虽然产品单一，但订单和效益却蒸蒸日上。②自建渠道。格力不但有大卖场等销售渠道，也有自己的专卖店，从而使自己的布点更合理。今后，格力要向售后维修方面大力发展。

四、专业化

格力也曾像美的、海尔一样走多元化经营，但其结果并不理想。客观原因是格力高管在经营运作中风格稳健，自信可以专注于本业(空调)，成为这个行业中国唯一的世界品牌。

五、技术化

空调是一个成熟的家电行业，但格力依然进行技术突破，成为这个行业技术专利最多的企业。格力是国有控股企业中成本管控最成功的企业之一，表现在：①格力的原材料、呆滞物料成本最低。②格力的工人工资较高，但效率也高，且绩效工资占较大比重。③日常运作成本最低。

(资料来源：网易博客，周安斌，格力空调核心竞争力大揭秘，2011-1-19)

> 问题：
> 1. 格力成功的秘诀是什么？
> 2. 通过案例分析企业如何赢得竞争优势？

第一节 生产与运作战略概述

一、战略的含义

(一)战略的定义

什么是战略？战略一词最早来源于希腊语"Strateges"，其含义是"将军指挥军队的艺术"，是一个军事术语。在军事上，战略的定义是："对战争全局的策划和指导，依据国际、国内形势和敌对双方政治、经济、军事、科学技术、地理等因素来确定的决策。"但现在，这个词用得非常广泛，尤其在企业经营管理中，泛指重大的、带有全局性的或决定全局的谋划。

1937年，科斯发表了《企业的性质》这篇重要文献。科斯定义企业出现的根本原因在于可以替代价格机制。企业通常倾向于扩张，直到在企业内部组织一笔额外交易的成本等于通过在公开市场上完成同一笔交易的成本或在另一企业中组织同样交易的成本为止；但如果处于低于公开市场上的交易成本时，或等于在另一个企业中组织同样交易的成本时，企业将停止其扩张。所以，企业的规模大小取决于企业自身的组织费用和企业外部的交易费用互动的结果，这个观点六十多年来得到很多拥趸。也就是说，如果企业自己做划算，那么就自己做；否则，在全球化的今天，还有更直接的方法——外包。

(二)企业战略与战略匹配

1965年，美国经济学家安索夫(H.Iansoff)的著作《企业战略论》问世，标志着"企业战略"一词开始广泛应用。企业战略是企业为不断获得竞争优势，以实现企业长期生存和发展而对其发展目标、达到目标的途径和手段等重大问题的总体谋划。

1987年，日本著名管理学家伊丹敬之在《启动无形资产》(Mobilizing Invisible Assets)一书中，指出成功的企业战略，需要实行动态战略(The Concept of Strategic Dynamics)管理。他认为，"成功的战略蕴藏于企业内部各资源能力之间的匹配、资源能力与外部环境之间的匹配以及战略自身各要素之间的匹配；必须有意识地对战略做出调整以适应各要素随时间不断发生的变化，即动态战略匹配(Dynamic Strategic Fit)。"伊丹敬之指出，成功的企业主要是通过高效运用并充分积累它的无形资产(intangible or Invisible Assets)，如品牌形象、技术诀窍、消费者忠诚度，来实现企业战略的动态匹配。而分析师通常对企业资产的定义过于狭隘，只把厂房、设备、现金等有形部分视为资产。

伊丹敬之认为，"无论是有形资产还是无形资产对于企业都很必要，但两者重要性的表现形式截然不同。有形资产比如厂房对企业运营必不可少，但无形资产比如专有技术、品牌商标、公司声誉、企业文化以及积累的消费者资料等，对于企业成功参与市场竞争更为重要。无形资产的那些重要特性——不是有钱就能从市场上买到，需要长时间的发展和积累，具有专用属性的特殊竞争能力，可以作为企业长期战略资源使用，作为企业战略制定的重要战略要素。

为此，伊丹敬之根据过去半个世纪品牌营销和日本、美国无数的企业案例，充实发展了伊迪斯·彭瑞斯的企业成长理论。他还把动态战略匹配理论进一步分解成消费者匹配(Customer Fit)、竞争匹配(Competitive Fit)、技术匹配(Technological Fit)、资源匹配(Resource Fit)和组织匹配(Organizational Fit)。他说，正如建筑工程必须有设计蓝图一样，企业战略就是组织发展必须遵循的蓝图。不仅企业战略的各个组成要素之间要紧密联系，而且产品与市场、商业运作与公司资源以及战略执行等之间都要完全啮合。其中，公司资源，尤其是无形资产，是最重要的，是所有战略制订与企业成长的核心。

(三)外包与赢得竞争优势

自20世纪90年代以来，以IBM、GE、Microsoft等为代表的跨国公司业务席卷全球，外包也成为常见的方式。外包从以往企业的劣势变为压缩成本的最好方法，从简单的代工到系统一揽子外包，外包空间日渐专业，诱惑越来越大。比如宝洁公司，在不断扩张的同时，大部分的人力资源以及IT系统等都通过外包完成。外包看起来好像颠覆了伊迪斯·彭瑞斯的理论，实则不然。在大多数企业，外包的部门通常不是具备竞争力的部门，企业通过外包而专注自身的核心竞争部门，这其实正是合理运用交易成本与核心竞争力理论的现实事例，企业家对于资本的那种本能的敏锐，甚于学者。

伊迪斯·彭瑞斯也关注中小企业的成长，她认识到较小的企业作为一个群体对于外部世界而言与大企业所处的地位是不同的。小企业的成长面临不少障碍，因为规模大、年头长的企业在任何产业里都比小企业或新进入者更有竞争优势，这些优势当然是指规模，经验和成功史。其中，资本问题是小企业最严重的竞争障碍之一。普通情况下小企业必须承担相对较高的利息率，并且在任何利率下，它们得到的资金数量都受到绝对的限制，如果遇到货币当局提高利率，限制银行贷款额度，银行储备和信贷额度的压力相比价格上涨的压力会让小企业在经济中的地位更糟糕。但是在经济高涨时期，中小企业相对大企业有扩张优势，此时应该利用自身的特点进入经济中的间隙地带，谋求生存。

二、企业战略管理

(一)企业战略管理概述

伊迪斯·彭瑞斯特别强调"管理是最重要的企业资源"的思想。伊迪斯把企业扩张所必需的两种管理能力分别称为企业家服务和管理服务，认为前者用来发现和利用生产机会，对成长动机和方向的影响深远；后者用来完善和实施扩张计划，是企业持续成长的必要条件。

1. 企业战略管理概念

企业战略管理是从全局和长远的观点研究企业在竞争环境下，生存与发展的重大问题，是现代企业高层领导人最主要的职能，在现代企业管理中处于核心地位，是决定企业经营成败的关键。企业战略管理是一个层次化的体系,理论认为企业战略分为三个层次:公司战略(Corporate Strategy)、经营战略、职能战略(Function Strategy),每个层次针对企业不同层次的战略制定、实施和评价、控制行为进行管理。

企业战略管理是企业在宏观层次通过分析、预测、规划、控制等手段,实现充分利用该企业的人、财、物等资源,以达到优化管理,提高经济效益的目的。企业战略管理是对企业战略的设计、选择、控制和实施,直至达到企业战略总目标的全过程。企业战略管理强调整体优化,而不是强调企业某一个战略单位或某一个职能部门的重要性。长期性企业战略管理关心的是企业长期、稳定和高速的发展。权威性战略管理重视的是企业领导者按照一定程序,对企业重大问题作出抉择并将其付诸实施的过程。环境适应性企业战略管理重视的是企业与其所处的外部环境的关系,其目的是使企业能够适应、利用环境的变化。

2. 企业战略定位

迈克尔·波特认为,企业战略是指企业生产与运作或运营中指导全局的计划和策略。取得卓越业绩是所有企业的首要目标,运营效益(Operational Effectiveness)和战略(Strategy)是实现这一目标的两个关键因素,但人们往往混淆了这两个最基本的概念。运营效益意味着相似的运营活动能比竞争对手做得更好。战略定位(Strategic Positioning)则意味着运营活动有别于竞争对手,或者虽然类似,但是其实施方式有别于竞争对手。几乎没有企业能一直凭借运营效益方面的优势立于不败之地。运营效益代替战略的最终结果必然是零和竞争(Zero-sum Competition)、一成不变或不断下跌的价格,以及不断上升的成本压力。

战略就是创造一种独特、有利的定位,涉及各种不同的运营活动。然而,选择一个独特的定位并不能保证获得持久优势。一个有价值的定位会引起他人的争相效仿。除非公司作出一定的取舍(Trade-offs),否则,任何一种战略定位都不可能持久。

因此,对"什么是战略?"这一问题的回答又增加了一个新视角——取舍。战略就是在竞争中作出取舍,其实质就是选择不做哪些事情。定位选择不仅决定公司应该开展哪些运营活动、如何设计各项活动,而且还决定各项活动之间如何关联。

3. 竞争战略

所谓的竞争战略,就是创造差异性,即有目的地选择一整套不同的运营活动以创造一种独特的价值组合。战略定位有三个不同的原点,一是基于种类的定位(Variety-based Positioning);二是基于需求的定位(Needs-based Positioning);三是基于接触途径的定位(Access-based Positioning)。

战略匹配是创造竞争优势最核心的因素,它可以建立一个环环相扣、紧密连接的链,将模仿者拒之门外。匹配可以分为三类:第一层面的匹配是保持各运营活动或各职能部门与总体战略之间的简单一致性(Simple Consistency);第二层面的匹配是各项活动之间的相互加强;第三层面的匹配已经超越了各项活动之间的相互加强,可以称为"投入最优化"(Optimization of Effort)。

在这三种类型的匹配中,整体竞争比任何一项单独活动都来得重要与有效。竞争优势来自各项活动形成的整体系统(Entire System)。将有竞争力的企业的成功归因于个别的优势、核心竞争力或者关键资源都是极其错误的。如果要模仿整个运营活动系统的竞争对手,而仅仅复制某些活动而非整个系统，最后收效必然甚微。

4. 企业生产与运作战略

所谓企业生产与运作战略，就是在企业的各项运营活动之间建立一种匹配。在影响战略的诸多因素中，强烈的增长欲望也许是最危险的。追求增长的努力往往会淡化企业的独特性，以致产生妥协、破坏匹配，并最终削弱公司的竞争优势。增长手段应该集中于对现有战略定位进行深化，而不是拓宽和妥协。

制定或重建一个清晰的战略，在很大程度上取决于组织的领导者。最高管理层不仅仅是每个职能部门的总指挥，其核心任务应该是制定战略，界定并宣传公司独特的定位，进行战略取舍，在各项运营活动之间建立匹配关系。

改善运营效益是管理中必不可少的一部分，但这并不是战略。运营效益讨论的是持续变革、组织弹性以及如何实现最佳实践，而战略讨论的是如何界定独特的定位、如何作出明确的取舍、如何加强各项活动之间的匹配性。

5. 企业经营与企业战略

迈克尔·波特认为公司战略活动的终点，实质是将一个公司与其环境建立联系。这样就要涉及运营层面的有效性和战略的定位这两者的关系问题。运营层面的有效性就是要把那些先进的经验学过来并且加以实施。战略是什么？战略并不是要设计最佳的做法，战略是要选择什么样的做法可以使你与众不同、独一无二，通过不同的方式开展和你的竞争对手的竞争。

6. 利益相关者因素影响

迈克尔·波特：政府会影响到产业结构的问题，有正面的影响，也可能有负面的影响，这要取决于政府要做一些什么事情，必须要考虑政府的政策是怎么影响客户能力的，哪些政策改善了这个产业结构，哪些政策使这个结构恶化了。政府不是一个行业，但应该提供很多服务，分析的重点是企业或者个人服务所受的影响。

在银行业务方面，银行业者是针对目标客户开展活动的，因此银行应该制作一个战略，还是不同的战略，对于个人和公司来说，银行开展业务方面往往是完全不同的业务，对每一个业务都应该有一个单独的战略，因为基本的价值链是不同的，所提供给他们的服务和种类也是不同的，而且行业的结构也是不同的。银行本身可以分出上百个不同的行业，良好的银行是理解这一点的，而且建立有所不同的战略，以便在每个领域当中得到自己的优势、发挥自己的优势。

(二)战略管理过程

1. 环境分析

战略环境分析包括对外部一般环境、行业环境、竞争对手、企业自身和顾客的分析。

1) 外部一般环境

外部一般环境，或称总体环境，是指在一定时空内存在于社会中的各类组织均面对的环境，其大致可归纳为政治、社会、经济、技术、自然五个方面。

2) 行业环境

公司环境最关键的部分是公司投入竞争的一个或几个行业的环境。根据美国学者波特的研究，一个行业内部的竞争状态取决于五种基本竞争作用力，这些作用力汇集起来决定着该行业的最终利润潜力，并且最终利润潜力也会随着这种合力的变化而发生根本性的变化。一个公司的竞争战略的目标在于使公司在行业内进行恰当定位，从而最有效地抗击五种竞争作用力并影响它们朝自己有利的方向变化。它包括：现有企业的竞争研究；入侵者研究；替代品生产商研究；买方的讨价还价能力研究；供应商的讨价还价能力研究。

3) 竞争对手

竞争对手可以从以下群体中辨识出来：不在本行业但可以克服进入壁垒进入本行业的企业；进入本行业可以产生明显的协同效应的企业；由其战略实施而自然进入本行业的企业；那些通过后向或前向一体化进入本行业的买方或供方。

4) 企业自身

根据价值链分析法，每个企业都是设计、生产、营销、交货以及对产品起辅助作用的各种价值活动的集合。企业的各种价值活动分为两类，基本活动和辅助活动。按价值活动的工艺顺序，可以分为采购、制造、营销、物流、客户服务等基本活动。

5) 顾客(目标市场)

企业顾客研究的主要内容是：总体市场分析、市场细分、目标市场确定和产品定位。

2. 设定目标

经过细致周密的调查研究，便可以着手拟定战略目标了。拟定战略目标一般需要经历两个环节：拟定目标方向和拟定目标水平。首先在既定的战略经营领域内，依据对外部环境、需要和资源的综合考虑，确定目标方向，通过对现有能力与手段等诸多条件的全面衡量，对沿着战略方向展开的活动所要达到的水平也作出初步的规定，这便形成了可供决策选择的目标方案。

战略目标是对企业战略经营活动预期取得的主要成果的期望值。战略目标的设定，同时也是企业宗旨的展开和具体化，是企业宗旨中确认的企业经营目的、社会使命的进一步阐明和界定，也是企业在既定的战略经营领域展开战略经营活动所要达到的水平的具体规定。

3. 战略规划

战略规划，是一种预测未来以及对未来进行筹划的工作。战略规划，主要以过去或刚过去的事件、数据、情况等进行推演计算，进而确定未来可能会是怎样和以什么方法来采取行动，从而达到企业长期发展的利益目标。这种工作对于企业发展来说无疑是有需要的，不然的话，企业将会失去具体的行动方向和行动方案，前进目标就变得盲目。然而，今天的事情并不一定由昨天所导致，未来也不会是今天的重复。正如古希腊哲学家赫拉克利特所指出的，"人不可能两次踏进同一条河"。此话揭示了世上万物不断变化和变迁的道理，确实世界只有变是不变的。所以，以过去的数据作为预测未来的可靠性不得不令人质疑。从预测方法的角度看，在急剧变动的今天，以过去的事实和数据来推算未来，确实很难做到精确。

战略规划是为企业确定长期目标、政策及其计划的过程。

4. 战略实施

战略实施就是将战略转化为行动,主要涉及以下一些问题:如何在内部各部门和各层次间分配及使用现有的资源;为了实现企业目标,还需要获得哪些外部资源以及如何使用;为了实现既定的战略目标,需要对组织结构做哪些调整;如何处理可能出现的利益再分配与企业文化的适应问题,如何进行企业文化管理,以保证企业战略的成功实施等。

5. 战略控制

战略控制的重点是战略评价与战略调整。战略评价就是通过评价企业的经营业绩,审视战略的科学性和有效性。战略调整就是根据企业情况的发展变化,即参照实际的经营事实、变化的经营环境、新的思维和新的机会,及时对所制定的战略进行调整,以保证战略对企业经营管理进行指导的有效性,包括调整公司的战略展望、公司的长期发展方向、公司的目标体系、公司的战略以及公司战略的执行等内容。

(三)战略与策略的关系

战略应该是方向性的把握,而策略则是具体的动作。策略是从属于战略的,没有战略指导的策略不会有太大的价值;而战略也是需要各种策略支持的,没有看准时机,及时出牌,战略永远只是空想。所以,战略和策略的第一个区别是:战略要看方向,策略要看时机。其次,战略和策略的区别在于:战略需要做减法,而策略需要做加法。战略的目的是要在众多的道路中选对一条,然后走下去;而策略则是面对一个具体的目标,应该从哪些方面进行攻打,并最终占领它。最后,战略是长远而简单的,复杂的不叫战略;策略是短促而复杂的,不短促不足以把握时机,不复杂不足以取得完胜。

(1) 战略——为实现目标而制订的计划;是决策的核心。
(2) 策略——用来完成战略的方法和措施;策略与战略相比更具体。
(3) 关系——计划和决策在组织中的等级性。

第二节 生产与运作战略框架

一、生产与运作战略框架概述

(一)生产与运作战略组成

生产运作活动是企业最基本的活动之一。生产运作活动为了达到企业的经营目的,必须将其所拥有的资源要素合理地组织起来,并且保证有一个合理、高效的运作系统进行一系列的变换过程,以便在投入一定或者说资源一定的条件下,使产出能达到最大或尽量大。再具体地说,运作活动应该保证能在需要的时候、以适宜的价格向顾客提供满足他们质量要求的产品。

为了达到这样的目标,作为一个生产运作管理人员,首先需要考虑选择哪些产品、为了生产这样的产品需要如何组织资源、竞争重点应该放在何处等。在思考这样的基本问题时，必须根据企业的整体经营目标、经营战略有一个基本的指导思想或者说指导性的原则。

例如，企业的经营战略侧重收益率的提高，那么生产运作战略的指导思想可能应该是尽量增加生产收益，从而在进行产品选择决策时，应该注重选择高附加值产品。又如，若企业根据自己所处的经营环境认为应该把企业的经营战略重点放在扩大市场占有率上的话，相应地，生产运作战略的重点应该是保持生产系统的高效性及灵活性，从而能最大限度地满足市场的各种需求。这样的指导思想以及决策原则，就构成了生产与运作战略的内容。由此可见，制定生产运作战略的目的是使企业的生产运作活动能够符合企业经营的整体目标和整体战略，以保证企业经营目标的实现。

生产运作战略的指导思想是实现企业整体经营目标，其核心是创造企业生产运作的特殊能力，增强核心竞争力。生产运作战略目标就是选择和确定质量、可靠性、速度、柔性和成本的优先排序。生产运作战略的内容就是协调生产运作各方面的能力，以生产运作策略应用企业总体能力，实现生产运作目标。

(二)生产运作战略框架

生产运作战略框架如图 3-1 所示。

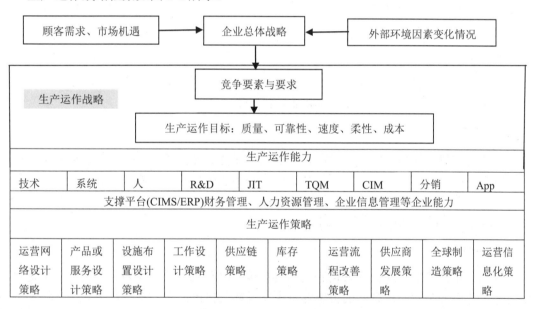

图 3-1 生产运作战略框架

企业能力对制定生产运作战略的影响主要是指，企业在运作能力、技术条件以及人力资源等方面与其他竞争企业相比所占有的优势和劣势，在制定生产运作战略时尽量扬长避短。例如，当市场对某种产品的需求增大，而且经预测这种需求将会维持一段较长的时间时，那么是否应该选择这种产品进行生产，除了考虑到市场的这种需求优势以外，还必须考虑到自己企业的生产能力以及技术能力。此外，根据企业所具有的能力特点，制定生产运作战略时可将重点放在不同之处。例如，如果企业的技术力量强大、设备精度高、人员素质高，进行产品选择决策时可能应该以高、精、尖产品取胜；如果企业的生产应变能力很强,那么应集中力量开发和生产与本企业生产工艺相近、产品结构类似、制造原理也大致相同的产品,在市场竞争中以快取胜。

还有一些其他影响因素,例如过剩生产能力的利用、专利保护问题等,这里不再一一细述。总而言之,生产与运作战略决策是一个复杂的问题,它虽然不等同于企业的经营战略,但也要考虑到整个社会环境、市场环境、技术进步等因素,同时还要考虑到企业条件的约束以及不同部门之间的相互平衡等,否则将会影响整个企业的生存和发展。作为一个生产与运作管理人员来说,在制定生产与运作战略时,必须全面细致地对各方面因素加以权衡和分析。一般来说,在进行生产与运作战略决策时是有一些基本的思路和方法可循的。

(三)生产运作战略的基本特征

由于生产与运作战略在整个企业战略体系中所处的地位,决定了它在企业经营中的特殊位置,形成了自身的一些基本特征。

1. 从属性

生产与运作战略虽然属于战略范畴,但它是从属于企业战略的,是企业战略的一个重要的组成部分,必须服从企业战略的总体要求,更多地从生产与运作角度来保证企业总体战略目标的实现。

2. 支撑性

生产与运作战略作为企业重要的职能战略之一,从生产运作角度来支撑企业总体战略目标的实现,为企业战略的有效实施提供基础保障。

3. 协调性

生产运作战略要和企业总体战略、竞争战略保持高度协调。生产运作战略要与企业其他职能部门的战略相协调,一方面生产运作战略不能脱离其他职能战略而自我实现,另一方面它又是其他职能战略实现的必要保证。生产运作系统内部的各要素之间也要协调一致,使生产运作系统的结构形式和运行机制相匹配。

4. 竞争性

生产运作战略制定的目的就是通过构造卓越的生产运作系统来为企业获得竞争优势作出贡献,从而使企业能在激烈的市场竞争中发展壮大自己,在与竞争对手竞争市场和资源的过程中占有优势。

5. 风险性

生产运作战略的制定是面向未来的活动,要对未来几年的企业外部环境及企业内部条件变化作出预测,由于未来环境及企业条件变化的不确定性,战略的制定及实施具有一定的风险性。

(四)生产运作战略的主要内容

生产运作战略的主要内容:主要包括生产运作总体策略和生产运作系统设计策略。生产运作总体策略包括：自营与外购、低成本和大批量、多品种和小批量、高质量、混合策略。生产运作系统设计策略一般从价值链增值的观点出发，以供应链管理为重点来确定生产运作系统，主要包括产品或服务的选择——对象决策；厂址(连锁店、仓储、配送中心)选择——生产运作网络及布局决策；产品、服务的流程矩阵——生产类型和流程决策；物流系统规划与布置——(实物/服务)过程组织决策。除此以外，还有运营网络设计策略、运营信息化策略、工作设计策略、运营流程改善策略、供应商发展策略、全球制造策略等。生产过程设计(Production Process Design)或称生产流程设计，就是根据产品或服务的构成特点，详细描述生产过程的具体步骤。它是生产运作战略中的一个十分重要的内容。

(五)制定生产与运作战略的步骤

制定生产与运作战略的步骤：①确定生产与运作的目标；②分析企业的内外环境；③生产系统选择与细分市场的需求；④确定生产与运作的特殊能力；⑤决策生产与运作战略计划；⑥发展有效的供应链合作网络；⑦生产与运作战略的执行与评价；⑧生产与运作战略的调整。

二、生产与运作战略的竞争要素

(一)竞争要素的选择

生产与运作战略是基于企业之间竞争要求，分析产品与服务的竞争力，确定生产与运作的特殊能力，选择竞争的优势要素。在生产与运作系统中，影响生产与运作的要素很多，既有生产与运作系统的输入要素、输出要素，又有转换要素、环境要素。而生产与运作战略制定的重点是竞争要素，所以竞争要素就是指运营战略的竞争优势要素。为了保持竞争力，不同国家的企业有不同的竞争优势要素。生产与运作战略成功的关键是明确竞争的重点优势要素。了解每个竞争重点优势要素的选择后果，作出必要的权衡。竞争力是指企业在经营活动中超过其竞争对手的能力，是一个企业能够长期地以比其他企业(或竞争对手)更有效的方式提供市场所需要的产品和服务的能力。竞争力是决定一个企业生存、发展、壮大的重要因素，是企业取得竞争优势的保证条件。斯金纳等人最初定义的"四种基本竞争优势要素"为：成本、质量、快速交货和柔性。现在又出现了第五种竞争优势要素——服务，这是20世纪90年代企业为获取差异化竞争优势而首选的竞争优势要素。

(二)竞争优势要素

(1) 成本——低成本。价格是顾客必须对产品或服务支付的金额。显然，在质量、功能相同的条件下，顾客将选择价格较低的产品或服务。价格竞争的实质是成本竞争，生产运营成本越低，企业在价格上就越有竞争优势。

(2) 产品质量和可靠性——提供优质产品。质量分为两类：产品(服务)质量和过程质量。产品质量包括产品的功能、耐用性、可靠性、外观造型、产品的合格率等，质量的好坏反映了产品满足顾客需要的程度。质量的竞争力表现在两个方面：一是保持产品的高质量水平；二是提供更好的产品或服务。过程质量的目标是生产没有缺陷的产品，可以预防性地解决产品的质量问题。

(3) 时间——快速交货、交货可靠性和新产品的开发速度。顾客对交付产品或提供服务在时间上的要求，包括快速或按时的交货能力。在同一质量水平下，企业间竞争优势的差异的重要表现就是时间性。据国外资料分析表明：高质量、高功能在国际竞争中的作用逐步下降，而代之以呈上升趋势的是准时或快速交货的竞争能力。

(4) 柔性。从战略的观点看待企业的竞争力，柔性是由与企业运营过程设计直接相关的两个方面构成的：一是企业为客户提供多种产品和服务的能力，最大的柔性意味着提供个性化的产品与服务的能力，以满足独特的需求，这常被称为"大规模定制"；二是企业快速转换工艺生产新产品的能力或者快速转换服务流程提供服务的能力。

(5) 服务。在当今的企业环境中，为获取竞争优势，企业开始为客户提供"增值"服务，这不论是对提供产品还是提供服务的企业都是重要的。原因很简单，正如范德墨菲所说："市场力来源于服务，因为服务可以增加客户的价值。"

(6) 环保。现在又出现了两种可能为企业提供竞争优势的趋势：环保工艺和环保产品的运用。消费者对环境越来越敏感，更倾向于购买对环境无害的产品。越来越多的企业意识到绿色制造对提高自身利益的竞争机制的深远意义。

企业的经营战略侧重收益率的提高，那么生产运作战略的指导思想应该是尽量增加生产收益，从而在进行产品选择决策时，应该注重选择高附加值产品。又如，若企业根据自己所处的经营环境认为应该把企业的经营战略重点放在扩大市场占有率上的话，相应地，生产运作战略的重点应该是保持生产系统的高效性及灵活性，从而能最大限度地满足市场的各种需求。这样的指导思想以及决策原则，就构成了生产与运作战略的内容。由此可见，制定生产运作战略的目的是使企业的生产运作活动能够符合企业经营的整体目标和整体战略，以保证企业经营目标的实现。

三、生产与运作战略目标的含义及构成

(一)生产与运作战略目标的含义

生产运作战略目标主要包括：质量、可靠性、速度、柔性、成本。制定运作战略的基点：基于质量的竞争战略(Quality Based Competitive Strategy)；基于柔性的竞争战略(Flexibility Based Competitive Strategy)；基于核心竞争能力的战略(Strategy Based on Core Competencies)；基于生产集成化方式的竞争战略(Competitive Strategy Based on Production Integration)；基于时间的竞争战略(Time Based Competitive Strategy)。

企业的战略目标一般包括以下内容：①盈利能力。用利润、投资收益率、每股平均收益、销售利润等来表示。②市场。用市场占有率、销售额或销售量来表示。③生产率。用投入产出比率或单位产品成本来表示。④产品。用产品线或产品的销售额和盈利能力、开发新产品的完成期来表示。⑤资金。用资本构成、新增普通股、现金流量、流动资本、回收期来表示。⑥生产。用工作面积、固定费用或生产量来表示。⑦研究与开发。用花费的货币量或完成的项目来表示。⑧组织。用战略一致性、团队能力、执行力等来表示。⑨人力资源。用缺勤率、迟到率、人员流动率、培训人数或将实施的培训计划数来表示。⑩社会责任。用活动的类型、服务天数或财政资助来表示。

(二)生产与运作战略目标构成

一个企业并不一定在以上所有领域都规定目标，并且战略目标也并不局限于以上十个方面。在确定过程中，必须注意目标结构的合理性，并要列出各个目标综合排列的次序。另外，在满足实际需要的前提下，要尽可能减少目标的个数。一般采用的方法是：①把类属的目标合并成一个目标；②把从属目标归于总目标；③通过度量求和，求平均或过程综合函数的办法，形成一个单一的综合目标。在拟定目标的过程中，企业领导要注意充分发挥参谋智囊人员的作用，要根据实际需要与可能，尽可能多地提出一些目标方案，以便对比选优。

四、生产与运作能力

生产运作能力是指生产运作设施在一定时期内，在合理的生产组织条件下，所能生产运作的一定种类的产品服务的最大值。生产运作能力可以通过许多方法作短期调整，但这时生产成本会有所变化，把最小单位成本下的生产量定义为最佳运行生产运作能力，单位产品或产出的生产运作成本随生产运作规模的变动而变动。生产能力的柔性是指运作能力的可变性与适应性。它包括三层含义：柔性工厂、柔性生产过程和工人。生产运作能力的柔性，表明了当市场需求大幅波动时，企业所拥有的生产运作能力是否具有迅速增加或减少的能力，或者生产运作能力从加工一种产品迅速转移到生产另一种产品的能力。

生产运作能力可以成为企业的核心竞争能力，企业从中可以获得重要的竞争优势。生产运作战略的制定与实施，必须明确企业的生产运作能力，尤其是企业的核心能力。核心能力是企业独有的对竞争要素的获取能力，是企业在竞争中与竞争对手取得差异的能力。生产运作能力取决于生产运作资源与生产运作过程。生产运作资源包括生产运作系统的技术资源、系统资源、人力资源等。

五、生产运作战略策略

(一)生产运作战略及其策略

生产运作策略是指在企业经营战略的总体框架下，决定如何通过生产运作活动来达到企业的整体经营目标，并根据对企业各种资源和内外部环境的分析，确定生产运作活动以及生产运作系统的总体指导思想和决策原则。它主要包括三个方面的内容：生产运作的总体战略；产品或服务的选择、开发与设计策略；生产运作系统的设计策略。生产运作战略的目的就是支持和完成企业总体战略；生产与运作战略的性质是决定企业总体战略目标实现与否的根本性谋划；生产运作战略的对象就是生产运作系统。

国际上，企业采用的两种战略是基于质量的战略和基于时间的战略。基于质量的战略是以满足顾客为中心，将质量管理贯穿于企业的各个阶段，不仅最终向顾客提供产品或劳务,还要抓相关的过程,如设计、生产及售后服务。基于时间的战略是将重点放在减少完成各项活动的时间上。其理论依据是:通过减少花在各项活动上的时间,达到使成本下降、生产率增大、质量趋于提高、产品创新加快和对顾客的服务得到改进的目的。

企业可在下列几个方面缩短时间:①计划时间;②产品或劳务设计时间;③加工时间;④变换时间;⑤交付时间;⑥对抱怨的反应时间。

(二)生产运作战略的内容

生产运作战略主要包括三方面的内容:生产运作的总体战略、产品或服务的开发与设计战略、生产运作系统的设计与维护战略。

1. 生产运作的总体战略

1) 产品(服务)的选择战略

产品(服务)战略的决策决定企业新产品或新服务项目的引进、现有产品的改良或改组,以及过时产品的淘汰。这是企业生产运作管理中的一项经常性工作,特别是当今市场需求日益多变、技术进步日新月异,这个问题变得更为重要。当今几乎不存在可以几十年一贯地进行生产的产品,产品每隔几年就必须更新换代。与此同时,飞速发展的技术进步也使得新产品和新生产技术源源不断地产生。所以企业必须不断地、及时地选择能够满足市场新需求的产品。对于企业来说,这是经营成功至关重要的一环;对于生产运作管理来说,这正是生产运作活动的起点。

2) 自制或外购战略

企业进行新产品开发、建立或改进生产运作系统,都要首先作出自制或外购的决策。自制或外购考虑的因素主要有企业的制造能力和优势,对自主经营的影响程度,企业的长远发展规划等。这里实际上是两大问题:一个问题是自制还是外购?一般而言,对于产品工艺复杂、零部件繁多的生产企业,那些非关键、不涉及核心技术的零部件,如果外购价格合理,市场供应稳定,企业会考虑外购或以外包的方式来实现供应。另一个问题是订购还是分包?订购是指不同时期向不同的企业订货,或者同时向几家企业发出订货询问、招标,货比三家,最后选择质量好、价格低的企业进货,由此可以获得价格优势。分包是指与某些零部件生产厂家建立固定关系,本企业的生产计划同时就是这些零部件供应厂家生产计划的一部分,由这些零部件生产厂家固定送货,其目的是保证零部件质量的稳定性以及严格遵守交货期,必要时甚至帮助它们提高技术、筹措资金、培训人员等。因此,订购与分包各有利弊,主要看企业在其生产战略中更重视什么,也可以两种方法并用。

3) 生产运作方式的选择战略

企业在作出自制或外购的决策之后,就要从战略的高度对企业的生产方式作出选择。可供制造企业选择的生产方式有很多,这里仅介绍三种典型的生产方式。

其一为大批量、低成本生产运作方式。早期福特汽车公司就是采用这种策略。在零售业,沃尔玛公司也是采取这种策略。采用这种策略需要选择标准化的产品或服务,而不是顾客化的产品和服务。这种策略往往需要高的投资来购买专用高效的设备,如同福特汽车公司当年建造 T 形生产线一样。需要注意的是,这种策略应用于需求量很大的产品或服务。只要市场需求量大,采用低成本和高产量的策略就可以战胜竞争对手,取得成功,尤其是在居民消费水平还不高的国家或地区。

其二是多品种、小批量生产运作方式。对于顾客化的产品，只能采取多品种和小批量生产策略。当今世界消费多样化、个性化，企业只有采用这种策略才能立于不败之地。但是多品种、小批量生产的效率难以提高，对大众化的产品不应该采取这种策略；否则，遇到采用低成本和大批量策略的企业，就无法去竞争。

其三是混合策略。将多种策略综合运用，实现多品种、低成本、高质量生产，可以取得竞争优势。现在人们提出的"顾客化大量生产"或称"大量定制生产"与"大规模定制生产"，既可以满足用户多种多样的需求，又具有大量生产的高效率，是一种新的生产方法。

除以上三种较传统的生产运作方式外，其他可供企业选择的先进的生产方式，如准时生产制、计算机集成制造、批量客户化生产、敏捷制造等将在其他章节详细介绍。

2. 产品或服务的开发与设计战略

产品或服务确定之后，就要对产品或服务进行设计，确定其功能、型号、规格和结构，进而选择制造工艺、设计工艺流程。产品或服务的开发与设计是相当复杂且影响深远的运作战略活动。

3. 生产运作系统的设计与维护战略

生产运作系统的设计与维护对生产运作系统的运行有先天性的影响，它是企业战略决策的一项重要内容，也是实施企业战略的重要步骤。生产运作系统的设计有四方面的策略，即设施选址、设施布置、岗位设计、工作考核与报酬。

第三节　生产运作竞争战略

一、生产运作战略的竞争重点

生产运作战略强调生产运作系统是企业的竞争之本，只有具备了生产运作系统的竞争优势，才能赢得产品的优势，才会有企业的优势。因此，生产运作战略理论是以竞争及其优势的获取为基础的。企业根据自己所处的环境和所提供产品、生产运作组织方式等自身条件的特点，可将竞争重点放在不同的方面。在多数行业中，影响竞争力的因素主要是成本、质量、时间和柔性。

(一)成本

降低成本和提高利润始终是企业生产运作管理追求的目标。基于成本的生产运作战略，是指企业为赢得竞争优势，以降低成本为目标，通过发挥生产运作系统的规模经济与范围经济优势，以及实行设计和生产的标准化，使得产品(服务)的成本大大低于竞争对手的同类产品(服务)，从而获得价格竞争优势的一系列决策规划、程序与方法。降低成本的途径有多种，其中最主要的措施是采用大量生产方式或者采用自动化程度更高的设备，这两种方法需要较高的投资。在多数情况下，企业可以通过工作方式的改变、排除各种浪费来实现成本的降低，例如，成组生产技术、进行库存控制等。还应指出的是，尽量降低成本以维持或增加市场占有率，经常用于正处在生命周期中成熟期的产品。在这个时期，因产出最大，效率也可达到最高。

(二)质量

基于质量的生产运作战略，是指企业以提高顾客满意度为目标，以质量为中心，将质量管理贯穿于企业的各个阶段，不仅最终向顾客提供产品或劳务，还要抓相关的过程，如设计、生产及售后服务，通过制定质量方针目标与质量计划、建立健全质量管理体系、实施质量控制等活动，提高其产品和服务质量，从而获取持续的质量竞争优势的一系列决策规划、程序与方法。战略中有两点可以考虑：高设计质量和恒定的质量。前者的含义包括卓越的使用性能、操作性能、耐久性能等，有时还包括良好的售后服务支持，甚至财务性支持。例如，上海大众轿车以其卓越的使用性能、操作性能著称，同时公司也提供三年免费保修等良好的售后服务，还对其产品实行分期付款、信用付款、租赁等财务性支持方式。后者是指质量的稳定性和一贯性。

(三)时间

当今世界范围内的竞争愈演愈烈，仅传统的成本和质量方面的竞争不足以使企业与企业之间拉开距离，于是很多企业开始在时间上争取优势。基于时间的生产运作战略，是指企业以高质量、低成本快速响应顾客需求为目标，运用敏捷制造、供应链管理和并行工程等现代管理方法，通过缩短产品研制、开发、制造、营销和运输时间，从而获取时间竞争优势的一系列决策规划、程序与方法。基于时间的战略将重点放在减少完成各项活动的时间上，把时间转化为一种关键的竞争优势来源，通过缩短产品开发周期和制造周期来提高对市场需求的反应速度。其理论依据是：通过减少花在各项活动上的时间，从而使成本下降、生产率增大、质量趋于提高、产品创新加快和对顾客的服务得到改进。时间上的竞争包括三个方面：一是快速交货，是指从收到订单到交货的时间要短。对于不同的企业，这一时间长度可能有不同的含义：一个制造大型机器的制造业企业，其生产周期可能需要半年；医院中的一个外科手术，从患者提出要求至实施手术，一般不超过几周；而一个城市的急救系统，必须在几分钟到十几分钟内做出响应。对于制造业企业来说，可以采用库存或留有余地的生产能力来缩短交货时间，但对于医院或百货商店，则必须以完全不同的方式来快速应对顾客的需求。二是按时交货，是指在顾客需要的时候交货。例如，对于送餐业来说，这个问题可能是最重要的。制造业通常以按订单交货的百分比来衡量这一指标，超级市场则可能以在交款处等待时间少于 3 分钟的顾客的百分比来衡量。三是新产品的开发速度，包括从新产品方案产生至生产出新产品所需要的全部时间。当今，由于各种产品的寿命周期越来越短，所以新产品的开发速度就变得至关重要。谁的产品最先投放市场，谁就能在市场上争取主动权，这一点无论是对于制造业企业还是非制造业企业来说都是一样的。

(四)柔性

所谓柔性，是指应对外界变化的能力，即应变能力。基于柔性的生产运作战略，是指企业面对复杂多变的内外环境，以满足顾客多品种中小批量需求为目标，综合运用现代信息技术与生产技术，通过企业资源的系统整合，来增强企业生产运作系统柔性和提高企业适应市场变化能力的一系列决策规划、程序与方法。柔性包括两个方面：一是品种柔性，是指生产系统从生产某种产品快速转变到生产另一种产品或品种的能力。如果要求产品符合多种客户的需求而每种产品数量又不多，或者要求迅速引入新产品，则需要品种柔性。例如，高级时装公司，专门用于银行、邮政、航天等方面的特殊用途的大型计算机制造公司，咨询公司等，都必须非常重视这方面的竞争能力。二是产量柔性，是指快速增加或减少生产数量的能力，当市场需求达到高峰或低谷时，或者依靠储备已难以满足客户需求的情况下则要求产量柔性。例如，空调制造企业、邮局等更加重视这方面的竞争能力。

二、订单赢得要素与订单资格要素

(一)订单赢得要素与订单资格要素的含义

确定竞争要素相对重要的一种有效的方法就是区分订单赢得要素和订单资格要素。订单赢得要素是指企业的产品或服务(可以是成本、质量、可靠性或其他重点)区别于其他企业的产品或服务的评价标准。订单资格要素则是允许一家企业的产品参与竞争的资格筛选标准。从整体上看，一致性质量、及时交货和产品可靠性通常是大多数制造商的资格要素。订单赢得要素与订单资格要素是时刻变化的。例如，中国家电产品进入欧洲市场必须符合 EMI 标准(家电产品要有抗电磁干扰的能力)，对欧洲家电市场这是订单资格要素，在中国家电市场就是订单赢得要素。常见的要素有价格、产品设计能力、产品质量与可靠性、交货时间、需求响应能力、技术关联支持、交货可靠性、产品多样化等。

(二)制造需求差别对比

如表 3-1 所示为同一个制造商制造的两组产品在制造需求上的不同之处。其中，产品组 1 是一系列标准的电子医疗设备，这些设备直接销售给医院和诊所；产品组 2 是多种测量设备，主要销售给机器制造商，同时还经常根据个别消费者的需求定做。

表 3-1　制造需求差别对比

序号	制造需求差别	产品组 1	产品组 2
1	产品	标准医疗设备	电子测量仪器
2	顾客	医疗诊所	医疗和其他 OEM
3	产品要求	无高技术、有局部更新	变化、有高标准和其他要求
4	产品范围	窄，四个品种	宽，多品种多类型
5	设计变化	不经常	连续过程
6	交货	顾客提前期重要、存货直接发货	及时交货很重要
7	质量	一致性/可靠性	性能/一致性
8	需求变动	与经济形势有关，可以预测	无规律，不可预见

续表

序号	制造需求差别	产品组 1	产品组 2
9	容量/水平	高	中等偏下
10	边际利润	低	从低到很高
11	订单赢得要素	价格/产品可靠性	产品特性/产品范围
12	质量	交货期、产品特性、一致性	交货依赖性、交货提前期、价格
13	内部绩效要求	成本、质量	新产品柔性、范围柔性、依赖性

比较表中两个产品组的制造需求差别，分析产品组 1 和产品组 2 不同的市场竞争特征。因而，生产运作需要不同的外部绩效重点。另外，每个产品组的内部绩效重点也应有所不同。产品组 1 将精力集中于成本和质量上，所有其他内部行为的目标必须服从这一点。产品组 2 需要企业具有能够生产多种产品和应付设计变更的柔性。

三、竞争战略选择

(一)市场竞争战略对产品和服务的要求

各种战略最终都落实到企业生产的产品和提供的服务上。产品和服务如何体现不同的战略，主要是通过如下一些因素表现出来的。

(1) 品种。这里说的品种是广义的，它不仅包括不同功能和结构的产品，而且包括不同的型号、规格、花色。显然，企业能够提供的产品品种数量越多，就越能满足顾客多方面的需求；服务业能提供的服务越多，就越能满足顾客多方面的需求。

(2) 质量。有形的产品和无形的服务都是为满足人们需求的，达不到一定的质量标准，就谈不上满足人们的需求。产品质量包括其使用性能、可靠性、安全性、节能性和外观质量。服务大都是无形的，质量难以度量，使顾客满意是最终的质量标准。

(3) 价格。价格包括产品的售价和使用成本。即使售价低，但使用中能源和原材料消耗大的产品也是不受欢迎的。

(4) 可获性。它是指顾客能按需要的时间方便地得到所需的产品和服务。质量好、价格低但买不到，或难于买到，或不能及时买到，都不能使顾客满意。所谓基于时间的竞争，就是通过及时满足顾客对产品和服务在时间上的要求来竞争。按期交货也是可获性的一个方面。

(5) 服务。预订提供的产品和服务往往不能满足顾客随时变化的要求，这就需要按顾客的要求提供额外的服务，如产品的售前和售后服务、安装培训、使用培训、维修等。

在不同的经营战略下，对产品和服务的五个方面的要求是不同的，采用差异化的战略，在以上五个因素中都可以做到独树一帜。

(二)产品和服务对生产系统的要求

要满足品种、质量、价格、可获性和服务等方面的要求，必然要对生产系统提出相应的要求。

(1) 成本效率。衡量低成本、高效率地生产产品和提供服务的能力。
(2) 质量。衡量能提供比竞争对手质量更好的产品和服务的能力。
(3) 可靠性。衡量按时提交产品和服务的能力。
(4) 柔性。衡量能够适应市场变化，很快地从生产一种产品或提供一种服务转向生产另一种产品或提供另一种服务的能力。

(三)新时期企业生产运作战略

处于不同的竞争环境中，企业的生产运作战略也有所不同。

(1) 以欧、美、日为代表的竞争活跃的国家和地区的企业，其生产运作战略的发展体现如下趋势：①由高质量、高功能转变为强调交货及时。高质量、高功能正在弱化，快速交货能力成为重要因素。②由强调硬件构成要素转变为强调软性要素。技术的作用日益下降，开始重点强调管理的软技术(基于人力资源导向的管理)，跨部门合作以及跨业务、跨部门的信息集成与信息支持。③生产运作管理由强调内向转变为强调外向。生产运作管理的职能与范围发生了深刻的变化，开始强调顾客创造价值为导向，并将供应商与顾客纳入生产运作管理的范畴。

(2) 以韩国、澳大利亚、中国台湾为代表的竞争欠活跃的国家与地区的企业仍将质量作为企业形成竞争优势的第一要素，而交货能力作为第二要素。①优先强调质量，其次强调交货。②生产运作管理强调内向。③开始注意以人为导向，关注外向与软性要素。

第四节 生产运作战略的制定与实施

一、生产运作战略的制定

(一)制定生产运作战略的影响因素

制定生产运作战略同制定企业总体战略和竞争战略一样也需要进行环境分析。企业战略的环境分析主要包括企业外部环境分析和企业内部条件分析。

1. 外部环境分析

外部环境包括宏观环境和行业环境，其中宏观环境又主要包括政治法律环境、经济环境、技术环境、社会文化环境和市场条件。

1) 宏观环境

政治法律环境主要包括国际形势、国家政治的稳定性、政治制度、方针政策、政治气氛、法令、关税政策、国家预算、就业政策、环境政策、国家经济政策、国家法律规范和企业法律意识等要素，是企业实现生产运作战略的前提。20世纪70年代、80年代和90年代发生的多次石油危机都与国际形势有关。20世纪70年代阿拉伯国家的石油禁运、1991年伊拉克入侵科威特，都影响了跨国公司的战略制定。

经济环境是指影响企业生存与发展的社会经济状况及国家经济政策，它对产品决策和生产组织方式的选择有直接影响。经济环境包括国民消费水平、收入分配、投资水平、国民生产总值、国内生产总值、家庭数量和结构、经济周期、就业水平、储蓄率、利率等。经济环境影响一国或某地区的需求的规模、结构，从而影响企业资源的投向，进而影响企业的发展方向。任何一个企业在制定其经营战略时都不可能不考虑这样一个因素，但这个因素与生产与运作战略的直接关系主要在于，它将影响生产与运作战略中的产品决策和生产组织方式的选择。

技术环境是指企业所处的社会环境中的科技要素及与该类要素直接相关的各种社会现象的集合对企业的产品与服务、生产运作的方法、生产工艺、业务组织方式本身的影响。随着技术进步的发展，企业的战略乃至生产运作战略必须作相应的调整。企业在制定战略时必须充分考虑到技术进步的因素。

社会文化环境是指一个国家或地区的文化传统、价值观念、民族状况、宗教信仰和教育水平等相关要素构成的环境。社会文化环境包括人们的生活方式和生活习惯、人口数和年龄结构、妇女和少数民族的地位、家庭结构(家庭人口数量、子女数量、消费模式)等。社会文化环境在一定程度上影响消费者购买产品和服务的模式、数量、结构，从而影响企业产品和服务的决策。

市场条件包括顾客和潜在顾客的需求和期望，供应市场，销售渠道，当前的竞争对手和潜在竞争对手的数量、优势和不足，竞争对手的战略，进入市场的障碍，产品的价格结构，市场对价格的敏感性，产品生命周期，潜在销售量和营利性等因素。供应市场主要是指所投入资源要素的供应，例如，原材料市场、劳动力市场、外购件供应市场等。这个因素对企业产品的竞争力有极大的影响。

2) 行业环境

所谓行业或产业，是居于微观经济细胞(企业)与宏观经济单位(国民经济)之间的一个集合概念，是具有某种同一属性的企业的集合。处于该集合的企业生产类似的产品，以满足用户的同类需求为目的。行业中同类企业的竞争能力和生产能力将直接影响本企业生产运作战略的制定。

对行业环境的分析要从战略的角度分析行业的主要经济特征(如市场规模、行业盈利水平、资源条件等)、行业吸引力、行业变革驱动因素、行业竞争结构、行业成功的关键因素等方面。关于行业竞争结构的分析，可以采用迈克尔•波特(M.E.Porter)教授的五力分析法来进行。

五力分析法是指行业中存在五种基本竞争力量：新进入者的威胁、行业中现有企业间的竞争、替代品或服务的威胁、供应者讨价还价的能力、用户讨价还价的能力。这五种基本竞争力量的现状、发展趋势及其综合强度，决定了行业竞争的激烈程度和行业的获利能力。

2. 企业内部条件分析

1) 企业整体经营目标与各部门职能战略

企业总体战略、竞争战略及其他职能战略确定了企业的经营目标。根据经营目标，不同的职能部门分别建立了自己的职能部门战略及要实现的目标。因此，包括生产运作战略在内的各个职能级战略的制定，都受企业整体目标的制约和影响。同时，各职能战略目标所强调的重点各不相同，它们往往都会对生产与运作战略的制定产生影响，而且影响的作用和方向是不一致的。例如，营销部门往往希望多品种小批量生产，以适应市场需求的多样化特点；而生产部门希望生产尽量稳定、少变化，提高系列化、标准化、通用化(简称"三化")的水平，以提高劳动生产率，降低生产成本。又如，生产部门为了保持生产的稳定性和连续性，希望保持一定数量的原材料及在制品库存，但财务部门为了保持资金周转，可能希望尽量减少库存等。因此，在同一个整体经营目标之下，生产运作战略既受企业经营战略的影响，也受其他职能战略的影响。在制定生产运作战略时，要认真研究企业总体战略、竞争战略的具体要求以及其他职能战略的制定情况，权衡这些相互作用、相互制约的战略目标，使生产运作战略决策能最大限度地保障企业经营目标的实现。

2) 企业能力

企业能力对制定生产与运作战略的影响主要是指企业在运作能力、技术条件以及人力资源等方面与其他竞争企业相比所占有的优势和劣势，在制定生产运作战略时应尽量扬长避短。例如，当市场对某种产品的需求增大，而且经预测这种需求将会维持一段较长的时间时，那么是否应该选择这种产品进行生产，除了考虑到市场的这种需求优势以外，还必须考虑到自己企业的生产能力以及技术能力。此外，根据企业所具有的能力特点，制定生产运作战略时可将重点放在不同之处。例如，若企业的技术力量强大、设备精度高、人员素质高，那么进行产品选择决策时可能应该以高、精、尖产品取胜。

另外，还有其他一些影响因素，如过剩生产能力的利用、专利保护问题等。总而言之，生产运作战略决策是一个复杂的问题，它虽然不等同于企业的经营战略，但也要考虑到整个社会环境、市场环境、技术进步等因素，同时还要考虑到企业条件的约束以及不同部门之间相互平衡等；否则将会影响到整个企业的生存和发展。作为一个生产运作管理人员来说，在制定生产运作战略时，必须全面细致地对各方面因素加以权衡和分析。一般来说，在进行生产运作战略决策时是有一些基本的思路和方法可循的。

3. SWOT 分析

SWOT 分析是指分析企业优势(Strength)、劣势(Weakness)、机会(Opportunity)和威胁(Threats)，是对企业内外部条件各方面内容进行综合和概括，进而分析企业的优劣势、面临的机会和威胁的一种方法。其中，优劣势分析主要是着眼于企业自身的实力及其与竞争对手的比较，而机会和威胁分析则将注意力放在外部环境的变化及对企业的可能影响上。

通过 SWOT 分析，在明确了企业的优劣势及机会与威胁的条件下，就可确定企业的发展战略，进而确定各业务单位或事业部的战略，然后制定生产运作战略等职能战略。业务单位或事业部级战略是企业某一独立核算单位或具有相对独立的经济利益的经营单位对自己的生存和发展作出的规划，它要把公司经营战略中规定的方向和意图具体化，成为针对各项经营事业的更加明确的目标和战略。例如，某企业生产个人电脑、冰箱和空调三种产品，每一种产品作为一个独立的业务或事业部，具有自身的战略。

(二)生产与运作战略的制定程序

由于生产运作战略是职能战略之一，所以它必须在企业总体战略、竞争战略制定之后才能制定。在制定企业的生产运作战略时，首先要进行环境分析，认清环境中存在的各种威胁和机会，结合企业自身的优劣势确定本企业的使命，形成一种战略；然后再根据这个主导战略形成企业的生产运作战略，当然，与此同时，也形成了企业的其他两个重要的职能战略——市场营销战略和财务战略；最后实施生产运作战略并根据环境的变化适时地调整。制定程序通常遵循以下一些步骤。

(1) 环境分析。进行各种威胁、机会、优势和劣势分析，了解环境、顾客、行业及竞争对手。

(2) 确定企业使命。说明企业存在的原因，并认清企业创造的价值。

(3) 制定战略目标。建立一种竞争优势，如低价位、灵活的设计和生产批量、质量、快速交货、可靠性、售后服务和多样化系列。

(4) 评价战略目标。评价战略目标制定得是否合理。

(5) 提出备选方案。根据战略目标，提出企业的产品、竞争重点等方案。

(6) 选择战略方案。根据企业的战略目标，选择较优的方案。

(7) 组织实施。

二、生产运作战略的实施

生产运作战略的实施是生产运作战略管理的关键环节。它是指企业生产运作系统的全体员工充分利用并协调企业内外一切可利用的资源，沿着生产运作战略的方向和所选择的途径，自觉而努力地贯彻战略，以期待更好地实现企业生产运作战略目标的过程。

(一)生产运作战略实施与战略制定的关系

制定科学合理的生产运作战略并有效地实施，企业才有可能顺利地实现战略目标，取得战略的成功。如果企业制定的生产运作战略不够科学合理，那么非常严格地执行这一战略时，会出现两种情况：一种是企业在执行战略的过程中及时发现了战略的缺陷并采取补救措施弥补缺陷，结果企业也能取得一定的业绩；第二种是企业僵化地实施战略而不进行动态的调整，结果失败。如果制定了科学合理的生产运作战略却不能有效地实施，企业也将陷入困境。如果企业的生产运作战略本身不够科学合理，又没有很好地组织战略实施和控制，企业最终会遭受重大损失而失败。

(二)生产运作战略实施的步骤

企业制定出生产运作战略后，生产运作战略要与企业的资源分配、技术能力、工作程序和计划方案等相适应。企业生产运作战略的实施步骤如下。

(1) 明确战略目标。生产运作战略是根据企业经营战略来制定的，在企业战略中已经明确了生产运作的粗略的基本目标。在生产运作战略实施时，还要把该目标进一步明确，使之成为可执行的具体化的目标。生产运作战略的目标主要包括产能目标、品种目标、质量目标、产量目标、成本目标、制造柔性目标和交货期目标等。

(2) 制订实施计划。生产计划具体包括产能发展计划、原材料及外购件供应计划、质量计划、成本计划和系统维护计划等。

(3) 确定实施方案。实施方案明确了生产运作的方向，保证生产计划的实现。

(4) 编制生产预算。生产预算为计划实施过程中的管理和控制提供依据。

(5) 确定工作程序。工作程序规定了完成某项工作所必须经过的阶段或步骤的活动细节,具有技术性和可操作性的特点。

本 章 小 结

战略管理是企业管理工作的重要组成部分,是企业各项管理工作的起点。生产与运作战略是企业战略的重要职能战略之一。正确区分企业经营与企业战略的不同,厘清生产与运作战略与企业经营战略的相互关系,阐述生产与运作战略组成,勾画生产与运作战略框架图;由于生产与运作战略在整个企业战略体系中所处的地位,决定了它在企业经营中的特殊位置,每个生产与运作战略都有自身的一些基本特征,形成自己的核心竞争力。可选择的生产与运作战略目标主要包括:质量、可靠性、速度、柔性、成本。重要的是制订生产与运作战略计划,生产与运作战略的实施是生产与运作战略管理的关键环节。战略实施是指企业生产与运作系统的全体员工充分利用并协调企业内外一切可利用的资源,沿着生产与运作战略的方向和所选择的途径,自觉而努力地贯彻战略,以期待更好地实现企业生产与运作战略目标的过程。

自 测 题

(一)判断题

1. 运作管理包括系统设计、系统运作和系统改进三大部分。　　　　　　(　)
2. 有什么样的原材料就制造什么样的产品,是输入决定了输出。　　　　(　)
3. 当价格是影响需求的主要因素时,就出现了基于成本的竞争。　　　　(　)
4. 基于时间竞争策略的焦点在缩短对顾客需求的响应时间上。　　　　　(　)
5. 生产运作是一切社会组织都要从事的活动。　　　　　　　　　　　　(　)
6. 增值是输出的价值或价格和输入的费用之间的差别。　　　　　　　　(　)
7. 当质量成为影响需求的主要因素时,降低成本就没有意义了。　　　　(　)

(二)单选题

1. 在大多数的企业中存在的三个主要职能是(　　)。
  A. 制造、生产和运作　　　　　　B. 运作、营销和财务
  C. 运作、会计和营销　　　　　　D. 运作、制造和财务
  E. 彼此独立地存在

2. 按对象专业化原则建立生产单位,适用于(　　)。
  A. 单件生产　　B. 小批生产　　C. 大批生产　　D. 工程项目

3. 生产运作的总体战略不包括(　　)。
  A. 自制或购买　　　　　　　　　B. 低成本和大批量

　　　　C. 多品种和小批量　　　　　　　D. 高质量　　　　E. 以上都是

4. 下列不属于生产管理的基本问题是(　　)。

　　　　A. 提高质量　　　B. 降低成本　　　C. 保证交货　　　D. 提高产量

5. 自20世纪70年代以来，在世界制造企业的五大职能中，日益成为企业竞争优势的重心和支撑点的是(　　)。

　　　　A. 生产职能　　　B. 人事职能　　　C. 财务职能　　　D. 研发职能

6. 波特的低成本制造、产品差异和市场集中属于(　　)。

　　　　A. 公司级战略　B. 部门级战略　C. 生产运作战略　D. 职能级战略

7. 生产运作战略的核心是(　　)。

　　　　A. 特殊能力　　B. 生产运作宗旨　C. 生产运作目标　D. 生产运作环境

8. 从生产战略的角度看，在市场中处于劣势的公司应该优先选择(　　)作为工作重点。

　　　　A. 价格　　　　　B. 销售费用　　　C. 质量　　　　D. 服务

9. 下列反映了基于时间的竞争思想的是(　　)。

　　　　A. 把生产转移到低工资的国家

　　　　B. 把资源集中在最具有经济效益的生产活动中

　　　　C. 弹性制造、快速反应等

　　　　D. 兴建新的设施

10. 生产运作战略属于(　　)。

　　　　A. 公司级战略　B. 部门级战略　C. 职能级战略　D. 以上都不是

11. 以不断追求生产系统的规模经济性为实质的战略是(　　)。

　　　　A. 基于成本的战略　　　　　　　　B. 基于时间的战略

　　　　C. 基于质量的战略　　　　　　　　D. 以上都不是

(三)问答题

1. 生产运作战略的含义是什么？
2. 生产运作战略在企业战略中的地位如何？
3. 生产运作竞争战略的构成是什么？
4. 简述生产运作战略的特点。
5. 简述企业生产运作战略形成中内外环境分析的重要性。
6. 生产运作总体战略包含哪些内容？
7. 生产运作系统设计有哪些重要决策？
8. 从消费者的观点看，是否可能存在这样一个工厂，它的产品生产得快、性能可靠、市场适应性好、质量高，但它的服务却很低劣。
9. 如果一家企业的产品尚处在产品生命周期的早期阶段，企业却迅速实行向后集成，这样的战略可能会带来什么样的负面影响？

第四章

企业选址

【学习要点及目标】

通过本章的学习,使学生了解企业的选址,掌握企业选址的方法,熟悉企业选址的影响因素,掌握典型的生产企业、服务企业选址的内容。

【关键概念】

企业选址影响因素　企业选址的决策　选址方法

> **引导案例：特斯拉的中国总部之争**
>
> 特斯拉是世界上第一个采用锂离子电池的电动车公司，自然不会放过中国这个大市场。特斯拉一进入中国就成为媒体的宠儿，在聚光灯之下的一举一动都受到大家的关注。关于特斯拉的总部之争，首先是在京沪两地展开，在 2014 年 3 月消息已经传出来，在上海外高桥会设立中国总部，与此同时浦东、金桥纷纷向特斯拉示好，为吸引特斯拉入驻提供更大的政策空间和土地空间。今年 6 月份特斯拉总部最后落址北京——酒仙桥 10 号。特斯拉进入中国有两个标志性的启示：一是打破了中国人一直认为的电动汽车普及化障碍重重这样一种迷信；二是提升了海外高端品牌的价格自信。
>
> (北京时报，2013.7.13)
>
> **问题：** 为什么特斯拉这样引人关注？为什么最后选择落址北京？

第一节 企业选址的影响因素

一、企业选址及其影响因素分析

(一)企业选址及其意义

1. 什么是选址

选址是指在建造之前对地址进行论证和决策的过程。首先是指设置的区域以及区域的环境和应达到的基本要求；其次是指具体设在哪个地点、哪个方位。选址是一项长期性投资，相对于其他因素来说，它具有长期性和固定性。当外部环境发生变化时，其他经营因素都可以随之进行相应的调整，以适应外部环境的变化，而选址一经确定就难以变动，选择得好，企业可以长期受益。

2. 企业对选址重要性的认识

1) 地址是制定经营战略及目标的重要依据

经营战略及目标的确定，首先要考虑所在区域的社会环境、地理环境、人口、交通状况及市政规划等因素。依据这些因素明确目标市场，按目标顾客的构成及需求特点，确定经营战略及目标，制定包括广告宣传、服务措施在内的各项促销策略。

事实表明，经营方向、产品构成和服务水平基本相同的企业，会因为选址的不同，而使经济效益出现明显的差异。不理会企业周围的市场环境及竞争状况，任意或仅凭直观经验来选择企业地址，是难以经受考验并获得成功的。

2) 地址选择是对市场定位的选择

地址在某种程度上决定了客流量的多少、顾客购买力的大小、顾客的消费结构、商业企业对潜在顾客的吸引程度以及竞争力的强弱等。选址适当，便占有了"地利"的优势，能吸引大量顾客，生意自然就会兴旺。

3) 地址选择是一项长期性投资

企业的地址不论是租赁的，还是购买的，一旦被确定下来，就需要大量的资金投入。当外部环境发生变化时，企业的地址不能像人、财、物等其他经营要素一样可以做相应的调整，它具有长期性、固定性的特点。因此，对企业地址的选择要做深入的调查和周密的考虑，妥善规划。

4) 地址选择反映了服务理念

地址选择要以便利顾客为首要原则。从节省顾客的购买时间、交通费用的角度出发，最大限度地满足顾客的需要。否则就会失去顾客的信赖和支持，也就失去了存在的基础。

(二)制造业企业选址应考虑的因素

1. 设施选址的基本问题

设施选址，就是确定在何处构建企业生产设施。它不仅关系到设施建设的投资和建设的速度，而且在很大程度上决定了所提供的产品和服务的成本，从而影响到企业的生产管理活动和经济效益。

随着全球制造的出现，现在企业的选址问题涉及的范围已经超出某一地区、某一国家了，要在全球范围内考虑厂址选择的问题。没有比较，很难说哪一个地点能够各项指标均居最优，也就难说哪一个选址是最好的。因此，选址决策的目的就是在以下三个相互联系的因素上找到一个合适的均衡点：第一，运作的空间变量成本，即那些随地理位置的变化而变化的因素；第二，运作能够提供给顾客的服务；第三，运作的潜在收益。

企业选址的目标取决于企业的类型。一般来说，营利性组织以潜在利益的多少作为其决策的基础，而非营利性组织则力图使费用和他们提供给顾客的服务水平保持一致。对于制造业来说，选址决策主要是追求成本最小化。

制造企业产生选址决策的原因主要有：新创立的企业，由于某些原因如环境污染、业务变化等必须搬迁的企业，企业在扩大规模的过程中新设立的分厂、分公司。

2. 选址决策对经济的影响

选址是企业的建立和发展应该走好的第一步棋，也是以后科学运作管理的基石。任何生产运作系统都是由建筑物、设施、设备等各种物质要素构成的，是生产运作系统的空间实体形态的具体表现。好的开始是成功的一半，选址决策对企业的建立和管理有着事半功倍的效果。

1) 选址是企业生产运作系统设计的重要组成部分

首先，它是一件永久性的投资，是一个长期的责任范畴。一旦工厂建成，如果发现选址决策失误，企业的后期运营将非常被动。其次，选址决策经常会影响投资需要、企业正常运作成本。不好的选址将会导致成本过高、劳动力缺乏、原材料供应不足等问题。对制造业而言，选址对于企业的竞争优势都将会产生重要影响。

2) 选址约束企业生产运作能力

选址约束企业生产运作能力，影响生产运作能力的决策。同时，生产运作能力最终必然落实到设施布置、机器布置、劳动力等上，对生产运作效率有关键性影响。

选址完成并开展业务后，许多成本沉淀为固定成本，难以削减，也难以改变，其布局合理与否将直接影响到企业提供的产品及服务的成本、反应速度、质量等一系列问题。

3) 选址影响企业的竞争能力

选址问题与企业的两项重要竞争密切相关：一是短期交货的竞争贸易合同的制约和运输费用等原因，要求产品在距消费者较近的地方生产。二是为利用廉价劳动力和高新技术劳工，工厂需要建立在一个适合的劳动力密集区。选址对企业竞争能力有着长期的、深远的影响，如人力资源、原材料、能源、科技支撑的获取等。对某些企业来说，选址甚至是关乎成败的最重要的因素。美国海陆服务公司总部设在新泽西人口密集的东部走廊。但是在 1992 年，这家有着 32 亿美元资产的公司为了寻求更低的租金和更好的绿化环境，迁到 25 英里之外新泽西的利伯蒂角重新安置下来，在低佣金、好环境下再次成为具有竞争性的企业。

4) 选址影响员工的情绪，进而影响生产效率

选址的问题还影响着员工的情绪、相互之间的关系以及公共关系等，这些也是企业健康持续发展不容忽视的因素。

5) 选址决策的正确与否还影响着企业运作的机会成本

机会成本不是账面上反映出来的费用，它是一种隐性的但对企业收益有着重要影响的费用。因此，在企业进行选址时，不仅要考虑直接的、显性的成本，而且还要考虑隐性成本中的机会成本。

6) 选址决策失误的后果

选址决策的失误会给企业以后的发展和搬迁带来巨大的经济损失和人力、物力的大量浪费，会使企业耗费巨额资金，还有可能失去产品市场和消费者。错误的选址决策对制造企业来说，意味着付出高昂的代价。作为一个长期决策，管理层要承担决策后果很多年。即使管理层认识到了这个错误决策，决定出售这个设施，那么早期的投资也将大部分无法收回，因为该设施的筹建往往源于企业特定的目的。因此，管理层在作选址决策时必须慎之又慎。

选址决策对于制造企业的经济效益有着举足轻重的作用，这是一个企业发展的良好开端，也是企业管理和运作的关键。然而，选址又受到各种因素的影响。企业在进行选址决策时，要进行有效分析，选择一个最满意的布局，以便为以后的长足发展奠定坚实的基础。

3. 选址决策中必须考虑的因素

设施选址包括两个层次：一是选位，即选择什么地区；二是定位，即在地区确定后选定具体的一片土地作为厂址的具体位置。在进行选址决策时，应该对这两类问题结合起来进行分析。不同性质的企业，其选址的影响因素的重要性是不同的。对于制造业，其重要因素有以下几方面。

1) 市场条件

将厂址靠近企业产品和服务的目标市场有利于接近客户，便于产品迅速投放市场，降低运输成本，减少分销费用，提供便捷服务。由于交货期的竞争以及运输费用等压力，制造厂通过靠近用户降低成本，还可以将产品尽快送达顾客手中；同时又可以随时听取顾客的反馈意见，根据用户意见改进生产和服务产品。

第四章 企业选址

2) 原材料供应条件

制造业分布在原材料基地附近，以降低运费得到较低的采购价格。虽然随着科技的进步导致单位产品原料消耗的下降，原材料精选导致单位产品原料用量、运费的减少，但那些对原材料依赖性较强的企业，还是应尽可能靠近原材料基地。如采掘业、原料用量大或者原料可运性较小的制造业。

3) 交通运输条件

根据产品及原材料、零部件的运量大小和运输条件，应该尽量选择靠近铁路、高速公路、海港或其他交通运输条件较好的地区。对于大多数制造业来说，运输成本在总成本中占有很大的比重(据统计，运输费用至少占产品销售价格的 25%左右)。

4) 动力、能源和水的供应条件

对于任何一个工厂来说，选址必须保证水、电、气的供应，同时还包括对三废的处理。对于那些能源消耗较大的生产，动力能源的获得有着举足轻重的影响。选址关系到能否获得价格相对低廉的能源，从而降低生产成本。

5) 气候条件

企业在选址的时候，还要考虑所选位置的地理、气候等自然条件。温度、湿度、气压、风向等因素会对某些产品的质量、库存和员工的工作条件带来不利的影响。企业愿意在气候适宜的地方建厂，不仅可以降低通风、采暖、除湿、降温的费用，还能避免由于气候原因导致停工待料、延误交货、无法正常生产造成的损失。

6) 劳动力条件

不同地区的人力资源状况是有很大差别的，其教育水平、文化素质、劳动技能、工资费用等都不同，这也是企业选址的必要考虑因素。目前，生产出现全球化的主要原因之一，就是用低成本竞争的策略来占领市场。美国、日本把许多成熟产品转移到发展中国家进行生产制造，就是出于这种考虑。

7) 社会文化以及生活条件

企业所在地区如果有良好的住房条件、学校、医院、体育娱乐设施，能够给员工提供良好的居住、购物、教育、交通、娱乐、保健等服务的生活环境，可以减少企业与社会的负担，也可以提高员工的工作效率。

8) 当地政府政策

有些地区为了促进地方经济发展，往往采取鼓励企业在当地落户的政策，在各地划出特区或各种经济开发区，低价出租或出售土地、厂房、仓库，并在税收、资本等方面提供优惠政策。同时，这些地区的基础设施情况也较好，交通、通信、能源、用水都很便利。

9) 供应商条件

由于市场需求的多变，生产系统的柔性日益被企业所重视，越来越多的企业要求供应商及时送货、小批量供货。另外，企业之间的竞争营业逐渐演变为供应链之间的竞争。因此，要求企业与供应商之间要有很好的合作关系。这就要注意选择高素质和竞争力强的供应商。在选址时，要注意与供应商之间的物理距离。

10) 环境保护

生产系统在产出产品的同时也包括产生废物，由于有些生产系统的排放物有可能对环境造成危害,因此,在选址时应考虑尽可能选在对环境影响最小的地方,并且要便于进行污染处理,否则会受到周围居民的反对和排斥,甚而造成被迫关、停、并、转。

这些只是制造企业选址时通常考虑的因素,还有一些因素,如地质条件能否满足未来工厂在载重上的要求。企业应该考虑主要因素,抓住主要矛盾,对这些因素进行权衡和取舍,选择合适的地区和位置。

常用的选址分析法有:分级加权法(因素分析法)、线性规划法和重心法。方法不管是简单还是复杂,都可以帮助管理人员进行选址问题的决策。万事开头难,如果决策者发现在某处存在一个市场机会,就应该组织一个选址工作小组,收集调查有关资料,用适当的方法进行评价,选择最满意的地区和位置进行生产,它将是企业运行良好的一个最佳开端。

二、企业选址的评价方法

(一)设施选址的综合因素评价方法

1. 何谓设施

所谓设施,是指生产运作过程得以进行的硬件手段,通常是由工厂、办公楼、车间、设备、仓库等物质实体所构成。所谓设施选址,是指如何运用科学的方法决定设施的地理位置,使之与企业的整体经营运作系统有机结合,以便有效、经济地达到企业的经营目的。

按照设施选址的程序,在确定了设施选址所要考虑的决定因素之后,还需要对各个位置进行初步筛选,排除完全不可行的方案,提出几个预选地址,接下来就要确定采用何种评价方法。目前人们已研究出多种设施选址评价方法,这些方法大致可分为两大类,一类是同时考虑成本和非成本因素的综合因素评价方法;另一类是仅考虑成本因素的评价方法。下面介绍综合因素的评价方法。

2. 综合因素的评价方法

这里的综合因素包括设施选址时所要考虑的成本因素和非成本因素。由于非成本因素往往是一些定性因素,这些因素难以和定量的成本因素用货币单位进行比较,故通常采用加权的方法进行评价。具体方法包括分级评分法、积点法和位置量度法三种。

1) 分级评分法

第一步:针对设施选择的基本要求和特点列出所要考虑的各种因素。

第二步:按照各因素的相对重要程度,分别规定相应的权数。

第三步:对每个备选方案进行审查,按每个因素由优到劣地排出各个备选方案的排队等级数,并相应地规定各个等级的系数为4、3、2、1,将等级系数放在每个方格中对角线的左上方。

第四步:把每个因素中各方案的排队等级系数乘以该因素的相应权数,所得分数放在每个小方格中对角线的右下方,再把每个方案的这个分数相加,得出总分数就表明了各个备选方案互相比较时的优劣程度。总分数最高者为最佳方案。

2) 积点法

第一步：决定所要考虑的因素，这类因素的数目最好为一到十五个之间。

第二步：确定在决策过程中某一备选方案可得的总最高积点。通常总最高积点为五百点或一千点。

第三步：将各因素按重要性依次排列，并分别确定某一因素的最高积点。越重要的因素，所分配到的积点越多，同时两因素之间的最高积点比例与其相对重要性(权重)成正比。各因素的最高积点总和应等于第二步中确定的总最高积点。

第四步：针对每一因素，将备选方案进行比较，依次给予适当的积点。最佳位置所得的积点最高，但不能超过该项因素的最高积点。其余方案所得积点按其优劣程度比例分配。

第五步：就每一备选方案，可将其对应各因素所得的积点相加，求出该方案的总积点值。总积点值最高者为最佳方案。

两种方法得出的结论不尽相同，产生这种差异的主要原因是分级评分法的第四步将每个因素中各方案的排队等级系数与该因素的权数相乘，各方案所得分数的差额与优劣程度差距之间不成比例。而积点法的第四步将每个因素中各方案按优劣比例确定相应的积点。因此，我们倾向于采用积点法，为避免个人主观夸大或缩小优劣程度的差距，可以考虑请数位专家同时进行评估，各备选方案的总积点值为各评估者给予该位置总积点的平均值。

3) 位置量度法

位置量度法是评价综合因素的另一类型选址方法。它与分级评分法和积点法最大的区别是，先对成本因素和非成本因素分别进行评价，然后再将两者综合评价。其主要步骤如下。

第一步：确定必要因素。研究所要考虑的各种因素，从中确定哪些因素是必要的。假若某一处位置无法满足任意一项必要因素，则应将它删除。

第二步：将各种必要因素分为客观因素和主观因素两大类。客观因素应能用货币或金融术语来评价。主观因素相对而言应是定性的，是无法用货币单位表示的。

第三步：确定客观量度值。对于每一可行位置，我们可以找到它的客观量度值。这个值的大小受该位置各项成本的大小影响。

第四步：确定主观评比值。各主观因素因为没有一数量化的值以作比较，所以我们利用强迫选择法来衡量各位置的优劣。强迫选择法是将每一可行位置与其他位置分别作出成对的比较。较佳的位置的比重值为1，较差的位置的比重值则为0。

第五步：确定主观量度值。在一次研究中，主观因素可能不止一个，同时，各主观因素间的重要性亦可能各异。

第六步：确定位置量度值。

(二)成本因素的评价方法

对于成本因素的评价大多采用数学的方法，随着运筹学规划论的发展、计算机的广泛使用，成本因素的评价方法使用复杂的模型、多个变量，由计算机计算得到有关选址的方案或结果。常用的数学方法应用模型有：盈亏平衡点法、重心法、线性规划法和引力模型法等。

1. 盈亏平衡点法

盈亏平衡点法是运用财务管理中的盈亏平衡分析确定特定产量规模下成本最低的设施选址方案，这种分析是建立在产量、成本、销售收入三者的预测基础之上的，显然，这种方法只有在实际产量接近设计能力时才是有效的。

2. 重心法

这种方法既可用于工厂选址，也可用于仓库选址。对于工厂选址来说，如果工厂产品的生产成本中运输费用占较大的比重，所需多种原材料，需由多个产地供应，其产品又需提供多个仓库或销售点，这类项目就可以用重心法选择厂址。对于仓库选址来说，属于分配系统的仓库可以从多个工厂运来产品再运往多个销售点，也可以从多个生产厂家运来原料或零部件，再运往多个加工或装配工厂，这类项目同样可以用重心法来选择仓库位置。

3. 线性规则法

在重心法中，考查的是一个工厂或仓库对多个供应点或需求点的问题，而对于多个供应点对多个需求点的分配问题，则通常采用线性规划法加以研究，以同时确定多个设施的位置。

第二节　企业选址的决策步骤

一、普通生产企业的选址步骤

(一)选址的常见问题

厂房选址过程中各环节的注意事项，包括区位筛选，产品选择，与政府、开发商的谈判，投资风险规避，合同条款雷区等，企业选址涉及方方面面的问题，不同类型的企业，有不同的选址策略。

在大型公司或者跨国公司中，都有专门的部门，来推进选址的决策，称为不动产投资、设施管理部门，负责专业的流程运作，跨国公司在选址方面的运营其实非常成熟。比如沃尔玛的选址，会考虑配送半径、道路成本、租用还是购买等。

基于选址的复杂性，企业必须分清选址中如下几个关键问题。

第一，产业政策。例如，一家企业是做环保能源的，选址为金桥产业区主导环保产业，企业符合园区的产业导向，具有产业集群的优势，同类的厂家聚集在一起，就能聚集一批同领域的人才，方便企业招聘。另外，统一产业的服务其实很容易同质化，大家聚在一起，就有企业愿意给你提供这种服务。

第二，园区的定位。园区不仅需要一个开发商，还需要一个运营商，能帮助企业解决问题。如果每个企业都配置电工、钳工，不值当，园区运营商能够统一提供，更节省成本。以园区的形式进行谈判的模式更经济。在选址中，利用经济模型会更精准一些，也能作出正确的决策。产业园区的优势：能够降低企业的运营成本，包括交易成本、采购成本及争取一些政策扶持，为园区企业提供具有针对性的服务。

第三，企业还要考虑生产因素，包括原材料、劳动力、上下游企业等因素。

第四，企业建设的规模和成本等。

基本上，这四大方面可以锁定企业的区位选择。

(二)企业的定位

像做产品一样，企业的"定位"很重要。

第一，大城市有它的资源优势，在一个小的水域里面是长不出大鱼来的，培养品牌也是一样，只有一个大的区域才能成就一个品牌。

第二，再说政策，它也是市场，是一个市场化的政策，引导企业朝哪个方向走。政策应用市场的模式，让企业的利益最大化，利益不仅仅是金钱资源利益最大化，也包括品牌资源、人力资源。国际的客户也好，国内的客户也好，别看中国企业会受一些政策和政策资源的影响，真正来讲一定会走向市场化，在大城市的环境中，政策更容易市场化。

第三，先选园区，再选开发商，最后选服务。首先，选园区。园区代表了整个政策、人力、交通等因素的组合，选定这些园区之后，企业才有可能享受相关的政策。然后，选开发商。每个园区里面，都有不同的开发商，要比较他们的实力，考察他们以往项目的开发的情况，了解他们对项目的评价，这些都比较关键。最后，选服务。比如开发商实力不错的，选开发商自己的服务，开发商实力不行的，可以选外包。另外，选好金融服务也是十分重要的。

当前，企业在选址上有三种模式：第一，企业自建；第二，企业租赁；第三，选址产业园区。

(三)选址的决策步骤

企业选址及网点布局的决策可以按照图4-1所示的步骤进行操作。

1. 收集整理历史资料

通过对历史资料的收集整理，可以获得关于企业生产系统现状的认识，确定企业服务对象的需求条件，并初步确定企业的选址原则。获得准确的第一手资料对于后续备选地址的选择以及定量化模型的设计均有重要作用。

2. 选定备选地址

在进行企业位置选择时，首先要根据上述各影响因素进行定性分析和审慎评估，大致确定出几个备选的地址。在确定备选地址时首先要确定的是地区范围，如在世界范围内选择确定某一个国家，在某一个国家范围内选择某些省份，然后第二步要做的是进一步将位置确定在某些城市或商业地区。

3. 优化备选地址

在备选地址确定下来以后，最后一步要做的是更详细地考察若干具体地点。可以在此基础上建立数学模型，通过定量化计算，得到优化坐落地点。

4. 优化结果复查

由于在定量分析中主要考察对选址产生影响的经济性因素，所以当我们直接应用定量模型得出的结果进行企业选址时，常常会发现在经济上最为可取的选址地点在实际上往往行不通，这是因为除了经济性因素以外，还有很多非经济性因素影响企业坐落地点的确定，如自然条件、劳动力因素等。因此在这一步要将其他非经济性因素考虑进去，如综合地理、地形、环境、交通条件、劳动条件以及有关法规规定等条件对优化结果进行评价，看优化结果是否具有现实可行性。

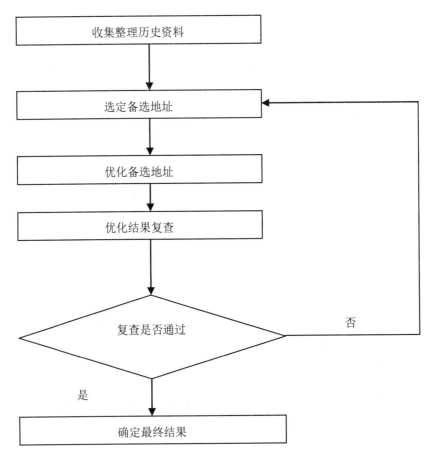

图 4-1 选址的决策步骤

5. 确定最终结果

如果优化结果通过复查，即可将优化结果作为最终方案。如果没有通过复查，重新返回第二步，进行备选地址筛选、优化备选地址、复查等一系列步骤，直至得到最终结果。

二、仓库选址的程序和步骤

(一)仓库选址约束条件分析

选址时,首先要明确建立仓库的必要性、目的和意义,然后根据物流系统的现状进行分析,制订物流系统的基本计划,确定所需要了解的基本条件,以便大大缩小选址的范围。

(1) 需要条件。它包括仓库的服务对象——顾客的现在分布情况及未来分布情况的预测、货物作业量的增长率及配送区域的范围。

(2) 运输条件。应靠近铁路货运站、港口和公共卡车终点站等运输据点;同时,也应靠近运输业者的办公地点。

(3) 配送服务的条件。向顾客报告到货时间、发送频次,根据供货时间计算的从顾客到仓库的距离和服务范围。

(4) 用地条件。是用现有的土地还是重新取得地皮?如果重新取得地皮,那么地价有多贵?地价允许范围内的用地分布情况如何?

(5) 法规制度。根据指定用地区域的法律规定,有哪些地区不允许建立仓库。

(6) 流通职能条件。商流职能是否要与物流职能分开?仓库是否也附有流通加工的职能?如果需要,从保证职工人数和通勤方便出发,要不要限定仓库的选址范围?

(7) 其他。不同的物流类别有不同的特殊需要,如为了保持货物质量的冷冻、保温设施,防止公害设施或危险品保管等设施,对选址都有特殊要求,是否有满足这些条件的地区?

(二)搜集整理资料

仓库选择地址的方法,一般是通过成本计算,也就是将运输费用、配送费用及物流设施费用模型化,采用约束条件及目标函数建立数学公式,从中寻求费用最小的方案。但是,采用这种选择方法,寻求最优的选址解时,必须对业务量和生产成本进行正确的分析和判断。

(1) 掌握业务量。选址时,应掌握的业务量包括如下内容:①工厂到仓库之间的运输量;②向顾客配送的货物数量;③仓库保管的数量;④配送路线不同的业务量。

由于这些数量在不同时期会有种种波动,因此要对所采用的数据进行研究。另外,除了对现状的各项数据进行分析外,还必须确定设施使用后的预测数值。

(2) 掌握费用。选址时,应掌握的费用如下:①工厂至仓库之间的运输费;②仓库到顾客之间的配送费;③与设施、土地有关的费用及人工费、业务费等。

由于①和②两项的费用随着业务量和运送距离的变化而变动,所以必须对每吨公里的费用进行成本分析;③项包括可变费用和固定费用,最好根据可变费用和固定费用之和进行成本分析。

(3) 其他。用缩尺地图表示顾客的位置、现有设施的配置方位及工厂的位置,并整理各候选地址的配送路线及距离等资料。对必备车辆数、作业人员数、装卸方式、装卸机械费用等要与成本分析结合起来考虑。

(三)仓库地址筛选

在对所取得的上述资料进行充分的整理和分析，考虑各种因素的影响并对需求进行预测后，就可以初步确定选址范围，即确定初始候选地点。

(四)定量分析

针对不同的情况选用不同的模型进行计算，得出结果。如果对多个仓库进行选址，可采用奎汉·哈姆勃兹模型、鲍摩—瓦尔夫模型、CELP法等；如果是对单一仓库进行选址，可采用重心法等。

(五)结果评价

结合市场适应性、购置土地条件、服务质量等条件对计算所得结果进行评价，看其是否具有现实意义及可行性。

(六)复查

分析其他影响因素对计算结果的相对影响程度，分别赋予它们一定的权重，采用加权法对计算结果进行复查。如果复查通过，则原计算结果即为最终结果；如果复查发现原计算结果不适用，则返回(三)继续计算，直至得到最终结果为止。

(七)确定选址结果

在用加权法复查通过后，则计算所得的结果即可作为最终的计算结果；但是，所得解不一定为最优解，可能只是符合条件的满意解。

第三节 企业选址的方法

企业选址的问题可分为单一企业的选址和多个企业的选址两种。在现实的物流系统中，存在大量多个配送网点的选址问题，即在某计划区域内设置多个企业进行货物配送。多个企业的选址问题一般采用线性规划中的整数规划来求解。单一企业的选址是指在计划区域内设置唯一的企业的选址问题，一般采用因素评分法、重心法、解析法等方法求解。

一、因素评分法

(一)基本概念

因素评分法在常用的选址方法中也许是使用最广泛的一种，因为它是以简单易懂的模式将各种不同的因素综合起来，在允许的范围内给出一个分值，然后将每一地点各因素的得分相加，求出总分后加以比较，得分最多的地点中选。

(二)基本步骤

使用因素评分法选址的步骤如下：①给出备选地点。两个以上，不宜太多，最好是初选之后的比较接近的地点。②列出影响选址的各个因素。这种因素非常多，主要是对定性的选址因素比较适宜。③给出各因素的分值范围。事先根据影响因素的比较重要性赋予每个因素一个权重，总和为1.0(100%)。④由专家对各备选地点就各个因素评分。采取主观打分的方法将比较项目量化，统一评分数值范围(0~10或0~100)。⑤将每一地点各因素的得分相加，求出总分后加以比较，得分最多的地点中选。

表4-1给出了某选址问题中影响选址的每个因素及其分值范围。

表4-1 影响选址的每个因素及其分值范围

考虑因素	分值范围
区域内货物需要量大小	0~400
周围的辅助服务设施	0~330
运输条件	0~200
配送服务的辐射区域范围	0~100
生活条件	0~100
出货	0~100
与客户距离	0~100
劳动力获取	0~30
劳动力成本	0~20
气候	0~50
供应商情况	0~200
进货	0~100
工会环境	0~50
税收	0~50
国家激励措施/法律	0~50
土地成本	0~50
公用事业费	0~10
适时管理要求	0~50

这种简单的因素评分法存在的最大问题是，这种方法没有将每种因素所关联的成本考虑在内：例如，对某个影响因素来说，最好的和最坏的地址之间只有几百元的差别，而对另一个影响因素来说，好坏之间可能就有几千元的差别。第一个因素可能分值最高，但对选址决策帮助不大；第二个因素分值不高，但却能反映各个地址的区别。为了解决这个问题，可将每一个因素的分值根据权重来确定，权重要根据成本的标准差来确定，而不是根据成本值来确定。这样就把相关的成本考虑进来了。

例题：一家企业准备开两个分厂，确定了四个候选厂址，选定八个影响因素，通过因素评分法确定新厂址。影响因素与评分结果如表 4-2 所示。

表 4-2 影响因素与评分结果

影响因素	权　重	A	B	C	D
劳动力资源	7	2	3	4	1
原材料供应	3	4	4	2	4
目标市场	6	4	2	3	4
基础设施	4	1	1	3	4
生活条件	6	1	1	2	4
气候条件	5	3	4	3	2
环境保护	4	2	3	4	1
可扩展空间	1	4	4	2	1
合计(权重×得分)		87	91	106	98

计算结果：选 C 和 D 为新厂址。

二、重心法

(一)重心法模型

重心法(Centroid Method)是解决单位设施选址的一个常用模型。所谓重心法，是将物流系统的需求点看成是分布在某一平面范围内的物体系统，各点的需求量和资源分别看成是物体的重量，物体系统的重心将作为物流网点的最佳设置点，利用确定物体重心的方法来确定物流网点的位置。

重心法是解决只设置一个配送中心的简单模型，这是一种连续型模型，相对于离散型模型来说，对流通中心的选择不加特定限制，有自由选择的长处。可是，从另一方面看，重心法模型的自由度多也是一个缺点。因为由迭代计算求得的最佳地点实际上是很难找到的，有时是不能实现的，有的地点可能在江河中间、街道中间或处于人口稀少、环境恶劣的地区。流通中心和发送地点的数目很多，数学模型的建立十分困难，求解的计算也很复杂，在这种情况下，可以用逐次逼近法来求解。

重心法是把用户对货物需要量按一定比例换算成重锤的重量，用实验的方法确定重心位置，重心的位置即企业的最佳位置。实验时需使用简单的实验器具(见图 4-2)。

在平板上放一幅按一定比例绘制的地图，画出客户 A、B、…、N 所在的地点，在各点上分别制出小孔。用一定长度的细绳，分别拴上一个小重锤，每个小重锤的重量都是按用户的需要量依一定比例制造出来的。把拴有重锤的线分别穿过各自对应的小孔，在平板上方把各线的端头集中打一个小结，在平板上对打结处做个记号。用手掌托起绳结，让它们自由落下，经过多次反复实验，可确定落下点的准确位置，落下点的位置 Q 即是企业选址的最佳位置。把货运量重心所处的位置作为企业的位置，可使企业到各个用户的距离与用户所需的商品重量相平衡，从而节省运输费用。

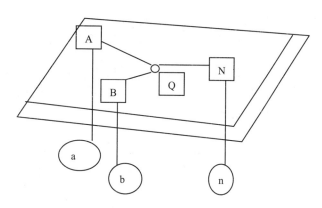

图 4-2 重心法

厂址位置离各个原材料供应点的距离与供应量、运输费率之积的总和为最小。

当产品成本中运输费用所占比重较大，企业的原材料由多个原材料供应地提供或其产品运往多个销售点时，可以考虑用重心法选择运输费用最少的厂址。

拟建工厂坐标为 $p(x,y)$，其原材料供应地 W_i 坐标为 (x_i,y_i)，其中 $i=1,2,\cdots,n$，设 R_i 为单位原材料单位距离的运输费用，设 Q_i 为原材料运输量。

$$\begin{cases} x^* = \dfrac{\sum W_i x \cdot Q_i}{\sum Q_i} \\ y^* = \dfrac{\sum W_i y \cdot Q_i}{\sum Q_i} \end{cases}$$

(二)案例

案例1

某家电集团，在 P1 地生产冰箱，在 P2 地生产洗衣机，在 P3 地生产空调，在 P4 地生产小家电。假设各工厂的运输费相同，各工厂所在地与某城市中心(坐标原点)的距离和每年的产量如表 4-3 所示。

表 4-3 工厂所在地和年运输量

工厂所在地	P1		P2		P3		P4	
	x_1	y_1	x_2	y_2	x_3	y_3	x_4	y_4
距城市中心的坐标距离/km	20	70	60	60	20	20	50	20
年运输量/t	2000		1200		1000		2500	

求企业的坐标。

解：利用重心法选址公式，得

x^*=(20×2000+60×1200+20×1000+50×2500)/(2000+1200+1000+2500)
　　=35.4(km)

y^*=(70×2000+60×1200+20×1000+20×2500)/(2000+1200+1000+2500)
　　=42.1(km)

所以，企业应选址在坐标为(35.4,42.1)的位置。

案例 2

某公司拟在某城市建设一座化工厂，该厂每年要从 P、Q、R、S 四个原料供应地运来不同的原料。已知各地距城市中心的距离和年运量如表 4-4 所示，假定各种材料运输费率相同，试用重心法确定该厂的合理位置。

表 4-4　厂址坐标及年运输量表

原料供应地	P		Q		R		S	
供应地坐标	x_1	y_1	x_2	y_2	x_3	y_3	x_4	y_4
	50	60	60	70	19	25	59	45
年运输量/t	2200		1900		1700		900	

$$x^* = \frac{50 \times 2200 + 60 \times 1900 + 19 \times 1700 + 59 \times 900}{2200 + 1900 + 1700 + 900} = 46.2(\text{km})$$

$$y^* = \frac{60 \times 2200 + 70 \times 1900 + 25 \times 1700 + 45 \times 900}{2200 + 1900 + 1700 + 900} = 51.9(\text{km})$$

厂址的选择涉及多方面的因素，不可能通过简单的计算就确定厂址，由重心法计算出的厂址，不一定是合理的地点。比如，计算出的位置已有建筑物或有河流经过，不能建厂等。另一方面，重心法确定的距离是采用直线距离，这在大多数情况下是不合理的，所以用重心法求出的解比较粗糙，它的实际意义在于能为选址人员提供一定的参考。比如，不同选址方案其他方面差不多，可以考虑选择与重心法计算结果较接近的方案。

三、解析法

用解析法对单一企业进行选址的方法就是用坐标和费用函数求出的由企业至顾客之间配送费用最小地点的方法。

这种方法通常只考虑运输成本对企业选址的影响，而运输成本一般是运输需求量、距离以及时间的函数，所以解析方法根据距离、需求量、时间三者的结合，通过在坐标上显示，以企业位置为因变量，用代数方法来求解企业的坐标。解析法考虑的影响因素较少，模型简单，主要适用于单个企业选址问题。对于复杂的选址问题，运用解析法常常让人感到困难，通常需要借助其他更为综合的分析技术。

设有 n 个用户，分布在不同坐标点(x, y)上，现假设企业物流中心设置在坐标点(x_0, y_0)处，如图 4-3 所示。

以 a_i 记为从企业地到顾客 i 的运输费，则运输总额 H 为

$$H = \sum_{i=1}^{n} e_i = \sum_{i=1}^{n} d_i w_i a_i$$

式中：w_i——企业到顾客 i 的运输量，$i=1, 2, 3, \cdots, n$；

　　　d_i——企业到顾客 i 的直线距离。

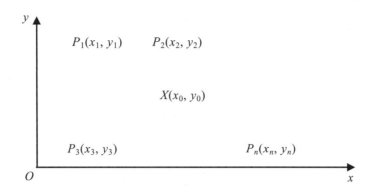

图 4-3 单一物流中心与多顾客

根据两点间距离公式

$$d_i = \sqrt{(x_0 - x_i)^2 + (y_0 - y_i)^2}$$

总运输费 H 为：希望求得 H 为最小的企业地点

$$H = \sum_{i=1}^{n} d_i w_i a_i = \sum a_i w_i \left\{ (x_0 - x_i)^2 + (y_0 - y_i)^2 \right\}^{\frac{1}{2}}$$

$$\begin{cases} \dfrac{\mathrm{d}H}{\mathrm{d}y_0} = 0 \\ \dfrac{\mathrm{d}H}{\mathrm{d}x_0} = 0 \end{cases}$$

即使上式成立的 (x_0, y_0) 为适当选址地点。

四、仿真方法

仿真方法是试图通过模型重现某一系统的行为或活动，而不必实地去建造并运转一个系统，因为那样可能会造成巨大的浪费，或根本没有可能实地进行运转实验。在选址问题中，仿真技术可以使分析者通过反复改变和组合各种假定各个地区的需求是随机变动的，通过一定时间长度的模拟运行，估计各个地区的平均需求，从而在此基础上确定企业的分布。仿真方法可描述多方面的影响因素，因此具有较强的实用价值，常用来求解较大型的、无法手算的问题。其不足之处在于，仿真方法不能提出初始方案，只能通过对已存在的各备选方案进行评价，从中找出最优方案，所以在运用这项技术时必须首先借助其他技术找出各初始方案，而且预订初始方案的好坏会对最终决策结果产生很大的影响。

仿真法的主要步骤如图 4-4 所示。

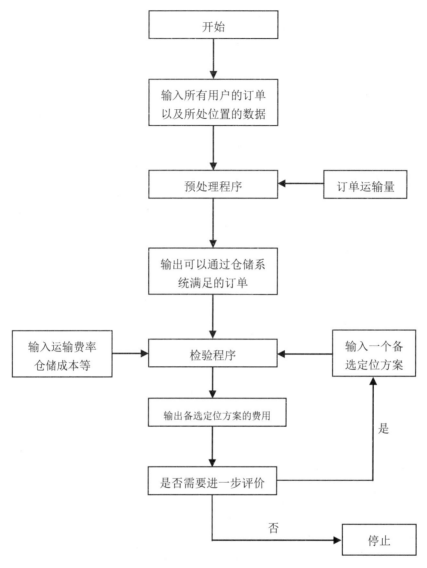

图 4-4 仿真法的步骤

五、因次分析法

(一)因次分析法的含义

因次分析法是将经济因素(成本因素)和非经济因素(非成本因素)按照相对重要程度统一起来，确定各种因素的重要性因子和各个因素的权重比率，按重要程度计算各方案的厂址重要性指标，以厂址重要性指标最高的方案作为最佳方案。

因次分析法设经济因素的相对重要性为 M，非经济因素的相对重要性为 N，经济因素和非经济因素重要程度之比为 $m:n$，则

$M=m/(m+n)$，$N=n/(m+n)$

$M+N=1$。

(二)因次分析法的选址步骤

具体实施步骤如下。

1. 研究要考虑的各种因素，从中确定哪些因素是必要的

如某一选址无法满足一项必要因素，应将其删除。如配送中心必须靠近交通便利的地址，对交通非常不便利的选址就不要考虑了。确定必要因素的目的是将不适宜的选址排除在外。

2. 将各种必要因素分为经济因素(成本因素)和非经济因素(非成本因素)两大类

经济因素能用货币来评价，非经济因素是定性的，不能用货币表示。同时要决定非经济因素和经济因素的比重，用以反映非经济因素与经济因素的相对重要性。如非经济因素和经济因素同样重要，则比重均为0.5。非经济因素的比重值可通过征询专家意见决定。

3. 确定经济因素的重要性因子 T_j

设有 k 个备选厂址方案，T_j 是每个备选厂址方案的各种经济因素所反映的货币量之和，即该备选厂址方案的经济成本，则

$$T_{ji} = \frac{1/c_i}{\sum_i 1/c_i}$$

式中，T_{ji} 表示第 i 个候选地址的重要性因子，c_i 表示第 i 个候选地址的成本。

取成本的倒数进行比较是为了和非经济因素进行统一，因为非经济因素越重要，其指标应该越大，而经济成本就越高，经济性就越差，所以取成本倒数进行比较，计算结果数值大者经济性好。

4. 确定非经济因素的重要性因子 T_f

非经济因素的重要性因子 T_f 的计算分三个步骤。

(1) 确定单一非经济因素对于不同候选厂址的重要性。

即就单一因素将被选厂址两两比较，令较好的比重值为1，较差的比重值为0。将各方案的比重除以所有方案获得的比重之和，得到单一因素相对于不同厂址的重要性因子 T_{dk}，计算公式为

$$T_{dk} = \frac{w_i}{\sum_i w_i}$$

式中：T_{dk}——单一因素对于备选厂址 j 的重要性因子；

w_i——单一因素所获得比重值；

$\sum_i w_i$——单一因素对于各备选厂址的总比重之和。

(2) 确定各个因素的权重比率。

对于不同的因素，确定其权重比率 G_k，G_k 的确定可以用上面步骤两两相比的方法，也可以由专家根据经验确定，所有因素的权重比率之和为1。

(3) 将单一因素的重要性因子乘以其权重,将各种因素的乘积相加,得到非经济因素对各个候选厂址的重要性因子 T_f,计算公式为

$$T_{fi} = \sum_k T_{dk} \times G_k$$

式中：T_{fi}——非经济因素 i 对备选厂址的重要程度；

G_k——非经济因素 i 的权重比率；

k——非经济因素的数目。

5. 重要性指标

将经济因素的重要性因子和非经济因素的重要性因子按重要程度叠加,得到该厂址的重要性指标 C_t。

$$C_t = MT_j + NT_f$$

式中：T_j——经济因素重要性因子；

T_f——非经济因素重要性因子；

M——经济因素的相对重要性；

N——非经济因素的相对重要性；

C_t——厂址方案的重要性指标(选最高者为最佳方案)。

本 章 小 结

企业选址决策在生产运作中具有十分重要的地位,选址影响到一个企业的竞争力。企业选址的影响因素众多,但对于不同的企业,各因素的影响程度不同,即使同一行业的不同企业因选址的目的不同也有差异。为解决选址问题,通常可采用因素分析法、量本利定址分析法和重心法等。

自 测 题

(一)判断题

1. 选址决策只是新企业进行的一次性决策。 （ ）
2. 服务性组织的选址,要考虑的主要是与市场相关的那些因素。 （ ）
3. 砖瓦厂应该靠近原料产地。 （ ）
4. 啤酒厂应该建在水源质量有保障的地方。 （ ）
5. 蔬菜罐头厂应该接近市场。 （ ）
6. 制造业与服务业选址有一定的差别,制造业的选择范围小。 （ ）
7. 一般来说,营利性组织以潜在利益的多少作为其选址决策的基础。 （ ）
8. 非盈利性组织力图使费用和他们提供给顾客的服务水平保持一致。 （ ）
9. 对于制造业来说,选址决策主要是追求成本最小化。 （ ）
10. 制造企业产生选址决策的原因主要有异地重建。 （ ）

(二)问答题

1. 利用以下因素评分，以最大综合得分为基础，选择地点 A、B、C 中哪一个？

因素 (每项总分 100 分)	比 重	位 置		
		A	B	C
便利设施	0.15	80	70	60
停车场	0.20	72	76	92
显示区域	0.18	88	90	90
顾客交通	0.27	94	86	80
运营成本	0.10	98	90	82
邻近	0.10	96	85	75

2. 某市要为废品处理总站选择一个最适合的地点。现有废品处理分站坐落在下列坐标 (x,y) 上：一分站(40,120)，二分站(65,40)，三分站(110,90)，四分站(10,130)。每月从各分站运往总站的废品数量为：一分站 300 车，二分站 200 车，三分站 350 车，四分站 400 车。试用重心法找出总站最好的坐落点。如果所选的地点未被当地政府接受，而只限于两个备选地点，一个坐落在 A(25,25)，另一个坐落在 B(70,150)，试问总站设在哪个地点最好？

3. 某小型印刷厂拟把七个车间都布置在一个单层厂房内，现已给出物品从至表，如下表所示，试进行单行布置和双行布置。

从＼至	A	B	C	D	E	F	G
A						6	
B	6			1			4
C		8		3		2	
D	1	2				3	
E		2				9	
F			4	3			
G		3			1		

4. 已知某厂有六个生产单位，单位之间物流运量如下表所示，请做出单行和双行布置。

从＼至	I	II	III	IV	V	VI	合计
部门 I		2			1	8	11
部门 II			1	2	1	1	5
部门 III				1		2	3
部门 IV		3					3
部门 V			2				2
部门 VI							0
合计	0	5	3	3	2	11	

第五章

设施布置

【学习要点及目标】

通过本章的学习,掌握企业设施布置的概念和基本原则,了解企业设施布置的内容和作用,了解设施布置常见的形式,认识现代制造业与服务业布置的差异,掌握一定的设施布置的基本方法,了解现代生产运作布置的发展趋势。

【关键概念】

企业设施　设施　工艺原则　对象原则　成组技术　服务业布置

引导案例：布置生产现场

生产企业的设备问题除了包括故障以外，在过去大批量生产模式的影响下，几乎所有大型企业都存在一个顽疾，那就是设备是按类型分类布置，而不考虑工序衔接，造成很多"孤岛作业"，增加了运输成本和在制品库存不说，它同时违背了精益生产中"一个流"的作业思想。

作为一个专门从事立体停车设备的公司，以前的老厂房的设备布置并不能适应当前的工艺流程，因此，我们大胆地改变了某些设备的布置位置，按工艺流程重新布置，利用 U 形布置，缩短产品周转距离，多做传送装置，形成流水化作业，该举措再一次提高了产能和生产效率。到目前为止，汇信分公司已经具有一条真正意义上的流水生产线——波纹板扎制线；同时，其柱梁的生产以及边梁的生产也已经具备了流水化作业的雏形；工房扩建部分承担智能化高端车库的生产，其生产线建设充分考虑了产品的工艺性流程，并自行研制了一套传送装置，使高端车库的生产形成流水线。

(资料来源：燕云，等. 科技创新与生产力, 浅析精益生产的应用[J]. 2013.10)

问题：为什么这家企业要进行生产布置？布置对生产有什么影响？

第一节 设施布置的基本概念

一、设施布置及其影响因素

(一)设施布置的概念

1. 设施布置

设施布置(Facility Layout)是指设施设备一定位置、面积、数量和方位的具体安排和布置。

各种有形的生产装备都会碰到布置或重新布置的问题，要达到高效率地运行，这个问题必须解决，即使不是从事物质生产的服务性系统，也需要一定的设施和设备的布置。例如：制造企业的工厂、车间、生产线、生产设备等布置；物流企业的仓库、运输线路、搬运装卸、配送设施和设备的布置；商业企业的商店店铺、柜台、货架等布置；餐饮企业、旅游企业等各类企业都有设施、设备的布置问题。

设施布置很有必要。一方面是对选点的进一步布局和安排；另一方面是研究如何最大限度地利用这个设施和系统。根据不同的组织和要求，对建筑物、大型工具、各类物质设施、设备的布置将研究各种不同环境情况下的布置问题，并提出某些有助于布置设计的技术和指导的方针，甚至建立一定的标准和规范等。

2. 生产和服务设施布置

生产和服务设施布置是指合理安排企业或某一组织内部各个生产作业单位和辅助设施的相对位置与面积以及车间内部生产设备的布置。首先，从制造业的角度考虑生产企业布置的安排和要求，研究影响企业布置的主要影响因素，探讨如何布置生产设施和设备；其次，考虑服务企业的目标、要求，分析研究影响企业布置的原因，提出服务业企业布置的决策方案。

(二)设施布置的目标

设施布置的目标，就是要将企业内的各种设施进行合理布置，规范放置，使其相互配合、相互协调，从而有效地为企业的生产运作服务，以实现企业的长期目标。具体目标如下：①应满足工艺流程设计的要求，并有助于最大限度地提高生产率，尽量减少迂回、停顿和搬运，合理的物料流动，确保工作的有效性与高效率。②保持灵活性，具有适应变化和满足未来需求的能力。③有效地利用人力和占地面积，满足容积和空间的限制。④有利于员工的健康和安全，有助于提高士气，便于员工相互沟通。⑤为良好的设施管理和维护保养提供方便。

(三)影响企业生产单位、工作单元构成的因素

1. 产品结构和工艺特点

1) 企业产品与服务

无论企业的目标是什么，最终都是要通过向社会提供一定的产品或服务来实现的。所以，企业的工作单元是其微观组成，其产品与服务的性质和工艺特点是主要因素。如制造业企业的产品品种决定着所要配置的生产和服务单元；服务型企业的服务类型和布置要求各不相同。

2) 企业规模

企业规模的大小不仅影响选址，而且影响工作单元的划分、数量的确定、位置的安排、复杂程度等。企业规模影响着产品结构，也决定着企业工艺特点的选择。

2. 企业的专业化和协作化水平

企业专业化有三种形式：产品专业化、零部件专业化、工艺专业化。专业化带来生产的规模化，其过程要求密切联系、协同作业，对设施布置就会要求高，提高协作水平。

3. 企业的生产技术与装备水平

企业的生产与服务选择什么样的专业技术和装备，直接影响到布局和整体生产单位或工作单元的设计和选择，例如，计算机技术与装备的变化、发展很快，对生产与运作工作单元的选择和确定影响非常大，电脑台式机、笔记本电脑和手持终端对工作单元构成明显要求不同。

(四)设施布置的影响因素

在设施布置中，到底选用哪一种布置类型，除了生产组织方式战略以及产品加工特性以外(这是显而易见的)，还应该考虑其他一些因素。也就是说，一个好的设施布置方案，应该能够使设备、人员的效益和效率尽可能好。为此，还应该考虑以下一些因素。

1. 所需投资

设施布置将在很大程度上决定所要占用的空间、所需设备以及库存水平，从而决定投资规模。如果产品的产量不大，设施布置人员可能愿意采用工艺对象专业化布置，这样可以节省空间，提高设备的利用率，但可能会带来较高的库存水平，因此这其中有一个平衡的问题。如果是对现有的设施布置进行改造，更要考虑所需投资与可能获得的效益相比是否合算。

2. 物料搬运

在考虑各个经济活动单元之间的相对位置时，物流的合理性是一个主要的考虑因素，即应该使量比较大的物流距离尽可能短，使相互之间搬运量较大的单元尽量靠近，以便使搬运费用尽可能小，搬运时间尽可能短。曾经有人做过统计，在一个企业中，从原材料投入直至产品产出的整个生产周期中，物料只有 15%左右的时间是处在加工工位上，其余都处于搬运过程中或库存中，搬运成本可达总生产成本的 25%～50%。由此可见，物料搬运是生产运作管理中相当重要的一个问题。而一个好的设施布置，可使搬运成本大为减少。满足生产过程的要求，避免相互交叉、迂回运输。生产联系和关系密切的单位应靠近布置，应充分利用现有运输条件。

3. 柔性

设施布置的柔性一方面是指对生产的变化有一定的适应性，即使变化发生后也仍然能达到令人满意的效果；另一方面是指能够容易地改变设施布置，以适应变化了的情况。因此在一开始设计布置方案时，就需要对未来进行充分预测；再一方面是，从一开始就应该考虑到以后的可改造性，有扩建的余地。

4. 其他

其他还需要着重考虑的因素有：劳动生产率，为此在进行设施布置时要注意不同单元操作的难易程度悬殊不宜过大；设备维修，注意不要使空间太狭小，这样会导致设备之间的相对位置不好；工作环境，如温度、噪音水平、安全性等，均受设施布置的影响；人的情绪，要考虑到是否可使工作人员相互之间能有所交流，是否给予不同单元的人员相同的责任与机会，使他们感到工作平等。按生产性质、防火和环保要求合理划分厂区，力求占地面积小。

二、设施布置决策

(一)布置决策的依据

1. 设施布置决策的概念

设施布置的决策可以定义为提前确定生产系统内各物质部分的最优安排。这里用"各物质部分"表示"机器"或诸如陈列架、消耗品的料箱、灯具和桌子等物件，都是可以作为设施布置决策的一部分来考虑的。

2. 设施布置决策的依据

设施布置决策需要考虑的问题首先是生产系统目标。通常我们可以这样要求设施布置应达到的目标：使存储费用、劳动力、闲置的设备和管理费用保持在一定的水平下，而达到预期的产量；在研究每一个基本的布置类型时，将发现这些因素的大部分存在于所有设施布置决策中，但它们的相对重要性却完全不一致。例如，以医院为例，即使所有的医院均有医生、护士和病床，也不能都设计成可提供相同服务的医院。再者，门诊部门的病人不同于住院部病人的流动模式，监护的范围不同，需要不同的监控设施，监护设施布置必然不同。

其次，生产需求量的预测对布置决策的"目标确定"有着重要意义。在这方面，我们关心的是当前的与未来的需求量水平以及当前的与未来的产品品种搭配，如果我们预见到现有型号的产品有一个相当稳定的市场，那么，设施布置的决策就比较确定。当然，这种区别与我们的目标是有联系的，在很多工业部门，公司可以选择不同的策略，例如，可以组织品种多变的多品种生产，也可以为用户的特殊需要单独安排生产等。

加工过程的要求，是布置决策的第三个重要的依据。它是所选择的布置类型的主要约束条件，决定布置所需的数据因所制造产品的不同而不同：在品种少且比较固定的制造业中，装配图是主要的输入；在品种繁多的制造业系统中，机器规格说明有着更重要的意义。要归纳出在非制造业设施中的过程数据的总数和种类是困难的，因为这里有大量不同的转化过程。

布置决策需要的第四个主要依据是要进行建筑物或场地的有效空间总数的布置。设施布置决策时应包括内部与外部两方面所需的空间布置。一方面，涉及内部设施的布置，主要是在建筑物的实际范围以内为限，为了确定工厂的料场、路旁餐厅和百货店的草坪与花园商店，需要综合考虑需求和预留空间；另一方面，对涉及公路、油库和输变电所等，则是在整个总平面建筑结构的外部，但是它们本身有明显的空间限制，用作界限的是地图的形式，而不是墙与天花板，所以外部设施是作为参照考虑内部布置使用的。

(二)设施布置决策的内容

一旦公司目标、用户需要、加工要求和空间有效利用率的输入确定以后，下一步就是要把这些因素转变为需要容量和有效容量的估算数量。这是设施和设备的能力概念。

1. 选择生产能力

"需要容量"指两个方面：一是必须满足生产系统当前需求的生产能力；二是满足经过一段时间后的未来需要的生产能力。"有效容量"指的是另一种生产能力，即通过重新布置现有设施而获得的生产能力或是通过布置新的装置而获得的生产能力。

2. 选择生产能力的测定单位

要想获得对能力的估算数量，首先，要适当地选择生产能力的测定单位，不是所有的单位都是适用的，因为各种不同生产系统中所用的典型的计量单位不同，所以要选择生产系统的能力(容量)测量单位。系统生产能力单位(包括服务业)如表5-1所示。

表 5-1 系统生产能力单位

系　统	单　位	系　统	单　位
钢铁公司	吨数/时间周期	饭馆	座位容量
炼油厂	桶数/时间周期	医院	病床数
航空公司	可用飞机数/时间周期	百货商店	销售收入/平方米场地
纺织公司	织物码数/时间周期	学校	毕业人数/年
机械车间	机器小时数	旅游公司	接待旅游人数/天

用合适的测量单位确定相对概念，乃是把现有生产能力与目前及未来需要的能力相比，这一比较的结果是使实际选定的能力水平为在生产设施寿命期间介于最大的可能需求量与平均预期需求量之间的一个折中数字，这种决策显然由于对未来需要不明确而变得更困难。

与生产能力问题密切相关的是适应能力的概念，最理想的是使设施布置能适应环境状态的变化，使得设施布置的计划工作，除了考虑到现有产品当前与未来的需求变化外，还必须考虑到新产品，此外，工艺材料方面布置尺寸可能放宽，而不必花很多钱去重新布置。为提高设备布置的适应性，需要注意以下各项：①独立的机器或工作单元；②特殊建筑结构；③从多方面选择物料搬运装置，如选择高架运输机；④有预定方案的流程以及将来扩建的图上标出面积。

三、基本的布置形式

(一)设施布置工作流程的形式

一个部门或一个部门内部组成部分的布置形式，可以根据工作流程或生产系统的功能来安排，依据工作流程的功能，设施布置有三种基本形式：产品布置、工艺过程布置与定位布置。

1. 产品布置

产品布置是指根据产品制造的步骤来安排各组成部分。从理论上看，流程是一条从原料投入到成品完工为止的连续线路。这种布置形式的例子有汽车装配线、食品加工过程和家具制造业生产线。产品布置是对象专业化形式，即把为制造某种产品所需要的各种不同类型的设备，按工艺加工顺序布置在一起。

2. 工艺过程布置

工艺过程布置是指根据所执行的一般功能，对各工艺组成部分进行布置，并不考虑任何特殊产品，如单件小批加工车间、百货商店和医院通常是这样安排流程。工艺过程布置也是工艺专业化形式，即把同类型的设备布置在一起，又称机器群。

3. 定位布置

定位布置是指根据体积或重量把产品保留在一个位置上，设备围绕着产品转，而不是相反，例如：影院的音像系统布置场所、飞机装配车间和造船厂就是这种固定式布置方式的典型示例。另外，还有一种混合形式布置，即前面两种布置形式的结合应用。

设备布置的原则是：①最短路径原则。尽量使产品通过各设备的加工路线最短；多设备看管时，工人在设备之间的行走距离最短。②关联原则。关联原则要求把紧密关联的设施紧靠在一起，加工大型产品的设备应布置在有桥式吊车的车间里。加工长形棒料的设备尽可能布置在车间的入口处。③确保安全。各设备之间，设备与墙壁、柱子之间应有一定的距离。设备的传动部分要有必要的防护装置。④协调原则。分工必须协调，用系统的、整体的观念合理规划各设施之间的关系。协调包括内部协调与外部协调。内部协调保证了企业内部各设施的整体性；外部协调需要考虑企业设施对环境的影响，如旅游城市的工厂设施布局就要考虑市政的要求。⑤充分利用车间的生产面积。在一个车间内，可因地制宜地将设备排列成纵向、横向或斜角，不要剩下不好利用的面积。⑥专业化原则。设施布置应在分工的基础上符合专业化原则，如按照工艺专业化或者对象专业化，从而提高生产率与管理效率。⑦分工原则。设施之间要合理分工，如生活区、生产区、办公区等，合理分工有利于管理、环境保护和安全。⑧弹性原则。设施布置要考虑未来发展的需要，要留有余地，为企业今后的发展留有可扩展的空间。

(二)设施布置按生产系统功能布置分类

设施布置按生产系统功能布置分类，以下举例三种类型：存储布置、销售布置和工程项目布置。

1. 存储布置

存储布置是指在仓库或储藏室内安排各部件组成部分的相对位置，它不同于其他布置类型，可用于零售商店、超级商场、展览会等。

2. 销售布置

销售布置是对销项组成部分的布置，只考虑便于产品的销售而不考虑其生产。

3. 工程项目布置

工程项目布置是指对某项工程涉及的设施设备系统组成部分作一次性排列计划或方案。

对工程项目的布置必须围绕着从事工程的特定地点，在很多情况下随着工程进展而改变其位置。一般来说，通常采用这种相对固定位置的布置是有理由的，而在工程布置的条件下就不可行了。

这种差别从经济上看有其重要意义，例如：加工企业投资于专用的不可移动的加工设备，并建造房屋来保护它，尽可能设计成能加工多种产品的生产系统，这种布置就是固定布置。而应该指出的是，很多工程项目的各类布置往往需要可移动的、具有多种功能的，而且还能进行多功能综合的布置方案。例如：超级市场主要是按照销售的准则来布置，在货架上陈列多种商标的货物，而且还有一部分作库存布置，此外，商场工作流程和功能的设计与安排也是多功能、综合性的。

四、设备布置的定量分析

在上面讨论的几种形式工艺布置以及装配线平衡中企业要进行大量的分析工作,为了有效地解决这些繁重的工作,人们已研究出若干方法进行定量分析。这些方法已得到广泛的应用,不仅在生产系统中广泛采用,而且它们已经成为当前应用综合数学方法的定量分析理论。

(一)工艺布置

在进行工艺布置时,最常见的方法是按相同的组成部分来构成与安排部门,使它们的相对位置达到最佳,通常意味着妥善安置那些相互间有大量的运输量的部门,使总的物料运输管理费用实现最小化。

所谓物料流向图法,是用各单位之间物流量(物流强度)的大小来确定物流之间移动的最合理顺序并依此进行厂内布置的一种方法。其目标是减少各生产环节间的交叉往返运输时间。

在运用物料流向图法的过程中,具体步骤如下。

1. **工艺路线分析**

根据各产品的加工过程编制工艺路线图来辅助进行工艺路线分析。

2. **根据工艺路线图,绘制物流从至分析表**

所谓物流从至分析表,就是加工的产品从一个工序(设备)运至另一个工序(设备)搬运量的汇总表。它是按工序数(n)作一个 $n \times n$ 矩阵,表中竖列为起始的工序,横行为终至的工序;对角线的右上方,表示工艺路线图中按箭头方向前进的搬运量,对角线的左下方表示按箭头方向后退的搬运量。

如表 5-2 所示是一个只有五个工序的物流从至分析表。

表 5-2 从至分析表

	工序 1	工序 2	工序 3	工序 4	工序 5	总计
工序 1						
工序 2						
工序 3						
工序 4						
工序 5						
总计						

3. **制作从至卡片**

对每个设备或工序做一个卡片,将从至表中的数据填入卡片。卡片中的数据表示某设备或工序与其他设备或工序之间在加工工艺和物流量上的关系。从至卡片的格式如表 5-3 所示。

表 5-3　从至卡片

接　收	设　备	发　出	设　备	备　注
代号	物流量	代号	物流量	
合计		合计		

4. 绘制模拟布置图

按照各卡片之间的物流关系进行布置，物流量大的尽可能靠近，流量小的或无关的则适当远离，从而排出若干个布置方案。

5. 适合性系数计算

适合性系数是依据规定的相关接近原则，用物流量判定抽象布置方案优劣的标准。规定原则与计算方法如下。

(1) 判断是否属于相关接近原则。

相关接近原则是为判定卡片间位置关系是否满足接近要求的程度而设定的，并以此作为标准，对模拟布置图进行判定。原则规定如下：凡是卡片之间可直接连线的就认为物流畅通，满足接近要求；反之，则不满足。

(2) 计算适合性系数。

适合性系数是指满足接近原则的物流量占总物流量的比例。比例越高，方案越优。

6. 选择最优方案

比较各方案的适合性系数，适合性系数大的方案较优。有些情况下，还应参照模拟图按实际空间区域及设备大小制定出具体方案，然后从中综合选出最优方案。

7. 物料流向图法(Material Flow Chart)

这种方法是按照原材料、在制品及其他物资在生产过程中总的流动方向和运输量这两个方面来布置工厂的车间、设施和生产服务单位，并且编制物料流向图的方法。在该图上要标明物料的流向，具体步骤如下。

(1) 根据原材料、在制品在生产过程中的流向，统计车间之间的物流流量，制定运量表。

(2) 根据运量表，初步布置各个生产车间和生产服务单位的相对位置，绘出初步物流图。

(3) 采用实验法，将车间之间运输量大的安排在相邻位置，并考虑其他因素进行改进和调整。

例：某企业有六个生产单位，各生产单位的运输量为已知，编制物料运量表，如表 5-4 所示。

为了得到更为直观和清晰的观点，可把以上物料运量用物料运量相关线(见图 5-1)来表示。

各生产单位平面布置图如图 5-2 所示。

表 5-4 物料运量表

从某车间＼至某车间	1	2	3	4	5	6	总计
1		6		2	2	4	14
2			6	4	3		13
3		6		6	4	4	20
4			6		2	4	12
5				1			1
6		3	4				7
总计	0	15	16	13	11	12	67

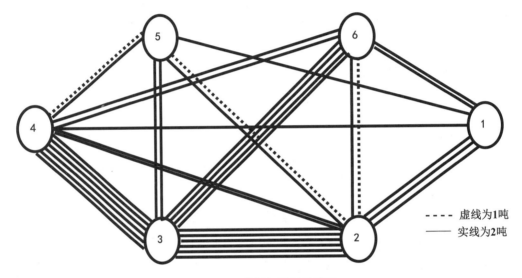

图 5-1 物料运量相关线图

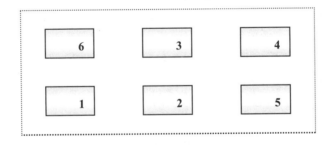

图 5-2 生产单位平面布置图

(二)系统布置

设施布置一般需要获得部门之间单个线路物品的流动数量，常采用称作系统布置的计划工作方法，这个方法要求建立一种能说明每一部门与其邻近的其他各部门位置的重要程度的相互关系图，从这个图可推导出相互作用关系图，这个图类似于用来说明部门间物料运输的各部门流程图，相互作用关系图通过误差试凑法的调整可以获得满意的邻接模型，随着一个部门一个部门地顺次修改这种模型，以符合面积的限制。

1．作业相关图法

"作业相关图法"是由穆德提出的，它是根据企业各个部门之间的活动关系密切程度布置其相互位置。首先将关系密切程度划分为 A、E、I、O、U、X 六个等级，其意义如表 5-5 所示。然后根据这种资料，将待布置的部门一一确定出相互关系，根据相互关系的重要程度，按重要等级高的部门相邻布置的原则，安排出最合理的布置方案。

表 5-5　关系密切程度一览表

代　号	密切程度	记　分
A	绝对重要	6
E	特别重要	5
I	重要	4
O	一般	3
U	不重要	2
X	不予考虑	1

例：一个快餐店预布置其生产与服务设施。该快餐店共分五个部门，各部门的面积以及部门间的作业关系密切程度如图 5-3 所示。

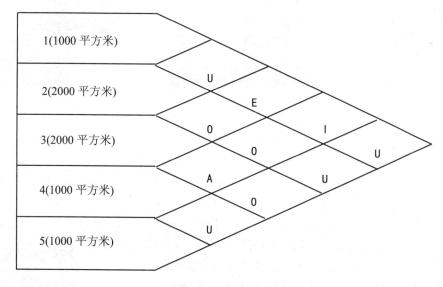

图 5-3　作业相关图

(1) 在选择布置方案时，首先要根据"作业相关图"计算每个组成部分的关系积分，编制"各部门接近程度表"，如表 5-6 所示。

表 5-6　各部门接近程度表

部门	与其他部门的关系	关系分数
1	U E I U	2+5+4+2=13
2	U O O U	2+3+3+2=10
3	E O A O	5+3+6+3=17
4	I O A U	4+3+6+2=15
5	U U O U	2+2+3+2=9

(2) 选取关系分数最高的部门(部门3)开始布置，再选出与它关系最密切的部门(部门4)，即与它有 A 关系的部门，安排在它的旁边，其次是与 3 有 E 关系的部门 1，如图 5-4 所示。本例中布置用的样片为 1000 平方米，部门 3 为 2000 平方米，所以需用两块样片。

(3) 找出与已选部门(如部门 3 和部门 4)关系最密切的部门，按 A、E、I、O、U、X 的顺序来选。如果有两个或两个以上同样关系程度的部门则比较它们的关系分数，优先布置关系分数最高的部门。

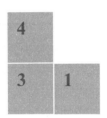

图 5-4　部门布置

(4) 按照上述原则，本例可按部门 3、部门 4、部门 1、部门 2、部门 5 的次序进行布置。布置部门 1 可以有三个方案，如图 5-5 所示。

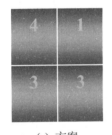
(a) 方案

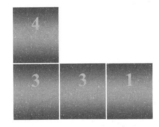
(b) 方案

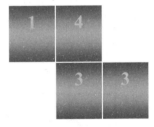
(c) 方案

图 5-5　部门布置方案

(a) 方案：部门 4—1　4 分　　(b) 方案：部门 4—1　4 分　　(c) 方案：部门 4—1　0 分
　　　　部门 3—1　5 分　　　　　　　部门 3—1　0 分　　　　　　　部门 3—1　5 分
　　　　合计　　　9 分　　　　　　　合计　　　4 分　　　　　　　合计　　　5 分

(5) 接着对方案进行记分，两部门靠在一起按相关图上的数码算分，不靠在一起算零分。上述部门 1 的三种布置方案中，以方案(a)得分最多，其他次之。实际上部门 1 还有其他一些布置方案，但都不如方案(a)好。

用同样的方法再布置部门 2 和部门 5，最后可得出如图 5-6 所示的结果。

2. 从至表试验法

"从至表试验法"（From-to Chart)是一种常用的生产和服务设施布置方法。它是根据各种零件在各工作地和设备上加工的顺序，编制零件从某工作地(设备)至另一工作地(设备)的移动次数的汇总

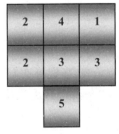

图 5-6　工序布置图

表,即从至表,利用从至表中列出的机器或设施之间的相对位置,以对角线元素为基准计算工作地之间的相对距离,经过有限次实验性改进,找出整个生产单元物料总运量最小的布置方案。可按下列步骤进行。

第一步:首先绘制多种零件在各类生产设备上加工的工艺流程图,称为零件的综合工艺流程图。

第二步:根据零件的综合工艺流程图,编制零件从至表。

表中每一小格内记入各类机床设备上加工的零件上、下道工序间移动的次数,进行分析比较,寻求一个最佳的机床设备排列方案。

例如:有一个按对象专业化形式组织的生产两种零件的生产线。生产线包括七个工作地;相邻两工作地的距离都大致相等,算作一个单位距离。求最优设备布置方案。

第一步,按照每一种零件的工序组成的顺序,可编制零件综合工艺流程图,如图 5-7 所示。图中圆圈内的数字表示加工工序号,箭头表示零件在各工序间移动的方向。

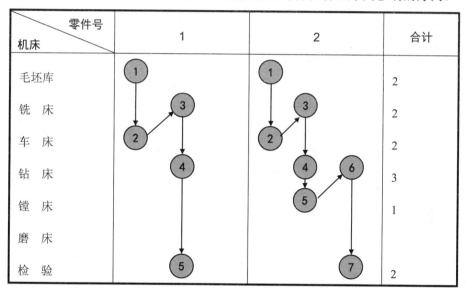

图 5-7 零件综合工艺流程图

第二步,根据零件综合工艺流程图编制零件从至表。从至表为按工作地数(n)作的一个 $n \times n$ 矩阵,表中直列为起始的工序,横行为终至的工序。对角线的右上方(上三角)表示按箭头方向前进的移动次数,对角线左下方(下三角)表示按箭头方向后退的移动次数。在表的每一格填入从某工作地至另一工作地的零件移动次数。初始零件从至表如表 5-7 所示。

第三步,分析和改进初始的零件从至表,求得较优的设备可行布置方案。从从至表的构成我们可知,从至表中的数据距离对角线的格数就是设备之间的距离单位数。我们在从至表对角线的两侧作平行于对角线、穿过各从至数的斜线。如果将所有斜线按距离对角线远近依次编号[$i=1,2,3,\cdots,(n-1)$],编号为 i 的斜线穿过的从至数为 j,则设备在这种排列下,零件总的移动距离为 $L=\sum ij$,初始从至表中对角线右上方第一条斜线 $i=1$,表示从各设备至斜线经过的各设备之间的距离均为 1 个单位;$i=2$ 则表示距离均为 2 个单位⋯⋯从而可以求出总的零件移动距离。

表 5-7 原从至表

从＼至	1. 毛坯	2. 铣床	3. 车床	4. 钻床	5. 镗床	6. 磨床	7. 检验	合计
1. 毛坯		2						2
2. 铣床			2					2
3. 车床		2						2
4. 钻床					1		2	3
5. 镗床				1				1
6. 磨床								
7. 检验								
合计		2	2	3	1		2	10

通过上述分析可知，斜线与对角线越靠近，表明移动距离越短。因此，最佳的设备排列应该是使从至表中从至数越大的设备，排列在越靠近对角线的位置上。依据这一原则，通过多次调整，找出较优的排列顺序，则改进后的最终零件从至表如表 5-8 所示。

表 5-8 最终零件从至表

从＼至	1. 毛坯	2. 车床	3. 铣床	4. 钻床	5. 检验	6. 镗床	7. 磨床	合计
1. 毛坯		2						2
2. 车床			2					2
3. 铣床				2				2
4. 钻床					2	1		3
5. 检验								
6. 镗床				1				1
7. 磨床								
合计		2	2	3	2	1		10

第四步，计算改进前后零件移动的总距离，如表 5-9 所示。通过计算比较可知，改进后的总的零件移动距离减少了 6 个单位，占原总距离数的 33.3%，设备布置的优化程度大大提高了。

表 5-9 从至表计算表

排列	顺 流	逆 流
调整前	格数×对角线位上各次之和 1×1=1 2×(2+2)=8 3×2=6	格数×对角线位上各次之和 1×(2+1)=3
	小计 15	小计 3
	零件移动总距离 15+3=18 (单位距离)	

续表

排列	顺流	逆流
调整后	1×(2+2+2+2)=8 2×1=2	2×1=2
	小计　　　　　　10	小计　　　　　　2
	零件移动总距离　　　　10+2=12 (单位距离)	
	零件移动总距离调整前后之差　　18-12=6(单位距离)	
	总距离相对减少程度　　6/18=33.3%	

改进后的零件综合工艺流程如图 5-8 所示。

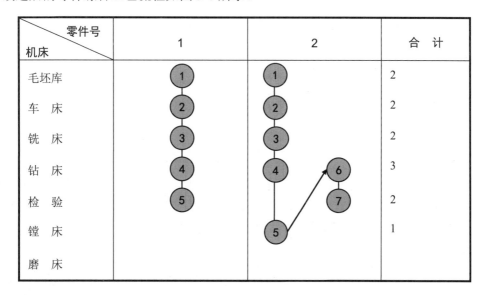

图 5-8　改进后的零件综合工艺流程图

第二节　产品专业化布置设计

一、产品专业化布置方式

(一)产品专业化布置

产品专业化布置(Product Layout)是指根据生产产品和提供服务过程中的操作顺序做出的安排。在产品专业化布置中，所有的产品和服务采用相同的工作任务和活动顺序，从一个工艺阶段连续移动到下一个工艺阶段平稳合理地流动。流程型生产、大量生产以及流水线车间工艺通常都按产品专业化布置进行实际组织。酿酒厂是一个使用产品专业化布置类型的行业；还有银行信用卡处理、三明治店、造纸厂、保单处理以及汽车生产线等都是产品专业化的方式。

产品专业化布置方式是根据产品加工装配的工艺流程来安排设备或工作过程的方式。在产品专业化布置中，工艺专业化布置下的主要问题——每个单元分别设置在哪里，几乎不成为问题，因为只能按照加工顺序来排列。尽管布置方式可能形式上不同，实际上每种产品的加工路径都是直线型，即按照产品的工艺路线顺序排列。食品加工和汽车装配的生产大都是按产品专业化布置方式进行的。

(二)产品专业化布置的优缺点

产品专业化布置具有可以降低在制品库存、缩短加工时间、处理更少的原料、较低的劳动技能要求以及简化生产计划和控制系统等优点。也有一些缺点，例如，生产过程连续，不能停顿处理故障；新产品引入困难，不能及时更新；灵活性受限，柔性差，调整代价更高；从管理的角度来说，难以体现生产线上员工的成就感。

二、流水线布置方式

(一)流水生产与流水线

1. 流水生产

在产品专业化布置中，流水生产是一种先进的生产组织形式，亦称流水线布置方式，它是指劳动对象按照规定的工艺路线和统一的生产速度，一件接着一件，像流水般地通过各道工序而完成加工的一种生产组织形式。它将产品专业化的空间组织和平行移动的时间组织有机地结合起来，缩短了制品的生产周期，大大提高了生产效率和经济效益。

2. 瓶颈工序

按产品专业化布置时，如果各生产工序(或工位)的生产速度不同，生产线的产出速度将等于生产线中最慢工序的速度，在各工序中将会出现忙闲不均的现象。这一速度最慢的工序被称为瓶颈工序，在此情况下，除瓶颈工序之外的所有其他工序都会存在生产能力的浪费。因此，产品专业化布置方式的主要课题是：如何使各生产工序操作时间都大致相等，而实现流水生产。否则，整个生产线的产出速度只能是费时最多的单元的产出速度。此时，即使根据产品加工装配的工艺流程来安排设备，也并不是真正的流水线生产，只能叫作生产线或完成某一工艺过程的作业线。

因此，按产品专业化布置时，如能实现流水生产，关键问题是生产线的平衡问题，即如何平衡各生产工序(或工位)的生产速度，使它们大致相等。

(二)流水生产平衡原理

简单靠增设各工序生产设备的方法也能平衡各生产工序的生产速度，假设第一工序的工序时间是3分钟，第二工序的工序时间是2分钟，第三工序的工序时间是4分钟。第一工序设3台设备，第二工序设2台设备，第三工序设4台设备，则以各工序每分钟一件的速度均衡生产，各工序之间没有瓶颈工序。但这种方法只能适合产品需求量极大的情况。

从根本上来说，这不是以需求确定生产能力的方法，而是为平衡改变生产能力的方法。

企业的生产能力是由市场的销售状况决定的，而不是由生产能力平衡决定的。因此，是市场的需求决定了流水生产的生产速度(亦称生产节拍)，根据生产速度再进行生产流水线的平衡。

根据生产节拍进行生产流水线平衡的另一个原因是，如果完全按照工序数安排作业单位(工位)，则每个耗时很短的工序也占一个工位，使整个生产流水线工位数大增，流水线加长，占用过大的车间面积。

(三)生产装配线平衡步骤

生产线平衡就是对生产的全部工序进行均衡化，调整作业负荷，以使各作业时间尽可能相近的技术手段与方法。它是生产流程设计及作业标准化中最重要的方法。生产线平衡的目的是通过平衡生产线使现场更加容易理解"一个流"的必要性及生产作业控制的方法。

1. 计算节拍(Cycle Time)

$$C = \frac{F_e}{N}$$

式中：C——节拍；
F_e——计划期的有效工作时间；
N——计划期的计划产量。

2. 计算最小工作地数

$$S_{\min} = \left| \frac{\sum t_i}{C} \right|$$

式中：$S_{\min}$——最小工作地数；
t_i——第 i 工序的作业时间；
C——节拍。

3. 组织工作地

组织工作地的原则如下：①保持工序的先后顺序；②工作地综合作业时间不大于节拍，尽可能接近或等于节拍；③工作地数目尽可能少，但是不能小于最小工作地数目。

4. 计算装配线效率

$$\eta = \frac{\sum_{i=1}^{s} T_{ei}}{SC}$$

式中：η——装配线效率；
S——工作地数；
T_{ei}——第 i 工作地实际的作业时间。

第三节 工艺专业化布置设计

一、工艺专业化布置方式

(一)工艺专业化布置

工艺专业化布置(Process Layout)是指由一组完成类似加工作业的设备或活动所组成。例如,所有的钻床或传真机可以安排在一个部门里,而所有的铣床或数据录入机可以安排在另一个部门。任务可以在各部门之间以不同的顺序移动,这取决于它们所需的工艺。单件车间就是使用工艺专业化布置的例子。工艺专业化保证了此类产品及设备和劳动力利用的柔性。法律事务所、制鞋厂、喷气发动机、涡轮叶片制造厂以及医院都采用工艺专业化布置。

(二)工艺专业化布置的优缺点

与产品专业化布置相比,工艺专业化布置通常在设备投入上要求更低。另外,工艺专业化布置中的设备用途一般更广泛,而产品专业化布置中设备投入较高,要求专用设备且系统配套,生产对象更专业化。同样工艺专业化布置中的作业多样性会增加工人的满意度。但工艺专业化布置也有局限性:移动和运输成本较高;更加复杂的计划控制系统;更长的总加工时间;对员工的技能提出更高的专业要求。

二、工艺专业化布置方法

工艺专业化布置是将同类型设备排列在一起,组成工作单元(工段),如车工工段、铣工工段等。各工段之间保持一定的顺序,被加工的零件,根据预先设定好的流程顺序,从一个地方转移到另一个地方,每项操作都由适宜的机器来完成。由于工艺专业化布置方式面对单件小批量生产,只可依据大多数零件的工艺顺序来安排。在服务业中,办公机关单位和医院是采用工艺原则布置的典型示例,每个科室只能完成特定的服务,如内科、外科、X光室和化验室。

(一)确定各工作单元大小

按工艺专业化布置是为了适应产品多变、工艺多变、产量多变的生产和服务方式。为了确定何种设施适用于生产,必须预测典型的产品搭配,依据那些经常生产的产品或者对布置影响最大的产品作出设施布置决策。

在完成预测之后,还必须据以折算成各工作单元所需要的面积。其具体方法是:根据每个产品的工艺,估算所需的能力种类和时间,乘以预期的产量,并加总求出各种能力所需的工时,进而估计所需的人员和设备数量,最后折算成所需要的面积。

(二)确定各工作单元位置

在确定各工作单元所必需的面积之后,就可以安排各工作单元的位置了。各工作单元的相对位置,取决于各工作单元所需要的面积、设施的平面形状、产品生产工艺步骤等。厂区布置的方法也可用于工艺专业化布置中的工作单元位置布置。下面介绍一种简便的适合小规模工艺专业化布置的从至表法。

1. 绘制综合工艺路线图

由于工艺专业化车间需要加工多种产品,每种产品的工艺路线又不可能相同,我们只能选择车间主要加工的产品绘制综合工艺路线图。对于确定生产方向的企业,其主要产品和生产任务还是有一定规律的,可以依照同类企业的生产任务统计数布置设备或进行初始布置。当经过一段生产时期后,也可根据本企业的实际生产任务统计,重新调整设备布局。对于普通车床类的中小型设备,这种调整是可行的。

假如车间有 10 种产品在六类设备上加工,各种产品经过的工艺路线如图 5-9 所示。图中给出了各产品在计划期内(季度、半年或一年)的生产次数。但由于各产品的生产批量不同,不同工序间的加工时间及在制品运输难度不同,使得同一产品不同工序之间的运输次数和运输成本也不同。图 5-9 中方括号内数值为各工序之间在一次生产过程中的运输次数,圆括号中的数值为单位距离的运输费用。

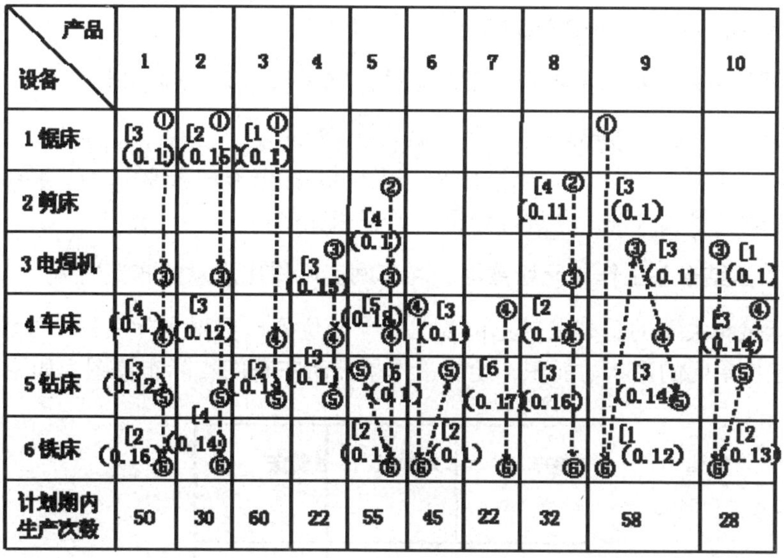

图 5-9 产品工艺路线图

由图 5-9 将计划期内某产品的生产次数乘以其工艺路线中各设备之间运输次数与单位距离运输费用之积,可得出计划期内生产该产品各设备之间单位距离的运输成本,如图 5-10 所示。

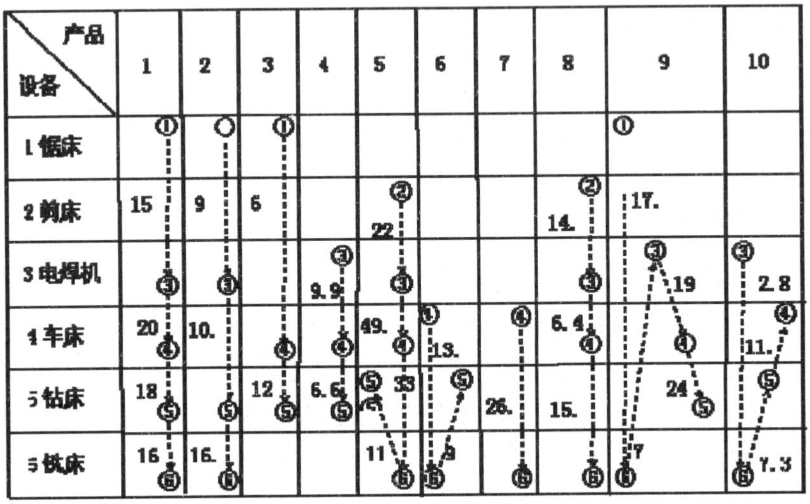

图 5-10 计划期内生产该产品各设备之间单位距离的运输成本

2. 将不同产品中相同设备序号组合的单位距离的运输成本加和

①③=15+9=24　　①④=6　　①⑥=17　　②③=22+14=36
③④=20+9.9+49+6.4+19=104.3　　③⑤=10.8　　③⑥=2.8
④⑤(⑤④)=18+12+6.6+24+11=71.6　　④⑥=33+13+26+15=87
⑤⑥(⑥⑤)=16+16+11+9+7.3=59.3　　⑥③=7

3. 将相同设备序号组合的单位距离的运输成本总和按大小顺序排列

③④=104.8　　④⑥=88.1　　④⑤(⑤④)=72.4　　⑤⑥(⑥⑤)=60.1　　②③=36.1
①③=24　　①⑥=17.4　　③⑤=10.8　　③⑥(⑥③)=7+2.8=9.8　　①④=6

由此可绘制运量相关图,并进行分析、调整和优化。

4. 用实验法结合各工作单元所需面积和车间实际排出满意的布置方案

在绘制运量相关图的基础上,定位各工作单元位置,根据实际面积,放大工作单元的尺寸,调整工作单元的形状与面积,绘制工作单元所在车间实际布置图,如图 5-11 所示。

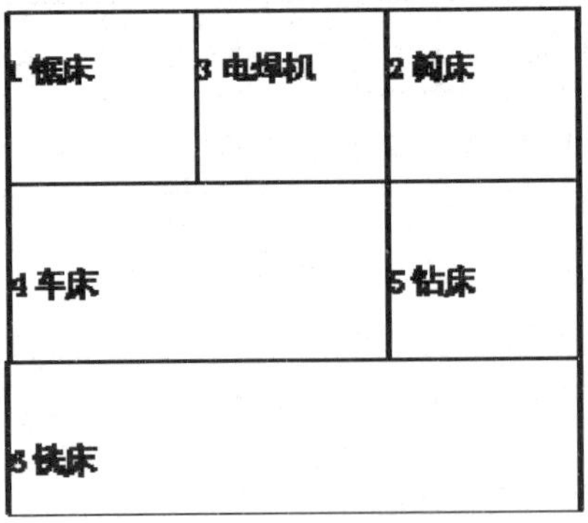

图 5-11 车间实际布置图

从工艺路线图法和作业相关图法可见：对于一个复杂的系统，我们首先要将其建立起一个模型。在建模中找出与系统目标相关的因素加以描述，最好将其转变为数学模型。有了量化的指标，就可以依系统目标对模型进行优化处理。

在工艺路线图法中，我们可以直接通过对各作业单位的运量和运价的收集和归纳得到量化指标；在作业相关图法中，我们无法直接得到量化指标，但可以通过将各作业单位相关程度按经验法进行量化，间接得到量化指标。

在生产运作研究的一些层面上，追求精准的量化指标不是目的，目的只是建立一个相对优化的运作系统。

本章小结

本章主要介绍了设施布置的概念，设施布置主要的形成及常用的设施布置的方法，设备布置的定量分析等，重点阐述了产品专业化布置设计、工艺专业化布置设计的方法及过程。

自 测 题

(一)判断题

1. 设施布置的决策可以定义为提前确定生产系统内各物质部分的最优安排。（　）
2. "机器"就是或诸如陈列架、消耗品的料箱、灯具和桌子等物件的布局。（　）
3. 建筑物都是可以作为设施布置决策的一部分来考虑的。（　）
4. 物流企业设施布置一般需要采用混合布置。（　）
5. 配送中心一般都要采用流水线分拣布置。（　）
6. 涉及的部门多，服务项目多，既有专业化要求，又有工艺环节不同要求需选混合布置。（　）
7. 固定位置布置适合标准产品的生产。（　）

(二)单选题

1. 生产运作系统空间布置方法有（　）。
    A. 物料流向图法　　　　　B. 代数式法
    C. 作业相关图法　　　　　D. 从至表试验法
2. 依据各车间关系密切程度进行车间布局的方法是（　）。
    A. 物料运量图法　　　　　B. 从至表法
    C. 作业相关图法　　　　　D. 线性规划法
3. 下列生产单位中，可以采用对象专业化原则布局的是（　）。
    A. 铸造车间　　B. 热处理车间　　C. 机械加工车间　　D. 发动机车间
4. 对于大量生产方式而言，其生产单位布置应采用（　）原则。

A. 工艺专业化　　B. 产品专业化　　C. 混合专业化　　D. 定位布置

5. 工艺在生产线上作单向流动,没有迂回,运输路线短,在制品少,属于(　　)。

　　A. 零件按成组布置　　　　　　B. 按C工艺布置
　　C. 流水线布置　　　　　　　　D. U形单元布置

(三)简答题

1. 什么是设施布置?如何开展设施布置?
2. 生产运作系统空间布置方法有哪几种?
3. 什么是混合布置?
4. 物料运量图法通常解决什么问题?如何操作?
5. 流水线的工作地如何划分?如何计算?
6. 定置管理是什么方法?如何运用?

(四)计算题

1. 某企业有A、B、C、D、E、F六个部门要布置在一个分成六块的区域内,如图5-12所示,各部门之间的流量如表5-10所示,请问,如何安排最经济?

1	2	3
4	5	6

图 5-12　六块区域

表 5-10　部门间流量表

	A	B	C	D	E	F
A		7				5
B				4	10	
C		7			2	
D			8			
E	4					3
F		6			10	

2. 某企业采用流水线生产,每天三班生产,每班工作8小时,每班有30分钟休息时间,每班生产零件100件,A工序的单件时间定额为5分钟,试计算流水线节拍、A工序的设备负荷系数。

第六章

产品和服务设计

【学习要点及目标】

通过本章的学习，了解产品开发的概念、方式和路径，掌握工业设计、标准化、定制化、并行工程和计算机辅助设计的原理和应用，了解质量功能配置、可靠性和服务设计方法。

【关键概念】

产品与开发　产品设计　质量功能配置　稳健性设计　服务设计

生产与运作管理

> **引导案例：华为的 3G 产品——斥资 50 亿元的一场豪赌**
>
> 华为 3G 的终端发展战略上，采取了一种由国际到国内，由满足低端大众需求到高端应用客户的反向思维。这也是当年华为起家时所采取的农村包围城市战略的延伸。
>
> CeBIT 2005 展会上，华为终端产品覆盖 WCDMA、GSM、CDMA 制式，包括手机、数据卡等产品形态。华为 3G 终端产品尤其引人注目，除了已经发布的三款 WCDMA 终端产品以外，华为计划推出几款 WCDMA 新机型。而据业内的报道，诺基亚迄今也只有四款左右的 WCDMA 终端。除了 WCDMA 终端外，华为的 CDMA2000 系列手机也齐齐亮相。
>
> 这些只是华为的最新研发产品，之前，2004 年 2 月华为在戛纳 3GSM 大会上推出了中国第一款 UMTS/GSM 双模手机，引起了业内的广泛关注。2004 年 11 月 15 日，华为在香港正式发布三款商用 3G 终端产品 U626、U326 两款手机和 E600 数据卡，标志着华为正式跨入 3G 手机供应商的行列，成为全球为数不多的几家能够提供 3G 端到端解决方案的厂商之一。在国内 3G 市场还没有启动的情况下，华为 3G 终端销售的重点放到了海外市场。
>
> 豪赌的结果：中国自己还没有部署 3G，华为就满世界竞标中标了。阿联酋 Etisalat、香港 SUNDAY、毛里求斯 Emtel、马来西亚 TM 四个 WCDMA 商用网络，当爱立信、诺基亚、摩托罗拉、朗讯这些巨头都在紧盯中国的时候，华为却把 3G 的大旗插在了它们的庭院当中。2004 年 12 月 8 日，华为宣布承建荷兰移动运营商 Telfort 的全国 WCDMA 网和美国 NTCH 公司的 CDMA2000 移动网络。CDMA2000 领域，华为产品目前应用在全球 37 个国家、52 个运营商的网络中，服务用户超过 1700 万。在 450M 频段的 CDMA2000 市场，华为已经成为领跑者，市场份额超过 65%。华为在葡萄牙建立了西欧第一个 CDMA2000 网络。
>
> 一旦中国 3G 市场启动的话，华为将成为市场中最大的赢家，其在国外与多家运营商的系统和终端产品上的磨合给国内运营商采购决策提供了最佳的参照物。届时，华为国内海外两路走红将是必然的。这是华为的一场豪赌，然而它成功了。
>
> （资料来源：工科联盟小组 左世峰 华为公司的国际化与研发设计战略分析，2008 年）
>
> **问题**：华为成功的背后有哪些原因？

第一节 企业研究与开发概述

一、研究与开发的概念及意义

(一)产品开发的概念

产品开发(Product Development)是指个人、科研机构、企业、学校、金融机构等，创造性研制新产品，或者改良原有产品，产品开发的方法可以为发明、组合、减除、技术革新、商业模式创新或改革等方法。例如：电灯的发明、汽车设计的更新换代、饮食方式的创新、洗发水增加去头屑功能、变频空调等。另外，美国次贷同样也是金融产品开发，即使是失败的，仍属于金融产品开发的范畴。

研究与开发(Research and Development，R&D)的含义广泛，涉及的群体、机构众多，如国家的科学研究机构、大学、企业等，不同机构从事R&D的动机和目的不尽相同。本书主要是探讨企业的R&D。所谓企业的R&D，是指企业的新产品或产品生产的新技术的研究与开发。

市场营销学中的新产品，不是纯技术角度理解的发明创造。一般认为，凡是企业向市场提供的能给顾客带来新的满足、新的利益的产品，同时企业还没有生产过的产品，即为新产品。新产品包括新发明的产品、换代产品、改进产品、新品牌产品(仿制新产品)、再定位产品等。企业新产品开发的实质就是规划、组织、研制、推出不同内涵与外延的新产品，它可以是现有产品的改进，也可以是全新产品。

(二)产品开发的意义

对企业而言，开发新产品具有十分重要的战略意义，它是企业生存与发展的重要支柱。在科学技术飞速发展、市场变化十分迅速、需求日益多样化的今天，企业为了生存与发展，必须能够创造性地、有机地适应未来的变化。R&D作为一种"对企业未来的投保"，是左右企业未来的最重要的企业活动之一。R&D在企业的生产经营中同样也有着越来越重要的作用。产品开发是金融机构赖以生存的基础，这是市场经济的铁律。产品开发不仅是指生产新产品，而且也指改良旧产品。产品开发有美容、体育等许多方面的应用。

1. 市场竞争的加剧迫使企业不断地开发新产品

企业的市场竞争力往往体现在其产品满足消费者需求的程度及其领先性上。特别是现代市场上企业间的竞争日趋激烈，企业要想在市场上保持竞争优势，只有不断创新、开发新产品。相反，则不仅难以开发新市场，而且会失去现有市场。因此，企业必须重视科研投入，注重新产品的开发，以新产品占领市场、巩固市场，不断提高企业的市场竞争力。R&D直接影响到企业的竞争力，这是因为：其一，R&D的质量直接影响企业的产品质量。日本著名的质量管理专家田口玄一认为产品的质量问题80%以上与产品设计有关。其二，R&D的效率直接影响产品的生产和上市的时间。随着市场需求的多样化和产品生命周期的缩短，新产品的研发周期对产品投放时间的影响越来越大，这也对企业快速占领市场而获取竞争优势越来越重要。其三，R&D直接影响产品的成本。同样的产品、同样的功能，采用的零部件和材料不同，甚至采用的设计原理和方法不同，会使得产品的成本差异巨大。

2. 产品生命周期理论要求企业不断地开发新产品

产品在市场上的销售情况及其获利能力会随着时间的推移而变化。产品生命周期理论告诉我们，任何产品不管其在投入市场时如何畅销，总有一天会退出市场，被更好的新产品所取代。企业如果能不断地开发新产品，就可以在原有产品退出市场时利用新产品占领市场。一个成功的企业和智慧的经营者，应该抢夺先机，开发新产品。

3. 消费者需求的变化需要不断地开发新产品

消费者市场需求具有无限的扩展性，也就是说，人们的需求是无止境的，永远不会停留在一个水平上。随着社会经济的发展和消费者收入的提高，对商品和劳务的需求也将不断地向前发展。消费者的一种需求满足了，又会产生新的需求，循环往复，以至无穷。适应市场需求的变化需要企业不断开发新产品，开拓新市场。

4. 科学技术的发展推动着企业不断地开发新产品

科学技术是第一生产力，是影响人类前途和命运的伟大力量。科学技术一旦与生产密切结合起来，就会对国民经济各部门产生重大的影响，伴随而来的是新兴产业的出现、传统产业的被改造和落后产业被淘汰，从而使企业面临新的机会和挑战。这是由于科学技术的迅速发展，新产品开发周期大大缩短，产品更新换代加速，从而推动着企业不断寻找新科技来源和新技术，开发更多的满足市场需要的新产品。

5. 开发新产品有利于提升干部队伍素质，提升企业技术含量和品牌形象

在新技术、新材料、新工艺的开发和应用过程中，组织机构和管理流程也在同步优化，管理干部和技术人员在新产品开发过程中能力和水平得到了锻炼和提高。一个拥有高效管理体系、众多高新技术产品和强大研发团队的企业，其市场形象和品牌价值也自然水涨船高，并为同行所仰慕。

6. 开发新产品，符合国家节能高效环保经济政策

新产品开发成功，不但能直接得到政府的资金支持，还可享受税收减免政策。拥有新产品的数量，也是企业申报科技进步奖、高新技术企业及国家级技术中心的基本条件。

综上所述，开发新产品不仅有利于企业的成长、进步和竞争力的提高，而且也使企业与社会、自然环境的适应能力大大提高，因此，要使企业成为"百年老店"，必须充分把握时机开发新产品。

二、R&D 的分类与特征

(一)R&D 研究的分类与特征

关于 R&D 的分类方法，目前尚无统一的标准，但一般来讲，可以分为三类，即基础研究(Basic Research、Fundamental Research)、应用研究(Applied Research)、开发研究(Development Research)。

1. 基础研究

基础研究按其研究对象的差异可进一步分为纯基础研究和目的基础研究(Objective Fundamental Research)。纯基础研究以探索新的自然规律、创造学术性新知识为使命，与特定的应用、用途无关。纯基础研究主要在大学、国家的研究机构中进行。目的基础研究是指为了取得特定的应用、用途所需的新知识或新规律而用基础研究的方法进行的研究。通常企业中进行的基础研究大都属于此类。无论是纯基础研究还是目的基础研究，都是非经济性的，也就是说，这类研究只是探索科学规律，而不考虑其成果未来的经济效益。

2. 应用研究

应用研究是指探讨如何将基础研究所得到的自然科学上的新知识、新规律应用于产业而进行的研究，或者说应用研究是运用基础研究的成果或知识，为创造新产品、新技术、

新材料、新工艺的技术基础而进行的研究,所以有时也称为产业化研究,如产品孵化中心、中试基地等,也就是将实验室的产品或技术变为可工业化生产的产品或技术。

3. 开发研究

开发研究就是利用基础研究或应用研究的结果,为创造新产品、新技术、新材料、新工艺,或改变现有的产品、工艺、技术而进行的研究。这种研究也称为企业化研究,具有明确的生产目的,就是获取企业可以生产的新产品或可以实际应用的新技术,带有明显的经济性特征,追求开发研究的投入产出比。

随着市场竞争的日益激化,新产品和新技术在竞争中的地位越来越重要,企业越来越青睐原创的、独特的产品和技术,因此,R&D 在企业中的地位也逐步升级。R&D 在企业中的发展,一般从开发研究阶段开始,经过应用研究和目的基础研究,达到纯基础研究。现代国际级的大企业在目的基础研究和纯基础研究领域的投资越来越大。

科学研究是创新和应用知识的探索过程。创新知识是探索人类未知的问题;应用知识是运用已知知识去开拓新的应用途径。因此,在国际上常用"研究与开发"来表示科学研究活动。

科学研究工作可按其性质、目的和过程进行分类,一般按过程分为基础研究、应用研究和开发研究,三者既相互区别又相互联系,共同构成科学研究的结构体系。表 6-1 是这三种科学研究的定义、性质、事例、管理、成果等内容的对比说明。

基础研究是对新知识、新理论、新原理的探索,其成果不但能扩大科学理论领域,提高应用研究的基础水平,而且对于技术科学、应用科学和生产的发展具有不可估量的作用。应用研究是把基础研究发现的新知识、新理论用于特定目标的研究。它是基础研究与开发研究之间的桥梁。开发研究又称技术开发,是把应用研究的成果直接用于生产实践的研究。近年来,一些发达国家把开发研究融合到产品的设计、生产、流通研究、销售研究、开发研究、使用研究和回收研究等方面,这是当代科学研究发展的一个值得重视的新趋势。

表 6-1　基础研究、应用研究和开发研究的对比说明

类别	基础研究	应用研究	开发研究
概念 定义 性质	没有特定商业目的,以创新探索知识为目标的研究,称为基础研究。有特定目标运用基础研究的方法,进行的基础研究,称为定向基础研究,或称目标基础研究。此类研究多在企业进行	运用基础研究成果和有关知识为创造新产品、新方法、新技术、新材料的技术基础所进行的研究	利用基础研究、应用研究成果和现有知识为创造新产品、新方法、新技术、新材料,以生产产品或完成工程任务而进行的技术研究活动
典型 事例 说明	1.法拉第发现电磁感应原理(发电原理); 2.麦克斯韦提出电磁波理论	1.西门子制成励磁电机,可以发电,原尚不能应用; 2.赫兹发现电磁波,制成电磁波发生装置,但无线电通信成为可能	1.爱迪生制成电机,建成电厂,建立电力技术体系,迎来电世界; 2.波波夫与马可尼进行无线电通信获得成功,实现跨越大洋的无线电通信,迎来了电信时代

续表

类别	基础研究	应用研究	开发研究
管理原则方法	1.没有实际要求； 2.没有时间限制； 3.不急于评价； 4.关键是带头人水平； 5.多数情况，费用没有固定要求； 6.一般没有保密性	1.有目标、计划； 2.有时间限制，有弹性； 3.适当时候作出评价； 4.选题和组织工作起重要作用； 5.费用较高，控制较松； 6.有一定保密性	1.有具体明确目标,计划性强； 2.有严格时间控制； 3.完成后立即评价； 4.须各方面协调配合，更须注重组织和集体的作用； 5.费用投入一般较大，控制较严； 6.有很强的保密性
成功率	一般到50%～60%，实现商业化、企业化的可能性较大	一般到50%～60%，实现商业化、企业化的可能性较大	一般可达90%以上，实现商业化、企业化可能最大
成果形式	学术论文、学术专著	学术论文、专利、原理模型	专利设计、图纸、论证报告、技术专有、试产品等

(二)新产品分类

为了便于对新产品进行分析研究，可以从多个角度进行分类。

1．按新产品创新程序分类

(1) 全新新产品：是指利用全新的技术和原理生产出来的产品。

(2) 改进新产品：是指在原有产品技术和原理的基础上，采用相应的改进技术，使外观、性能有一定进步的新产品。

(3) 换代新产品：是指采用新技术、新结构、新方法或新材料在原有技术基础上有较大突破的新产品。

2．按新产品所在地的特征分类

(1) 地区或企业新产品：是指在国内其他地区或企业已经生产但该地区或该企业初次生产和销售的产品。

(2) 国内新产品：是指在国外已经试制成功但国内尚属首次生产和销售的产品。

(3) 国际新产品：是指在世界范围内首次研制成功并投入生产和销售的产品。

3．按新产品的开发方式分类

(1) 技术引进新产品：是指直接引进市场上已有的成熟技术制造的产品，这样可以避开自身开发能力较弱的难点。

(2) 独立开发新产品：是指从用户所需要的产品功能出发，探索能够满足功能需求的原理和结构，结合新技术、新材料的研究独立开发制造的产品。

(3) 混合开发的产品：是指在新产品的开发过程中，既有直接引进的部分，又有独立开发的部分，将两者有机结合在一起而制造出的新产品。

三、R&D 领域的选择

(一)产品研究方向

企业开发新产品,把有限的人、财、物,有效地分配在急需的开发项目上,使新产品开发取得最佳效果,关键在于准确地确定新产品开发的方向。由于市场竞争日益激烈,消费需求日益多样化和个性化,新产品开发呈现出多能化、系列化、复合化、微型化、智能化、艺术化等发展趋势。

企业在选择新产品开发方向时应考虑以下几点。

(1) 考虑产品性质和用途。在进行新产品开发前,应充分考察同类产品和相应的替代产品的技术含量和性能用途,确保所开发产品的先进性或独创性,避免"新"产品自诞生之日起就被市场淘汰。

(2) 考虑价格和销售量。系列化产品成本低,可以降价出售以增加销售量,但是系列化产品单调,也可能影响销售量。因此,对系列化、多样化产品以及价格、销售之间的关系,要经过调查研究再加以确定。

(3) 充分考虑消费者需求变化速度和变化方向。随着人们物质生活水平的提高,消费者的需求呈多样化趋势,并且变化速度很快。而开发一样新产品需要一定的时间,这个时间一定要比消费者需求变动的时间短,才能有市场,才能获得经济效益。

(4) 企业产品创新满足市场需求的能力。曾经代表中国民族通信旗帜的巨龙、大唐、中兴、华为四家企业,面对的市场机会差不多,起步也差不多,但经过三四年时间,华为、中兴已远远走在了前面,巨龙则几乎退出了通信市场。而决定四家企业差距的最关键因素就是各自推向市场的产品所包含的产品和技术创新的能力。

(5) 企业技术力量储备和产品开发团队建设。

(二)R&D 领域的选择

R&D 领域的选择,其目的是发现能够最好地发挥企业资本收益、提高企业竞争力的事业领域,并对如何发挥新产品、新事业的各种机会进行探索。如图 6-1 所示,从企业的现有技术和现有市场向新事业领域的探索可以分为四种类型。

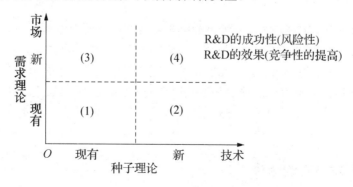

图 6-1 R&D 领域选择类型示意

(1) 在现有事业领域，依靠现有的技术开发多种类型或规格的产品，以扩大现有的市场。该类型的特点是市场和技术都是成熟的，不成功的风险最低。例如，采用显像管技术(CRT)的普通彩色电视机，在已有 21in 规格的基础上，可以研制其他不同的规格，如 25in、29in 等，形成系列产品，但这样的研发对提高企业产品的竞争力也是有限的。

(2) 向现有市场推出用新技术开发的新产品，将市场细分为不同的层次或群体。例如在普通彩电的基础上推出采用等离子和液晶技术的平板电视，服务于高端客户。平板电视的原理和技术与普通彩电有很大的差别。

(3) 将利用现有技术的产品打入新市场。企业依托核心技术的关联发展就属于该范畴，例如生产摩托车的企业，利用其微型发动机的核心技术拓展其新的产品线，如割草机、微型发电机、摩托艇、机动雪橇等产品。这种所谓的"新市场"对该企业是新的，而对于社会而言并非新的，至于企业能否真正进入这样的"新市场"，还要看其新产品的竞争能力。

(4) 用新技术开发新产品，并开辟新的市场。这种类型的技术和市场都是新的，因此其风险来自于两个方面，研发的成功率较小或者说风险很大，但是一旦成功，就会在技术和市场两个方面形成暂时的垄断，从而获取高额利润。

从图 6-1 的两个坐标轴来看，产品研发的动力有两种：市场驱动型和技术驱动型。

市场驱动型是指按照需求理论方式，根据市场的需求开发新产品，即通过市场调查了解需要什么样功能和技术内容的新产品，按照新产品的要求，对其生产技术、价格、性能等方面的特性进行研究，再通过对该新产品的销售预测决定如何研发。其思路是"市场需要什么，我就做什么"，当然其前提是所需的技术是成熟的。市场驱动型的产品也称为销售导向型(Sales Oriented)产品。

技术驱动型是指按照种子理论(Seed Theory)的方式进行新产品的研发，即从最初的科学探索出发，按照新发现的科学原理来开发新产品。其研发的思路是"我能做什么，就做什么，再去卖什么"，所以技术驱动型的产品称为生产导向型(Product Oriented)产品。当然，这种方式的研发也不是盲目的，必须具备一定的现实或长远的市场基础。如果某种产品或技术根本没有市场，那么对其的研发工作就不是企业行为了，仅仅是科学探索而已。

四、R&D 方式的选择

(一)选择 R&D 的方式的影响因素

决定采用何种 R&D 的方式，应考虑的因素主要有以下两个方面：一方面是资源因素。R&D 工作是企业先期投入再有回报的，为了保证研发工作的顺利进行，研发人员和资金两个要素是缺一不可的。另一方面是 R&D 组织与预期效果。这方面的因素有研发周期、研发风险和研发收益等。不同的研发项目其影响因素是不同的，采用的策略和方式也就不尽相同，企业开发新产品，选择合适的方式很重要，选择得当，符合企业实际，就能少承担风险，容易获得成功。

(二)产品开发方式的选择

产品开发方式一般有独创方式、引进方式、改进方式和结合方式四种。

1. 独创方式

从长远考虑，企业开发新产品最根本的途径是自行设计、自行研制，即所谓独创方式。采用这种方式开发新产品，有利于产品更新换代及形成企业的技术优势，也有利于产品竞争。自行研制、开发产品需要企业建立一支实力雄厚的研发队伍、一个深厚的技术平台和一个科学、高效的产品开发流程。所谓独立研发方式，就是根据研发项目的要求，完全依托企业自身的技术和经济实力就能实现所选择的方式。该方式的有利方面是，企业可以完全独立地对 R&D 活动进行管理，避免了大量的协调工作，且保密性强，可以独享 R&D 成果及其所带来的全部经济利益。不利方面是研发周期会较长，须独自承担全部的费用和 R&D 的风险。在市场竞争日趋激烈的环境下，多数大企业，甚至一些中型企业都采取这种方式，以保持在新产品、新技术研发上的主动权。当然，这种 R&D 方式是以企业较雄厚的资金和技术人才队伍做后盾的。

2. 引进方式

技术引进是开发新产品的一种常用方式。企业采用这种方式可以很快地掌握新产品制造技术，减少研制经费和投入的力量，从而赢得时间，缩短与其他企业的差距。但引进技术不利于形成企业的技术优势和企业产品的更新换代。其中委托研发方式就是利用社会科研力量或国外的研究机构进行产品开发的模式，当企业的研发缺乏技术或人才要素时，通过部分或全部借助外部的技术力量来进行的 R&D，称为委托研发方式。这种方式通常发生在中小企业，很多中小企业自身没有足够的技术力量，但却对市场需求变化敏感，对新产品有基本的构想，因此往往会借助外部的技术力量来实现自己的目标，完成产品的研发工作。采用这种方式的有利方面是研发周期较短、风险小、见效快；不利方面是没有主动权，易受制于他人，且从长远的利益考虑，对企业的可持续发展不利。

3. 改进方式

这种方式是以企业的现有产品为基础，根据用户的需要，采取改变性能、变换形式或扩大用途等措施来开发新产品。采用这种方式可以依靠企业现有设备和技术力量，开发费用低，成功把握大。但是，长期采用改进方式开发新产品，会影响企业的发展速度。

4. 结合方式

结合方式是独创与引进相结合的方式，通常是共同研发方式，当企业研发要素的某些方面存在不足或缺乏而不能独立承担研发工作，或者从研发的利益考虑，利用本企业和其他企业或研究机构各自不同的研究基础和优势，共同或合作进行 R&D 的方式，称为共同研发方式。这种方式的成因可以归纳为三种：一是为了达到研发目标，仅仅依靠本企业的力量有困难，只有依靠外部合作者的专长才有可能实现，如资金的短缺或缺乏专门的技术人才；二是缩短研发周期，快速推出产品抢占市场；三是在取得开发成果的利益之外，还能获得其他的经营利益，如合作营业、建立承包关系、特许经营、共享销售网络、人才培养等。共同研发存在多种形态：基于产业链的供应链纵向合作，如主机厂和配套厂的零部件和生产技术的研发；共同承担风险的同行业横向合作；产学研合作；政府协调下的多方合作，如载人航天工程、"歼 10"的研制和生产等。采取共同研发方式要解决的关键问题是如何根据各个企业、机构所投入的资源和分担的责任来分配今后应得的利益。

五、R&D 的评价

对 R&D 项目进行评价时，首先要明确评价标准。评价标准不同，其结论存在差异。每个 R&D 项目都可以从性质不同的两个方面去评价：一是显性的企业效益，二是潜在的技术储备，即经济性评价和技术性评价。技术储备能够促进企业的发展，但它的作用只是在将来才能显示出来，而在现阶段只是一种潜力，只有其发挥作用时，技术储备才有可能用企业效益这个标准去度量。但是如果因此否认对 R&D 进行评价的必要性也是不正确的，为了有效地进行 R&D，使企业有限的资源得到最优配置，对 R&D 进行评价还是不可或缺的。

R&D 评价的复杂性还表现在它的评价标准难以量化。如果某种新产品的问世完全可以归功于某项研究的成功，那么由此带来的利润即可代表这一贡献的程度。但许多产品是靠以往的种种研究和技术的积累才得以形成和存在的，在产品化的过程中还有工艺部门和制造部门的大量努力。因此，即使通过 R&D 开发了新产品、创立了新技术、实现了某种改进或提高了某种性能，也难以甚至几乎不可能用数字来表示其贡献程度。可见对 R&D 项目的评价，有些只能用定性的方式来表示。

总之，对 R&D 进行评价是一个复杂的问题，首先要明确进行评价的标准，而评价的标准是随着企业的指导思想和经营方针的变化而变化的。企业在选择和确定 R&D 项目之后，应从经济性和技术性两个方面，综合考虑项目的定性因素和定量因素，制定出比较具体的评价标准，如表 6-2 所示。一般可以从表 6-1 所列举的几个方面具体考虑。

表 6-2　R&D 的评价标准

标准类别	具体内容
技术评价标准	成功可能性、可靠性、操作性能、结构的新颖性和可继承性、技术的前向和后向联系等
生产评价标准	合理的制造工艺、材料的有效利用、大规模生产的可能性、标准化的可能性和程度等
财务评价标准	研发和生产成本、潜在发展的可能性、与 R&D 相关的投入资本、经济效益等
市场评价标准	产品的独创性和新颖性、价格、质量、性能、预期的市场规模与竞争、市场需求的稳定性等
管理评价标准	产品的预期市场寿命、对企业经营目标的贡献度、对企业声誉的贡献、所需的人才和设备及其他资源、整个 R&D 战略计划的平衡等

第二节　新产品开发技术

一、新产品/服务开发的重要性

(一)有利于增强企业的市场竞争力

对现代企业来说，加强新产品的研究与开发已经是一项经常性的工作。因为在当今市场需求迅速变化、技术进步日新月异的环境下，新产品的研究与开发能力以及相应的生产技术是企业在竞争中获胜的根本保证,产品/服务设计是决定成本大小、质量好坏、产品上市时间快慢、柔性大小和客户满意程度的重要因素,产品/服务设计良好的组织将更能实现它的目标。

(二)有利于扩大市场份额

在激烈的市场竞争中,那些能够不断地开发出新产品/服务并将其快速推向市场的企业,将凭借先入为主的优势抢占更多的市场份额。例如,据统计,在个人计算机行业,由于产品开发周期和产品生命周期不断缩短,当个人计算机制造企业的新产品延迟 2~3 个月推出,就将丧失 50%~75%的销售份额。

(三)适应个性化定制生产的需要

经营环境的变化要求企业实行个性化定制生产,这给企业的产品/服务设计提出了挑战,要求企业要有很强的产品开发能力,才能支持个性化定制生产的有效实施。

(四)产品更新换代的需要

一般来说,产品都有一个生命周期,要经历投入期、成长期、成熟期和衰退期四个阶段。在不同阶段,对产品的需求是不一样的。在投入期,顾客对产品不太了解,产品需求通常很低。随着设计的改进,产品更加可靠、更加成熟,成本逐渐降低,顾客对产品和服务的了解不断加深,产品需求逐渐增加,产品经历成长期,并达到成熟。在成熟期,设计很少变化,需求停止增长,市场最终达到饱和。随后,需求开始呈下降趋势,产品进入衰退期。

随着技术的进步和市场竞争的加剧,产品的生命周期越来越短,更新换代的速度越来越快。这就要求企业要有很强的产品研发能力,以不断地推动产品更新换代,促进产品需求的增长,延长产品的生命周期,乃至更快地开发出创新型产品,从而能在产品生命周期中获得更大的收益。

二、产品生命周期

(一)产品寿命

产品寿命有两种含义,即产品使用寿命和产品市场寿命。产品使用寿命是指一件产品能使用多长时间;产品市场寿命则是指市场生命周期。

产品生命周期,也称产品寿命周期,泛指产品在某种特征状态下经历的时间长度。按特征状态的不同,产品寿命周期可分为三种。

(1) 自然寿命,是指设备从投入使用到报废为止所延续的时间长度。自然寿命长度与产品的有形磨损程度有关。所谓有形磨损,是指产品在使用过程中,零部件产生摩擦、振动、疲劳、锈蚀、老化等现象,致使产品的实体产生磨损。其特征是物理磨损和化学磨损。

(2) 技术寿命,是指产品从用户购买开始,到功能落伍或贬值而被淘汰所经历的时间长度。技术寿命长度与产品无形磨损有关。所谓无形磨损，是指由于科技进步而不断出现新的、性能更加完善、效率更高的产品，使原产品价值降低，或者是同样结构产品的价格不断降低而使原有产品贬值。

(3) 市场寿命，是指产品从投放市场开始，直到逐步被淘汰出市场的整个过程所经历的时间。

(二)产品生命周期

本节谈及的产品生命周期就是指市场寿命。市场寿命通常分为四个阶段：投入期、成长期、成熟期和衰退期，如图 6-2 所示。

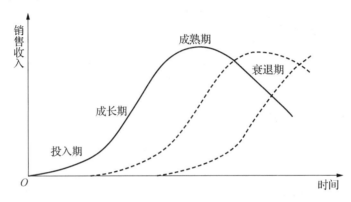

图 6-2　产品生命周期示意图

与产品研发和生产有关的活动，如新产品设计、老产品改进设计、工艺准备等均与产品生命周期有密切的关系。当然在不同的阶段，研发活动的重点也不同。

1. 投入期

在投入期阶段，市场需求不明显，消费者在考察和认可新产品。该阶段研发活动的重点包括：①对产品进行创新设计，确定最有竞争力的型号；②消除设计中的缺陷；③缩短生命周期；④完善产品性能。

2. 成长期

成长期阶段的特征：用户需求增长迅速，产品产量大幅增加。该阶段研发工作的重点包括：①产品工艺改进；②降低产品生产成本；③产品结构标准化与合理化；④稳定产品质量。

3. 成熟期

成熟期阶段的特征为：销售和利润达到最高水平，成本竞争是关键。该阶段的研发工作的重点包括：①产品系列化与标准化；②提高工艺稳定性；③创新服务与质量创新；④产品局部改革。

4. 衰退期

衰退期的特征：销量下降，利润降低，预示更新换代开始。进入该阶段，企业应放弃那些生命周期即将结束的产品，因此，其研发工作的重点包括：①不进行或很少进行产品细分；②精减产品系列；③决定淘汰旧产品。

通过图 6-2 还可以看出企业新产品推出的时机，虚线表示的曲线展示了后续产品进入市场的时间及销售收入变化情况。并非老产品离开市场，新产品才开始进入，企业的研发工作通常是生产一代、储备一代、研制一代、构思一代的梯形式的研发计划。

需要注意的是，不同产品的市场寿命周期变化规律是不同的，例如，MP3/MP4 处于增长期，CD 唱片处于成熟期，而盒式磁带处于衰退期或即将退出市场。另外，有些产品没有显示出其在生命周期所处的阶段或者说其生命周期变化缓慢，如铅笔、剪刀、餐具、饮水杯等类似的日常用品。有些产品则是人为地或被迫地退出市场，由功能更新、更好或价格更低廉的产品所替代。

三、工业设计

(一)工业设计的概念

工业设计(Industrial Design，简称 ID 设计)，是指以工学、美学、经济学为基础对工业产品进行设计。设计是人类为了实现某种特定的目的而进行的创造性活动，它包含于一切人造物品的形成过程当中。目前被广泛采用的定义是国际工业设计协会联合会(ICSID)在 1980 年的巴黎年会上为工业设计修正的定义："就批量生产的工业产品而言，凭借训练、技术知识、经验及视觉感受而赋予材料、结构、形态、色彩、表面加工及装饰以新的品质和资格，叫作工业设计。"

工业设计分为产品设计、环境设计、传播设计、设计管理四类；包括造型设计、机械设计、电路设计、服装设计、环境规划、室内设计、建筑设计、UI 设计、平面设计、包装设计、广告设计、动画设计、展示设计、网站设计等。

工业设计又称工业产品设计学，工业设计涉及心理学、社会学、美学、人机工程学、机械构造、摄影、色彩学等。工业发展和劳动分工所带来的工业设计，与其他艺术、生产活动、工艺制作等都有明显不同，它是各种学科、技术和审美观念的交叉产物。

工业设计通常指的是面向顾客和面向制造的产品设计。面向顾客的设计强调顾客的使用性，即顾客使用产品的方便性、安全性、维护性，不要多余的无用的功能等。面向制造的设计强调产品的工艺性，即产品加工和拆装的简易性，降低制造成本。

作为新产品的研发和设计者必须具备这样的理念或常识：企业设计的产品是要满足顾客的使用要求的，用户的要求就是设计的依据，设计的产品还要很方便地制造出来，或者说产品的生产成本要低，也就是说，不仅"物美"，还要"价廉"。只有这样，设计和制造出来的产品在市场上才具有竞争优势。

(二)工业设计的特点

工业设计的对象是批量生产的产品，区别于手工业时期单件制作的手工艺品。它要求必须将设计与制造、销售与制造加以分离，实行严格的劳动分工，以适应高效批量生产。这时，设计师便随之产生了。所以工业设计是现代化大生产的产物，研究的是现代工业产品，满足现代社会的需求。

产品的实用性、美和环境是工业设计研究的主要内容。工业设计从一开始，就强调技术与艺术相结合，所以它是现代科学技术与现代文化艺术融合的产物。它不仅研究产品的形态美学问题，而且研究产品的实用性能和产品所引起的环境效应，使它们得到协调和统一，更好地发挥其效用。

工业设计的目的是满足人们生理与心理两方面的需求。工业产品是满足手工艺时人们生产和生活的需要，无疑工业设计就是为现代人服务的，它要满足现代人们的要求，首先要满足人们的生理需要。一个杯子必须能用于喝水，一支钢笔必须能用来写字，一辆自行车必须能代步，一辆卡车必须能载物等。工业设计的第一个目的，就是通过对产品的合理规划，使人们能更方便地使用它们，使其更好地发挥效力。在研究产品性能的基础上，工业设计还通过合理的造型手段，使产品能富有时代精神，符合产品性能、与环境协调的产品形态，使人们得到美的享受。

工业设计是有组织的活动。在手工业时代，手工艺人们大多单枪匹马、独自作战。而工业时代的生产，则不仅批量大，而且技术性强，因此不可能由一个人单独完成，为了把需求、设计、生产和销售协同起来，就必须进行有组织的活动，发挥劳动分工所带来的效率，更好地完成满足社会需求的最高目标。

(三)工业设计的地位与作用

工业设计是工业现代化和市场竞争的必然产物，其设计对象是以工业化方法批量生产的产品，工业设计对现代人类生活有着巨大的影响，同时又受制于生产与生活的现实水平。

工业设计在企业中的地位十分重要，属于企业战略范围和地位，直接影响到企业生产与运作计划，具有十分重要的作用：其一，设计是企业与市场的桥梁；一方面将生产和技术转化为适合市场需求的产品，另一方面将市场信息反馈到企业促进企业的发展。其二，设计是产品增值的手段，对企业的最大作用是提高产品的附加价值。这种附加的价值不是有形物质存在，更多地表现在无形之中。其三，设计是企业的一项重要资源，好的设计会使企业具有更好的信誉、使得企业更具有活力、成为公司发展工具。其四，设计是建立完整的企业视觉形象的手段，企业视觉形象是公司建立品牌形象最好的外观，也就是公司一种特有的风格。

工业设计创造性是一件好的产品设计的最重要的前提，简洁是好设计的重要标志，适用性是衡量产品设计的另一条重要标准，人机关系合理，人机界面和谐，产品自身语言应善于自我注释，精心处理每一个细部，注重地域民族特色，蕴含文化特征，注意生态平衡，有利于保护环境，保持产品设计的永恒性。

工业设计要注意遵循以下原则：创造性原则；市场需求原则；使用者优先原则；企业目标原则；易于掌握原则；美观性原则；保护生态环境原则。

四、标准化与大规模定制设计

(一)标准化设计的概念

在产品设计中经常提及的一个重要问题就是标准化程度。标准化是指构成同一种产量的不同个体之间的无差异性,即个体或零件的互换性、通用性。

标准化的产品由于其产量大,可以采用高效的专用设备生产,这就大大提高了其生产能力和生产效率,同时极大地降低了生产成本。与定制的产品或零件相比,标准化的产品或零件的设计成本低,更换和维修也便捷。标准化的另一个优点就是减少了培训员工的时间和成本,也减少了设计工作岗位的时间。缺乏标准化经常带来困难和不便,如计算机中不同的操作系统的文档不能互换,电视机和手机的制式不同而不能通用,度量单位存在公英制等。

标准化的不利之处主要在于产品多样性的降低,这会限制产品吸引顾客的程度。如果竞争对手推出一种更好或更多样的产品,就会在竞争中取得优势。另外一个不利之处可能在产品设计不成熟时就被标准化(固化),一旦标准化,就会有种种强制因素使设计难以修改。

因此,设计者在进行选择时,必须考虑与标准化相关的重要问题。表 6-3 归纳了标准化的主要优缺点。

表 6-3 标准化的优缺点

标准化的优点	在存货和制造中需要处理的零件更少
	减少培训成本和时间
	采购、处理及检查程序更加常规化
	可按照清单订购产品
	产品能长期并自动化生产
	有利于简化产品设计和质量控制
	生产与服务的成本低、经济性好
标准化的缺点	可能在设计仍有许多缺陷时就固定设计
	变动设计的高成本增加了改善设计的难度
	产品缺乏多样性,导致对顾客的吸引力降低

尽管标准化大量生产的经济性好,也有一定的客户群体,但在市场被逐步细分的今天,其所占份额必受到限制。因此,需要解决的是在不失其标准化好处的基础上,也避免多样化带来的问题,这就是大规模定制。

(二)大规模定制设计

大规模定制设计的主要方法是延迟差异化和模块化设计。对装配式产品而言,零件的生产采用标准化的手段,可降低其制造成本,在产品的装配上采用定制或多样化的策略。

1. 延迟差异化

延迟差异化是一种延迟策略,是指当生产一种产品时,暂不完成定型,直至确认顾客的个性化需求时再完成定型。也就是说,整个产品的生产过程分为两个阶段:第一个阶段是产品的共性部分的生产或工艺过程,第二个阶段是完成其个性化的生产或工艺过程,实际上是把与个性化有关的过程延迟到最后进行。例如,羊毛衫的生产,有染色和编织两个环节或阶段。在款式一定的前提下,颜色即为个性化的需求。传统的方法是先给毛线染色,再编织成成衣,这就是将个性化的环节前置了,企业在满足消费者个性化能力方面降低了,对市场的快速应变能力也降低了。按照延迟差异化的策略,羊毛衫的生产应是先编织成成衣并存放至成品库,出厂前按订单的具体要求染色,这就增加了企业对市场需求个性化的应变能力。类似的例子还有很多,如家具的延迟上色、裤子的裤腿口不缝边等。

2. 模块化设计

模块化设计是标准化的变形,类似于堆积木的游戏,即运用不同种类的标准化的零部件,通过不同的组合方式,形成多种性能有一定差异的个性化的产品。

模块化设计分为两个不同的层次:第一个层次为系列模块化产品研制过程,需要根据市场调研结果对整个系列进行模块化设计,本质上是系列产品研制过程;第二个层次为单个产品的模块化设计,需要根据用户的具体要求对模块进行选择和组合,本质上是选择及组合过程。模块化设计的关键是模块标准化和模块的划分。

1) 模块标准化

模块标准化即模块结构标准化,尤其是模块接口标准化。模块化设计所依赖的是模块的组合,即连接或啮合,又称为接口。显然,为了保证不同功能模块的组合和相同功能模块的互换,模块应具有可组合性和可互换性两个特征,而这两个特征主要体现在接口上,必须提高其标准化、通用化、规格化的程度。例如,具有相同功能、不同性能的单元一定要具有相同的安装基面和相同的安装尺寸,才能保证模块的有效组合。在计算机行业中,由于采用了标准的总线结构,来自不同国家和地区厂家的模块均能组成计算机系统并协调工作,使这些厂家可以集中精力,大量生产某些特定的模块,并不断地进行精心改进和研究,促使计算机技术达到空前的发展。相比之下,机械行业针对模块化设计所做的标准化工作就逊色一些。

2) 模块的划分

模块化设计的原则是力求以少数模块组成尽可能多的产品,并在满足要求的基础上使产品精度高、性能稳定、结构简单、成本低廉,且模块结构应尽量简单、规范,模块间的联系尽可能简单。因此,如何科学地、有节制地划分模块,是模块化设计中具有艺术性的一项工作,既要使制造管理方便,具有较大的灵活性,避免组合时产生混乱,又要考虑到该模块系列将来的扩展和向专用、变形产品的辐射。划分的好坏直接影响到模块系列设计的成功与否。总的来说,划分前必须对系统进行仔细的、系统的功能分析和结构分析,并要注意以下几点。

(1) 模块在整个系统中的作用及其更换的可能性和必要性。

(2) 保持模块在功能及结构方面有一定的独立性和完整性。

(3) 模块间的接合要素要便于连接与分离。

(4) 模块的划分不能影响系统的主要功能。

与非模块化设计相比,模块化设计具有以下突出优点:由于所需检查的零件减少,设备故障更容易被诊断出来并被排除掉;维修和更换变得更加容易,可以很方便地把有缺陷的组件拆卸下来,并用一个好的组件更换;模块组件的制造和装配比较简洁,一条生产线上的零件种类很少,生产过程更加容易组织;采购和存货控制变得更加条理化;技术和操作培训费用大大减少。

模块化设计的主要不足是可生产的产品种类有所减少，模块组件所能有的规格数量要比以单个部件组合所能有的规格数量少得多。另一个不足之处是有时为了更换损坏部件，会遇到模块组件不能拆卸的情况。遇到这种情况，必须把整个组件拆毁，显然，这样做付出的代价是很大的。

五、稳健设计

稳健设计(也称为鲁棒设计、robust 设计、健全设计)，是在日本著名质量管理专家田口玄一提出的三次设计法之上发展起来的，是低成本、高稳定性的产品设计方法。

(一)稳健设计的价值

一般来讲，产品的质量会受到各种设计、工艺、环境等因素的综合影响，这些因素可以分为两种：可控因素和不可控因素(噪声因素)。可控因素如零件的几何尺寸、材料性能、加工精度等，可以通过合理设计来保证其质量。不可控因素如加工机器误差、工人操作熟练度、使用环境影响、材料老化等，只能通过提高设计安全裕度(允许超越额定参数的程度，如汽车油箱额定的容积为 100L，实际可以达到 110L，则安全裕度为 10%)、缩小容差来提高可靠性，但这会大幅提高制造成本。

通过稳健设计，可以使产品的性能对各种不可预测的变化的噪声因素，具有很强的抗干扰能力，产品性能将更加稳定，质量更加可靠。有些产品只有在严格的制造和使用条件下才能实现设计功能，而另一些产品能在较宽松的条件下实现设计功能，则称后者的稳健性高。一种产品或服务的稳健性越好，因环境变化发生故障的可能性就越低，因此，设计者在产品中引入的稳健性越多，产品的耐久性就越好，从而顾客的满意度就越高。

(二)三次设计法的提出与设计步骤

日本工程师田口玄一提出的著名的田口方法就是基于稳健设计的。其基本假设是，设计一种在使用或制造中对噪声(环境因素)都不敏感的产品通常要比控制噪声容易得多。据此，他提出三阶段设计的思路，即系统设计、参数设计和公差设计。参数设计是田口方法的核心，目的在于找出系统对哪几个参数最为敏感，即找出关键参数。田口认为，要通过实验设计的方法来确定关键参数。为此，田口一改传统实验设计的统计方法，设计出许多正交矩阵，以用于不同数量的参数设计，目的在于以最少的实验次数来取得最多的设计数据。

三次设计法的基本步骤具体如下。

1. 系统设计

系统设计阶段，是应用专业技术进行产品的功能设计和结构设计的阶段，根据顾客的需求及企业的实际能力提出产品的初步方案，该阶段要把产品的参数大致确定下来，以使产品具备最基本的特性，它是整个产品质量设计的基础。

2. 参数设计

参数设计阶段，是稳健设计中最重要的阶段。参数设计是获得高质量产品的关键，也是质量鲁棒性设计的中心内容。它通过各参数的最优组合，使产品对环境条件或其他噪声因素的敏感性降低，在不提高产品成本的前提下使产品质量最好。

3. 容差设计

容差也就是容许偏差。通过参数设计确定了系统各构件参数的最佳组合之后，需要进一步确定这些设计参数波动的容许范围，就是容差设计。容差设计是在参数设计不能满足稳健性要求时，采取的一种补救方法，它往往意味着花钱买更好的材料、零件和机器，将使产品成本大幅度提高。

对田口方法，有不少批评者。他们认为田口方法是无效和不准确的，并且经常给出非最优的解决方案。但由于这一方法简单、成本低，且一般总能得到令人满意的结果，所以仍被广泛应用并且继续保持着很高的声誉。

六、并行工程

(一)串行工程的弊端

多年来，企业的产品开发一直采用串行的方法，即从需求分析、产品结构设计、工艺设计一直到加工制造和装配一步步在各部门之间顺序进行。设计者在没有从制造部门获得任何信息的情况下就开发一种新产品，然后将该设计方案送到制造部门，接下来，制造部门再为这种新产品设计和配置相应的生产系统。这种"隔墙"方式给制造部门带来了巨大的挑战，使得成功地生产一种新产品所需的时间大大增加。同时，滋生了"我们如何，他们如何"这样的狭隘利益思想。串行的产品开发过程存在着许多弊端，首要的问题是以部门为基础的组织机构严重地制约了产品开发的速度和质量。产品设计人员在设计过程中难以考虑到顾客需求、制造工程、质量控制等约束因素，容易造成设计和制造的脱节，所设计的产品可制造性、可装配性较差，使产品的开发过程变成了设计、加工、试验、修改的多重循环，从而导致设计改动量大，产品开发周期长，产品成本高。

为解决串行的产品设计方法的弊端，减少产品的开发时间和成本，必须采用新的产品开发策略，改进新产品开发过程，消除部门间的隔阂，集成设计、制造、市场、服务等资源，在产品设计时同步考虑产品生命周期中的所有因素，以保证新产品开发一次成功，为此，许多公司在产品设计过程中采用了并行工程方法，让产品设计既能反映顾客需求，又与制造能力相匹配。

(二)并行工程的概念

并行工程(concurrent engineering)的概念是美国国防部防御研究所1986年在R-338报告中首先提出来的。并行工程师对产品及其相关的各种过程(包括制造过程、服务过程、维修过程等支付过程)进行并行的、集成的设计的一种系统工程。根据美国国防分析研究所(IDA)的温纳(Winner)等人(1988)对并行工程的定义，并行工程是对产品及其相关过程，包括制造过程和支持过程，进行并行、一体化设计的一种系统化方法。从狭义上说，并行工程是指在设计阶段的早期将设计和工程制造人员召集起来，同时进行产品和生产系统的开发。近年来，这个概念的应用范围得以扩大，扩展到包括产品设计、原料采购、产品生产和销售等部门。相应地，所涉及的人员也可能来自这些不同的部门。此外，供应商和顾客也经常被请来提出设计方面的建议。

(三)并行工程的原理

并行工程的产品设计方法是一种强调各阶段、各领域专家共同参与的系统化产品设计方法，其目的在于对产品的设计和产品的可制造性、质量保证等问题同时进行考虑，以减少产品早期设计阶段的盲目性。尽可能地预防和避免因产品设计阶段不合理因素而对产品生命周期后续阶段造成的不良影响，缩短研制周期。并行工程方法力图使产品开发者从一开始就考虑到产品生命周期，包括质量、成本、进度和用户需求(见表6-4)。

表 6-4　并行工程需要考虑的因素

过程	需求阶段	设计阶段	制造阶段	营销阶段	使用阶段	终止阶段
考虑的因素	顾客需求、产品功能	降低成本、提高效率	易制造、易装配	竞争力(低成本、标新立异)	可靠性，可维护性，操作简便	环境保护

并行工程的主要思想如下。

(1) 设计时同时考虑产品生命周期的所有因素(用户需求、可靠性、可制造性、成本等)，作为设计结果，同时产生产品设计规格和相应的制造工艺和生产准备文件。

(2) 产品设计过程中各项活动并行交叉进行。由于各部门的工作同步进行，各种相关的生产制造问题和用户的不满意问题，在项目研发准备阶段便能得到及时沟通和解决。

(3) 不同领域技术人员全面参与和协同工作，实现产品生命周期中所有因素在设计阶段的集成，实现技术、资源、过程在设计中的集成。

(4) 高效率的组织结构。产品的开发过程是涉及所有职能部门的活动。通过建立跨职能产品开发小组，能够打破部门间的壁垒，降低产品开发过程中各职能部门之间的协调难度。

并行工作是相对传统的串行工作而言的，将串行工作变为并行工作的途径如图6-3所示。

在图6-3中，新产品研发工作简单地分为三个阶段，即基本设计、工艺设计和产品制造。基本设计完成产品的设计工作，工艺设计完成产品的制造工艺方案设计，即生产技术准备工作，产品制造则是完成新产品的试生产工作，而实际工作并非如此简单。再进一步假设产品由两个部件组成，基本设计分为初步设计和详细设计，工艺设计按部件组进行。

传统的研发过程按图6-3研发周期一所示的串行进行，可以理解为基本设计和工艺设计分别由一组设计人员和一组工艺人员完成，他们采用串行的工作方式进行，显然这种形式的研发周期很长。

基于并行工程的思想，工艺人员在设计人员完成部件组1的设计后就进入部件组1的工艺设计，如图6-3的研发周期二，这种形式下的研发周期较第一种方式缩短。如果在基本设计阶段再投入较多的人力，可分为两个设计小组，分别负责两个部件组的初步设计和详细设计。这两个小组也可以采用并行的工作方式，整个研发周期可以进一步缩短，如图6-3的研发周期三。

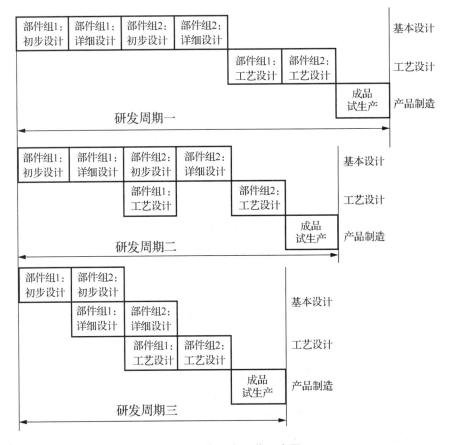

图 6-3 并行工程工作示意图

(四)并行工程的优缺点

并行工程的主要优点如下。

(1) 制造部门的人员对企业的生产能力非常明了。在设计中，他们能够给出在材料和流程等方面的深刻见解；对生产能力的了解有助于生产系统的选择。此外，基于这种设计方法，产品成本能够得以降低，质量得到保证，生产过程中的矛盾也因此而大大减少。

(2) 能够及早地进行关键设备的设计或采购，以缩短产品开发周期，此乃企业重要的竞争优势。

(3) 能较早考虑某种特殊设计或设计中某一关键技术的可行性，以避免生产中可能遇到的问题。

(4) 可以将重点放在解决问题而不是解决矛盾上。

但是，这种开发方式也存在一些不足，主要有以下两点。

(1) 设计和制造部门之间长期存在的界限难以马上消除。只是把一群人召集在一起，认为他们能够精诚合作，是不切实际的。

(2) 系统开发组内部不同部门人员之间的沟通和工作的灵活性并不能得到有效保证。因此，如果采用并行工程方法，管理者应做好投入更多精力的准备。

第三节 服务设计

一、产品设计与服务设计的比较

(一)服务设计的概念

服务设计是有效的计划和组织一项服务中所涉及的人、基础设施、通信交流以及物料等相关因素,从而提高用户体验和服务质量的设计活动。服务设计以为客户设计策划一系列易用、满意、信赖、有效的服务为目标,广泛地运用于各项服务业。服务设计既可以是有形的,也可以是无形的;客户体验的过程可能在医院、零售商店或是街道上,所有涉及的人和物都为落实一项成功的服务传递着关键的作用。服务设计将人与其他诸如沟通、环境、行为、物料等相互融合,并将以人为本的理念贯穿于始终。

简单来说,服务设计是一种设计思维方式,为人与人一起创造与改善服务体验。这些体验随着时间的推移发生在不同的接触点上。它强调合作以使得共同创造成为可能,让服务变得更加有用、可用、高效、有效和被需要,是全新的、整体性强的、多学科交融的综合领域。

服务设计的关键是"用户为先+追踪体验流程+涉及所有接触点+致力于打造完美的用户体验"。

服务设计作为以实践为主导的行业常常致力于为终端用户提供全局性的服务系统和流程。这个跨学科的过程,集诸多设计、管理、程序工程技术和知识于一身。其常见的涉及领域有零售、通信、银行、交通、能源、信息、科技、政府公共服务和医疗卫生等。

服务设计是多领域交融的研究方式,它融合了不同学科里的许多方式和工具。说是新的学科,不如说它是一种新的思考方式更为贴切。服务设计发展至今仍在慢慢进化。很显然到现在对其还不存在一个最终的定义或阐述。

(二)产品设计与服务设计的比较

产品设计与服务设计有许多相似之处,但由于服务的本质与产品存在差异,这就导致二者在设计上存在重大的差别。产品设计和服务设计的区别主要有以下几个方面。

1. 顾客对产品仅仅强调结果,对服务既强调结果也重视过程

顾客购买产品通常只关注其功能和价格等因素,即表现在产品实体上的特征,产品是如何生产出来的,其过程如何,顾客一般不会关注。何况产品的生产和用户的购买使用不仅在时间上是不同步的,地点也是不同的。然而,大多数服务的形成和提供在时间上是同步的,地点基本上也相同,也就是说,顾客是参与到服务过程中去的,服务对顾客而言是高度可见的,因此,顾客不仅关注服务的结果,也关注服务的过程。例如,顾客去饭店就餐,多数人不仅要关注是否吃饱和吃好,也关注就餐的环境、服务员的服务态度和服务质量等服务过程中的问题。另外,由于服务的形成和提供是同步的,在顾客察觉之前发现和改正错误的可能性很小,因此,员工培训、流程设计及与顾客的关系就显得非常重要。

2. 评价产品质量的标准客观,而服务质量标准常常难以统一

产品是有形的,反映其质量特征的标志是实实在在存在的,评价标准和结果都是客观的。如一个水杯,它的容积、材质、形状和款式等特征是可以客观度量的,不可能因人而异。服务往往因服务对象个体的差异性,导致服务的质量和顾客的满意度差异很大。因为服务质量的评价标准除少部分是客观的以外,大多数是人为主观的,不同的人其评价标准也就不同。因此,就会出现同一个服务项目除了服务对象不同外,其他的因素都相同,但评价结果却差异很大的现象。

3. 产品可以允许有库存,而服务不能有存货,这就限制了其柔性

产品的生产过程和销售是分离的,一般来讲,生产能力是均衡的,销售则随需求而变化,是波动的,这可以通过库存调节生产与销售的平衡,不会因为需求的小幅变化而影响生产的进行。也就是说,当产大于销时,生产能力可以转化产品的库存。服务业则没有服务能力的弹性,也就是其闲置的能力不能追加到后续的服务过程中去。也就是说,服务能力或服务资源是不能在不同的时间段互相转移的。因此,提高服务资源的利用率是服务设计的重要策略之一。

4. 相对产品制造而言,有些服务进入、退出的阻碍很小

与制造业相比,服务业在资金投入、人才和技术等方面一般要求较低。也就是说,服务业企业开办很容易,门槛较低,其竞争就很激烈。因此,除了某些特殊的服务行业外,服务业很难有暴利行业,其原因就在这里,因此,服务创新和降低服务成本是服务设计的关键。

5. 便利性设计是服务设计的主要因素之一

遍布城市居民区各个角落的便利店或小卖部,在购物环境和提供的商品种类、质量、价格等方面与大商场、超市相比,均处于劣势。这些便利店之所以能生存,就是其便利性。因此,服务设计的选址非常重要。

二、对服务设计的要求

(一)服务设计的要素

詹姆斯·海克特(James Hekett)认为服务设计涉及四个要素。

(1) 目标市场。即服务的对象或群体的定位,如面向高收入阶层还是大众,主要是男性还是女性等。

(2) 服务概念或服务创新。如何使服务在市场中与众不同。

(3) 服务策略或服务内容。全部服务是什么?服务运作的着眼点在哪里?

(4) 服务过程。应采用什么样的服务过程?雇用什么样的服务人员和服务设施来完成服务?

在服务设计的过程中,要注意的两个关键点是服务要求变化的程度及顾客接触的程度,这影响到服务的标准化或服务定制的程度。一般来讲，顾客接触的程度和服务要求变化的程度越低，服务能达到的标准化程度越高。没有接触或接触很少，或没有流程变化的服务设计与产品设计非常相似。相反，接触程度高及服务变化大则表明服务必须是高度定制的。

(二)服务设计的基本原则

服务设计还需注意以下几个原则。
(1) 服务系统对用户是友好的。
(2) 服务系统具有稳定性和标准化的特点，保证服务人员和服务系统提供一致的服务。
(3) 服务系统为后台和前台之间提供有效的联系方式。
(4) 强调服务质量证据的管理，使顾客了解系统所提供服务的价值。
(5) 服务系统所耗费的都是有效成本。

服务产品的种类很多，有的服务需求量很大，但个性化要求不高，如快餐服务、航空铁路客运服务、快递服务等，而有的服务几乎是一对一的个性化服务，如咨询服务、医疗服务等；还有一些服务类型，可划分为"一对一"的个性化服务部分与可"批量处理"的标准化服务部分，如银行的前台与后台。因此，在服务设计中可采取不同的设计方法。

三、工业化设计方法

工业化设计方法的基本思路是将工业企业的管理方法应用于服务业企业，即对于大批量的服务需求，尽量使用标准化的设备、物料和服务流程，以提高服务效率和服务质量的稳定性。在餐饮、零售、银行、酒店、航空等需求量大且需求易于标准化的服务行业，这种设计方法都有广泛用途。随着自动化技术、信息技术的发展，自动售货机、自动柜员机、航空订票系统等服务设备的出现使这种服务设计方法得到了更多应用。

工业化设计方法的要点是标准化和流程化。其中标准化包括服务产品标准化和服务系统标准化。服务产品标准化意味着尽量减少服务的可变因素，为顾客提供稳定、一致的服务。服务系统标准化意味着在服务过程中尽量采用机械和自动化设备，以替代随意性较大的人工劳动；在必须有人工服务的部分，也尽量制定标准操作规程，以减少服务的差异性和人工差错。流程化的含义类似于工业企业的生产流程设计，对服务运作过程的各个阶段和步骤都预先进行周密设计并在运作过程中加以控制，以增加流程的稳定性，提高效率。

麦当劳是运用工业化设计方法的一个典型例子。在麦当劳，其完整服务产出的四个要素都进行了标准化设计，对其遍布全球的几万家店铺的设施布置、物料供应、食品加工、操作规程也都进行了标准化和流程化设计，并在运作过程中严格执行和控制。正是依靠这种几乎与工业企业相同的管理和控制方法，麦当劳的经营规模才得以迅速扩大。现如今在其遍布全球的几万家店铺中，走进任何一家都可以体验到同样标准的店铺布置、同样整洁的就餐环境、口味一致的汉堡包以及同样细致的服务流程。

四、顾客化设计方法

顾客化设计方法主要针对这样一类顾客：希望得到与众不同的服务，为此宁愿多付钱；

不希望仅仅被动地接受服务，而是希望参与到服务过程，甚至自己承担一部分工作，使自己能主动影响服务过程，并使服务更符合自己的偏好；希望避开服务的高峰期和拥挤的服务设施，按照自己的时间安排来接受服务。传统的顾客化服务主要用于法律咨询、医疗、美容美发等无法进行大批量服务的有限行业，但在今天，随着市场环境的变化以及技术的进步，即使类似餐饮、银行、酒店、零售这样典型的大批量服务行业，顾客也越来越要求非标准化、个性化、符合个人喜好的服务。因此，顾客化服务设计方法变得越来越重要。例如，酒店服务历来追求所有房间的统一布置、房间用品的标准化，而在今天，越来越多的酒店开始根据顾客的不同喜好提供不同的鲜花、水果、洗发水等房间服务。银行也针对不同顾客的要求和偏好推出了多种理财服务。

与工业化设计方法的不同点是标准化、流程化不同，顾客化设计方法的要点是重视每一个顾客的偏好、特点和需要。因此，顾客化服务设计方法首先要注意的问题是充分理解和把握顾客的个性化需求，分析顾客在服务提供过程中的可能行为，考虑各种可能出现的情况(例如，对于银行来说，应该考虑前来提款的顾客可能是小孩或残疾人，可能对自动取款机有畏惧心理，还需考虑服务提供系统出现故障时顾客的各种反应；在餐馆，不同顾客可能对菜品的辣度、咸度有不同要求等)。

顾客化设计的另一个重要问题是要给予服务员工更大的自主权，使其在面对不同顾客时能够自主发挥作用。在与顾客面对面的服务中，很多企业虽然也规定了礼貌用语、服务规范，但是与顾客交往的过程中可能遇到的情况千差万别，在服务过程中只靠用语列表以及服务规范中的条文是远远不够的。善于随机应变、临场发挥的服务人员，一句幽默的话语、一个温馨的提示、临时采取的一个小小措施等，都会给顾客留下美好的印象，成为顾客再次光顾的重要理由。而顾客化设计也要考虑发挥顾客的自主性，为顾客参与留下相应的空间。例如，航空公司的自动值机系统设计了让顾客自选座位的功能，满足了不同顾客对座位位置的不同需求。

与工业化设计方法相比，顾客化设计方法能够更好地满足顾客的偏好，提供更加个性化的服务，并通过顾客的参与使服务效率在某些方面得到改进。但总的来说，服务的个性化必然会影响服务系统的运行效率。因此，必须注意合理确定顾客参与环节和参与程度，以实现满足个性化需求和提高服务效率的综合目的。

本 章 小 结

本章阐述了 R&D 领域的选择；分析了产品生命周期的各阶段的研发重点；介绍了标准化与大规模定制及稳健设计的方法；阐述了并行工程、计算机辅助设计及质量功能配置与质量屋；重点介绍了服务设计与产品设计的区别，强调了对服务设计的要求，介绍了工业化设计方法与顾客化设计方法。

自 测 题

(一)选择题

1. 产品处于生命周期中的成长阶段,其研发活动的重点是( )。
   A. 创新设计　　　　　　　　B. 生命周期缩短
   C. 完善产品性能　　　　　　D. 工艺改进
2. 稳健设计可使产品性能稳定性增强,质量更加可靠,其中最重要的阶段是( )。
   A. 系统设计　　　　　　　　B. 产品性能设计
   C. 参数设计　　　　　　　　D. 容差设计
3. 质量功能屋中最左边的部分是( )。
   A. 计划矩阵　　　　　　　　B. 产品功能特性
   C. 主体矩阵　　　　　　　　D. 用户需求

(二)判断题

1. 依据现有技术和市场开发产品不仅可以降低风险,还能大大地提高产品竞争力。
                                                    (　　)
2. 产品从用户购买开始到功能落伍或贬值而被淘汰所经历的时间长度称为产品的自然寿命。   (　　)
3. 大规模定制设计主要方法是延迟差异化和模块化设计。   (　　)
4. QFD 是一种技术驱动的产品开发方法。   (　　)

(三)简答题

1. 以服装、手机、洗衣机行业为例,说明如何运用产品生命周期理论来制定产品开发策略。
2. 试述产品设计中的并行工程方法与传统设计方法的主要区别。
3. 为什么说严格按照质量屋的技术路线开发的新产品正是顾客真正需要的新产品?
4. 简述产品设计和服务设计的区别。

第七章

工作设计

【学习要点及目标】

通过本章的学习，了解工作设计的概念及其重要性，掌握满足员工工作需求的主要工作方式，熟悉工作过程分析与动作分析，了解工作测量方法和工作环境设计要素。

【关键概念】

工作设计　工作方式　工作与动作研究　工作测量　工作环境设计

生产与运作管理

引导案例：沃尔沃工作再设计的创新方法

传统的汽车制作模式都是将工人们隔绝开，各自分工，人与人之间没有丝毫交流，这样与机器来做没有丝毫区别。针对这一问题，沃尔沃进行了一次大胆的尝试。

工厂内的所有人都能参与，根据自己的意愿，自行组成15~25人的工作组，每个组的分工也相对比较明确，各司其职。小组内的成员可以自行选择换组以及休息的时间。

工人以小组为单位来进行各自的工作，产品的好坏在大屏幕上当即就会显示出来，产品有问题也会随即显示出对应的解决方法，最重要的一点就是岗位轮换制的实行，一个人就能胜任好几个人的工作，避免了工作的疏漏，整个团队互相检查，同时也丰富了员工们的工作内容，出勤率也比之前上升了好多，工作质量更是上升了好几个档。团队合作，互帮互助，这份友谊可是日积月累催生的，在工作中感情会更加坚固。

合理地配置各个部门的人员是有益处的，最根本的就是减少了管理费用，而工作效率是公司生存与发展的根本，这对于公司组织的高效运转有着至关重要的作用。

（资料来源：哈佛商学院案例分析——沃尔沃工作再设计的创新方法值得借鉴，搜狐汽车，2018.11.11）

问题： 为什么沃尔沃采用团队开展工作？

第一节 工作设计概述

一、工作设计的发展过程

工作设计方法始于100多年前泰勒所提出的方法。泰勒科学管理的基本思想是：①工作方法不能只靠经验，而应当科学地研究，制定正确的工作方法和标准工作量；②每个人的工作都可以通过这样的方法得到改善，即把工作内容分解成单元，观察和研究这些单元的工作内容和工作方法，测定所需要的时间，以找到最合理的方法；③对于经过培训、使用标准工作方法，并达到标准工作量的人员，给予奖励(计件工资制的原理)。泰勒及其追随者们创立了很多具体方法进行工作设计，例如，时间与动作研究、流程图、工作活动图、多动作分析图等。直至今天，泰勒的许多方法仍然是企业改善作业、提高生产率的主要方法。但是，从今天的观点来看，泰勒的这些关于工作方法和工作设计的思想，主要是从工作设计的技术性侧面出发，有一定局限性。这些局限性主要表现在以下几方面。

第一，科学管理法的实施结果将工作细分化、单纯化、标准化，即只强调工作设计的技术性侧面，忽略了人的社会性和精神性侧面。对于充分发挥人的积极性、创造性，提高人的不断进取的愿望不利。

第二，只注重个人工作效率，强调个人工作方法的改善和最优，忽略团队工作、集团协调的重要性，导致部门之间、工序之间作业的分离，对提高企业整体效率也很不利。

第三，追求一种静态的最优方法，实际上从哲学的观点来看，并不存在静态的最优方法，任何方法都有改善的余地，而且外界环境在不断变化，工作方法也需要不断地随之变化。

二、工作设计的重要意义

(一)工作设计

工作设计(Job Design)是指为了有效地达到组织目标与满足个人需要而进行的工作内容、工作职能和工作关系的设计。也就是说，工作设计是一个根据组织及员工个人需要，规定某个岗位的任务、责任、权力以及在组织中工作的关系的过程。

工作设计要满足两个目标：一是满足生产率和质量的目标，二是使工作安全、有激励性、能使工人有满意感。人是生产与运作系统最主要的投入要素之一，一个系统运行得好坏，最终取决于控制、操作该系统的人，取决于人对工作的态度和工作方式。一个经过良好设计的工作，可以使员工在工作中心情愉快、疲劳感下降、自我实现感得到满足，对实现企业总体目标很有帮助。传统的生产运作管理在考虑人的因素对生产率的影响时，主要关注的是操作者的工作环境，如工作地布置、照明强度、通风、温度、劳动场所的色彩等方面因素的影响，而对操作者的社会需要关注较少。正确的工作设计将会大大激发员工工作的积极性和创造性，提高企业的竞争能力。经过研究发现，一个人长期从事一种简单劳动会使他丧失对工作的热情。为了保持操作者对工作的热情，应该不断地变化工作内容，增加对操作者的吸引力。因此，现代生产运作管理中非常强调工作的扩大化、多样化和丰富化，通过工作轮换保持操作者的兴趣和对工作的热情。

(二)工作设计的作用

工作设计在生产运作管理中起着重要的作用，合理的工作设计可以起到以下作用。

1. 提高员工的工作积极性

随着大多数工人文化水平的提高以及随之增多的要求，人们期望从工作中得到的东西和实际得到的差距越来越大。许多人能够忍受工作挫折是由于他们认为工作能提供一定价值的报酬(例如现金、有价证券、高水平生活和资料信息)。然而越来越多的人难以忍受工作环境带来的牺牲和挫折，成千上万的人寻求的则是能够实现自我满意的工作形式。员工的离职、厌倦、沮丧、疏远影响了企业目标的实现。员工们缺勤率高，完成任务的质量差，甚至故意捣乱。

2. 提高企业的生产效率

提高企业生产效率的方法与途径很多，如通过制度设计、员工激励、机构调整、人员培训、合理布局、规范动作、工艺改进、流程再造、提高品质、减少浪费及其现场改善来实现。分析结果最重要的是围绕人做好工作，无论是领导、管理层、员工的工作积极性都是影响最大的。激励工作热情，合理调配工作任务，建立高效的团队均是企业提高生产效率的关键所在。

3. 改善企业的管理

通过工作设计，将决策的权力和责任层层下放，直至每一个普通员工。以往任务分配方式、工作进度计划、人员雇用计划等是由不同层次、不同部门的管理人员来决定的。现在则将这些权力下放，从而调动每个人的积极性和创造性，使工作效果尽可能好，实行人性化管理，同时，可以使整个企业组织的层次变少，使企业的管理得到改善。

三、工作设计的内容

(一)对员工工作的设计

所谓工作是指一个工人承担的一组任务(Tasks)或活动(Activities)的总称。工作设计则是确定具体的任务和责任、工作环境以及完成任务以实现生产运作管理目标的方法。工作设计是为有效组织生产劳动过程，确定一个组织内的个人或小组的工作内容，从而实现工作的协调和确保任务的完成。其目标是建立一个工作结构，以满足组织及其技术的需要，满足工作者的个人心理需求。图7-1给出了与工作设计决策有关的几项主要内容。

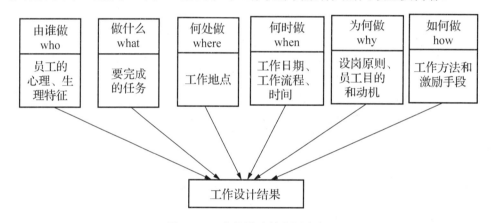

图7-1　工作设计决策主要内容

(二)工作设计的决策是作业过程核心任务

工作设计的内容包括：明确生产任务的作业过程；通过分工确定工作内容；明确每个操作者的工作责任；以组织形式规定分工后的协调工作，保证任务的完成。具体工作设计的主要内容如下。

(1) 工作任务是要考虑工作是简单重复的，还是复杂多样的，工作要求的自主性程度怎样，以及工作的整体性如何。

(2) 工作职能是指每项工作的基本要求和方法，包括工作责任、工作权限、工作方法以及协作要求。

(3) 工作关系是指个人在工作中所发生的人与人之间的联系，谁是他的上级，谁是他的下级，他应与哪些人进行信息沟通等。

(4) 工作结果主要指工作的成绩与效果，包括工作绩效和工作者的反应。

(5) 对工作结果的反馈主要指工作本身的直接反馈(如能否在工作中体验到自己的工作成果)和来自别人对所做工作的间接反馈(如能否及时得到同级、上级、下属人员的反馈意见)。

(6) 任职者的反应主要是指任职者对工作本身以及组织对工作结果奖惩的态度，包括工作满意度、出勤率和离职率等。

(7) 人员特性主要包括对人员的需要、兴趣、能力、个性方面的了解，以及相应工作对人的特性要求等。

(8) 工作环境主要包括工作活动所处的环境特点、最佳环境条件及环境安排等。

一个好的工作设计可以减少单调重复性工作的不良效应，充分调动劳动者的工作积极性，也有利于建设整体性的工作系统。

(三)工作设计决策的结果是有约束的

工作设计决策受到以下几个因素的影响。
(1) 员工工作组成部分的质量控制。
(2) 适应多种工作技能要求的交叉培训。
(3) 工作设计与组织的员工参与及团队工作方式。
(4) 自动化程度与技术条件。
(5) 对所有员工提供有意义的工作和对工作出色员工的奖励。
(6) 远程通信网络和计算机系统的使用，扩展了工作的内涵，提高了员工的工作能力。

工作设计必须改变以技术为中心的传统做法，转移到以人为中心的工作态度和工作方式，才能真正达到提高劳动生产率的目的，特别是现代生产运作的新特征和发展趋势，使工作设计变得越来越重要。

第二节　工　作　方　式

所谓的工作方式，是指企业员工工作组织的形式和方法。管理学派和行为学派在工作设计的争论焦点也主要体现在工作方式上。管理学派的泰勒制强调工作专业化，不断提高工作效率，而行为学派则强调满足人的工作动机，认为人的工作动机对工作的形式和工作的结果有很大的影响。但不论是基于何种理论的工作方式，均有相应的群体与之相适应，都有其存在的价值。

一、工作专业化

(一)工作专业化的概念

工作专业化是指将工作任务分为若干细小的单元，每人只完成其中一个单元的工作。由于工作专业化对员工所需的工作技能要求单一，工作内容少，因此，其熟练程度高，可大大提高工作效率，降低成本；反之，则意味着工作任务范围比较宽，变化比较多，需要员工有多种技能来完成这些工作。

(二)工作专业化的优缺点

工作专业化程度高低、劳动分工粗细的尺度掌握在什么范围比较合适,应当因地制宜。因为工作专业化不仅仅有优点,也有缺点。

1. 工作专业化的优点

(1) 对企业而言:①能迅速培养劳动力;②使招聘新工人变得容易;③更换劳动力比较容易,可降低工人工资;④由于工作单一重复,故生产效率高;⑤对工作流程和工作负荷可以严密控制。

(2) 对劳动者而言:①为了获取工作只需很少或不需受教育;②能比较容易地学会干一项工作。

2. 工作专业化的缺点

(1) 对企业而言:①工作任务的细分化不容易做到均衡,会导致作业不平衡,作业人员忙闲不均;②由于工作环节增多,不同环节之间要求有更多的协作,物流、信息流都较复杂;③分工过细导致无人对整个生产负有责任,质量控制比较困难;④由于工人的期望有限,从而降低了改善制造过程的可能性;⑤改变生产过程以适应生产新的或改进产品的灵活性有限。

(2) 对劳动者而言:①重复同一性质的工作容易产生疲劳和厌烦感;②由于对每一项任务的贡献很小,从而对工作本身难以产生满足感;③由于技能有限,很少有机会获得更好的工作。

一般来讲,在大多数以产品对象专业化为生产组织方式的企业里,高度工作专业化可取得较好的效果;对于主要进行多品种小批量生产的企业来说,工作专业化程度应低一些才能有较强的适应性。

前述的工作专业化除了所描述的缺点外,还没有考虑人工作动机层面的精神因素。当工作专业化程度较高时,人往往无法控制工作速度(例如装配线),也难以从工作中感受到一种成就感、满足感。此外,与他人的交往、沟通较少,升迁的机会小。因此,像这样专业化程度高、重复性很强的工作往往容易导致人对工作变得淡漠,从而影响工作结果。西方的一些研究表明,这种状况给"蓝领"员工带来的结果是:员工变换工作频繁,缺勤率高,闹情绪,甚至故意制造生产障碍;对于"白领"员工,也有类似的情况。由于这些问题直接影响着一个生产运作系统产出的好坏,因此,需要在工作设计中考虑一些新的工作方式来解决这些问题。

二、工作扩大化与工作职务轮换

工作扩大化(Job Enlargement)是指工作的横向扩大,即增加每个人工作任务的种类,从而使他们能够完成一项完整的工作(例如,一个产品或提供给顾客的一项服务)的大部分程序,这样他们可以看到他们的工作对顾客的意义,从而提高工作积极性。进一步,如果顾客对这个产品或这项服务表示十分满意并加以称赞,还会使该员工感受到一种成功的喜悦感和满足感。工作扩大化通常需要员工有较多的技能和技艺,这对提高员工钻研业务的积极性,使其从中获得一种精神上的满足也有极大的帮助。

工作职务轮换(Job Rotation)是指允许员工定期轮换所做的工作,时间单位可以是小时、天、日或月。这种方法可以给员工提供更丰富、更多样化的工作内容。当不同工作任务的单调性和乏味性不同时,采用这种定期轮换方式很有效。采用这种方式需要员工掌握多种技能,可以通过"在岗培训"(on-the-job Training)来实现。这种方法还增加了工作任务分配的灵活性,例如,派人顶替缺勤的工人;往瓶颈环节多派人手等。此外,由于员工互相交换工作岗位,可以体会到每一岗位工作的难易,这样比较容易使员工理解他人的不易之处,互相体谅,结果使整个生产运作系统得到改善。

在很多国家的企业中都使用工作职务轮换的方法,但各企业的具体实施方法和实施内容则多种多样。

工作扩大化与工作职务轮换尽管形式上有一定的差别,但其本质是一致的,即工作是横向的扩大化,工作内容有变化而工作的性质没有变化。

三、工作丰富化

1959年,赫茨伯格(Ferderick Herzberg)和他的助手发表了一项著名的研究成果,指出内在工作因素(如成就感、责任感、工作本身)是潜在的满足因素,而外在工作因素(如监督、工资、工作条件等)是潜在的不满足因素。赫茨伯格指出满足感和不满足感不是一条直线上的对立面,而是两个范围。满足感的对立面不是满足,不满足感的对立面不是不满足。根据这个原理,改进外在因素,如增加工资,可能降低不满足感,但不会产生满足感。根据赫茨伯格的理论,唯一能使工人产生满足感的是工作本身的内在因素。赫茨伯格将对工作的满足感与激励联系起来,提出了强化内在因素使工作丰富化的观点,不仅可以提高工人的满足感,而且可以提高生产率。

工作丰富化(Job Enrichment)是指工作的纵向扩大,即给予职工更多的责任、更多的参与决策和管理的机会。例如,一个生产第一线的工人,可以让他负责若干台机器的操作,检验产品,还负责设备的维护与保养,包括一些故障的排除等。工作丰富化在所需技能要求高的同时,可以给人带来成就感、责任心和得到认可(得到表彰等)的满足感。当他们通过学习,掌握丰富化的工作内容之后,他们会感到取得了成就;当他们从顾客那里得到了关于他们工作成果——产品或服务的反馈信息时,他们会感受到被认可;当他们需要自己安排几台设备的操作、自己制订保养计划、制订所需资源的计划时,他们的责任心也就会大大增强。

四、团队工作方式

团队工作方式(Team Work)是指与以往每个人只负责一项完整工作的一部分(如一道工序、一项业务的某一程序等)不同,由数人组成一个小组,共同负责并完成这项工作。在小组内,每个成员的工作任务、工作方法以及产出速度等都可以自行决定,在有些情况下,小组成员的收入与小组的产出挂钩，这样一种方式就称为团队工作方式。其基本思想是全员参与，从而调动每个人的积极性和创造性，使工作效果尽可能好。这里工作效果是指效率、质量、成本等的综合结果。

团队工作方式与传统的泰勒制工作分工方式的主要区别如表 7-1 所示。这种工作方式可以追溯到 20 世纪二三十年代，在现代管理学中，是 20 世纪 80 年代后期才开始大量研究、应用的一种人力资源管理方法。这种方法实际上是一种工作方法，即如何进行工作，因此，在工作设计中有更直接的参考意义。

表 7-1　泰勒制工作方式与团队工作方式的对比

泰勒制工作方式	团队工作方式
最大分工与简单工作	工作人员高素质、多技能
最少的智能工作内容	较多的智能工作内容
众多的从属关系	管理层较少、基层自主性强

团队工作方式也可以采取不同形式，以下是三种常见的方式。

(1) 解决问题式团队(Problem-solving Teams)：这种团队实际上是一种非正式组织，通常包括七八名或十来名自愿成员，他们可以来自一个部门内的不同班组。成员每周有一次或几次碰头，每次几小时，研究和解决工作中遇到的一些问题，例如，质量问题，生产率提高问题，操作方法问题，设备、工具的小改造问题(使工具、设备使用起来更方便)等，然后提出具体的建议，提交给管理决策部门。这种团队的最大特点是：他们只提出建议和方案，并没有权利决定是否实施。日本的 QC 小组就是这种团队最典型的例子。这种方法对于提高日本企业的产品质量、改善生产系统、提高生产率起了极大的作用，同时，对于提高工作人员的积极性，改善职工之间、职工与经营者之间的关系也起了很大的作用。这种思想和方法首先被日本企业带到了他们在美国的合资企业，在当地的美国工人中运用，同样取得了成功，因此其他美国企业也开始效仿，进而扩展到其他的国家和企业，并且在管理理论中也开始对这种方式加以研究和总结。

这种方式有很多优点，但也有其局限性。因为它只能建议，不能决策，又是一种非正式组织，所以，如果这样的团队所提出的建议和方案被采纳的比率很低，这种团队就会自生自灭。

(2) 特定目标式团队(Special-purpose Teams)，这种团队是为了解决某个具体问题，达到一个具体目标而建立的，例如，某种新产品的开发、一项新技术的引进和评价、劳资关系问题等。在这种团队中，其成员既有普通职工，又有与问题相关的经营管理人员。团队中的经营管理人员拥有决策权，也可以直接向最高决策层报告。因此，他们的工作结果——建议或方案可以得到实施。或者，他们本身就是在实施一个方案，即进行一项实际工作，这种团队不是一个常设组织，也不是为了进行日常工作，而通常只是为了一项一次性的工作，因此，实际上类似于一个项目组(项目管理中常用的组织形式)：这种团队的特点是：容易使一般职工与经营管理层沟通，使一般员工的意见直接反映到决策中。

(3) 自我管理式团队(Self-managing Teams)。这种方式是最具完整意义的团队工作方式。上述第一种方式是一种非正式组织，其目标只是在原程序中进行改善的任务，而不是建立新程序，也无权决策和实施方案；第二种方式主要是为了完成一些一次性的工作，类似于项目组织。而在自我管理式团队中，由数人（几人至十几人）组成一个小组，共同完成一项相对完整的工作，小组成员自己决定任务分配方式和任务轮换，自己承担管理责任，诸如制订工作进度计划（如人员安排、轮休等）、采购计划，甚至临时工雇用计划，决定工作方法等。

第三节 工作研究与方法研究

一、工作研究概述

(一)工作研究的概念

工作研究又称作业研究，是指运用系统的方法对人的工作进行分析、设计和管理，把工作中不合理、不经济、混乱的因素排除，寻求更好、更经济、更容易的工作方法，随之建立设备、操作方法和工作环境标准，准确地规定按正常速度完成工作所需的时间，训练工作人员掌握标准工作方法。这里的"工作"，包括人们所进行的生产活动的全部，其中最基本、最主要的是产品的制造活动，其基本目标是要避免浪费，包括时间、人力、物料、资金等多种形式的浪费，通过工作研究寻求最佳工作方法，使生产活动按先进的方法、规定的程序和标准的时间进行，从而提高生产效率和经济效益。

(二)工作研究的目标和意义

工作研究的目标在西方企业曾经用一句非常简短的话描述过："Work smart, not hard。"提高生产率或效率的途径有多种，有外延式的，如用更先进的设备、提高劳动强度等来实现；有内涵式的，工作研究则属于以内涵式提高效率的原则，在既定的工作条件下，不依靠增加投资，不增加工人劳动强度，只通过重新结合生产要素、优化作业过程、改进操作方法、整顿现场秩序等，消除各种浪费，节约时间和资源，从而提高产出效率。同时，由于作业规范化，工作标准化，还可以使产品质量稳定和提高，人员士气上升，因此，工作研究是企业提高生产率与经济效益的一个有效方法。

(三)工作研究方法

从某种意义上讲，人类在发展过程中一直都在自觉不自觉地进行工作研究，并对工作研究的更高级形式——工具的改进和发明以及工作过程管理进行研究，因而人类的生产能力和生产率不断提高。另外，每一个人在其一生当中也都在尽力从多方面进行工作研究，但是，并不是每个人都使用了科学方法来研究和改进他的工作。这里要介绍的工作研究，就是要提供这样的科学方法和步骤，这些方法被称为系统方法(Systematic Approach)。

工作研究的奠基人是泰勒。他发现装卸工人劳动效率的高低与工人所使用的装卸工具有关，同一种装卸工具在装卸不同货物时效率也不相同，这促使他进一步研究用何种工具和装卸何物时效率最高。

工作研究的代表人物是吉尔布雷斯夫妇，他们发现工人砌砖方法无一类同，不同的砌砖方法的工作效率也不相同,从而促使他们开始研究最佳的工作方法。他们毕生从事各种作业的分析,提出了动作分析、微动作分析、操作程序图以及节约动作的原则,他们的理论和方法的要点具体如下。

(1) 构成作业的动作要素要少。
(2) 每个动作要素的动作时间要短。
(3) 每个动作要素带给人的疲劳要少。
(4) 了解不同作业方法的主要制约因素,如工艺装备和设备等,要发现那些使作业方法变坏的各种主要因素。

在泰勒和吉尔布雷斯夫妇以后,一大批学者进一步进行了工作研究,提出了宽放率理论、疲劳理论以及在工作研究中统计方法的应用理论,到20世纪50年代,有关工作研究的理论和方法已经成熟,并得到普及和推广。

二、工作研究的内容和特点

工作研究的基本技术包括方法研究与时间研究。方法研究主要通过分析现行工作的操作过程和动作,从中发现不合理的操作过程或动作,并加以改善;时间研究的主要内容是进行工作测定和工作标准设定。工作研究包括以下几种情况。

(1) 寻求最经济合理的工作方法。
(2) 工作标准化。
(3) 制定时间标准。
(4) 培训操作人员,贯彻实施新工作方法。

作业研究中的方法研究和时间研究是相互关联的,方法研究是时间研究的基础,是制定工作标准的前提,而时间研究又是选择和比较工作方法的依据。两大部分的关系是既有区别又有联系的对立统一关系。

1. 方法研究与时间研究的区别

1) 研究的具体对象不同

方法研究是对生产流程和工序操作进行研究,从中消除不合理、不经济的工序、操作和动作,使工作方法最经济合理有效;时间研究是对某种既定操作方法的消耗时间进行研究,从中找出最正常、最合理的标准时间。

2) 研究的理论依据不同

方法研究所依据的理论是生产流程分析理论、动作分析理论等;而时间研究所依据的理论是工作抽样理论、工时消耗分类及测时理论。

3) 研究要达到的具体目的不同

方法研究的目的是希望达到使设备布局更加合理、工作环境更好、工人的无效劳动更少、疲劳程度进一步降低等;而时间研究的目的是寻求标准工作时间,确定经济合理时的成本,合理使用劳动力并促进劳动生产率提高。

2. 方法研究和时间研究的联系

(1) 方法研究是时间研究的前提和基础，时间研究是在一定的方法研究基础上进行的，不进行方法研究，也就不存在和不需要时间研究。

(2) 时间研究对方法研究有促进作用，通过时间研究可以选择和比较哪种工作方法最佳，从这个意义上说，方法研究又离不开时间研究，最好的工作方法并不仅仅通过方法研究就能得到，而必须经过时间研究才能最终得到。

(3) 方法研究和时间研究都涉及一个共同的目标，就是科学地确定最经济、合理、有效的工作方法，提高生产率和经济效益，这个共同的目标把两者统一起来，成为不可分割、相辅相成、相互促进的统一体。

三、工作研究的步骤

(一)选择研究对象

一般来说，工作研究的对象主要集中在系统的关键环节、薄弱环节，或带有普遍性的问题方面，或从实施角度容易开展、见效快的方面，因此，应该选择效率明显不高、成本耗费较大、急需改善的工作作为研究对象。研究对象可以是一个生产运作系统全部，或者是某一局部，如生产线中的某一工序，某些工作岗位，甚至是操作人员的具体动作，时间标准等。

(二)确定研究目标

这些目标包括以下内容：减少作业所需要时间；节约生产中的物料消耗；提高产品质量的稳定性；增强职工的工作安全性，改善工作环境与条件；改善职工的操作，减少劳动疲劳；提高职工对工作的兴趣和积极性等。

(三)记录现行方法

将现在采用的工作方法或工作过程详细地记录下来，借助于各类专用表格技术来记录，动作与时间研究还可借助于录像或电影胶片来记录，尽管方法各异，但都是工作研究的基础，而记录的详尽、正确程度直接影响着下一步对原始记录资料所做的分析效果。

(四)分析问题

主要是分析研究记录事实，寻求新的方法。详细分析现行工作方法中的每一步骤和每一个动作是否必要，顺序是否合理、哪些可以去掉、哪些需要改变，这里可以运用"5W1H"分析方法来从六个方面反复提出问题。因为实际上并不存在"最好"的工作方法，但可以不断寻求"更好"的工作方法，所以"5W1H"法可以反复多次使用，其中 Why 是最重要的。一般认为要解决某个问题，必须至少问五个"为什么"才能由现象触及本质，如表7-2所示。

表 7-2　"5W1H"法基本内容

Why	为什么这项工作是必不可少的	What	这项工作的目的何在
	为什么这项工作要以这种方式这种顺序进行	How	这项工作如何能更好完成
	为什么这项工作要制定这些标准	Who	何人为这项工作的恰当人选
	为什么完成这项工作需要这些投入	Where	何处开展这项工作更恰当
	为什么这项工作需要这种人员素质	When	何时开展这项工作更为恰当

(五)设计和试用新方法

这是工作研究的核心部分，包括建立、试用和评价新方法三项主要任务。建立新的改进方法可以在现有工作方法的基础上，通过"取消—合并—重排—简化"四项技术形成对现有方法的改进，这四项技术又称工作研究的ECRS(或四巧)技术，其具体内容如表7-3所示。

表 7-3　ECRS 技术的内容

ECRS 技术	具体内容
Elimination(取消)	对任何工作首先要问：为什么要干？能否不干？包括： ①取消所有可能的工作步骤或动作。 ②减少工作中不规则性，如确定工作、工具的固定存放地，形成习惯性机械动作。 ③除需要的休息外，取消工作中一切怠工和闲置时间
Combination(结合)	合并：如果工作不能取消则考虑是否应与其他工作合并。 ①对于多个方向突变的动作合并，形成一个方向的连续动作。 ②实现工具的合并，控制的合并，动作的合并
Rearrangement(重排)	对工作的顺序进行重新排列
Simplification(简化)	指工作内容、步骤方面的简化，亦指动作方面的简化、能量的节省

经过ECRS技术处理后的工作方法可能会有很多，于是就有从中选择更佳方案的任务。评价新方法的优劣主要从经济价值、安全程度和管理方便程度等几方面来考虑。

(六)方法实施

工作研究成果的实施可能比对工作的研究本身要难得多，尤其是这种变化在刚开始还不被人了解，而且改变人们多年的老习惯时，工作研究的新方法的推广会更加困难。因此，在实施过程中要认真做好宣传、试点工作，做好各类人员的培训工作，切勿急于求成。

四、方法研究

方法研究有一个基本假设，即现行生产运作过程中的每一个作业，只要加以客观、严密的分析，一定可以发现许多可以改进的地方。有时会发现其中有许多不必要和不合理的动作，并且这些无效动作所占的时间和精力往往会超过有效动作所占的时间和精力的一倍或几倍。通过方法研究，可以消除不必要的动作，减少体力消耗、缩短操作时间，并拟订更简单、更易行、更有效的工作方法,从而提高工作效率。按照从"粗"到"细",方法研究可分为过程研究、工序研究和动作研究。把方法研究应用到实际工作中去就是作业流程优化。

(一)过程研究

过程研究就是对某一工序或某项业务的整个过程进行分析。对过程的合理性分析,通常要分析到过程的每一个具体步骤,如工序(操作活动)、检验、存放、运输和等待等。

过程顺序图、流程图和物流图是过程分析的常用工具。这些图表能简明扼要地记录整个过程,如从原料进厂,经过加工、运输、检验、等待、储存,一直到制成成品。

1. 过程顺序图

为了便于绘图,用一些符号来代表一定的活动,如表 7-4 所示。

表 7-4　流程图分析所用符号及表示内容示例

符　号	含　义	表示内容示例
○	加工、操作(Operation)	钉钉子、搅拌、钻孔
◎	操作,表示生成一个记录、报告	打印报告、修改程序、填写工作记录
⊕	操作,表示往一个记录上添加信息	贴产品标签、更新库存记录、张贴生产进度控制表
⇒	搬运(Transportation)	用小车搬运物料、传送带运送工件、专人传送信息
□	检查(inspection)	检查物料质量和数量、阅读仪表数据、检查打印出来的通知格式
D	延误(Delay)	等待乘电梯、在制品等待加工、文件等待处理
▽	存储(Storage)	存储罐中的原料、货架上的产品库存、文件柜中的文件

2. 流程图(Process Charts)

过程程序图完成后,可绘制流程图,以求对过程情况进行进一步的了解,进而寻求工作方法的改善。

在绘制流程图时,可预先印成表格。观察时只要将实际活动过程的操作(或工序)、运送、储存、检验等判别清楚,按顺序用粗线条连接起来即可。它的重点是注意每一活动发生的次数、发生的时间及移动的距离。

3. 物流图(Flow Diagrams)

为了弥补流程图的不足,可以绘制物流图,清晰地显现人和物料移动的路线,能够比较形象地使人了解各项活动的路线。其方法是将流程图涉及的工作场地或科室按一定比例绘制出平面图，并正确标出各工作地点的位置，标明改变前后全部活动(人或工作物)的行动路线。

(二)工序研究

通过过程研究的全面分析，可以减少工人、机器设备的活动以及人员、材料的行动路线，并且找出较有条理、有系统的工作程序。完成这些工作后，就要进一步研究工序(作业)，并加以改进。工序研究的主要目的，就是仔细研究工人和机器的每一个操作，研究如何使工人的操作以及工人和机器的配合达到最经济与最有效。

工序研究着重研究操作工人在工作场所的活动状况，研究和分析操作工人和机器在同一时间和同一地点的协调动作。经常使用的研究分析图表有：人—机活动图、工序程序图和线形图等。

1. 人—机活动图

人—机活动图(Man-machine Activity-Chart)通过把机器与人在工作时间上的配合关系描述在图表上，对操作人员与机器间的交互作用进行描述。通过对人—机活动图的分析，可以发现在工作人员之间分配工作的更好方法，缩短各项活动所需的时间。此外，还可以重新安排各项活动，以缩短完成一项工作所需的全部时间。人—机活动图还可以帮助管理人员决定如何有效地利用人力、设备或工作地。这种图还常常被用来发现无谓的等待时间，以便将其去除，其结果将是生产率的提高。人—机活动图可表示同一时间某项活动同时在几个设施上进行或多人同时工作的情况，因此又称为多人活动图。在使用这种方法时，通常利用条形图的长度来表示时间的长度，可用不同的条形图表明机床自动工作时间、工人手工操作时间和工人或机床空闲时间。

2. 工序程序图

工序程序图也称双手操作程序图，它是将操作者在工作地上左右手的动作，按其发生的先后顺序加以记录的图表。记录时要求迅速准确。因此，这种研究技术一般适用于经常重复的人工操作。其目的是研究操作的合理性，减少不必要的无效动作，合理布置工作地，以减轻或消除某些易产生疲劳的动作。

除此之外，如何实现物料与信息在前后台之间的及时、准确传送，如何明确环境、顾客、前后台之间的相互作用关系，如何应用整体优化的方法，提高服务系统的综合效率，也是设计时要考虑的重点。

3. 线形图

线形图和流程图相似，主要研究操作者在工作场所的移动(步行)路线，目的是精确了解工人在进行操作时在工作场所的移动距离和频率，所以，它是一种按比例绘制的平面布置图。通过研究发现，可寻求缩短路线的新方法。实施改进的新方法可能很多，可以将工人需要操作或停留的机器设备、工作台、工具箱、库房等按比例剪成硬纸样片，并在平面图上按各种方案摆放，直至找到满意解(较短路线)为止。

(三)动作研究

动作研究是过程研究和工序研究的细化。其目的是探讨动作的反复效能、作业姿势、工作地布置及工具的阵列,以寻求操作的高效率和省力化。

动作研究很容易被人们所忽视,但在大量的反复作业中,它却显得十分重要,因为即使是很小的改进,也可能带来很大的效益。例如美国某无线电装配厂,在每件产品上要装260个零件,每装一个零件总要发生伸手与拿回两个动作。他们试验把所有零件向装配工作台移近6in(1in=0.0254m),使一次手动时间平均节约0.002min,按日产8000台计算,每年可节约34 000h,节省距离差不多相当于沿赤道绕地球4圈的长度。

1. 动作的划分

动作研究是研究和确定完成一个特定任务的最佳动作的个数及其组合。弗兰克·吉尔布雷斯(Frank B. Gilbreth,1868—1924)被公认为动作研究之父。吉尔布雷斯夫妇把手的动作分为17种基本动作,他把这些叫作分解动作。吉尔布雷斯夫妇为了记录各种生产程序和流程模式,制定了生产程序图和流程图。这两种图至今还被广泛应用。

吉尔布雷斯致力于通过有效的训练、采用合理的工作方法、改善环境和工具,使工人的潜力得到充分的发挥,并保持健全的心理状态。他把新的管理科学应用到实践中,从而使它更容易被人们所接受并取得成功。人们可以根据他的工作成果制定出更好的动作模式,提高生产率,并以此建立健全激励报酬制度。吉尔布雷斯的思想对后来行为科学的发展有一定的影响。

后来美国机械工程师学会根据吉尔布雷斯的研究成果,将人体动作划分为18个动作,并用专门的象形符号表示。18个动作可以分为三类:第一类为有用的动作,它们虽非最专效的方法,但却是完成操作所必要的动作,如伸手(运空)握取、移物(运实)、定位(对准)、装配、应用、检验、放手等。对这些动作,应根据节约动作原则,研究哪些是可以改进的措施。第二类常常是减缓第一类操作的动作,如拆卸、寻找、选择、预定位(预对)、计划、持住等。对这些动作,应研究改进工作地布置和事先加强指导和准备,尽可能减少它们的发生。第三类是对完成操作并没有促进作用的动作,如发现、迟延、故障和休息等。对这些动作应研究动作程序和工作地布置的改善,以及消除引起疲劳的因素,尽可能减少它们的发生。

2. 节约动作原则

节约动作原则也称经济动作原则,最初由吉尔布雷斯提出,经过不断地研究补充,最后归纳为节约动作的十原则。

① 双手的动作应该是同时的和对称的。
② 工具和物料应该放在近处和操作者面前,以便使其处在双手容易拿到的位置。
③ 所有的工具和物料必须有明确的和固定的存放地点。
④ 为了将物料送到靠近使用的地点,应该利用重力式的送料盒或容器。
⑤ 只要条件允许,工具和物料应该放在预先定好的位置。
⑥ 尽可能采用"下坠式传送"方式。
⑦ 所有的工作,只要用脚来做更为有利,就应该避免用手来做;只要经济合算,就应选用动力驱动的工具和设备;只要可能,就应该采用台钳或夹具来固定工作物,以便腾出

双手来进行其他操作。

⑧ 物料和工具摆放应能使操作流畅和有节奏。

⑨ 要避免骤然改变方向的曲折的或直线的动作发生，而应采用流畅而连续的手动动作。

⑩ 工作地和座椅的高度最好能布置得在工作时可以替换着坐和站，同时应该具备适宜的光线，使工作者尽可能舒适。

第四节 时 间 研 究

时间研究又称工作测定，即对实际完成工作所需时间进行测量和预测。它是作业研究的一项基本技术和主要内容。

时间研究的主要目的是建立工作标准。此外，时间研究的目的还包括：把实际工作情况与标准作业时间作对比，寻找改善的方向；测定并采取措施减少工人空闲和等待物料等非创造附加价值的时间。

时间研究方法是制定工作标准中使用得最多的一种方法。训练有素并具有一定经验的研究人员使用这种方法可以制定出切合实际的工作标准。但是，这种方法也具有局限性：首先，这种方法主要适用于工作周期较短、重复性很强、动作比较规律的工作，对于某些主要是思考性质的工作就不太适用；其次，秒表的使用有一定的技巧性，一个没有任何使用经验的人测出的时间值有时误差可能很大，基于这样的数据很可能会制定出不正确的时间标准；再次，时间研究中所包含的一些主观判断因素有时会遭到被观测者的反对。

一、生产时间消耗及工时定额

(一)生产产品时间消耗

产品在加工过程中的作业总时间包括：产品的基本工作时间、产品设计缺陷的工时消耗、工艺过程缺陷的工时消耗、管理不善而产生的无效时间、工人因素引起的无效时间。

1. 产品的基本工作时间

产品的基本工作时间是指在产品设计正确、工艺完善的条件下，制造产品或进行作业所用的时间，也称定额时间。

基本工作时间由作业时间与宽放时间构成。所谓宽放时间，是指劳动者在工作过程中，因工作需要、休息与生理需要，需要作业时间给予补偿的时间。宽放时间一般用宽放率表示：

$$宽放率 = \frac{宽放时间}{工作时间}$$

宽放时间由三部分时间组成。

(1) 休息与生理需要时间。由于劳动过程中正常疲劳与生理需要所消耗的时间，休息饮水、上厕所所需的时间。

(2) 布置工作地时间。它是指在一个工作班内，生产工人用于照看工作地，使工作地保持正常工作状态和文明生产水平所消耗的时间，例如交接班时间、清扫机床时间等。它以一个工作班内所消耗布置工作地时间作为计量单位。

(3) 准备与结束时间。它是指在加工一批产品或进行一项作业之前的技术组织准备和事后结束工作所耗用的时间。不同的生产类型其准备与结束时间不同，准备与结束时间一般可通过工作抽样或工作日写实来确定。

休息与生理需要时间的确定，应进行疲劳研究，即研究劳动者在工作中产生疲劳的原因、劳动精力变化的规律，测量劳动过程中的能量消耗，从而确定恢复体力所需要的时间。

一般用能量代谢率表示作业过程中能量消耗的程度，其计算公式如下：

$$能量代谢率 = \frac{作业时能量消耗量 - 安静时能量消耗量}{基础代谢量}$$

式中：基础代谢量——劳动者在静卧状态下维持生命所需的最低能量消耗量；

安静时能量消耗量——劳动者在非工作状态，即安静状态的能量消耗量，按基础代谢量的 1.2 倍计算。

能量代谢率用 RMR 表示，上述公式中每一项的取值都是在同样时间范围内的能量消耗量。

能量代谢率划分为不同级别，按照不同级别的能量代谢率确定相对应的疲劳宽放率。

由于宽放时间直接影响作业者一天的工作量及定额水平的制定，外国对此类时间的研究十分重视，对宽放时间做了更细致的分类，并制定了各种宽放时间的宽放率，其宽放率为宽放时间与作业标准时间之比。宽放时间主要有以下几种。

(1) 作业宽放。作业过程中不可避免的特殊的作业中断或滞后，如设备维护、刀具更换与刃磨、切屑清理、熟悉图样等。

(2) 个人宽放。与作业无关的个人生理需要所需的时间，如上厕所、饮水等。

(3) 疲劳宽放，休息宽放。

(4) 管理宽放。非操作者个人过失所造成的无法避免的作业延误，如材料供应不足、等待领取工具等。

2. 无效时间

无效时间是由于管理不善或工人控制范围内的原因，而造成的人力、设备的窝工闲置的时间。生产工程中由于无效劳动所带来的浪费归纳为以下几个方面。

(1) 生产过程的浪费。整机产品中部分零件生产过多或怕出废品有意下料过多，造成产品的零件不配套，挤压原材料、浪费加工工时。

(2) 停工等待的浪费。它是由于生产作业计划安排不当，工序之间衔接不上，或由于设备突发事故等原因产生的。

(3) 搬运的浪费。如由于车间布置不当造成产品生产过程中迂回搬运。

(4) 加工的浪费。如加工过程中切削用量不当，引起时间浪费。

(5) 动作的浪费。由于操作工人操作动作不科学，引起时间浪费。

(6) 制造过程中产生废品造成的浪费。

减少乃至消除无效时间，是工业工程中工作研究探讨的基本内容之一。

(二) 工时定额

1. 工时定额的概念

工时定额又称为标准工作时间，是在标准的工作条件下，操作人员完成单位特定工作所需的时间。这里标准工作条件的含义是指在合理安排的工作场所和工作环境下,由经过培训的操作人员,按照标准的工作方法,通过正常的努力去完成工作任务。可见,工时定额的制定应当以方法研究和标准工作方法的制定为前提。

2. 工时定额的作用

工时定额是企业管理的一项基础工作,其作用如下。

(1) 确定工作所需人员数和确定部门人员编制的依据。

(2) 计划管理和生产控制的重要依据。任何生产计划的编制,都必须将产品出产量转换成所需的资源量,然后同可用的资源量进行比较,以决定计划是否可行,这步工作称为负荷平衡。无论是出产量转换,还是可用资源量的确定,都应当以工时定额为标准,这样的生产计划才具有科学性和可行性。此外,生产进度的控制和生产成果的衡量,都是以生产计划为基础的,从而也是以工时定额为依据的。

(3) 控制成本和费用的重要依据。在绝大多数企业中,尤其是服务企业中,人工成本在全部成本中都占有较大的比重。降低人工成本必须降低工时消耗,而工时定额是确定工时消耗的依据,从而也是制订成本计划和控制成本的依据。

(4) 提高劳动生产率的有力手段。劳动生产率的提高,意味着生产单位产品或提供特定服务所需的劳动时间的减少。而要减少和节约劳动时间,必须设立工时定额,据以衡量实际的劳动时间,找到偏差,采取改进措施。无标准,则难分优劣;无规矩,则不成方圆。

(5) 制定计件工资和奖金的标准。在实行计件工资的条件下,工时定额(有时换算成小时或每日的工作量或产量)是计算计件工资单价的重要依据,在实行奖金制度的条件下,工时定额是核定标准工作量(或产量)、计算超额工作量(或产量)、考核业绩、计算奖金和进行赏罚的主要依据。

3. 工作测量法

工作测量法常用的技术有测时法、预定标准时间法和工作抽样法等。

二、测时法

(一)测时法概述

1. 测时法的概念

测时法又称直接时间研究,用秒表或其他工具观察和测量工作分解所确定的每一个工作单元。选择一名训练有素的人员,测量其在正常发挥的条件下在各个工作单元上所花费的时间。

2. 测时法的基本过程

(1) 选择观测对象。被观测的操作者应是一般熟练工人。避免选择非熟练和非常熟练的人员,因为非熟练人员不能很好地完成标准作业,而非常熟练的人员的动作过于灵巧,如果以超出正常作业速度为依据,就很难为大多数人所接受。被选定的操作者还应与观测者协作,心理和操作尽量不受观测因素的影响。

(2) 划分作业操作要素，制定测时记录表。

(3) 记录观察时间，剔除异常值，并计算各项作业要素的平均值。设 t_{ij} 是作业要素 i 的第 j 次观察时间，则作业要素 i 的平均观察时间为

$$平均观察时间 = \frac{1}{n}\sum_{j=1}^{n}t_{ij}$$

(4) 计算作业的观察时间。作业的观察时间等于该作业的各项作业要素平均时间之和。

(5) 效率评定，计算正常作业时间。评定，也称评比，是时间研究人员将所观测到的操作者的操作速度，与自己理想中的速度(正常速度)进行对比。即

$$正常作业时间 = 观测时间 \times 评定系数$$

(6) 考虑宽放时间比率，确定标准作业时间。在获取正常时间的基础上，考虑前述的各种宽放时间，即可获得标准时间。

$$标准作业时间 = 正常时间 \times (1 + 综合宽放率)$$

(二)观测时注意事项

观测时也有一些应注意的事项，具体包括以下几方面。

(1) 如果所观察测量的数值中有明显偏离大多数其他数值的，就应分析这个值是不是由偶然因素引起的，如工具失手、机器故障、物料掉地又捡回等。如果是的话，应将这样的数据排除在外。在茶杯包装一例中，如衬垫失手掉在地上又捡起来，个别包装盒不规范而重新拿取新的包装盒等，均不应计算在工作时间之内。

(2) 对一些发生频率低却是规则的动作，也必须计算在内。

三、预定时间标准设定法

(一)预定时间标准设定法的概念

预定时间标准设定(Predetermined Time Standards，PTS)法是动作研究和时间研究相结合而产生的。其基本原理是对给定的作业进行详细分析，设计出合理的、必要的基本动作元素，在实验的基础上求出基本动作元素的时间值，然后加以综合，确定完成该项作业的时间标准。经过不断完善，已经设计出针对这种方法的基本动作时间标准表。当要确定实际工作时间时，只要把工作任务分解成这些基本动作，从基本动作时间标准表上查出各基本动作的时间标准，将其相加，就可以得到工作的正常时间；然后再加上宽放时间，就可以得到工作任务的时间标准。

PTS 方法有很多种，常见的有工作要素法(Work Factor，WF)、时间测量法(Methods of Time Measurement，MTM)、基本动作时间研究法(Basic Motion Study，BMS)等，其中比较成熟的一种是时间测量法。PTS 起源于 20 世纪 30 年代，目前已发展到了第三代。第一代 PTS 主要有动作因素分析法和动作时间测定法，上述两种方法很复杂，动作分类很细，不易掌握，目前国外仍在使用。第二代 PTS 如简易动作因素分析和动作时间测定法 II(MTM-2)等，是在第一代 PTS 方法的基础上简化而来的。第三代 PTS 是模特法(Modular Arrangement of Predetermined time Standard，MOD)。MOD 是澳大利亚的海德(G.C. Heyde)在长期研究第

一代与第二代 PTS 法的基础上创立的更简便且精度不低于传统 PTS 的新方法，目前得到了较为普遍的应用。

(二)MTM-1

在时间测定法中，有若干种基本动作标准数据，这里介绍其中最精确的一种——MTM-1。在这种方法中，将基本动作分为如表 7-5 所示的八种。这种方法所采用的时间单位是 TMU，1TMU=0.000 01h，或 1TMU=0.000 6min。也正是由于这种方法使用的时间单位过少，致使其很难被采用。

表 7-5　MTM-1 的基本动作分类

伸手(Reach)	移动(Move)
施压(Apply Pressure)	抓取(Grasp)
放置(定位、对准)(Position)	解开(Disengage)
放手(Release)	转动(Turn)

表 7-6 所示是美国 MTM 标准研究协会(MTM Association for Standard and Research)制定的其中一个动作"移动"的时间标准。该表中的时间标准考虑了移动质量、移动距离以及移动情况三种因素。每个因素不同，所需的时间标准也不同。例如，有这样一个动作，需要单手将一个 7kg 的物体移动至 28cm 外的一个大致位置上。为得到这个移动的时间标准，首先应根据移动情况判定该动作属于哪一种情况。显然，这种移动属 B 类，即"移动物体至一大致位置"；然后，根据移动距离为 28cm，在 28cm 的行与 B 列的交叉处找到该动作所需的时间为 23.1TMU；最后，进一步根据移动的质量对所查出的时间做相应的调整。因为移动的质量为 7kg，在表中最接近于 7.5kg，因此，动态因子为 1.06，静态常数为 2.2TMU。

根据基本时间、动态因子和静态常数就可以计算出该动作的时间标准："移动"的时间标准=TMU 表格值×动态因子+静态常数=(23.1×1.06 +2.2)TMU≈27TMU。

表 7-6　MTM 法中的动作"移动"的标准时间数据表

移动距离/cm	时间/TMU			质量允许值			不同移动情况
	A	B	C	质量/kg	动态因子	静态常数/TMU	
更少	2.0	2.0	2.0	2.5	1.00	0	
1	2.5	2.9	3.4				
2	3.6	4.6	5.2	7.5	1.06	2.2	A. 移动物体至另外一只手
3	4.9	5.7	6.7				
4	6.1	6.9	8.0	12.5	1.11	3.9	
5	7.3	8.0	9.2	—	—	—	
6	8.1	8.9	10.3	17.5	1.17	5.6	
7	8.9	9.7	11.1				B. 移动物体至大致位置
8	9.7	10.6	11.8	22.5	1.22	7.4	

续表

移动距离/cm	时间/TMU A	时间/TMU B	时间/TMU C	质量允许值 质量/kg	质量允许值 动态因子	质量允许值 静态常数/TMU	不同移动情况
9	10.5	11.5	12.7				
10	11.3	12.2	13.5	27.5	1.28	9.1	B. 移动物体至大致位置
12	12.9	13.4	15.2				
14	14.4	14.6	16.9	32.5	1.33	10.8	
16	16.0	15.8	18.7		—		
18	17.5	17.0	20.4	37.5	1.39	12.5	
20	19.2	18.2	22.1	—			
22	20.8	19.4	23.8	42.5	1.44	14.3	C. 移动物体至精确位置
24	22.4	20.6	25.5				
26	24.0	21.8	27.3	45.5	1.50	16.0	
28	25.5	23.1	29.0				
30	27.1	24.3	30.7	—	—	—	

每一种基本动作都有类似的表格。这些标准数据是经过严格测定、反复试验后确定的，其科学性、严谨性都很强，而且有专门的组织制定这样的数据。

(三)PTS 方法的优缺点

1. 优点

从上述介绍的 PTS 方法的特点可以看出这种方法的优点，总结如下。

(1) 可以用来为新设生产线的新工作设定工作时间标准，并可对不同的新方法进行比较。对于全新的工作来说，是无法使用通常的时间研究方法确定的。

(2) 因为这种方法大大减少了时间研究中常见的读数错误等引起的不正确结果的可能性，所以用这种方法设定时间标准的一致性很高。

(3) 这种方法不需要对时间标准进行绩效评价，而绩效评价总是带有主观性的。

2. 缺点

当然，PTS 方法也有一些局限性，主要有以下几方面。

(1) 所使用的时间单位过少，致使这种方法在实际中很难被采用。

(2) 对于进行多品种小批量生产，以工艺对象专业化为生产组织方式的企业来说并不实用，在这样的企业中，工作种类繁多而重复性较低，要把每项工作都分解为基本动作难度太大。

(3) PTS 方法的标准数据有时不能反映具有某些特殊企业的情况。同时，作为样本被观测的操作人员也许不具有代表性。

(4) 需要考虑的调整因素过多，像表 7-6 这样的表格很难制作。另外，在某些情况下，移动物体所需的时间也许与物体的形状有关，但是表 7-6 并没有考虑这个因素。

(5) 在采用 PTS 方法时有一个基本假设：整个工作时间可用基本动作时间相加得到。但这种方法忽略了一种可能性，即实际工作时间也许与各个动作的顺序有关。

(6) PTS 方法的使用需要一定的技能，尤其在分解基本动作和确定调节因素方面更是如此。这就限制了这种方法的使用。

四、工作抽样法

(一) 工作抽样法及其原理

工作抽样法又称瞬间观测法，是依据数理统计原理产生的。其基本原理是：间断性地、大量随机地观测工作人员在瞬间时刻的工作状态(正在工作或处于空闲)，以获得一定数量的子样。根据数理统计理论，从大量事件中随机取样，当样本足够多时，就可以通过子样来反映出母体的特征。该方法并不去测定具体动作所耗用的时间，而是为了了解某些行为在一项工作中所占的时间比例。例如：一台机器可能处于负荷或空闲状态；一名秘书可能在打字、整理文件或接电话等；一个木工可能在运送木料、测量、锯木头等。这些都可看成是某种"行为"，都会占用一定的时间。对这些行为所占用时间的估计是在进行大量观察的基础上作出的。其基本假设是：在样本中观察到的某个行为所占用的时间比例，一般来说是该行为发生时实际所占用的时间比例。工作抽样法是根据子样来估计样本的状况，所得数据的准确性(即估计的精度)与观测的次数、获得子样的数量有关。子样越多，估计的精度越高，其数据的准确程度就越高。但观测次数越多，所需的时间和费用也越多。因此，在观测前对观测数据的估计精度应确定一个合理的要求，并根据精度要求计算应观测的次数。

(二) 工作抽样法的主要用途

工作抽样法的主要用途有以下几个方面。

(1) 测定机器设备或人员在工作中工作(负荷)和停歇(空闲)的时间比率，以提供分析工时利用情况的资料。

(2) 测定工作人员在工作班中各类工时消耗的比例，以提供制定定额时所用的各种标准资料。

(3) 在一定条件下，测定工作人员完成任务所需的时间，用于制定工序的时间标准。

在采用工作抽样法时，要根据统计的置信度要求，确定观测次数。一般要以达到的置信度水平(如 99.73%)确定标准偏差的个数 z(如正态分布中 99.73%的置信度对应的标准差个数 $z=3$)。

定义抽样的绝对精度为

$$\varepsilon = 2\sigma = 2\sqrt{\frac{p(1-p)}{n}}$$

因为二项分布标准偏差 σ 为

$$\sigma = \sqrt{\frac{p(1-p)}{n}}$$

所以抽样的相对精度 θ 为

$$\theta = \varepsilon / p = 2\sqrt{\frac{1-p}{np}}$$

式中，ε 为绝对误差(或精度)；p 为调查事件出现的概率，如设备负荷百分比；n 为观测次数(抽样样本大小)。

一般开始时，p 值可能不知道，可根据统计资料或实地调查以确定 p 值。

例如，设工作抽样要求的置信度为 95%，绝对误差(精度)为 $\pm 3\%$，实地调查 100 次，机床有 25 台次停工，则得

$$p = m/n = 25/100 = 25\%$$

所以，$n = \dfrac{4 \times 0.25 \times (1-0.25)}{0.03^2} = \dfrac{0.75}{0.0009} = 833$

若继续抽样观测 400 次，连同开始的 100 次共 500 次，其中有 150 次停工，则

$$p = 150/500 = 30\%$$

此时，$n = \dfrac{4 \times 0.30 \times (1-0.30)}{0.03^2} = \dfrac{0.84}{0.0009} = 933$

如此计算，可按一定的时间间隔(一天或几天)进行，直到计算出的 p 值比较稳定时为止。

归纳起来，工作抽样法具有以下几个主要优点。

(1) 观测者不需要受专门训练。

(2) 节省时间、节省费用。据国外资料介绍，这种方法的费用只需其他时间研究方法所发生费用的一半以下。

(3) 与其他作业测定方法相比，更容易得到被观测人员的配合。

(4) 观测时间可自由安排，可长可短，可随时中断、随时继续，而不影响其结果。

工作抽样法的局限性主要表现在：所需观察的样本数较大；只能得出平均结果，得不出导致个别差异数值的资料。此外，这种方法对于重复性工作的标准时间的设定是不经济的。

本 章 小 结

本章介绍了工作设计对发挥人力资源的创造性和积极性所具有的重要意义；分析了主要的工作方式，包括工作专业化、工作扩大化与工作职务轮换、工作丰富化以及团队工作方式；探讨了工作研究的基本技术，包括方法研究与时间研究，两者既有区别也存在联系；阐述了工作研究的主要步骤；重点强调了方法研究，方法研究可分为过程研究、工序研究和动作研究；时间研究常用的技术有测时法、预定标准时间法和工作抽样法等，这些方法有助于制定标准作业时间和劳动定额。

自 测 题

(一)选择题

1. 下列哪一项是工作专业化的优点？( )

A. 作业人员工作均衡　　　　　　B. 物流、信息流较简单
C. 有利于质量控制　　　　　　　D. 劳动人员不需要很多的教育

2. 提出动作分析、操作程序图以及节约动作原则的是(　　)。
   A. 泰勒　　　　　　　　　　　B. 吉尔布雷斯夫妇
   C. 亨利·福特　　　　　　　　D. 梅奥

3. 对现有工作方法进行改进，常采用 ECRS 技术，其中 E 表示(　　)。
   A. 结合　　　B. 重排　　　C. 取消　　　D. 简化

4. 下列叙述不符合动作经济合理的原则是(　　)。
   A. 双手的动作同方向运动时省力
   B. 手臂直线运动比曲线运动省力
   C. 工具、材料、控制装置应靠近作业位置
   D. 尽量以夹具或脚踏工具替代手的操作

5. 下述哪一项包括产品在加工过程中的作业总时间？(　　)
   A. 产品的基本工作时间和无效时间
   B. 产品的基本工作时间和宽放时间
   C. 产品的基本工作时间和调整准备时间
   D. 产品的基本工作时间和产品设计缺陷的工时消耗

(二)简答题

1. 工作设计的内容主要有哪些？
2. 工作扩大化和工作丰富化有何区别？
3. 团队工作可以采取哪些方式？
4. "四巧"技术有助于建立新的改进方法，那么"四巧"技术是指什么？
5. 方法研究和时间研究的关系是什么？

(三)分析题

1. 当今团队工作方式越来越受到推崇，请问团队工作方式有无弊端？
2. 信息技术的发展对工作研究将产生什么样的影响？
3. 泰勒的理论对现代工作设计而言过时了吗？谈谈个人的观点。
4. 举例说明在你生活中哪些方面应用了动作经济学的原理？

(四)计算题

1. 一个管理人员欲制定一个金属切削作业的时间定额，共对此操作观测了 50 次，每次的平均时间是 10.40 分钟，标准偏差是 1.20 分钟，操作工人的工作效率评定为 125%。假设宽放率是 16%，请确定该项作业的标准时间。

2. 观测一项作业，共 60 次，平均每次观测到的作业时间是 1.2 分钟。对操作者的效率评定是 95%，宽放率为 10%，在每天工作 8 小时的条件下，确定以下各种时间值。
   (1)观测到的时间；(2)正常时间；(3)标准时间。

3. 一新达成的工会合同允许货运部门的工人有 24 分钟的休息时间，10 分钟的个人时间允许量，每 4 小时有 14 分钟的工作延迟。一个时间研究分析员对一持续工作进行观察，发现工人每周期的平均工作时间为 6 分钟，对于这项操作合适的标准时间为多少？

第八章

采购与供应链管理

【学习要点及目标】

通过本章的学习,掌握采购管理的概念;了解采购与供应链管理的内容和作用;认识现代采购管理的方式方法;了解采购技术手段,构建良好的供应链系统,掌握供应链管理的类型、设计方法、推拉系统、多点库存管理技术,连接供应链决策方法等。

【关键概念】

采购管理　供应商选择　制造业供应链　推拉系统　牛鞭效应

引导案例：如何评估和选择供应商？

> 临近春节，某手机组装企业生产任务特别紧张，已经从办公室抽人去生产线增援了。然而手机塑胶外壳的供应商却不给力，承诺好的交货期一再延误，喷漆与丝印优良率跌至50%。采购总监驻厂催货都难以确保，为了赶时间从深圳交货到上海都采用空运。看来这家供货商都很不靠谱，据说在深圳是数得上的手机塑胶壳生产供应商，专注于供应国内知名品牌客户。但为何本企业的需求就一再满足不了，而且其董事长出面保证也不奏效？究其原因，首先，临近春节用工紧缺，产出不足，加上其他客户占据产能而本公司需求的优先级别不高；其次，产品外发加工，导致优良率低下。另据了解，内部管理也有些问题，董事长的指令在内部得不到落实(不是因为流程化与制度化太好的缘故)。这个案例给了我们很现实的思考，其一，如何选择合适的供应商？其二，如何管理供应商？
>
> (资料来源：腾讯网．国产手机遭遇屏幕断档危机"组装厂"困局如何破，2017.4.12)

第一节 采购管理概述

一、采购与采购管理

(一)采购

1. 采购的定义

采购(Purchase)是指个人或单位在一定的条件下从供应市场获取产品或服务作为自己的资源，为满足自身需要或保证生产、经营活动正常开展的一项经营活动。

采购是企业生产与运作管理的重要组成部分，它要根据企业经营决策所确定的一定时期内的生产与经营战略与计划任务，组织对外开展一系列采购活动，并保证质优价低、适时供应的经营需要，通过产品的制造过程而转化成为现实利润，实现企业经营目标。采购一般不仅存在于生产企业，还存在于商业企业的采购，甚至事业单位、政府机构也要有采购事务，所以，采购与销售一样是非常重要的职能活动。

采购订单管理以采购单为源头，对从供应商确认订单、发货、到货、检验、入库等采购订单流转的各个环节进行准确的跟踪，实现全过程管理。通过流程配置，可进行多种采购流程选择，如订单直接入库，或经过到货质检环节后检验入库等，在整个过程中，可以实现对采购存货的计划状态、订单在途状态、到货待检状态等的监控和管理。采购订单可以直接通过电子商务系统发向对应的供应商，进行在线采购。

2. 采购的作用

①采购是保证企业生产经营正常进行的必要前提；②采购是保证质量的重要环节；③采购是控制成本的主要手段之一；④采购可以帮助企业洞察市场的变化趋势；⑤采购是科学管理的开端；⑥采购决定着企业产品周转的速度；⑦做好采购工作可以合理利用物质资源。

(二)采购管理的定义

采购管理(Purchasing Management)是计划下达、采购单生成、采购单执行、到货接收、检验入库、采购发票的收集到采购结算的采购活动的全过程,对采购过程中物流运动的各个环节状态进行严密的跟踪、监督,实现对企业采购活动执行过程的科学管理。

二、采购的形式

常见的采购形式分为战略采购(Strategy Sourcing)、日常采购(Procurement)、采购外包(Purchasing Out-services)三种形式。

(一)战略采购

战略采购是指采购人员(Commodity Manager)根据企业的经营战略需求,制定采购企业的物料获得的规划,并加以执行的过程。通过内部客户需求分析,外部供应市场、竞争对手、供应基础等分析,在标杆比较的基础上设定物料的长、短期采购目标,制定达成目标所需的采购策略及行动计划,并通过行动的实施寻找到合适的供应资源,满足企业在成本、质量、时间、技术等方面的综合指标要求。

战略性采购是供应链管理(Strategic Sourcing-Supply Chain Management)中的一种目前比较新的概念。战略性采购特征是:注重与供应商建立策略性伙伴关系;更加重视整个供应链的成本和效率管理;与供应商共同研发产品及其拓展对消费者的影响;寻求新的技术和材料替代物,采用 OEM 方式的操作;充分利用诸如跨地区、跨国家的公司(工厂)的集团力量集中采购;采用更为复杂、广泛的投标手段。

其中,集中采购的手段正被越来越多的公司采用。集中采购的概念事实上包含两层含义:一是集中集团内各分公司/各工厂的采购量,采购量集中给少数的供应商,以图获取规模效应带来的节省。二是集中采购尽可能地减少了材料的规格或标准,以图从供应商获得在原料采购和生产加工收益中带来节省让利。

(二)日常采购

日常采购是采购人员(Buyer)根据确定的供应协议和条款,以及企业的物料需求时间计划,以采购订单的形式向供应方发出需求信息,并安排和跟踪整个物流过程,确保物料按时到达企业,以支持企业正常运营的过程。

(三)采购外包

采购外包就是企业在聚集自身核心竞争力的同时,将全部或部分的采购业务活动外包给专业采购服务供应商,专业采购供应商可以通过自身更具专业的分析和市场信息捕捉能力,来辅助企业管理人员进行总体成本控制,降低采购环节在企业运作中的成本支出。

采购外包由于涉及中小企业的利益,大部分中小企业不愿意将采购业务外包给其他的第三方采购机构,这给采购外包业的发展增加了难度。采购外包有利于企业更加专注于自身的核心业务,专业的事交给专业的人做。采购外包对中小企业来说,可以降低采购成本,减少人员投入,减少固定投资,降低采购风险,提高采购效率。对于中小企业来讲,采购外包是降低成本的最佳方式。

三、采购的流程

(一)下单

(1) 一般情况下,采购人员接到缺料通知,可以获取以下缺料基本信息:存货编码、产品型号、数量。

(2) 分析缺料信息是否合理,再将订单下给供应商,订单必须含有以下信息:材料型号、数量、单价、金额、计划到货日期。

(3) 采购审核员按照具体情况进行订单审核。

(4) 订单传给客户以后,采购人员需要与客户核对采购信息,同时要求签字回传。

(二)跟催

采购订单下单完毕以后,采购人员按照采购订单上要求的供货日期,采用按时间段向供货商反复核对到货日期的方式跟踪订单状态,直至采购的材料到达采购的公司。

(三)入库

1. 实物入库

收货员收材料之前需核对供应商的送货单是否具备以下信息:供应商名称、订单号、存货编码、数量。如订单上的信息与采购订单不符,征求采购人员意见是否可以收下。

2. 单据入库

采购人员按照检验合格单,将检验单上的数据录入到电脑中,便于以后对账。但也存在一些问题,表现为:①外加工的检验合格单没有入库;②采购入库订单号和数量比较混乱。

(四)退货

采购方发现材料不合格,立即填写退货单,进行订单退货。

(五)对账

1. 月度结算表

每个月月初,各供应商将上月月度结算表(月结表)送至采购的公司,采购人员按照本公司收货员签字的送货单,将公司的入库单据和单价表核对月结表。

目前月度结算表中一旦出现无订单号,存货编码有误,退货数量不准确,上月欠款余额、本月发生额与本月欠款余额不符等信息都要及时质疑。

2. 增值税发票

校对发票上的以下信息：采购公司的全称，账号，税号，发票上的材料名称、数量、金额。在此方面也会有欠缺表现，如发票金额大于订单金额。

(六)付款

按照付款周期编制付款计划，安排付款。

四、采购谈判

(一)采购谈判的定义

采购谈判(Acquisition Negotiations)，是指企业为采购商品作为买方，与卖方厂商对购销业务有关事项，如商品的品种、规格、技术标准、质量保证、订购数量、包装要求、售后服务、价格、交货日期与地点、运输方式、付款条件等进行反复磋商，以求达成协议，建立双方都满意的购销关系。采购谈判的程序可分为计划和准备阶段、开局阶段、正式洽谈阶段和成交阶段。

(二)采购谈判的作用

采购谈判的作用：①可以争取降低成本；②可以争取保证产品质量；③可以争取采购物资及时送货；④可以争取比较优惠的服务项目；⑤可以争取降低采购风险；⑥可以妥善处理纠纷。

(三)采购谈判的原则

1. 合作原则

(1) 量的准则要求所说的话包括交谈所需要的信息，所说的话不应包含超出的信息。
(2) 质的准则要求不要说自知是虚假的话，不要说缺乏足够证据的话。
(3) 关系准则要求所说的话内容要关联并切题，不要漫无边际地胡说。
(4) 方式准则要求清楚明白，避免晦涩、歧义，要简练，井井有条。

2. 礼貌原则

礼貌原则包括六个准则。
(1) 得体准则是指减少表达有损于他人的观点。
(2) 慷慨准则是指减少表达利己的观点。
(3) 赞誉准则是指减少表达对他人的贬损。
(4) 谦逊准则是指减少对自己的表扬。
(5) 一致准则是指减少自己与别人在观点上的不一致。
(6) 同情准则是指减少自己与他人在感情上的对立。

(四) 采购谈判的特点

(1) 合作性与冲突性：合作性表明双方的利益有共同的一面，冲突性表明双方利益又有分歧的一面。

(2) 原则性和可调整性：原则性是指谈判双方在谈判中最后退让的界限，即谈判的底线。可调整性是指谈判双方在坚持彼此基本原则的基础上可以向对方做出一定让步和妥协的方面。

(五) 采购谈判的影响因素

(1) 交易内容对双方的重要性。
(2) 各方对交易内容和交易条件的满足程度。
(3) 竞争状态。
(4) 对于商业行情的了解程度。
(5) 企业的信誉和实力。
(6) 对谈判时间因素的反应。
(7) 谈判的艺术和技巧。

(六) 采购谈判的过程

采购谈判的过程可以分为三个显著的阶段：谈判前、谈判中和谈判后。

1. 采购谈判前计划的制订步骤

(1) 确立谈判的具体目标。
(2) 分析各方的优势和劣势。
(3) 收集相关信息。
(4) 认识对方的需要。
(5) 识别实际问题和情况。
(6) 为每一个问题设定一个成交位置。
(7) 开发谈判战备与策略。
(8) 向其他人员简要介绍谈判内容。
(9) 谈判预演。

2. 采购谈判过程中的步骤

(1) 双方互做介绍，商议谈判议程和程序规则。
(2) 探讨谈判所涉及的范围，即双方希望在谈判中解决的事宜。
(3) 要谈判成功，双方需要达成一致意见的共同目标。
(4) 在可能的情况下，双方需要确定并解决阻碍谈判达成共同目标的分歧。
(5) 达成协议，谈判结束。

3. 采购谈判后的工作

(1) 起草一份声明，尽可能清楚地详述双方已经达成一致的内容，并将其呈送到谈判各方以便提出自己的意见并签名。

(2) 将达成的协议提交给双方各自的委托人，也就是双方就哪些事项达成协议，从该协议中可以获益什么。

(3) 执行协议。

(4) 设定专门程序监察协议履行情况，并处理可能会出现的任何问题。

(5) 在谈判结束后和对方举行一场宴会是必不可少的，在激烈交锋后，这种方式可以消除谈判过程中的紧张气氛，有利于维持双方的关系。

五、供应商的评估与选择

选择和评价供应商是采购流程中最重要的一环，它涉及高质量物料和服务的确定与评价。选择和评价供应商的过程还可细分为物色供货厂商、精选供货厂商和确定供货厂商三个阶段。物色供货厂商的目的在于通过广泛调查和收集信息，尽可能多地征求意见，最后编制出可能的供货厂商的相关情况表，然后，在此基础上，进行供货厂商的选择决策，精选供货厂商，有时还可编制出供货厂商精选说明书，最后对供货厂商进行确定。

1. 初选供应商

1) 确定社会供应群体范围

从社会供应群体中划定参与本物料项目供应的供应商。一般来说，每一个成熟的企业都有自己的供应商群体，如果不能满足项目要求，则到社会行业供应商群体中去寻找。但对一个新企业来说，供应群体的确定较为困难，较妥善解决的办法是招聘有丰富行业采购经验的认证人员。

2) 研究供应商提供的资料，并向相关供应群体发放调查问卷

任何想成为企业供应商的社会供应者都应提供介绍资料，以便成为下一步程序选中的意向供应商。而这种介绍资料包括采购企业从相关供应群体处回收的调查问卷。

3) 实地考察供应商

如有可能，应实地考察供应商，一方面是防止供应链增加不必要的中间环节，另一方面是更好地了解供应商的实力，以便企业作出最真实、最准确的判断。

4) 与供应商进行谈判

与供应商进行正面接触是必不可少的环节，经验丰富的认证人员通过此环节基本上可以弄清供应商群体的实力。

5) 发放认证说明书

经过以上四个环节，基本上确定了参与本次采购项目觅标的供应群体，然后向他们发放认证说明书，包括图纸、技术规范、检验指导书等。

6) 供应商提供改善报告

供应商接到认证说明书及相关资料后，根据自己的情况拟制《供应报告》。其主要内

容有供应价格、品质报告、可供数量、售后服务情况等。

7) 供应商参与竞标

一般重要的物料供应，要求进行竞标，中标者才可入选。

8) 选定三个以上初选供应商

通过以上过程，认证人员整理资料，集体决定初选供应商的名额。

2. 选择供应商

1) 查看采购环境

形成公司物料项目的采购环境后，对小规模的采购，采购环境可能记录在认证报告文档上；对于大规模的采购，采购环境则使用信息系统来管理。订单人员在完成订单准备之后，要查询采购环境信息系统，以寻找适应本次物料的供应商群体。一般来说，一项物料应有三家以上的供应商，特殊情况下也会出现一家供应商，即独家供应商。

2) 分析供应商供应情况

如果向一个容量已经饱和的供应商下单，那么订单会难以被正常执行，最后导致订单操作失败。经验丰富的订单人员，首先应计算采购环境中供应商的容量，哪些是饱和的，哪些有空余的容量。如果全部饱和，应立即通知相关认证人员，商讨对策。

3) 供应商确认

从主观上对供应商的了解需要得到供应商的确认。供应商的组织结构的调整、设备的变化、厂房的扩建等都影响供应商的订单容量。有时需要进行实地考察，尤其是对谎报订单容量的供应商。经过以上活动，订单人员权衡利弊(既要考虑原定的订单分配比例，又要考虑现实容量情况)后可初步确定意向供应商，目的是确定本次订单计划由哪一家供应商供应，这是订单操作实质性进展的一步。

4) 发放订单说明书

既然是意向，就应该向供应商发放相关技术资料。一般来说，采购环境中的供应商应具备通过认证的物料生产工艺文件，如果是这样，订单说明书就不包括额外的技术资料。供应商在接到技术资料并分析后，即向订单人员作出"接单"还是"不接单"的答复。

5) 确定物料供应商

通过以上过程，订单人员决定本次订单计划所投向的供应商，必要时可上报主管审批，供应商可以是一家，也可以是若干家。

3. 确定供应商

1) 选择供应商首先要在总包和分包之间作出选择

在总包的情况下，完成整个任务(经常包括设计工作)的责任被交给了供应商。在分包中，任务被分成了几个部分，分别包给不同的供应商，协调由委托人负责。分包通常能够节约开支，但是可能存在沟通问题。

(1) 总包。总包的优点在于在项目执行过程中受到委托人的干涉比较有限。总包的缺点在于对项目的成本/价格结构缺乏了解，只对所用的原料(质量和数量)存在有限的影响。

(2) 分包。分包的优点在于：不要求委托人有相似的项目经验，委托人只需付出有限的努力，委托人对项目的成本/价格结构有深入了解，能够更好地对供应商和所用的原料加以控制，项目总成本较低。

分包的缺点在于：要求委托人对相关知识有深入的了解并且经验丰富，项目的协调和监控需要付出较多的时间和努力，沟通问题造成的风险可能会对项目活动造成延误。

分包的主要问题在于委托人必须对于独立的合同之间的相互协调有相当的把握。在此，整个项目活动中的连续性的全部责任在于委托人。如果失误了，很明显，期望中的成本优势将不会实现，并会导致一定的额外支出。

2) 在这个阶段要做的第二个决定就是在固定价格合同、成本补偿合同或单位价格合同之间作出选择

(1) 固定价格合同。在按照以固定价格为基础的合同执行工作时，委托人要求供应商以固定的价格执行所要求的活动，要求工作必须在预定时间内完成。

固定价格合同的优点在于：委托人确切地知道其财务状况；工作完成之后没有结算的需要，因为供应商承担了所有的风险；完工日期要求严格。

由于价格是固定的，尽可能高效地完成工作就成了供应商所关心的问题。固定的价格成了在协定条款内尽快完成工作或交付货物的诱因。

固定价格合同的缺点在于：如果委托人缺乏专业背景，就难以洞悉供应商的成本分析，这个问题可以通过向更多的供应商发出询价加以避免；准备需要时间，问题在于是否有足够的时间去准备详尽的说明书和进行正式的竞标程序；没人能够确切知道哪一个供应商是最佳的选择。

(2) 成本补偿合同。在成本补偿合同的情况下，将要完成的活动的特性和范围不是事先确定的。委托人要求供应商以事先确定的小时费率完成要求的活动，有时会与预先安排的百分比结合以冲销管理费。任务完成后的结算以供应商的每日报告(说明每天完成的工时)和所消耗的材料(如果有关)为基础。

成本补偿合同的优点在于：委托人得到了工作的成本结构情况；委托人在选择供应商时是自由的，事先就知道将与怎样的供应商打交道。

成本补偿合同的缺点在于：没有事先决定的固定价格，所以购买者对财务后果不是特别肯定；由于供应商所付出的每一个工时都会得到偿付，他就没有加紧工作的动机，每一次延误都会向委托人收取费用；完成日期无法确定。

这种方法的另外一个缺点在于委托人不会明确指出什么是他想要的。为了方便，说明书通常会留给供应商。由于最终成本的不确定性，很多购买者都会避免采用成本补偿合同。有些则只将其用于特定的、次要的保养/维修活动，因为此时的财务风险相对较为清楚。成本补偿合同并非是没有问题，一些问题必须与供应商事先讨论。

(3) 单位价格合同。在外包中经常用到并且应该在此提及的第三种合同类型是单位价格合同。这些合同规定了标准化工作和常规工作的单位活动的价格。例如，在石油公司中，会对外包给供应商的简单的安装和维护工作的单位价格进行一年一度的谈判(例如所安装的管道系统每米的单位价格，或者所清洗的每平方米地板的单位价格)。单位价格合同用于标准化的但是难以用数量和时间来衡量的工作。

所选择的合同方法在很大程度上决定了购买过程的其余步骤将如何演化。因此，这些决策必须由使用者和预算持有者共同制定。然而，购买者提出的其认为可行并且概括了考

虑事项的各种合同方法也可能影响决策。

总而言之，在选择供应商阶段，第一步，在总包和分包之间作出选择；第二步，需要在固定价格合同和成本补偿合同之间作出选择。

3) 说明书的要义应保持全面性

说明书实用性是对合同标的的全面说明，也是总价合同的至关紧要的先决条件，缺乏说明书会使得不同报价单之间的公平变得难以保证。说明书要义是否全面关系到供应商选择的各项要素评判。

(1) 可用时间。委托人是否有足够的时间进行投标程序和价格谈判，或工作是否应该马上开始。

(2) 技术专长。如果工作需要专业知识和技能，通常宁愿选择成本补偿合同。

(3) 产业知识。产业知识指的是委托人对于所从事的特定产业的运作方法和价格协议的了解程度。

选择一个供应商是采购流程和其前期活动中最重要的步骤之一。最后会选择一个供应商并与他就产品(或服务)的交付进行谈判，然而，有时任务可能会给予两个或更多的供应商(当外购战略中选择向双方或三方购买时)，没有被选中的供应商会被通知并说明标书被拒绝的原因。

第二节 供应链管理概述

一、供应链和现代供应链

(一)供应链的定义

供应链(Supply Chain)的思想源于物流(Logistics)，原指军方的后勤补给活动。随着商业的发展，便逐渐推广应用到商业活动上。物流系统最终目的在于满足消费者，将物流所讨论的范围扩大，把企业上下游成员纳入整合范围，就发展出供应链。希望能对相关的企业个体以及流程加以整合，以减少浪费与重复，并通过各相关企业紧密的合作，来提高经营绩效与服务水平。

供应链目前尚未形成统一的定义，许多学者从不同的角度出发给出了许多不同的定义。美国的供应链协会(Supply Chain Council)对供应链提出以下定义：供应链是包括从供应商的供应商到顾客的顾客之间，所有对产品的生产与配销之相关活动流程。

我国 2001 年发布实施的《物流术语》国家标准(GB/T18354—2001)中对供应链的定义是：生产及流通过程中，涉及将产品或服务提供给最终用户活动的上游与下游企业所形成的网链结构。

(二)现代供应链

现代供应链的概念更加注重围绕核心企业的网链关系，如核心企业与供应商、供应商的供应商乃至与一切前向的关系，与用户、用户的用户及一切后向的关系。此时对供应链的认识形成了一个网链的概念。

我国著名学者马士华在其《供应链管理》中认为供应链比较确切的定义应为：供应链(Supply Chain，SC)是围绕核心企业，通过对信息流、物流、资金流的控制，从采购原材料开始，制成中间产品以及最终产品，最后由销售网络把产品送到消费者手中的将供应商、制造商、分销商、零售商直到最终用户连成一个整体的功能网链结构模式。对于核心企业来说，供应链是连接其供应商、供应商的供应商以及客户、最终用户的网链。企业开展供应链始于运输管理方面，后又延伸至入库、最终产品库存、物料处理、包装、客户服务、采购和原材料等方面。在供应链上除资金流、物流、信息流外，根本的是要有增值流，在供应链上流动的各种资源，应是一个不断增值的过程。因此，供应链的本质是增值链。

二、供应链管理的定义

1. 流程观点的供应链管理

对供应链这一复杂系统，要想取得良好的绩效，必须找到有效的协调管理方法，供应链管理思想就是在这种情况下提出的。美国生产与库存控制协会(APICS)定义供应链管理：规划(Planning)、组织(Organizing)及控制(Controlling)所有供应链活动。全球供应链论坛(The Supply Chain Forum)提出的定义是：供应链管理是从最终用户到最初供应商的所有为客户及其他投资人提供价值增值的产品、服务和信息的关键业务流程的一体化。

2. 内部供应链管理

美国专家道格拉斯·兰伯特(Douglas Lambert)认为供应链管理是一个关键企业流程的整合，它整合了从终端使用者到原有供应商的流程，它提供了增值的产品、服务与信息给顾客和其他投资者。

苏尼尔·乔普拉(Sunil Chopra)在企业供应链的宏观流程中提出内部供应链管理是三大宏观流程之一。内部供应链管理的主要目的是以最有效的、尽可能低的成本满足由客户关系管理流程产生的需求。

Evens 认为供应链管理是通过前馈的信息流和反馈的物料流及信息流，将供应商、制造商、分销商、零售商，直到最终用户连成一个整体的管理模式。

3. 跨企业供应链管理

Phillip 则认为供应链管理不是供应商管理的别称，而是一种新的管理策略，它把不同企业集成起来以提高整个供应链的效率，注重企业之间的合作。供应链管理是通过前馈的信息流和反馈的物料流及信息流将供应商、制造商、分销商直到最终用户联系起来的一个整体模式的管理，它与现行的企业管理模式有着较大区别。

我国的《物流术语》中将供应链管理定义为：利用计算机网络技术全面规划供应链中的商流、物流、信息流、资金流等，并进行计划、组织、协调与控制。

对于供应链管理，虽有许多不同定义，但基本都认为是通过计划和控制实现企业内部和外部之间的合作，实质上它们在一定程度上都集成了供应链和增值链两个方面的内容。

4. 系统集成观点的供应链管理

马士华在其《供应链管理》中认为供应链管理(Supply Chain Management)是用系统的观点通过对供应链中的物流、信息流和资金流进行设计、规划、控制与优化，整合供应链的上中下游，最大限度地减少内耗与浪费，实现供应链整体效率的最优化并保证供应链中的成员取得相应的绩效和利益，来快速满足顾客需要的整个管理过程。也就是在恰当的时机内以合理的价格将合适的产品投放到正确的地点。供应链管理的最根本目的就是增强企业竞争力，提高顾客的满意程度，是一种集成的管理思想和方法，把供应链上的各个企业作为一个不可分割的整体，使供应链上各企业分担的采购、生产、分销和销售的职能成为一个协调发展的有机体，以顾客满意度为目标，改革和优化链中各环节，达到在提高顾客满意度的同时实现销售的增长、成本的降低以及投资的更加有效运用，从而全面提高企业竞争力。

三、供应链的特征及其分类

(一)供应链的特征

(1) 复杂性。因为供应链节点企业组成的层次不同，供应链往往是由多个、多类型甚至多国企业所组成，所以供应链结构模式比一般单个企业的结构模式更为复杂。

(2) 动态性。因为企业战略和适应市场需求变化的需要，供应链中节点企业需要动态更新，使得供应链具有明显的动态性。

(3) 面向用户的需求。供应链的形成、存在、重构，都是基于一定的市场需求。用户需求的拉动是供应链中信息流、物流和资金流运作的驱动源。

(4) 交叉性。节点企业可以是多个供应链的成员，众多的供应链形成交叉结构，增加了协调管理的难度。

(二)供应链的类型

供应链可以分为内部供应链和外部供应链两类。内部供应链是指企业内部产品生产和流通过程中所涉及的采购部门、生产部门、仓储部门、销售部门等组成的供需网络。而外部供应链则是指企业外部的，与企业相关的产品生产和流通过程中涉及的原材料供应商、生产厂商、储运商、零售商以及最终消费者组成的供需网络。内部供应链和外部供应链共同组成了企业产品从原材料到成品最终送到消费者手中的供应链。可以说，内部供应链是外部供应链的缩小化。如对于制造厂商，其采购部门就可看作外部供应链中的供应商。它们的区别只在于外部供应链范围大，涉及的企业众多，企业间的协调更困难。

供应链的产生和发展的历史虽然短暂，但由于它在企业经营中的重要地位和作用，以及它对提升企业竞争力的明显优势，其发展速度很快，已经形成了具有明显特点的供应链模式和结构。从不同的角度出发，按不同的标准，可以将供应链划分为不同的类型。

1. 按照供应链管理对象划分

这里所说的供应链管理对象是指供应链所涉及的企业及其产品、企业的活动、参与的人员和部门。

根据供应链管理的研究对象及其范围,供应链可以分为三种类型。

(1) 企业供应链。它以某个企业为核心,以该企业的产品为主导,形成包括该企业的供应商、供应商的供应商以及一切向前的关系,和用户、用户的用户及一切向后的关系。这个核心企业在整个供应链中具有明显的主导地位和作用,对整个供应链的建立和组织起关键作用。

(2) 产品供应链。它是以某一特定产品或项目为中心、由特定产品或项目需求所拉动的、包括与此相关的所有经济活动的供应链。产品供应链上的企业管理紧密,它们相互依存。供应链的效率取决于相关企业的密切合作,因此,基于信息技术的系统化管理是提高供应链运作效率的关键。

(3) 基于供应链合作伙伴关系的供应链。供应链合作伙伴关系主要是针对这些职能成员间的合作进行管理。基于供应链合作伙伴关系的供应链一般通过契约协调双方或多方间的利益,实现物流、信息流、资金流的流动与交换。

上述三种供应链管理对象的区分意义是彼此相关的,在一些方面是相互重叠的,这对于考察供应链和研究不同的供应链管理方法是有帮助的。

2. 按照供应链网络结构划分

(1) V 型供应链。V 型供应链是供应链网状结构中最基础的结构。这种供应链以大批量物料存在方式为基础,经过企业加工转换为中间产品,提供给其他企业作为它们的原材料。生产中间产品的企业往往客户要多于供应商,呈发散状。例如,原料经过中间产品的生产和转换,成为工业原材料,如石油、化工、造纸和纺织等企业,这些企业产生种类繁多的产品,满足众多下游客户的需求,从而形成了 V 型供应链。

(2) A 型供应链。当核心企业为供应网络上的最终用户服务时,它的业务本质上是由订单和客户驱动的。在制造、组装和总装时,会遇到一个与 V 型供应链相反的问题,即为了满足相对少数的客户需求和客户订单,需要从大量的供应商手中采购大量的物料。这是一种典型的汇聚性的供应链网,即 A 型供应链。这种供应链需要加强供应商和制造商之间的密切合作,共同控制库存量。

(3) T 型供应链。介于上述两种模式之间,许多企业通常结成的是 T 型供应链。他们通常根据订单确定通用件,从与自己相似的供应商公司采购大量的物料,通过制造标准化来降低订单的复杂程度,为大量终端客户和合作伙伴提供构件和套件。如医药保健品、电子产品和食品等行业,以及为总装配提供零部件的公司也同样存在,如为汽车、电子机械和飞机主机厂商提供零配件的企业等。

3. 按照供应链驱动力的来源划分

按照供应链驱动力的来源,供应链可以分为推动式供应链和拉动式供应链。

1) 推动式供应链

推动式供应链的运作是以产品为中心,以生产制造商为驱动原点,这种传统的推动式供应链管理是以生产为中心,力图尽量提高生产率,降低单件产品成本来获得利润。通常,生产企业根据自己的 MRP-Ⅱ/ERP 计划来安排从供应商处购买原材料，生产出产品，并将产品经过各种渠道，如分销商、批发商、零售商一直推至客户端。在这种供应链上，生产商对整个供应链起主导作用，是供应链上的核心或关键成员，而其他环节如流通领域的企业则处于被动的地位，这种供应链方式的运作和实施相对较为容易。然而，由于生产商在供应链上远离客户，对客户的需求远不如流通领域的零售商和分销商了解得清楚，这种供应链上企业之间的集成度较低，反应速度慢，在缺乏对客户需求了解的情况下生产出的产品和驱动供应链运作的方向往往是无法匹配和满足客户需求的。

同时，由于无法掌握供应链下游，特别是最末端的客户需求，一旦下游有微小的需求变化，反映到上游时这种变化将被逐级放大，这种效应被称为牛鞭效应。为了对付这种牛鞭效应，相应下游，特别是最终端客户的变化，在供应链的每个节点上，都必须采取提高安全库存量的办法，需要储备较多的库存来应付需求变动，因此，整个供应链上的库存较高，响应客户需求变化较慢。传统的供应链管理几乎都属于推动式的供应链管理，如图 8-1 所示。

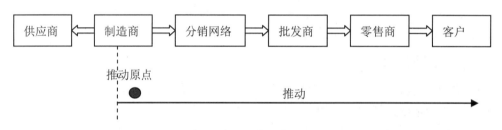

图 8-1　推动式供应链

2) 拉动式供应链

拉动式供应链管理的理念是以顾客为中心，通过对市场和客户的实际需求以及对其需求的预测来拉动产品的生产和服务。因此，这种供应链的运作方式和管理被称为拉动式的供应链管理。其结构原理如图 8-2 所示。

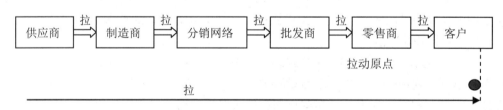

图 8-2　拉动式供应链

但在一个企业内部，对于有些业务流程来说，有时推动式和拉动式方式共存。如戴尔计算机公司的 PC 生产线，既有推动式运作又有拉动式运作，其 PC 装配的起点就是推和拉的分界线，在装配之前的所有流程都是推动式流程，而装配和其后的所有流程都是拉动式流程，完全取决于客户订单。这种推拉共存的运作对制定有关供应链设计的战略决策非常有用。例如，供应链管理中的延迟生产策略就很好地体现了这一点，通过对产品设计流程的改进，使推和拉的边界尽可能后延，便可有效地解决大规模生产与大规模个性定制之间的矛盾，在充分利用规模经济的同时实现大批量客户化生产。

4. 其他划分

供应链还可以根据不同的标准划分为以下几种类型。

1) 稳定的供应链和动态的供应链

根据供应链存在的稳定性划分，可以将供应链分为稳定的和动态的供应链。基于相对稳定、单一的市场需求而组成的供应链稳定性较强，而基于相对频繁变化、复杂的需求而组成的供应链动态性较强。在实际管理运作中，需要根据不断变化的需求，相应地改变供应链的组成。

2) 平衡的供应链和倾斜的供应链

根据供应链容量与用户需求的关系可以划分为平衡的供应链和倾斜的供应链。一个供应链具有一定的、相对稳定的设备容量和生产能力(所有节点企业能力的综合，包括供应商、制造商、运输商、分销商、零售商等)，但用户需求处于不断变化的过程中，当供应链的容量能满足用户需求时，供应链处于平衡状态，而当市场变化加剧，造成供应链成本增加、库存增加、浪费增加等现象时，企业不是在最优状态下运作，供应链则处于倾斜状态。

平衡的供应链可以实现各主要职能(采购/低采购成本、生产/规模效益、分销/低运输成本、市场/产品多样化和财务/资金运转快)之间的均衡。

3) 有效性供应链和反应性供应链

根据供应链的功能模式(物理功能和市场中介功能)可以把供应链划分为两种：有效性供应链(Efficient Supply Chain)和反应性供应链(Responsive Supply Chain)。有效性供应链主要体现供应链的物理功能，即以最低的成本将原材料转化成零部件、半成品、产品，以及在供应链中的运输等；反应性供应链主要体现供应链的市场中介的功能，即把产品分配到满足用户需求的市场，对未预知的需求做出快速反应等。

四、供应链的绩效评价

(一)供应链绩效管理

供应链绩效管理就是指从供应链整体出发，为综合运用各种先进的技术与方法，开发供应链系统的各种潜能，顺次完成绩效计划、绩效实施、绩效评价和绩效反馈等过程，以提高供应链整体及其成员绩效而进行的管理。供应链绩效管理的目标是通过对供应链流程的监控和管理，协调各个环节和成员企业的利益分配，不断提高供应链及其成员企业运作的效率与效益，不断改善供应链性能和绩效水平。

(二)供应链绩效评价

供应链绩效评价常用指标分成内部绩效评价指标、外部绩效评价指标和供应链综合绩效评价指标三类。

1. 内部绩效评价指标和外部绩效评价指标

(1) 准时交货率是指下游供应商在一定时间内准时交货的次数占其总交货次数的百分

比。供应商准时交货率低，说明其协作配套的生产能力达不到要求，或者是对生产过程的组织管理跟不上供应链运行的要求；供应商准时交货率高，说明其生产能力强，生产管理水平高。

(2) 成本利润率，这是指单位产品净利润占单位产品总成本的百分比。在市场经济条件下，产品价格是由市场决定的，因此，在市场供需关系基本平衡的情况下，供应商生产的产品价格可以看成是一个不变的量。按成本加成定价的基本思想，产品价格等于成本加利润，因此产品成本利润率越高，说明供应商的盈利能力越强，企业的综合管理水平越高。在这种情况下，由于供应商在市场价格水平下能获得较大利润，其合作积极性必然增强，必然对企业的有关设施和/或设备进行投资和改造，以提高生产效率。

(3) 产品质量合格率，这是指质量合格的产品数量占产品总产量的百分比，它反映了供应商提供货物的质量水平。质量不合格的产品数量越多，则产品质量合格率就越低，说明供应商提供产品的质量不稳定或质量差，供应商必须承担对不合格的产品进行返修或报废的损失，这样就增加了供应商的总成本，降低了其成本利润率。因此，产品质量合格率指标与产品成本利润率指标密切相关。同样，产品质量合格率指标也与准时交货率密切相关，因为产品质量合格率越低，就会使得产品的返修工作量加大，必然会延长产品的交货期，使得准时交货率降低。

2. 供应链综合绩效评价指标

1) 产销率指标

产销率是指在一定时间内已销售出去的产品与已生产的产品数量的比值。产销率指标又可分成如下三个具体的指标：①供应链节点企业的产销率，反映供应链节点企业在一定时间内的经营状况；②供应链核心企业的产销率，反映供应链核心企业在一定时间内的产销经营状况；③供应链产销率，反映供应链在一定时间内的产销经营状况。该指标除了反映产品生产和销售量的比率外，还反映了供应链资源(包括人、财、物、信息等)的有效利用程度，产销率越接近1，说明资源利用程度越高。同时，该指标也反映了供应链库存水平和产品质量，其值越接近1，说明供应链成品库存量越小。产销率指标中所用的时间单位越小(比如：天)，说明供应链管理水平越高。

2) 平均产销绝对偏差指标

该指标反映在一定时间内供应链总体库存水平，其值越大，说明供应链成品库存量越大，库存费用越高。反之，说明供应链成品库存量越小，库存费用越低。

3) 产需率指标

产需率是指在一定时间内，节点企业已生产的产品数量与其上层节点企业(或用户)对该产品的需求量的比值。具体分为如下两个指标：①供应链节点企业产需率。该指标反映上、下层节点企业之间的供需关系。产需率越接近1，说明上、下层节点企业之间的供需关系协调，准时交货率高；反之，则说明下层节点企业准时交货率低或者企业的综合管理水平较低。②供应链核心企业产需率。该指标反映供应链整体生产能力和快速响应市场能力。若该指标数值大于或等于1，说明供应链整体生产能力较强，能快速响应市场需求，具有较强的市场竞争能力；若该指标数值小于1，则说明供应链生产能力不足，不能快速响应市场需求。

4) 供应链产品出产(或投产)循环期或节拍指标

当供应链节点企业生产的产品为单一品种时，供应链产品出产循环期是指产品的出产节拍；当供应链节点企业生产的产品品种较多时，供应链产品出产循环期是指混流生产线上同一种产品的出产间隔。由于供应链管理是在市场需求多样化经营环境中产生的一种新的管理模式，其节点企业(包括核心企业)生产的产品品种较多，因此，供应链产品出产循环期一般是指节点企业混流生产线上同一种产品的出产间隔期。它可分为如下两个具体的指标：①供应链节点企业(或供应商)零部件出产循环期。该循环期指标反映了节点企业库存水平以及对其上层节点企业需求的响应程度。该循环期越短，说明该节点企业对其上层节点企业需求的快速响应性越好。②供应链核心企业产品出产循环期。该循环期指标反映了整个供应链在制品库存水平和成品库存水平，同时也反映了整个供应链对市场或用户需求的快速响应能力。核心企业产品出产循环期决定着各节点企业产品出产循环期，即各节点企业产品出产循环期必须与核心企业产品出产循环期合拍。该循环期越短，说明整个供应链的在制品库存量和成品库存量都比较少，总的库存费用都比较低；另一方面也说明供应链管理水平比较高，能快速响应市场需求，并具有较强的市场竞争能力。

5) 供应链总运营成本指标

供应链总运营成本包括供应链通信成本、供应链库存费用及各节点企业外部运输总费用。它反映供应链运营的效率。其具体分析如下：①供应链通信成本。供应链通讯成本包括各节点企业之间的通信费用，如 EDI、因特网的建设和使用费用；供应链信息系统开发和维护费等。②供应链总库存费用。它包括各节点企业在制品库存和成品库存费用、各节点之间在途库存费用。③各节点企业外部运输总费用。各节点企业外部运输总费用等于供应链所有节点企业之间运输费用的总和。

6) 供应链核心企业产品成本指标

供应链核心企业的产品成本是供应链管理水平的综合体现。根据核心企业产品在市场上的价格确定出该产品的目标成本，再向上游追溯到各供应商，确定出相应的原材料、配套件的目标成本。只有当目标成本小于市场价格时，各个企业才能获得利润，供应链才能得到发展。

7) 供应链产品质量指标

供应链产品质量是指供应链各节点企业(包括核心企业)生产的产品或零部件的质量，主要包括合格率、废品率、退货率、破损率、破损物价值等指标。

五、供应链合作伙伴关系

供应链合作伙伴关系(Supply Chain Partnership，SCP)一般是指在供应链内部两个或两个以上独立的成员之间形成的一种协调关系，以保证实现某个特定的目标或效益。建立供应链合作伙伴关系的目的，在于通过提高信息共享水平，减少整个供应链产品的库存总量、降低成本和提高整个供应链的运作绩效。选择合适的供应链合作伙伴，合作伙伴必须拥有各自的核心竞争力。

(一) 选择供应链合作伙伴的原则

1. 基本要求

(1) 合作伙伴必须拥有各自的核心竞争力。
(2) 合作伙伴必须拥有相同的价值观和战略思想。

2. 原则

(1) 工艺与技术的连贯性。
(2) 企业的业绩和经营状况。
(3) 有效的交流和信息共享。
(4) 合作伙伴不要求过多,而在于少而精。

(二) 供应链合作伙伴选择的方法

1. 直观判断法

直观判断法是根据征询和调查所得的资料并结合人的分析判断,对合作伙伴进行分析、评价的一种方法。这种方法主要是倾听和采纳有经验的采购人员意见,或者直接由采购人员凭经验作出判断。常用于选择企业非主要原材料的合作伙伴。

2. 招标法

当订购数量大、合作伙伴竞争激烈时,可采用招标法来选择适当的合作伙伴。它是由企业提出招标条件,各招标合作伙伴进行竞标,然后由企业决标,与提出最有利条件的合作伙伴签订合同或协议。招标法可以是公开招标,也可以是指定竞级招标。

3. 协商选择法

在供货方较多、企业难以抉择时,也可以采用协商选择的方法,即由企业先选出供应条件较为有利的几个合作伙伴,同他们分别进行协商,再确定适当的合作伙伴。与招标法相比,协商选择法由于进行协商,在物资质量、交货日期和售后服务等方面较有保证。

4. 采购成本比较法

对质量和交货期都能满足要求的合作伙伴,则需要通过计算采购成本来进行比较分析。采购成本一般包括售价、采购费用、运输费用等各项支出的总和。采购成本比较法是通过对各个不同合作伙伴的采购成本进行计算分析,选择采购成本较低的合作伙伴的一种方法。

5 层次分析法

层次分析法是将决策问题按总目标、各层子目标、评价准则直至具体的备选方案的顺序分解为不同的层次结构,然后用求解判断矩阵特征向量的办法,求得每一层次的各元素对上一层次某元素的优先权重,最后再加权求和,递阶归并各备选方案对总目标的最终权重,此最终权重最大者即为最优方案。

6 神经网络算法

解决优化问题,有很多算法(最常见的就是梯度下降),这些算法也可以用于优化神经网络。每个深度学习库中，都包含了大量的优化算法，用于优化学习速率，让网络用最少的训练次数达到最优，还能防止过拟合。

(三)供应链合作伙伴选择的步骤

(1) 合作伙伴的粗筛选，从企业战略的角度来检验是否需要建立供应商合作关系，以及建立哪个层次的供应商合作关系。

(2) 合作伙伴的细筛选，确定挑选合作伙伴的准则，评估潜在的候选企业。

(3) 合作伙伴的精练和确认，正式建立合作伙伴关系。

(4) 合作伙伴的跟踪评价，维持和精练合作伙伴关系，包括增强彼此间的合作关系或解除合作伙伴关系。

(四)供应链合作伙伴的评价与选择

(1) 需求和必要性分析；
(2) 确立合作伙伴的选择目标；
(3) 建立合作伙伴评价标准；
(4) 建立评价小组；
(5) 合作伙伴参与；
(6) 评价供应链合作伙伴；
(7) 实施供应链合作伙伴关系。

(五)建立供应链合作伙伴关系注意的问题

(1) 相互信任；
(2) 信息共享；
(3) 权责明确；
(4) 解决合作伙伴之间问题的方法和态度。

第三节 供应链环境下的采购管理

一、供应链环境下的采购管理的概念

(一)供应链管理环境下的采购定义

根据美国供应协会对供应的最新阐述，把供应链管理环境下的采购定义为：企业为了追求和实现它的战略目标而进行的一系列紧密与生产和库存相连的识别、采办、获取与管理它所需的所有资源的活动。

对这个定义的正确理解需要注意以下几个方面的问题。

(1) 企业的采购行为应该在其战略目标的指导下进行。这里有两方面的含义。

首先是指采购行为不是拘泥于企业的某个层次、某个部门或者某个时段的目标，在采

购行为与某些时间上或者空间上的分目标相冲突时,其合理性要以是否有助于企业总体战略目标的实现来衡量。

其次是指企业的采购行为应该最大限度地保障或促进企业战略目标的实现。采购部门直接将企业内部和外部的环境相连接,但在传统的采购中,由于组织沟通的障碍和集成的程度、科学性的欠缺,导致了企业不能把采购部门所获取的信息和情报转化成为组织更深层次的竞争优势。所以在供应链管理思想下,采购管理应该为企业战略目标的制定、实施和评价提供应有的支持。

(2) 识别是指对市场中各种机遇的把握和辨别。机遇是指诸如新材料的出现、新技术的兴起、可能的供应商的出现这些变化。一旦市场上出现这些变化,企业的采购部门应该能够对这些变化进行分析并根据自身的特点充分利用这些机会,这极大地突破了采购的传统职能。

(3) 采购是指比购买更广泛的获取商品或服务的行为。它包括分析和制定寻找以及使用供应源的策略,还意味着需要与供应商维持适当的关系、开发采购方法、优化采购流程以及在组织内部和组织之间进行领导和协调。

(4) 获取是指最终取得某种物品或服务的使用价值或潜在使用价值。这比传统的采购理念更精确地定义了采购的对象。采购部门要获得的不是采购物品本身,而是一种功能,这就极大地扩大了可供选择的供应源的范围,通过对各种替代品或替代技术的分析提高了采购行为的科学性和经济性,使采购行为从传统的被动行为转向为主动行为。

从以上对采购的定义我们可以知道,供应链管理环境下的采购管理就是指采购组织对企业为了追求和实现它的战略目标而进行的一系列与生产和库存紧密相连的识别、采购、获取与管理它所需的所有资源的活动的计划、组织、协调和控制。在这种管理思想下,企业的采购行为和传统的采购行为相比有了很大的变化。

(二)供应链管理环境下的采购行为的转变

和传统的采购行为相比,供应链管理环境下采购行为的转变体现在以下三个方面。

1. 从为库存而采购转变为为订单而采购

传统的采购过程缺乏主动性,很大程度上是为了补充库存而采购。采购部门并不了解生产部门的生产计划、生产进度和准确需求,采购部门所制订的采购计划不能很好地适应生产的要求。在供应链管理环境下,采购活动是以订单驱动方式进行的,制造订单的产生是在用户需求订单的驱动下产生的,然后,制造订单驱动采购订单,采购订单再驱动供应商。这种订单驱动的采购模式,使供应链系统得以准时响应用户的需求,从而降低了库存成本,提高了物流的速度和库存周转率。其业务流程如图8-3所示。

为实现采购方式由库存驱动向订单驱动的转变,企业必须做到以下几点:①与主要供应商建立战略合作伙伴关系,简化采购流程,降低交易费用。②协调供应链同步计划,使制造计划、采购计划、供应计划能够同步进行,缩短用户响应时间,实现供应链的同步化运作。③采购物资直接进入制造部门,减少不增加价值的物资流转过程和采购部门的工作压力,实现供应链的精细化运作。④改变信息的传递方式,让供应商共享制造部门的信息,提高供应商的响应速度,同时在订货过程中不断地进行信息反馈,修正订货计划,使订货与需求保持同步。⑤实行面向过程的作业管理模式。过程管理是供应链管理的重点之一,供应链环境下的采购管理以采购过程为管理对象,这个过程是由相关的企业内部业务部门和供应链上其他节点企业相关部门的活动组成的一个整体功能过程,通过对系统过程的物流、资金流、信息流的统一协调和控制,从整体上优化采购业务流程,以达到采购过程的总成本和总效率的最佳匹配。

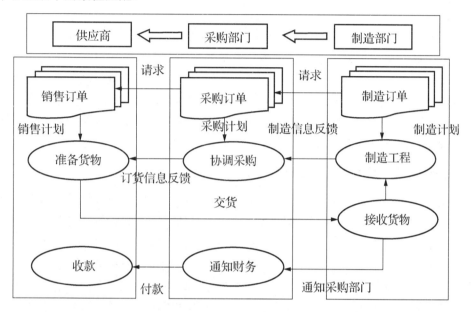

图 8-3 订单驱动的采购业务流程

2. 从采购管理转变为外部资源管理

传统的采购管理由于与供应商缺乏信任和合作,导致采购行为缺乏柔性和快速的响应能力,采购企业和供应商的业务不能实现无缝对接。为了实现供应链企业的同步化运作,企业和供应商必须建立新的供需合作模式,把对采购的事后控制转变为对采购过程的事中控制,也就是要实现管理的延伸,将对本企业内部的采购职能的管理转变为对外部资源的管理。实施外部资源管理也是实施精细化生产、零库存生产的要求。

供应链管理中一个重要的思想是在生产控制中采用基于订单流的准时化生产模式,使供应链企业的业务流程朝着精细化生产方向努力,即实现生产过程的几个"零"化管理:零缺陷、零库存、零交货期、零故障、零纸文书、零废料、零事故、零人力资源浪费。外部资源管理是实现供应链管理的上述思想的一个重要步骤——企业集成,它是供应链企业从内部集成走向外部集成的重要一步。要实现有效的外部资源管理,制造商的采购活动应从以下几个方面着手进行改进。

(1) 与供应商建立一种长期的、互惠互利的合作关系。这种合作关系保证了供需双方能够有合作的诚意和参与双方共同解决问题的积极性。

(2) 通过提供信息反馈和教育培训支持,在供应商之间促进质量改善和质量保证。传统采购管理的不足在于没有给予供应商在有关产品质量保证方面的技术支持和信息反馈。在顾客化需求的今天，产品的质量是由顾客的要求决定的，而不是简单地通过事后把关所能解决的。因此在这样的情况下，质量管理的工作需要下游企业提供相关质量要求的同时，应及时把供应商的产品质量问题及时反馈给供应商，以便其及时改进。对个性化的产品质量要提供有关技术培训，使供应商能够按照要求提供合格的产品和服务。

(3) 参与供应商的产品设计和产品质量控制过程。制造商企业应该参与供应商的产品设计和质量控制过程，共同制定有关产品质量标准等，使需求信息能很好地在供应商的业务活动中体现出来，为供应链的同步化运作提供支持。

(4) 协调供应商的计划。一个供应商有可能同时参与多条供应链的业务活动，在资源有限的情况下必然会造成多方需求争夺供应商资源的局面。在这种情况下，下游企业的采购部门应主动参与供应商的协调计划，在资源共享的前提下，保证供应商不至于因为资源分配不公或出现供应商抬杠的矛盾，保证供应链的正常供应关系，维护企业的利益。

(5) 建立一种新的、有不同层次的供应商网络，并通过逐步减少供应商的数量，致力于与供应商建立合作伙伴关系。

3. 从一般买卖关系转变为战略伙伴关系

在传统的采购模式中，采供双方是简单的对抗性的买卖关系，因此无法解决一些涉及全局性、战略性的供应链问题，而基于战略伙伴关系的采购方式为解决这些问题创造了条件。这些问题是：①库存问题。在传统的采购模式下，供应链的各级企业都无法共享库存信息，各级节点企业都独立地采用订货点技术进行库存决策，不可避免地产生需求信息的扭曲现象，导致整个供应链上库存重复、产品积压、成本增加。但在供应链管理模式下，通过双方的合作伙伴关系，供应与需求双方可以共享需求和库存数据，减少了需求信息的失真现象。②风险问题。供需双方通过战略性合作关系，可以降低由于不可预测的变化带来的风险，比如运输过程的风险、信用的风险、产品质量的风险等。③通过合作伙伴关系的建立可以使双方从简化的采购供应流程中受益，从烦琐的事务性工作中解放出来，集中力量制订战略性的采购供应计划。④采购成本问题。通过合作伙伴关系，双方减少了许多不必要的手续和谈判过程，也避免了信息不对称决策可能造成的成本损失，降低了企业的采购成本。⑤战略性的伙伴关系消除了供应过程的组织障碍，为实现准时化采购创造了条件。

(三)供应链环境下的采购管理的内容

采购管理的具体内容包括采购市场的研究、采购目标的确立、采购策略和计划的生成、采购作业的实施(包括商务谈判、订货合同、进货实施、支付善后处理)、库存管理、供应商关系管理和采购过程的控制和评估。如图 8-4 所示为采购管理流程示意图。

从图 8-4 中我们可以看到，供应链环境下的采购管理过程中存在着大量的信息流动，包括采购数据、最终客户的需求数据、生产环节的物料需求数据、库存数据、供应商数据等。这些信息是否能够得到及时的传递和能否实现充分共享直接关系到采购管理的各环节的效益和效率，因此，供应链环境下的采购管理必须有相应的信息支持系统作为保障。

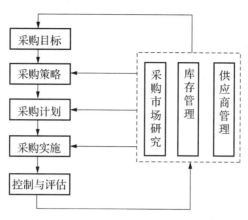

图 8-4 采购管理流程示意图

(四)供应链环境下采购管理的目标

1. 采购职能总体目标

对于采购职能总体目标的表述是：它获得的物料应该是货真价实的(即满足质量上的要求)，数量是符合要求的，并以准确的时间发送至正确的地点，物料必须来源于合适的供应商(即一个可靠的、将及时地履行其承诺的义务的供应商)。同时，与之相适应的，还要获得合适的服务(不仅仅是指采购之前，还包括成交之后)，当然价格也必须是合理的。通常采购决策者总是试图去协调这些常常是相互冲突的目标，他们通过作出取舍来得到这些目标的最优组合。

2. 分目标

采购管理的总体目标可以分解为下述具体的目标：①提供不间断的物料流和物资流，保证整个组织正常运转。②减少采购中间环节，优化采购流程。③使存货投资和损失保持最小。④保持并提高质量，避免因低质量物料投入而造成的高额纠正成本。⑤发现或发展有竞争力的供应商，优化供应商结构，建立供应商伙伴关系并且与其一起努力对流程和质量进行持续的改进。⑥当条件允许的时候，将所购物料标准化。这样有利于进行集中采购，减少库存投资，降低员工培训成本和设备使用过程中的维护费用。⑦以最低的总成本获得所需的物资和服务。在履行采购职能的过程中，采购决策者不能仅仅将目光放在购买价格上，还要密切注意其他的隐含成本，例如运输费用、设备维护和升级费用、员工培训费用、回收或者报废成本。⑧从采购部门的角度参与新产品的开发，实现新产品开发的并行工程。⑨在企业内部与其他职能部门建立和谐而富有生产效率的工作关系。⑩以可能的最低水平的管理费用来完成采购目标。

二、供应链环境下的准时化采购

1. 准时化采购的概念

准时化采购也叫 JIT(Just In Time)采购，它是准时化生产在采购中的应用。准时化生产是二战以后最重要的生产方式之一，由于它起源于日本的丰田汽车公司，因而曾被称为"丰田生产方式"。后来随着这种生产方式的独特性和有效性被越来越广泛地认识、研究和应用，人们才称之为 JIT。JIT 是一种浓缩各种精华的哲理，它是在重复制造的生产环境下发展起来的一种先进的管理思想、管理方法及管理模式，可以用于任何类型的企业业务中任何具有重复性的部分。JIT 的思想核心可以归结为在恰当的时间、恰当的地点，以恰当的数量和质量提供恰当的物品。消除一切无效的劳动与浪费，超过所需要最小数量的任何东西都将被看成是浪费。

2. 准时化采购的特点

JIT 十分重视客户的个性化需求，重视人的作用，重视对物流的控制，主张在生产活动中有效降低采购、物流成本，要求全过程各阶段都要具有高水平的质量、良好的供应商关系以及对最终产品需求的准确预测。

JIT 采购是一种先进的采购模式，是为了消除库存和不必要的浪费而进行的持续性改进。它是一种理想的物资采购方式，为采购活动设置了一个最高标准、一种极限目标，即原材料和外购件的库存为零、缺陷为零。

JIT 采购对于供应链管理思想的贯彻实施有重要的意义。供应链环境下的采购模式采用订单驱动的方式，订单驱动使供应与需求双方都围绕订单运作，采购方式就是并行的，当采购部门产生一个订单时，供应商即开始着手物品的准备工作。与此同时，采购部门编制详细采购计划，制造部门也进行生产的准备过程，当采购部门把详细的采购单提供给供应商时，供应商就能很快地将物资在较短的时间内交给用户。当用户需求发生改变时，制造订单又驱动采购订单发生改变。如果没有准时的采购方法，供应链企业很难适应这样一种快速的改变过程。因此，准时化采购能够使企业实现准时化、同步化运作，它体现了供应链管理的协调性、同步性和集成性，增加了供应链的柔性和敏捷性。

JIT 采购是一种全新的采购策略，它与传统采购模式的区别如表 8-1 所示。

表 8-1　JIT 采购与传统采购模式的区别

项　目	JIT 采购	传统采购
供应商选择	单源供应、长期合作关系	多源供应、短期合作关系
采购批量	小批量、送货频率高	大批量、送货频率低
供应商评价	质量、价格等	质量、价格等
磋商重点	长期合作关系、质量和合理的价格	获取最低的价格
运输	准时送货、采购者负责计划安排	较低的成本、供应商负责安排
包装	特定要求	常规包装
检验	逐渐减少、最终取消	收货、点数统计、品质鉴定
信息交换	快速、可靠	一般要求

3. 准时化采购的意义

具体来说，企业实施 JIT 采购有着重要的意义，主要体现在以下几方面。

(1) 大幅度减少原材料和外购件的库存。根据国外实施 JIT 企业的一些测算，实施 JIT

采购使企业的原材料和外购件的库存降低40%～85%。

(2) 提高采购物资的质量。一般来说，实施JIT采购，可以使购买的原材料和外购件的质量成本减少25%～63%。

(3) 降低原材料和外购件的价格。由于供应商和制造商的密切合作以及内部规模效益和长期订货，再加上消除了采购过程中的一些浪费(如订货手续、装卸环节、检验手续等)，使得所购买的原材料和外购件的价格降低。

(4) 提高了采购物资准时供货率和生产准时率。由于送货批量小，送货频率高，减少了物流环节的不确定性，使得原材料和外购件的供应及时改善。

4. 准时化采购的要求

JIT采购虽然能给企业甚至整个供应链带来这么多的好处，但JIT采购模式的实施也是一个非常复杂的系统工程，顺利实施JIT采购对企业提出了以下一些要求。

(1) 有效的管理信息系统是实施JIT采购的基础。准时化采购要求供应与需求双方信息快速传递和高度共享，以保证供应与需求信息的准确性和实时性，企业在生产计划、库存、质量等各方面的信息都必须及时进行交流，以便出现问题时能够及时调整。

(2) 选择正确的供应商并且与之建立战略伙伴关系是成功实行JIT采购的关键。供应链环境下的JIT采购一般采用少数供应商甚至单供应商策略，这样能够降低交易成本和购买成本，保证产品的质量，有利于进行供应商关系管理。但同时从某种程度上来说也增加了企业的风险，所以如何对供应商进行选择、评价、开发、培训和控制就成为这种战略伙伴关系能否建立和是否持久的关键因素。

(3) 卓有成效的采购过程质量控制是JIT采购成功的保证。JIT采购对质量的要求是完美，任何产品质量上的微小失误都会对采购的后续环节产生很大的影响，而JIT采购采取的是采购物资直送工位的方法，因此对质量的控制给采购管理提出了更高的要求。它不仅通过实行质量功能展开(Quality Function Deployment，QFD)，让供应商在产品的设计阶段就参与进来，在对采购方的需求充分了解的前提下共同改进产品质量，而且采购方也要积极参与供应商的生产过程，提供技术支持，确保采购物资符合质量要求。

(4) 有效的供应商激励机制是供应商配合采购企业实施JIT采购的动力。JIT采购的小批量、多批次、直送工位等特点增强了供应商的运作的复杂性。采购企业实际上通过JIT采购的实施将库存风险转移给了供应商，而且高质量和高时间准确程度的要求对供应商的制造和运输都提出了更高的要求。因此，采购企业应该建立有效的供应商激励机制，使供应商确信而且能够从JIT采购的实施中分享利益，从而为JIT的顺利实施和实现持续改进打下基础。

(5) 各部门之间的协同合作是实行JIT采购的要求。准时化采购不仅仅是采购部门的事情，生产部门要通过业务流程的重组、生产系统的改善来实现没有中间存储的、不停流动的、无阻力的、柔性的生产流程，财务部门要通过及时而准确的货款支付来加强供应商对本企业的信任，营销部门要通过各种营销努力来发现和创造需求，从而带动采购需求的增长，企业其他各业务职能部门也都需要通过协同合作来为JIT采购创造有利环境。

三、供应链环境下的国际采购

(一)国际采购的概念

1. 国际采购

国际采购是指利用全球的资源,在全世界范围内寻找供应商,寻找价格最好、最合理的产品。也就是说,你这辆车的发动机可能是德国本土造的,而电气设备是马来西亚生产的,轮胎是日本生产的,汽车的座椅是中国台湾生产等,可谓是"万国"产品。

2. 国际采购的背景

世界市场的形成是社会分工逐渐细化以及社会化大生产发展的必然结果,它打破了国与国之间的界限,使世界各国之间的经济联系日益密切。世界各国都积极主动地参与国际交流和国际合作,努力开拓国内、国外两个市场,充分利用国内、国外两种资源,以加速本国经济与世界经济的接轨,加入国际大流通。经济全球化的发展趋势,促使各国企业以及各国政府的采购工作向国际采购的方向发展。

(二)国际采购的原因

某些货物在国内无法得到是国际采购第一个也是最古老的原因。例如,对某些国家而言,可可和咖啡、某种辣椒和水果、铬矿,只能从国外进口。随着相对经济优势的改变,一些制造业产品,如某些办公设备,主要从国外进口。因此,对于很多企业来说,全球供应已经成为一种必需。

1. 价格

多数研究表明,国外供应商提供产品的总成本要比国内供应商低,这是进行国际化采购的重要原因。

2. 质量

虽然总体来说,国外供应商的产品质量并不一定比国内供应商好,但在某些产品上,他们的质量更稳定。

3. 更快的交货和供应的连续性

受设备及生产能力所限,在有些情况下,国外供应商交货速度要比国内的快。国外供应商甚至可能在采购商处有产品库存,一旦需要,可立即发货。

4. 技术

由于国内外公司的专业分工及特定行业的专有技术在不断变化,尤其是对基础设备,诸如主要的金属冶炼厂(钢和铝),与所在国同类厂家相比,国外厂家可能拥有更好的技术。

5. 营销工具

为了能在某些国家出售本国生产的产品,可能必须要向那些国家的供应商采购一定金额的货物。

6. 竞争的影响

竞争通常会给国内供应商施加压力，为了供应商和购买厂商的长期利益，他们总是要提高自己的生产效率。购买者以进口或者出口威胁作为砝码，向国内供应厂商施加压力，以获得其让步。

(三)国际采购的特点

1. 采购地距离遥远

由于国际市场采购一般距离较远，所以对货源地市场情况不易了解清楚，给选择供应商造成一点困难，并且供应物流的过程也比较复杂。

2. 国际市场采购的程序比较复杂

国际市场从采购前的准备，采购合同磋商、签订和履行，以及争议的处理等各个方面都较国内采购复杂得多，需要了解许多国际贸易的专业知识，才能顺利地完成采购任务。

3. 国际采购风险较大

由于国际采购时间长、距离远，又涉及外汇汇率的变化，所以国际采购在运输、收购和结算等方面都面临很大的风险。

本 章 小 结

本章介绍了采购与供应链管理，阐述了采购管理的概念和采购与供应链管理的内容和作用；分析了现代采购管理的方式方法；介绍了采购技术手段、采购流程、采购谈判等。分析了供应链系统，阐述了供应链管理的类型、设计方法、推拉系统、多点库存管理技术，以及供应链决策方法等。分析了供应商管理，从供应商、制造商、分销商的总体上考虑如何提高整个供应链的竞争力，从供应链管理角度阐述了采购管理、国际采购、准时化采购等内容。

自 测 题

(一)判断题

1. 在供应链管理中进行采购是以库存为主。　　　　　　　　　　　　　　　(　)
2. 供应商选择、质量控制是准时采购的核心。　　　　　　　　　　　　　　(　)
3. 供应链中的企业决策模式是基于开放信息环境下的群体决策模式。　　　　(　)
4. 供应链管理倡导的是纵向一体化，即企业控制上下游流程，以获得较好的管理效果。
　　　　　　　　　　　　　　　　　　　　　　　　　　　　　　　　　　(　)

5. 供应链中的企业可将不擅长的业务外包，专心于自己的核心竞争力，因此不易造成核心竞争力优势的丧失。   （   ）

6. 由于供应链是多个企业集成的管理模式，因此进行供应链设计时要遵循复杂性原则，即要涵盖关联企业的主要业务流程。   （   ）

(二)单选题

1. 常见的供应链运行机制不包括(   )。

  A. 合作机制   B. 决策机制   C. 激励机制

  D. 均衡机制   E. 自律机制

2. 供应链管理环境下准时采购战略具有的特点是(   )。

  A. 供应商数量较多   B. 大批量采购

  C. 有效的信息交流   D. 在生产中控制质量

3. 拉动式供应链管理的理念是以(   )为中心，通过对市场和客户的实际需求以及对其需求的预测来拉动产品的生产和服务。

  A. 生产   B. 预测   C. 市场   D. 顾客

4. 下面哪个不是选择供应商阶段要做的第二个决定选择的元素？(   )

  A. 固定价格合同   B. 单位价格合同

  C. 补偿成本合同   D. 销售合同

5. 企业实施JIT采购有着重要的意义，下面哪一个特征不能体现？(   )

  A. 大幅度减少原材料和外购件的库存

  B. 降低原材料和外购件的价格

  C. 大批量送货频率降低

  D. 提高采购物资的质量

6. 为了实现供应链企业的同步化运作，企业和供应商必须建立新的供需合作模式(   )。

  A. 对采购部门控制   B. 对采购事后控制

  C. 对采购的事中控制   D. 对采购的事前控制

(三)简答题

1. 简述选择供应商的因素与方法。

2. 供应链采购与传统采购有什么不同？

3. 供应链管理环境下企业与供应商存在什么关系？

4. 拉动式供应链管理特点是什么？

5. 解释供应链下一体化管理。

6. 为什么要进行国际采购？

第九章

库存分析与控制

【学习要点及目标】

通过本章的学习,掌握企业库存的概念、分类和作用;熟悉库存分析模型与方法;掌握库存控制技术和应用方法。

【关键概念】

库存概念 库存分类 库存利弊 库存成本 库存ABC分类 定量订货模型、定期订货模型 混合系统模型 库存盘点

引导案例：戴尔模式的竞争力在哪里？

专家研究后发现，主要体现在低库存方面。戴尔的库存时间比联想少18天，效率比联想高90%，当客户把订单传至戴尔信息中心，由控制中心将订单分解为子任务，并通过Internet和企业间信息网分派给上游配件制造商。各制造商按电子订单进行配件生产组装，并按控制中心的时间表供货。戴尔只需在成品车间完成组装和系统测试，剩下的就是客户服务中心的事情。一旦获得由世界各地发来源源不断的订单，生产就会循环不停、往复周转，形成规模化。这样纷繁复杂的工作如果没有一个完善的供应链系统在后台进行支撑，而通过普通的人工管理来做好，是"不可能的任务"。

没有零部件仓库

戴尔的零库存是建立在对供应商库存的使用或者借用的基础上。在厦门设厂的戴尔，自身并没有零部件仓库和成品仓库。零部件实行供应商管理库存(VMI)，并且要以戴尔订单情况的变化而变化。一切根据需求走。为了方便给戴尔送货，供应商在戴尔工厂附近租赁仓库，来存储配件，以保障及时完成送货。这样，戴尔的零库存是建立在供应商的库存或者精确配送能力的基础上。戴尔通过对供应商库存的充分利用来降低自己的库存，并把主要精力放在凝聚订单上。由于戴尔采取了以 VMI、CRM 等信息技术为基础的订单制度，在库存管理方面基本上实现了完全的零库存。

以信息代替存货

戴尔与客户、供应商及其他合作伙伴之间通过网络进行沟通的时间界限已经模糊了，戴尔与客户之间在24小时进行即时沟通，突破了上班时间的限制；同时，戴尔与合作伙伴之间的空间界限已经被模糊了，通过强化信息优势，戴尔整合了供应商库存协作关系，并在实践中，成功地磨合出了供应商的送货能力。戴尔与供应商培植紧密的协作关系，保证为客户提供精确的库存。供应商在戴尔的生产基地附近租赁仓库，并把零配件放到仓库中储备，戴尔需要这些零配件时，则通知供应商送货，零配件的产权由供应商转移到戴尔。另外，戴尔可以充分利用库存赚取利润。

(资料来源：解析戴尔零库存的案例，百度文摘，2017.11.5)

问题：为什么戴尔能够实现零库存？

第一节 库 存 概 述

一、库存的概念

库存(Inventory)有时被译为"存储"或"储备"，是为了满足未来需要而暂时闲置的资源，人、财、物、信息各方面的资源都有库存问题。库存，顾名思义，存放在仓库中的物料，是暂时闲置的用于将来目的的资源，可以是原材料，也可以是半成品，或者是成品。从广义上讲，库存则是指企业所有资源的储备，包括与生产直接相关的物料和间接相关的备品备件等；狭义的库存则只是与生产直接相关的物料。库存系统则是指用来控制库存水平、决定补充时间及订购量大小的整套制度和控制手段。

库存包括现有库存和在途库存，或者还有合同库存，也就是账面上的和实际不一致的库存部分。

物流管理中这样定义"库存"：指一切目前闲置的，用于未来的，有经济价值的资源。其作用在于：防止生产中断，起稳定作用，节省订货费用，改善服务质量，防止短缺。库存也带有一定的弊端：占用大量资金，产生一定的库存成本，掩盖了企业生产经营中存在的问题。

在制造企业中，为了保证生产的正常进行，必须在各个生产阶段之间设置必要的物资储备，这些物资就是库存。它一般包括储备的原材料、辅助材料、燃料以及备用设备、零件、工具等，存放着等待加工的在制品、半成品和等待销售的成品。

在服务业中的等待销售的商品、用于服务的耗用品等都是库存。

(1) 原材料核算企业在库和在途的各种原材料的实际成本，包括饮食企业、饭店等库存的食品原材料，进行生产加工服务的照相、洗染、修理等企业库存的原材料等。

(2) 库存商品核算企业在库和在途的各种商品的实际成本，包括饭店商品部、餐饮部或附设商场等库存的各种商品；进行生产加工服务的照相等企业附设小卖部库存的商品；饮食企业附设小卖部库存的商品等。

(3) 商业企业库存商品是指在企业已经完成全部生产过程并已验收入库，可以作为商品直接对外出售的产品以及企业从外部购入直接出售的商品，包括库存产成品、外购商品、存放在门市部准备出售的商品、发出展览的商品以及寄存在外的商品等。

商品房库存是指房地产企业待销的取得商品房预售证的房屋，法律上允许卖的房屋。

二、库存的分类

按照不同的分类标准，库存可分为以下几种。

(一)库存分类

1. 按生产过程分类

(1) 原材料库存：是指企业已经购买，但尚未投入生产过程的存货。

(2) 在制品库存：是指经过部分加工，但尚未完成的半成品存货。

(3) 产成品库存：是指已经制造完成并正等待装运发出的存货。

对于制造业来讲，其库存一般可分为：①原材料或采购件；②在制品；③产成品；④零件、工具等的备件；⑤运送到仓库或顾客手中的在途产品；⑥维持正常生产所需的消耗品。

2. 按库存所处状态分类

(1) 在库库存：是指存储在企业仓库中的库存，是存货的主要形式。

(2) 在途库存：是指生产地和储存地之间的库存，这些物资或正在运载工具上，处于运输状态，或者在中途临时储存地，暂时处于待运状态。如果运输距离长，运输速度慢，在途库存甚至可能超过在库库存。

3. 按照企业库存管理目的的不同，即按存货目的分类

(1) 经常库存：也叫周转库存，是为了满足两次进货期间市场的平均需求或生产经营的需要而储存的货物。存货量受市场平均需求、生产批量、运输中的经济批量、资金和仓储空间、订货周期、货物特征等多种因素的影响。

(2) 安全库存：是指为防止需求波动或订货周期的不确定而储存的货物。安全库存与市场需求特性、订货周期的稳定性密切相关。市场需求波动越小或需求预测准确，订货周期确定，所需的安全库存越少。如果企业能对市场作出完全准确的预测、订货周期固定，就可以不必保有这部分库存。

(3) 促销库存：在企业促销活动期间，一般会出现销售量有一定幅度的增长，为满足这类预期需求而建立的库存，称为促销库存。

(4) 投机性库存：是指以投机为目的而储存的物资。对一些原材料，如铜、黄金等，企业购买并储存常常不是为了经营，而是为了作价格投机。

(5) 季节性库存：是指为满足具有季节性特征的需要而建立的库存，如水果等农产品、空调、冬季取暖用煤、夏季防汛产品。

(6) 加工和运输过程库存：处于流通加工或等待加工而暂时被存储的商品叫作加工库存。处于运输状态(在途)或为了运输(待运)而暂时处于储存状态的商品叫作运输过程库存。

(7) 沉淀库存或积压库存：沉淀库存或积压库存是指因商品品质出现问题或发生损坏，或者是因没有市场而滞销的商品库存，超额储存的库存也是其中一部分。

(8) 时间效用库存：时间效用库存是指为了避免商品价格上涨给企业带来亏损，或为了从商品价格上涨中得到利益而建立的库存。

(二) 库存问题的分类

1. 单周期库存与多周期库存

根据对物品需求的重复次数可将物品分为单周期库存需求和多周期库存需求。所谓单周期库存需求，即偶尔发生的对某种物品的需求，仅仅发生在比较短的一段时间内或库存时间不可能太长的需求，以及经常发生的对某种生命周期短的物品的不定量需求。多周期库存需求则是指在足够长的时间内对某种物品的重复的、连续的需求，其库存需求不断地补充。

2. 独立需求库存与相关需求库存

独立需求库存是指用户对某种库存物品的需求与其他种类的库存无关，表现出对这种库存需求的独立性。相关需求是指与其他需求有内在关联的需求，根据这种相关性，企业可以精确地计算出它的需求量和需求时间，它是一种确定型的需求。

3. 确定型库存与随机型库存

所谓确定型，是指物品的需求量是已知和确定的，补充供应链的前置时间是固定的，并与订货量无关，这两个条件得不到满足时，确定型就不再适用。所谓随机型，是指物品的需求量和补充供应链的前置时间至少有一个是随机变量。

三、库存的作用

(一)基本作用

1. 维持销售产品的稳定

销售预测型企业对最终销售产品必须保持一定数量的库存,其目的是应付市场的销售变化。这种方式下,企业并不预先知道市场真正需要什么,只是按对市场需求的预测进行生产,因而产生一定数量的库存是必需的。但随着供应链管理的形成,这种库存也在减少或消失。

2. 维持生产的稳定

企业按销售订单与销售预测安排生产计划,并制订采购计划、下达采购订单。由于采购的物品需要一定的提前期,这个提前期是根据统计数据或者是在供应商生产稳定的前提下制订的,但存在一定的风险,有可能会拖后而延迟交货,最终影响企业的正常生产,造成生产的不稳定。为了降低这种风险,企业就会增加材料的库存量。

3. 平衡企业物流

企业在采购材料、生产用料、在制品及销售物品的物流环节中,库存起着重要的平衡作用。采购的材料会根据库存能力(资金占用等),协调来料收货入库。同时对生产部门的领料应考虑库存能力、生产线物流情况(场地、人力等)平衡物料发放,并协调在制品的库存管理。另外,对销售产品的物品库存也要视情况进行协调(各个分支仓库的调度与出货速度等)。

4. 平衡流通资金的占用

库存的材料、在制品及成品是企业流通资金的主要占用部分,因而库存量的控制实际上也是进行流通资金的平衡。例如,加大订货批量会降低企业的订货费用,保持一定量的在制品库存与材料会节省生产交换次数,提高工作效率,但这两方面都要寻找最佳控制点。

(二)特定的作用

设置库存的根本目的,是要保证在需要的时间,需要的地点,为需要的物料提供需要的数量。同时,库存还能节省开支、降低成本;保证生产、销售过程顺利进行。其作用具体表现在以下几方面。

(1) 缩短订货提前期,即用已有存货快速满足顾客需求。改善服务质量,预防不确定性的需求变动,防止缺货,提高服务水平。

(2) 稳定和平衡生产要求。使生产车间可以顺利得到所需的原材料和外协件,从源头上确保生产过程的流畅性。提高生产均衡性、调节季节性需求。

(3) 在保证企业生产、经营需求的前提下,使库存量经常保持在合理的水平上;掌握库存量动态,适时、适量地提出订货,避免超储或缺货;使企业达到经济批量订货规模。

(4) 防止脱销和缺货现象发生。在销售热季,可利用库存产品填补市场空缺,防止出现断货,使竞争对手占得上风。

(5) 避免价格上涨和赢得价格折扣。如同石油的存储一样,在原材料或外协件售价较低时,进行囤积,可以避免涨价对产品成本造成不利影响,同时,赢得价格折扣。

(6) 减少库存空间占用，降低库存总费用；控制库存资金占用，加速资金周转。总之，在确保交货期的同时，尽量降低库存弊端的不利影响是库存管理最重要的目的。

四、库存的弊端

(1) 占用企业大量资金。影响资金的流动，增大对企业自有资金或银行贷款的需要量，增大企业支付的利息，导致企业的运营成本增加。

(2) 增加了企业的产品成本与管理成本。库存材料的成本增加直接增加了产品成本，而相关库存设备、管理人员的增加也加大了企业的管理成本。

(3) 掩盖了企业众多管理问题，如产品质量不稳定、计划不周、供应不及时、设备故障、采购不力、生产不均衡及市场销售不力等，如图9-1所示。

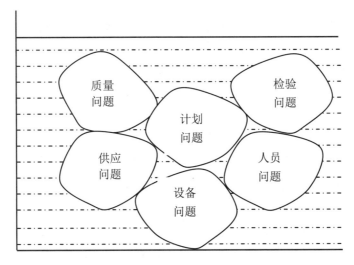

图 9-1　库存掩盖实际存在的问题

五、库存成本

常用的库存成本有存储成本、采购成本、缺货成本和生产准备成本。

(一)存储成本

存储成本是指为存储保管库存所需的成本，通常也可称为保管成本。其构成要素主要有处理与存储成本、过时损坏与失窃成本、保险和税收成本及资金投资成本(机会成本)。

(1) 处理与存储成本，包括贮藏空间的成本，如仓库成本、设备成本(如供暖、照明)等。如采用现成的仓储设备可以利用而不另作其他用途，则存储成本为固定值，不随库存水平变化而变化，但一旦超出既定的库存水平后，成本就随库存水平增加而上升。处理成本也随库存水平大小变化而变化，主要包括物料搬运人员和仓库保管人员所支付的成本，如监督、实地清点物料、搬运等，如遇无效率的存储布置，则会增加处理成本。

(2) 过时损坏与失窃等成本。许多物料在存储中，会发生变质，其损坏程度因物料性质不同而异。过时损坏情况发生在成本市场需求消失后，仓库仍有许多库存，从而造成损失。失窃成本也会造成资产的损失。

(3) 保险和税收等成本。库存是公司的一种投资，常常需要支付保险费、税收等，从而发生成本。

(4) 机会成本。库存需要资本投资，一旦资金用于库存后，即无法用作其他用途，故机会成本决定于该项资金可用于其他备选方案时的投资回报率。

(二)采购成本

采购每批物料时通常需耗费固定成本，此固定成本常称为订购成本。其构成要素常有填写请购单、制作订单、记录订单、追踪订单、质量检验、处理发票或工厂报告以及付款准备的成本等事务的工作成本。另外，还包括每批物料的价格成本，该成本与批量大小有关。采购成本与每批订购量大小成反比，每批订购量越大，每年订购次数越少，则总采购成本越低。

(三)缺货成本

缺货成本的主要内容包括停工待料或无法立即满足需求所发生的各种损失，如加班费、特殊管理费、违约罚款、赶工成本、特殊处理成本、信誉损失成本等。通常存在两种情况：第一种情况是发生需求时仓库无库存，且无法立即得到补充，这种缺货会造成失去销售机会，这种销售损失会造成利益的损失，也可能是一种信誉的损失，还可能面临失去顾客的严重后果。第二种是库存量无法满足市场需求，但可以等待，此时可由系统的应急处理程序通过特殊的手段增加能力，如加班、赶工、外包等发生的成本。

(四)生产准备成本

生产准备成本是指对某件物品(商品或材料)由向外采购转为自己生产的情况下，为生产原订购的物品而调整整个生产过程的成本，通常包括准备工作命令单、安排作业、生产前准备和质量验收等费用。生产准备成本与订货批量无关，只与订购次数有关。

第二节 库存的 ABC 分类分析法

一、ABC 分类基本思想

(一)帕累托图

库存 ABC 分类和帕累托图(Pareto)有着类似的思想，帕累托图最早用于解释经济学中的一个现象，即少数人掌握着大多数的财富。企业内部许多问题也有这种现象，美国的 GE 公司首先将此概念应用于库存管理，创立了库存的 ABC 三级分析方法，按占用的空间比例或数量比例及占用的成本比例之间的关系将库存分成三类。

(1) 将存货单元累计 20%，但是成本却占总成本的 80%的物料划分为 A 类库存。

(2) 将存货单元在 20%～50%，成本占总成本 15%的物料划分为 B 类库存。

(3) 将存货单元在 50%～100%，成本占总成本 5%的物料划分为 C 类库存。

字母 A、B 和 C 代表不同的分类，且其重要性递减，选用这三个字母并没有特别的意义，将物料分为三级也不是绝对的。库存的 ABC 分析可以用图来描述，如图 9-2 所示，这种分类并不是影响物料重要性的唯一标准，除此之外，还有其他标准：物料的单位成本；生产物料的资源和人力是否容易获得；提前期，物料的缺货成本等。

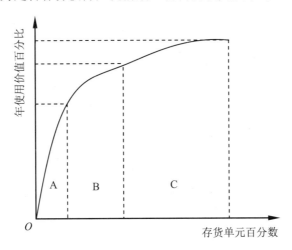

图 9-2　库存 ABC 分析图

(二)基本原理

运用 ABC 法的关键，在于如何以"关键的少数和次要的多数"作为依据，通过定性和定量的分析，将管理对象的库存物料按照分类指标划分为 ABC 三类，然后采取相应的控制策略，这就是 ABC 分类法的基本思想。ABC 分类法又称帕累托分析法，也叫主次因素分析法，是项目管理中常用的一种方法。它是根据事物在技术或经济方面的主要特征，进行分类排队，分清重点和一般，从而有区别地确定管理方式的一种分析方法。由于它把被分析的对象分成 A、B、C 三类，所以又称为 ABC 分析法。

二、ABC 分类实施步骤

(一)实施程序

在实践中，人们常以产品品种数量和对应的金额数作为划分标准，需要强调的是，使用年度金额并不是作为物料分类的唯一准则，只是一般的 ABC 分类法。一般，ABC 分类法实施的一般程序为：①确认库存中每一物料的年度使用量；②将每一物料的年度使用量和物料的成本相乘，计算每一物料的年度使用金额；③将所有物料的年度使用金额求和，得到全年度库存总金额；④将每一物料的年度使用金额分别除以全年度库存总金额，计算出每一物料的总计年度使用百分比；⑤将物料根据年度使用百分比由大至小排序；⑥检查年度使用量分布，并根据年度使用量百分比将物料加以分类。

(二)控制策略

对库存进行分类的目的是应按利用价值对存货单元加以区别对待,采用不同的库存控制策略分别进行控制。一般地,对于高价值 A 类物料,应集中力量进行控制以减少库存;相反对于低价值的物料,如 C 类物料,通常维持较大库存以避免缺货。可以从以下几方面阐述物料的控制策略。

(1) A 类物料——应对此类物料进行严格跟踪,精确地计算订货点和订货量,并且经常进行维护。

(2) B 类物料——实施正常控制,只有特殊情况下才赋予较高的有限权,可按经济批量订货。

(3) C 类物料——尽可能简单的控制,可通过半年或一年一次的盘点来补充大量的库存,给予最低的作业有限权控制。

这种 ABC 分类法简单易行,有助于分析和控制重点物料,但是,其缺点也显而易见:首先,判别的标准不全面,仅仅根据品种、金额的多少还难以科学分类,如有些备件,或比较重要的物料,尽管占用金额不高,但对生产影响较大,且采购周期较长,这类物料也应归为 A 类物料,然而如果按照一般 ABC 分类法,这类物料也许应归为 B 类或 C 类物料,因此,ABC 的划分,不仅取决于品种和金额的大小,同时应考虑物料的重要程度、采购周期的长短等,只有综合考虑多种因素,才能合理地区分 ABC。另外,一般分类法只是一种粗略的区别,因为物料通常品种很多,一次划分难以合理,也不易控制,因此,需要更细、更具体、更有针对性的划分方法。

【例 9-1】 某仓库有 10 种物料,每年使用量、年利用价值如表 9-1 所示。试进行库存的 ABC 分析。

将这 10 种物料按照年使用金额比例进行排序,并进行归类,即将这 10 种物料按年使用金额分成 ABC 三种物料,如表 9-2 所示,表中还列出了每种物料年使用量百分比,对图 9-2 进行整理和合并可得最后的结果,如表 9-3 所示。

表 9-1 物料的使用量和年利用价值

物料编号	年使用量/个	年利用价值/元
001	1500	600
002	2800	63150
003	3000	700
004	2000	8400
005	1000	450
006	1200	33150
007	2000	1080
008	1500	4980
009	2500	10980
010	2500	1140
总计	20000	124630

表 9-2　按照物料的价值排序

物料编号	年利用价值/元	累积年利用价值/元	累积百分比/%	年使用量/个	年使用量百分比/%	物料级别
002	63150	63150	50.67	2800	14	A
006	33150	96300	77.27	1200	6	A
009	10980	107280	86.08	2500	12.5	B
004	8400	115680	92.82	2000	10	B
008	4980	120660	96.81	1500	7.5	B
010	1140	121800	97.73	2500	12.5	C
007	1080	122880	98.60	2000	10	C
003	700	123580	99.16	3000	15	C
001	600	124180	99.64	1500	7.5	C
005	450	124630	100	1000	5	C

表 9-3　整理合并后的最终结果

级别	物料编号	年使用量百分比/%	每级总价值/元	总价值百分比/%
A	002、006	20	96300	77.26
B	009、004、008	30	24360	19.55
C	010、007、003、001、005	50	3970	3.19

三、库存分析与控制的几种模型

对于独立需求的产品进行库存计划和控制，普遍采用订货点法。而对于非独立需求的产品，则习惯采用物料需求计划方法。订货点法可以分为两种模型：一种是事件驱动，即只要现有库存水平小于一定值就发出订货请求，该模型是每次物料出库时都要对库存量进行重新计算，该模型叫定量订货模型(也称经济订购批量，EOQ 或 Q 模型)，英文为 Perpetual Inventory Model；另一种则是时间驱动，即每隔一定时间就要进行订货，在这种模型中要设定一个库存盘点期，在盘点期内，不产生订货请求，只在盘点期到达时才进行订货，这种模型叫定期订货模型(也称定期系统、定期盘点系统等)，英文为 Periodic Model。这两种模型都是确定性的库存模型。因为定量订货模型在每次出库时都对库存实时监控，缺货的可能性比较小，并且要求的安全库存量也较小，定期订货模型为了防止在盘点期发生缺货的情况，则通常要设定较大的安全库存量。定量订货模型没有盘点期。但两种模型一般都要有一定量的安全库存量。因为定量订货模型的安全库存量较低，所以比较适用。因为该模型对库存的监控更加密切，这样可以对潜在的缺货更快地作出反应。另外，由于每一次补充库存或货物出库都要进行记录，维持定量订货模型需要的时间更长。

定量订货模型的计算处理过程为：①设定订货点、提前期等参数；②等待状态：等待需求的发生；③若有需求发生，则按所需的物料数量出货，若缺货，则延期交货；④出货时计算领取物料的现有库存量；⑤进行判断，如果物料的现有库存量小于订货点，则发出订货指令，该订货量在指定的提前期内到达，若计算的物料的现有库存量大于订货点，则回到第②步，继续等待需求发生。故定量订货模型要不断监控库存量的大小。

定期订货模型的计算处理过程为：①设定盘点周期、订货提前期等参数；②等待状态：等待需求的发生；③若有需求发生，则从仓库中提取货物，如缺货，则须延期交货；④进行判断，确定盘点期是否到达；⑤若盘点期没到，则回到第②步，若盘点期到，则计算库存水平；⑥计算订购量，保证库存水平达到设定的需要量；⑦进行订购，订购量为需要的数量。

(一)定量订货模型

1. 定量订货模型的建立

定量订货模型有时也可称为经济定量模型(Economic Order Quantity，EOQ)。所谓经济定量模型，是指利用数学方法求得在一定时期储存成本和订购成本总和为最低时的订购批量。定量订货模型可与其他的模型相组合。

定量订货模型基于下列假设条件。

(1) 需求(物品使用率)已知而且不变，所以不会有缺货的情况。
(2) 发出订单时，及时受理，即订货和交货之间的时间为零。
(3) 订货的提前期是固定的。
(4) 一批订货是瞬时到达，即假设在一定时间，物料的补充以无限大的速率进行。
(5) 数量不打折扣。
(6) 订货成本是固定不变的，与订货量无关，保管成本与库存水平成正比。
(7) 没有脱货现象，及时补充。
(8) 单位产品的价格是固定的。
(9) 不允许出现延期交货的情况。

上述假设的第六条中，如果年需求量一定，则订购成本是随着订购每批数的减少(每批订购数量)的增加而减少，储存成本则是随订购批量的增加每批订购数量的减少而下降。前者要求采购批量大而批数少以降低成本，后者则要求采购批量小而批数多以降低成本。EOQ 模型的目的就是选择每一库存的最佳订购量以使两者之和最低。在 EOQ 模型中，通过对提前期(指从发出订货到收到订货所需的时间)的考虑可以帮助确定在什么时候开始订货，以及通过建立一定量的安全库存以防止由于意外事故或供不应求而引起的损失。在分析定量订货模型库存管理时，有两个信息是非常重要的，一个就是库存量随时间增长而消耗的速率；另外一个就是库存成本和订购批量大小之间的关系。这两个重要信息见下节定量订货的模型。

定量订货的模型如图 9-3 所示，该模型实际上反映了库存量和时间之间的一个关系。由图可以看出，订购批量为 Q，也是库存量的最大值，订货点为 Q^*，平均库存量为 $\bar{Q}$，$\bar{Q}=Q/2$，订货提前期为 LT，根据前面的假设条件提前期是固定的，所以每次订货的提前

期均为 LT。通常我们以采购成本和储存成本的总和来表示总成本，即

$$总成本 = 采购成本 + 储存成本 \tag{9-1}$$

$$采购成本 = 每次采购成本 \times 该期的采购次数 \tag{9-2}$$

$$储存成本 = 平均库存量 \times 该期单位储存成本 \tag{9-3}$$

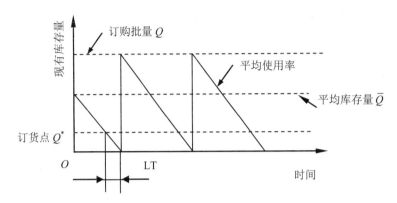

图 9-3 定量订货模型

在需求固定的情况下从仓库提取货物，实际上得到的现有库存量应为一阶梯状的图形，如图 9-4(a)所示，一般用斜线近似表示，即视现有库存量和时间为线性关系，如图 9-4(b)所示。

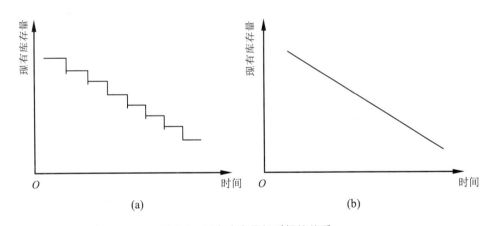

图 9-4 现有库存量与时间的关系

设 D 为年需求量，C_I 为单位存货的年成本，C_T 为一次订货的业务成本，则每年的订购次数可以用年需求量除以每次订货的批量得到，即为：D/Q。由此可以计算每年的储存成本为 $C_I \dfrac{Q}{2}$，每年的采购成本为 $C_T \dfrac{D}{Q}$，总成本以 TC 表示，则 TC 为

$$TC = C_T \frac{D}{Q} + C_I \frac{Q}{2} \tag{9-4}$$

2. 定量订货模型的微分解法

式(9-4)中，由于年需求量和单位存货的年成本及一次订货的成本均为已知，故总成本

是批量的函数,此方程式的两个组成部分,采购成本和批量成反比关系,因为批量越大,势必订购次数就少,故每年采购成本相应就少,而储存成本则和批量成正比关系,批量越大,放在仓库的时间就长,保管成本相应就增多。根据前面的假设,需求连续并且稳定,所以可以用总成本对订货量的微分得到。为使总成本最小,可以用总成本对批量求一下偏导并另偏导函数等于零得到,令

$$\frac{d(TC)}{dQ}=0 \tag{9-5}$$

得

$$-C_T\frac{D}{Q^2}+\frac{C_I}{2}=0 \tag{9-6}$$

由式(9-6)可得批量为

$$Q=\sqrt{\frac{2DC_T}{C_I}} \tag{9-7}$$

此为最佳订购批量,常用 EOQ。将式(9-7)中的经济订购批量代入式(9-4)中,可以得到经济批量所对应的最小总成本 TC_{min} 为

$$TC_{min}=C_T\frac{D}{\sqrt{2DC_T/C_I}}+C_I\frac{\sqrt{2DC_T/C_I}}{2}=\sqrt{2DC_TC_I} \tag{9-8}$$

3. 定量订货模型的图解说明

将库存的采购成本、储存成本和总成本之间的关系用图 9-5 可以很好地表示,由前面微分解的推导过程中可知当采购成本和储存成本相等时,所对应的订货批量即是最佳经济订购批量。由公式可以看出,储存成本随着订购量的增大呈线性比例关系增大,而订购成本恰恰和订购批量是一个反比的关系,即随着订购量的增大,订购成本降低。由图 9-5 可知,总成本的曲线有一个最低点,该最低点即是所对应的经济订购批量,在该图中,很明显总成本的最低点对批量的导数为零,这和前面微分解是一致的。

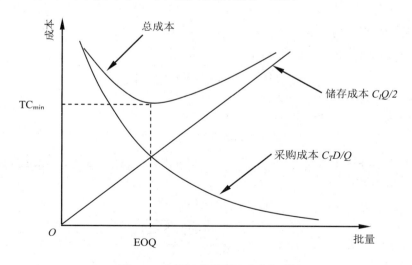

图 9-5 定量订货模型总成本构成图

4. 再订购点的确定

由图 9-5 可知，定量订货模型中再订购点等于提前期内的需求量，若提前期内的库存需求速率不变，则在安全库存为零时(见图 9-3)，即在现有库存量刚好为零时，发出的订单能够及时交货，此时，订货点为

$$Q^* = \text{LT} \cdot q \tag{9-9}$$

式中：q 为平均每日需求率，可由年需求量除以每天数近似得到。如果提前期内的需求有变化，这是一种随机库存模型，将在后面章节中介绍，此时需考虑安全库存，安全库存的确定和计算将在后面介绍，则当库存降到安全库存量和提前期内的需求量之和时就得到订货点，设安全库存为 SS，则订货点为

$$Q^* = \text{LT} \cdot q + \text{SS} \tag{9-10}$$

如图 9-6 所示。

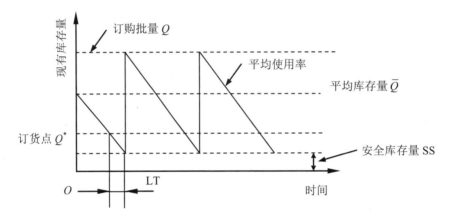

图 9-6　考虑安全库存时的定量订货模型

【例 9-2】已知某物料的年需求量为 1000 个，则日需求量为 1000/365 个，订购成本为每次 5 元，单位产品的年存储成本为 1 元，订货提前期为 5 天，该物料的单价为 10 元。试确定经济订购批量与再订购点，另外，确定总成本。

解： 最优订购批量根据式(9-7)得

$$\text{EOQ} = \sqrt{\frac{2DC_T}{C_I}} = \sqrt{\frac{2 \times 1000 \times 5}{1}} = 100(\text{个})$$

再订购点为

$$R = \bar{d}L = 1000 \times 5 / 36.5 \approx 13.7(\text{个})$$

由此可知，当库存量将降至 14 个时，即开始发出订货请求，订购的数量为 100 个。

年库存总成本为

$$\begin{aligned} \text{TC}_{\min} &= \sqrt{2DC_T C_I} \\ &= \sqrt{2 \times 1000 \times 5 \times 1} \\ &= 100(\text{元}) \end{aligned}$$

5. 定量订货模型总成本灵敏度分析

式(9-4)为经济订购批量所对应的总成本，这里假设该总成本用 TC^* 表示，经济批量用 Q^* 表示，并假定非经济订购批量对应的总成本为 TC。则 TC 和 TC^* 之间的关系可推导如下：

$$TC^* = C_T \frac{D}{Q^*} + C_I \frac{Q^*}{2} \tag{9-11}$$

$$TC = C_T \frac{D}{Q} + C_I \frac{Q}{2} \tag{9-12}$$

式(9-12)除以式(9-11)得

$$\frac{TC}{TC^*} = \frac{C_T \dfrac{D}{Q} + C_I \dfrac{Q}{2}}{C_T \dfrac{D}{Q^*} + C_I \dfrac{Q^*}{2}} \tag{9-13}$$

式(9-13)分子和分母分别除以 C_I 得

$$\frac{TC}{TC^*} = \frac{C_T \dfrac{D}{C_I Q} + \dfrac{Q}{2}}{C_T \dfrac{D}{C_I Q^*} + \dfrac{Q^*}{2}} \tag{9-14}$$

将经济批量计算公式 $Q^* = \sqrt{\dfrac{2DC_T}{C_I}}$ 代入式(9-14)中，可以得到

$$\frac{TC}{TC^*} = \frac{1}{2}\left(\frac{Q}{Q^*} + \frac{Q^*}{Q}\right) \tag{9-15}$$

由式(9-15)可知，当订购批量增大或减少同一个值时，灵敏度的影响是一致的。例 9.2 中，若经济订购批量为 110 个，即批量增加 10%，则总成本为

$$TC = C_T \frac{D}{Q} + C_I \frac{Q}{2}$$
$$= 5 \times \frac{1000}{110} + 1 \times \frac{110}{2}$$
$$= 100.45(\text{元})$$

故 $\dfrac{TC}{TC^*} = \dfrac{100.45}{100} = 1.0045$，也可以用式(9-15)计算得到，即

$$\frac{TC}{TC^*} = \frac{1}{2}\left(\frac{1.1Q^*}{Q^*} + \frac{Q^*}{1.1Q^*}\right)$$
$$= (0.909 + 1.1)/2$$
$$= 1.0045$$

该例中，批量改变 10%造成总成本上升的幅度为 0.45%，由此可见，总成本对批量大小的改变的灵敏度较弱。

6. 定量订货模型的变形——边使用边到达的模型

上述模型里假设货物是成批到达，且是瞬时到达。有一种情况需要考虑，就是货物一

边生产一边使用。即不是成批瞬时到达，如图9-7所示。图9-7中 *ABF* 与图9-2相同，因不是瞬时到达，故现有库存量沿 *AC* 上升而不是沿 *AB* 上升，*AC* 的斜率表示供货率，又因为供货过程中不断消耗，故实际库存量沿 *AD* 上升，至 *D* 点后，供货完成，*D* 点至 *F* 点则只有消耗，到 *F* 点后库存量降至0，此过程为一个订货周期。

在这种模型下，生产出来的物料将被持续地消耗，所以在边生产边使用的模型下，已知提前期，并且没有安全库存量，则库存水平永远低于批量大小。我们假定 p 是每天供货率(或生产率)，d 是每天用货率(需求率)，供货率必须大于消耗率，订货批量为 Q_p，生产的期间为 T_p，则每天的生产率等于订货批量除以生产期间，即

$$p = Q_p / T_p \tag{9-16}$$

设总的消耗时间为 T_d，则需求率等于订货批量除以消耗时间，即

$$d = Q / T_d \tag{9-17}$$

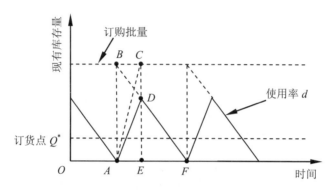

图9-7 边使用边消耗的库存模型

由式(9-16)，得到生产期间的总的供货量为

$$Q_p = pT_p \tag{9-18}$$

设 $I_{\max}$ 为最高库存量，则

$$I_{\max} = (p-d)T_p \tag{9-19}$$

将式(9-18)解出 T_p，并代入式(9-19)中，可以得到用总供货量表示的最高库存为：

$$I_{\max} = (p-d)\frac{Q_p}{p} \tag{9-20}$$

此时，平均库存量为 $I_{\max}/2$，则年储存成本为：

$$\frac{I_{\max}}{2} \cdot C_I = (p-d)\frac{Q_p}{2p} \cdot C_I \tag{9-21}$$

年采购成本公式维持不变。则年总成本为

$$TC = (p-d)\frac{Q_p}{2p} \cdot C_I + C_T \cdot \frac{D}{Q_p} \tag{9-22}$$

同样，对批量 Q_p 求导，并令其为零，可以得到此时的最佳订购批量，用 Q_p^* 表示为

$$Q_p^* = \sqrt{\frac{2DC_T}{C_I} \cdot \frac{p}{p-d}} \tag{9-23}$$

对应的总成本用 TC* 表示为

$$TC^* = \sqrt{2DC_T C_I \frac{p-d}{p}} \qquad (9\text{-}24)$$

很明显，采用这种模型，订货批量增大，而总成本一定比瞬时到达的模型要小。当供货率 $p \to \infty$ 时，式(9-23)和式(9-7)的经济订购批量公式相同，式(9-24)和式(9-8)总成本公式相同，即为订货近似瞬时到达的模型。如 $p = d$，即供货率和消耗率相等，由式(9-23)得，经济订购批量 $Q_p^* \to \infty$，而对应的总成本为 0，这种情况意味着生产必须持续不断，此时，库存量永远为 0，相应库存成本也为 0。

【例 9-3】 在例 9-2 中，假设物料是边生产边消耗，并假设每天生产率为：$p = 8$ 单位/天，每天需求率为：$d = 6$ 单位/天，则将上述数据代入式(9-23)中可得订货批量为

$$Q_p^* = \sqrt{\frac{2DC_T}{C_I(1-d/p)}} = \sqrt{\frac{2\times 1000 \times 10}{0.5(1-6/8)}} = 400(单元)$$

代入式(9-24)可得总成本为

$$\begin{aligned}TC^* &= DC + \sqrt{2DC_T C_I \frac{p-d}{p}} \\ &= 1000 \times 10 + \sqrt{2\times 1000 \times 5 \times 1 \times \frac{8-6}{8}} \\ &= 10050(元)\end{aligned}$$

(二)非确定性定量订货模型

前面所介绍的定量订货模型假定需求量是确定的且订货提前期 LT 为常量，实际情况是，通常需求量和订货提前期均为随机变量，这种随机性导致该模型下发生缺货的概率较确定性定量订货模型而言有所增大，所以说，为降低缺货概率，通常设置一定的安全库存量。例如，对某产品而言，依往年的经验，需求率和订货提前期均为固定的，假设订货提前期为 10 天，一次订货的量为 1200 单位，需求率为每天 40 单位，若考虑需求存在波动和订货提前期的随机变化，假定需求为每天在 20~60 单位，而订货提前期为 8~12 天之间随机变化，则如果不设置安全库存量，将会有 50%缺货的可能性发生。安全库存又可称为缓冲库存量，是用来应付需求波动和订货提前期波动的库存量。

非确定性定量订货模型按照需求变化复杂程度的不同可以分为以下几种：①订货提前期不变，一个周期内需求率固定不变，且为线性，而各个周期间的需求率不同；②订货提前期不变，一个订货周期内部需求率有变化，以订货时刻点为界限，即订货提前期的需求和订货点前的需求有所变化；③需求固定，提前期变化；④需求和提前期同时变化。每个订货周期内订货点前的需求波动对定量订货模型下的安全库存量没有影响，因为定量订货模型是连续监控现有库存量，只要出现现有库存量小于订货点这个事件，就下达订货指令。第一种是第二种的特殊情况，本章只讨论提前期不变情况下的安全库存量，即讨论第二种情况。

影响安全库存量的主要因素有顾客希望的服务水平、提前期期内的需求变动和提前期的变动等。通常用下式计算安全库存量的大小：

$$安全库存量 = 提前期内的最高需求量 - 提前期内的平均需求量 \qquad (9\text{-}25)$$

一般来说，提前期内最高需求量难以准确量化，当然，为保证尽可能不缺货，可以将提前期内最高需求量设得高一些，问题是这种假设必然会导致安全库存量的增加，从而造成总成本的上升。所以，确定安全库存量通常在给定服务水平下确定。通常假设需求量的变动服从正态分布，安全库存量和缺货概率的关系如图 9-8 所示。如果库存量为平均需求量大小，因为需求呈现正态分布，实际需求量超过平均需求量的概率有 50%，即若不设置安全库存，则缺货的概率将为 50%，为减少这种缺货的概率，须设置安全库存，假设增加一定安全库存量以提供提前期内需求大于平均需求的 40%，此时可以提供 90% 的服务水平，图 9-8 中阴影面积则为 10%，表示缺货概率为 10%。

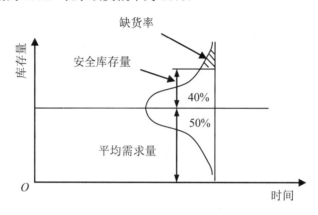

图 9-8 安全库存量和缺货概率的关系图

服务水平和缺货概率是相对的，假定缺货概率为 r，则服务水平为 $1-r$。给定缺货概率或服务水平可以查正态分布表，从而得到对应的安全系数 z。假设提前期内的需求变异量即标准差为 σ，则安全库存 SS 的计算公式为

$$\text{SS} = \sigma z \tag{9-26}$$

此时，订货点为

$$Q^* = d \times \text{LT} + \text{SS} \tag{9-27}$$

另外一个计算安全库存量的方法是用平均绝对偏差 MAD，即根据需求的预测值和实际值进行计算，预测需求量和实际需求量之差服从正态分布，由需求预测可知，MAD 和标准差之间为 1.25 倍的关系，假设 MAD 对应的安全因子为 SF，SF 和安全系数 z 间的关系为：

$$\text{SF} = 1.25 \times z \tag{9-28}$$

由此可得安全库存为：

$$\text{SS} = \text{MAD} \times \text{SF} \tag{9-29}$$

【例 9-4】假设就某产品对 10 周的市场预测量均为 250 个，提前期为 10 天。表 9-4 中列出了实际需求量，则平均绝对偏差可以计算出。

表 9-4 绝对偏差的计算结果

周 次	需求预测量/个	实际需求量/个	绝对偏差/个
1	200	190	10
2	200	180	20

续表

周次	需求预测量/个	实际需求量/个	绝对偏差/个
3	200	175	25
4	200	210	10
5	200	205	5
6	200	215	15
7	200	195	5
8	200	210	10
9	200	210	10
10	200	190	10

10周的绝对偏差总和为120，平均绝对偏差即MAD为120/10=12。假设缺货的概率为10%，可查得安全系数z为1.28，MAD对应的安全因子SF为1.2×1.28=1.536，则安全库存量为

$$SS = MAD \times SF$$
$$= 12 \times 1.536$$
$$= 18.4$$

订货点为 $OP = 250 + 18.4 = 268.4$

上面讨论的安全库存适用于定量订货模型，在定期订货模型中，安全库存量除了需要供应提前期内的需求，还要考虑每个周期内部订货盘点前的需求变化。

(三)数量折扣模型

前面两节介绍的定量订货模型做了适当简化，即只考虑了订货成本和保存成本。所谓经济订购批量，实际是在订货成本和保存成本间寻求一个平衡点，但物料本身的单价是固定不变的，实际上，在批量订购过程中，当批量越大时，通常会获得一定的数量折扣。数量折扣不是连续的，而是分段的，如某种产品的单价为100元，一次购买的数量比较大时可以考虑折扣，如当一次购买的数量为50~100个时，单价可以降低为95元，如果一次购买的量为150~200个时单价为85元，这就是一种数量折扣的例子。不同订购批量对应的单价如图9-9所示。本小节将以定量订货模型考虑数量折扣问题。

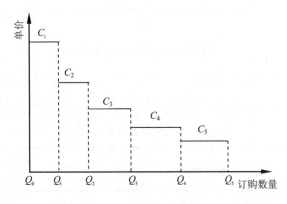

图9-9 数量折扣模型

设 C_i 为单价，这里假设单位存货的年保管成本随单价的变化而变化，即用单价乘上成本率 ΔC_t 得到，成本率固定不变，不同单价对应的总成本改为

$$\text{TC} = C_T \frac{D}{Q} + \Delta C_t C_i \frac{Q}{2} + DC_i \tag{9-30}$$

经济订购批量为

$$Q_i^* = \sqrt{\frac{2DC_T}{\Delta C_t C_i}} \tag{9-31}$$

由此可得不同单价对应的总成本曲线，如图 9-10 所示，图 9-10 中显示了三种单价对应的总成本曲线 $\text{TC}_1(Q)$、$\text{TC}_2(Q)$ 和 $\text{TC}_3(Q)$，实线部分表示真实发生的总成本，如当批量小于 Q_1 时，对应的总成本为 $\text{TC}_1(Q)$ 的实线部分。当批量达到 Q_1 并且小于 Q_2 时，因为存在数量折扣的关系，对应的总成本曲线为 $\text{TC}_2(Q)$ 的实线部分。同理，当批量达到 Q_3 时，总成本曲线为 $\text{TC}_3(Q)$ 的实线部分。所以说，考虑数量折扣的因素，总成本曲线实际上沿着 $ABCDEF$ 即图 9-10 中三条曲线的实线部分变化。需要说明的是，位于下方的曲线，其最小总成本一定比位于上方的小，在每段曲线中，可根据不同的单价 C_i 计算相应的总成本最低的经济批量 Q_i^*，如果计算出的 $Q_i^* > Q_i$，则最低总成本在该曲线中，总成本最低对应的批量为 Q_i，如图 9-10 曲线 $\text{TC}_1(Q)$ 所示；如果计算出的 $Q_i > Q_i^* > Q_{i-1}$，则最低总成本对应的批量即为 Q_i^*，如图 9-10 曲线 $\text{TC}_2(Q)$ 所示；如果 $Q_i^* < Q_{i-1}$，则最低总成本对应的批量为 Q_{i-1}，如图 9-10 曲线 $\text{TC}_3(Q)$ 所示。经济订购批量在数量折扣情况下的求法为先求出最下端曲线的最佳值，依次向上各曲线，并将各段的总成本进行比较，总成本最小对应的数量为最佳经济订购批量。

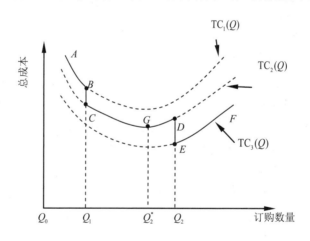

图 9-10 数量折扣总成本曲线

【例 9-5】 假设某产品每次订货的成本为 40 元，年需求量为 4000 单位，单位存货成本率为 20%，即每年每元的 20%，订购批量的数量折扣关系如表 9-5 所示。

表 9-5 订购批量的数量折扣关系

批量范围/个	单价/元
$100 \leq Q \leq 499$	2.55
$500 \leq Q \leq 2249$	2.50

续表

批量范围/个	单价/元
$2250 \leqslant Q \leqslant 3199$	2.45
$3200 \leqslant Q \leqslant 5249$	2.40
$5250 \leqslant Q < \infty$	2.35

由式(9-31)可先求 Q_5^*，并知该值小于 5250，依次求得 Q_4^* 和 Q_3^* 分别小于 3200 和 2250，而 Q_2^* 为 800，在 500 到 2249 之间，所以可以对每段最低总成本对应的数量进行比较，计算结果为：$TC_5(5250)=10664$ 元，$TC_4(3200)=10418$ 元，$TC_3(2250)=10422$ 元，$TC_2(Q_2^*)=10400$ 元，$TC_1(499)=10603$ 元，由此可知，最佳经济订购批量应为 800 单位，每年对应的总成本为 10400 元。

(四) 定期订货模型

定量订货系统模型要求对系统进行适时的跟踪，如果没有计算机，则这项工作是很难实现的，有些物料尤其是非独立需求的物料，则用物料需求计划系统来管理，物料需求计划将在后面章节中介绍，也可以采取一种策略来代替这种订货点法，即使用常用的周期检查策略，定期进行盘点。这就要求必须在每隔一定时间即周期，检查库存并发出订单，定期订货模型适用于下列情形。

(1) 通常为独立需求产品。

(2) 物料从仓库中出货比较难以记录且连续记录花费比较昂贵。

(3) 购自同一供应商的一组物料，集成为一张订单会大幅度降低每个物料的总准备成本，如小工具、共用的大量零件(如螺栓、螺钉、垫片等)。

(4) 容易腐烂的物品，特别是有保存期限的物品，尤其适合用定期订货模型来管理。

(5) 整车运送或完全利用可使用的能力，可享受经济上的优惠。

在定期订货系统中，库存只在特定的时间进行盘点，不同时期的订购量不尽相同，订购量的大小主要取决于各个时期的使用率。它一般比定量订货系统要求更高的安全库存。

定量订货模型是对库存连续盘点，一旦库存水平到达再订购点，立即进行订购。相反地，标准定期订货模型是仅在盘点期进行库存盘点。它有可能在刚订完货时由于大批量的需求而使库存降至零，这种情况下只有在下一个盘点期才被发现。而新的订货需要一段时间才能到达。这样，在盘点期和提前期内有可能发生缺货，所以安全库存应当保证在盘点期和提前期内不发生缺货，这也就造成了定期订货模型的库存量要高于定量订货模型的库存量。定期订货系统模型如图 9-11 所示。定期订货模型下每个订货周期内的需求也有静态和动态两种情况，静态情况比较简单，图 9-11 显示的是需求为随机的情况。

在定期订货系统中，在盘点期进行再订购，同时安全库存必须为 $z\sigma$。图 9-11 表明盘点期为 t，固定提前期为 LT 的定期订货系统。在这种情况下，需求率是随机分布的且均值用 d 表示。订货量 Q 为

$$\text{订货量}=\text{盘点期和提前期内的平均需求}+\text{安全需求}-\text{现有库存} \qquad (9\text{-}32)$$

即
$$Q = d(T+L) + z\sigma - I \tag{9-33}$$

式中：Q——订购量；

T——两次盘点的间隔期；

L——订货提前期；

d——日平均需求量；

z——既定服务水平下的标准差倍数；

σ——盘点周期与提前期需求的标准差；

I——现有库存量。

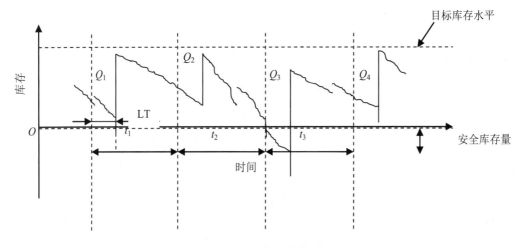

图 9-11 定期订货模型

如某种产品日平均需求量为 10 单位，盘点期间为 10 天，订货提前期为 5 天，安全库存量为 15 单位，该产品现有库存量为 40 单位，则最大库存水平为 10×(10+5)+15=165 单位，而订货量为 165-40=125 单位。在该模型中，日平均需求量可以根据对年需求量的预测进而计算得到。对于 z 值，可以通过求以下公式，然后查标准正态分布表可以得到相应的值。

$$E(z) = \frac{\bar{d}T(1-P)}{\sigma_{T+L}} \tag{9-34}$$

式中：$E(z)$——期望缺货率；

P——服务水平；

$\bar{d}T$——盘点周期内的需求量；

σ_{T+L}——盘点周期和提前期内的需求的标准差。

(五)混合系统模型

混合系统模型即综合考虑两种模型的优点，将定量订货模型和定期订货模型相结合而形成的一种模型，即定期—定量订货模型。

在定期订货模型中，在盘点期到来时均须订购，有时订购量太小，就不太经济，所以，此时，可以将定期订货模型和定量订货模型相结合，这种定期—定量订货模型是由 Arrow、

Harris 和 Marschak 等三人提出的，故又有人将它称为 Arrow-Harris-Marschak 模型，也有的将这种模型称为<s-S-T>库存模型。该模型也是定期检查库存量，在每阶段，其库存的消耗量是一个变量。分析步骤为：首先确定检查周期 T，确定最高库存量 S 和订购点 s；然后定期检查各阶段末的库存量，并计算现有库存量 IOH，如果 IOH>s 时，不订货；如果 IOH≤s 时，订货，且订购量为最高库存量减去现有库存量。模型如图 9-12 所示。图 9-12 中在 A 点和 B 点盘点期到来时对现有库存量进行统计，均发现现有库存量大于设定的订购点，故此时不订货，而在 B 点和 D 点，现有库存量小于订货点，C 点的现有库存量等于订货点库存量，故此时发出订货指令。

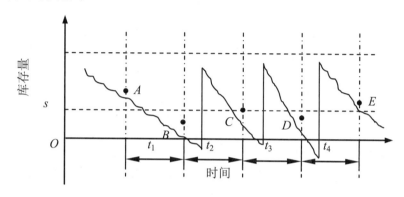

图 9-12　定量—定期订货模型

(六)其他订货模型

除了针对相关需求产品的物料需求计划策略和针对独立需求产品的订货点模型策略外，在企业里还有其他比较实用的库存运作模式。

1. 任意补充系统

任意补充系统强制系统以某一固有频率对库存进行盘点，当库存水平下降到某一数量以下时订购一个补充量。这种任意补充系统必须预先设定补充点，而不设定订购点。有连续补充点法和分批补充点法，连续补充是每次出货后均要补充，补充量就是出货量，分批补充点法则是当出货量达到设定的量时进行补充。

2. 双箱系统

物料从一箱获得，另一箱的库存数量刚好等于再订购点的库存数量。这实际上是一种定量订货库存模型，使用双箱系统时，预先准备两个料箱，并在料箱中装满相同的物料，料箱的容量预先设定好，当有需求发生时，从其中的一个料箱中取物料，当该箱物料用完后，就使用另外一个料箱，同时发出订货请求，订货量为料箱容量，这样一种反复循环使用的库存系统就是双箱系统。

3. 单箱系统

对库存进行周期性的补充，是一种比较简化的定期订货模型。通常预先设定一个最高的库存目标，并以固定的时间间隔将库存补充到预定的最高水平。

4. 目视检查系统

和单箱系统一样，目视检查系统也是一种定期订货系统。即库存放置一处，按预先设定的时间周期，经目视检查后，提出申请订购，订购数量为预定最高库存量与现有库存量之差。

四、库存盘点

(一)盘点

库存的周期盘点进行的频率较高，而不是一年一次或两次，尤其在实施准时化生产的企业中，库存盘点的频率更高。有效地进行周期盘点，确保库存精度的关键在于确定在什么时候由谁来对哪些物资进行盘点，通常在以下情况计算机会发出盘点通知。

(1) 当库存记录表明库存物资很低或者为零时。

(2) 当库存记录表明物资在库，但欠货单早已填写(此时表明库存记录与实际库存不一致)。

(3) 在某些特定活动发生之后。

(4) 在物资的盘点日期(盘点日期根据盘点周期推算而得，盘点周期根据物资的重要性利用 ABC 分类法来确定)。

(二)盘点工作

在进行盘点时，必须做好以下工作：①分别由生产计划与物流控制部门主管、财会人员和仓库保管员组成的盘点小组监督盘点操作人员，并将每种库存的规格、数量、物料号、仓库号和库位号逐项登记；②盘点完毕的库存贴挂"已盘点"标签，仓库管理员要保留以作备查；③盘点表中对库存规格、数量等内容进行核查，如发现有数量较大的差异应予以确认，并要查明原因，以确保盘点的正确性；④陈旧、滞销库存应单独编表列出；⑤汇总库存盘点结果，并将库存盘点结果反馈给生产计划与物流控制部门，以对系统的参数进行适当调整。财会人员也应将财务处理与盘点结果进行核对，并确保一致。

五、准时化生产下的库存策略

准时化生产和物料需求计划系统相比，它所采取的是刚好相反的一个策略，众所周知，物料需求计划系统采取的是推动系统，是一种备货生产的方式，比较适用于大量生产方式，属于一个重视计划的系统，制订计划通常是综合考虑客户的订单和对市场的预测而制订。而作为生产方式发展的第三个阶段，准时化生产采取的是拉动的策略，即生产任务是根据市场的需求拉动生产，这种生产方式以消除生产中存在的一切浪费为宗旨，其中库存的浪费被认为是一个最大的浪费，因此，在准时化生产中，采用一个所谓的看板来拉动，只要市场有需求，即有订单时，才从最后一道工序依次开始进行拉动。没有看板则不生产，在这种情况下，从理论上讲，库存可以减少为一个单位，但实际是做不到的。因此，在准时化生产下，也要设定一定的库存量。

本章小结

库存涉及计划、组织、协调和控制物料，以适时适量为各部门提供所需物料。它针对的是独立需求物料，而相关需求的物料则采用物料需求计划(MRP)来计划和控制。库存的水平与生产计划和控制以及顾客需求有着直接关系，需求预测职能为我们提供了每种产品需求量的一个估计值，生产计划的职能则将预测量变成有时间优先级的生产计划，库存计划与控制则一定要提出一些措施，不仅要保证材料和产品在需要时就能够获得所需的数量，而且还要防止过多的库存占用大量的流动资金，库存分析与控制的目的是要确定适当的存储策略，并使总的成本保持最低，库存分析和控制应与需求预测和生产计划与控制作整体考虑。

自测题

(一)选择题

1. 库存的成本与费用不包括(　　)。
　　A. 采购成本　　B. 库存持有成本　C. 盘点成本　　D. 缺货成本
2. ABC 库存控制方法源自(　　)。
　　A. 泰勒分析　　B. 帕累托分析　　C. 高斯分析　　D. 托勒密分析
3. 经过一定的生产过程，尚未完全加工、需要进一步加工的中间产品所形成的库存称为(　　)。
　　A. 在制品库存　B. 原材料库存　　C. 包装物库存　D. 产成品库存

(二)填空题

1. 库存控制的目标为(　　)和(　　)。
2. 实际库存量包括(　　)和(　　)。
3. 影响确定订货点的因素主要包括(　　)、(　　)、(　　)。
4. 理想的安全库存应该使(　　)成本与(　　)成本的总和最小。
5. 按照 ABC 分类法，得出的(　　)类物资总是占多数。

(三)简答题

1. 库存的概念是什么？
2. 库存有什么作用？
3. 定量订货法和定期订货法的区别是什么？
4. ABC 分类法的原理是什么？
5. 经济订货批量如何确定？

(四)计算题

1. 某医院的维修部每年使用大约 816 箱液体清洁剂。订货成本为 12 元，库存成本是每年每箱4元，新价目表表明，$n \leqslant 50$ 箱的订货成本为每箱20元，$50 < n \leqslant 99$ 箱是每箱18元，$n \geqslant 100$ 箱则是每箱16元。请确定最优订货量和总成本。

2. 某公司每年需要某产品4000件，供货商规定：凡一次购买500件以下的价格为50元/件；购买500件或以上的，所有产品按价格优惠10元/件计算。如果每次订货费用为50元，库存保管费是库存单件成本的20%，求经济订货批量。

3. 某产品的日需求量是100件，标准差为25件，盘点周期是10天，提前期是6天。盘点时现有库存50件。如果所要求的服务水平为98%，应订购该产品多少件？

4. 某产品年需求量为13 000件，周需求量为750件，周需求标准差为40件，订购成本每次是10元，从下订单到收到货物的时间间隔为4周，单件年持有成本为0.65元。如果服务水平为98%，订货点应该是多少？假设生产经理被要求将安全库存减少100件，如果这样做，那么此时的服务水平是多少？

5. 星巴克咖啡店每年需要某种进口咖啡5000箱。这种咖啡每箱300元。每次的订货成本为100元，持有成本为单价的20%。订购提前期为3周。每周(一年营业50周)需求为100箱，标准差为30箱。

该店希望使用一种能够使库存成本最小化的库存系统，并使服务水平为95%。

(1) 该咖啡的经济订购量为多少？
(2) 该咖啡的订货点为多少？

第十章

生产能力与生产能力计划

【学习要点及目标】

通过本章的学习,掌握生产能力的概念;了解生产能力计划的内容和作用;掌握确定生产能力的方法;熟悉生产能力开发方案的路径和过程。

【关键概念】

生产能力　生产能力计划　制造业能力计划　服务业能力计划　生产能力方法　产能平衡问题

引导案例：产能的加大 VS 产能的优化/最佳利用

一家企业编制生产计划首先需要了解自己的产品和产能，然后根据当前的产能情况和将来的需要建立一个计划。这也许看起来非常明显，但如果当前的产能已经满负荷，下一步应该怎么做就会成为一个很重要的问题。是否需要立即建造新工厂，或是提高当前实际运营能力，减少成本并且最优化企业已经在使用的资源。

以一个跨国企业在中国西部开设新工厂为例加以分析。在许多情况下，人们常常因为较低的直接成本以及一些鼓励性的政策而进行扩张或者搬迁。然而问题是，这样的搬迁或者扩张是不是企业产能需要的真实体现？并且是否考虑所有成本是不是真的划算？同样，还需要考虑当前工厂运营是否接近最优化水准或者能够做到更进一步的提高吗？最优化的成本是什么？

在计算过所有成本之后，企业的新工厂仍看似可行的话，我们就需要把注意力转向需求水平、实际产能、最优化产品库存和再定购水平。这里与客户的协调就变得尤为重要。如果企业认为新工厂的发展就是增长了产能水平，那么一定有一些客户的需求没能被满足。与客户的合作来确认最优化的供应链设计，包括采购数量和库存政策都是非常必要的。

整个供应链利润可以最大化；在什么情况下会出现盈亏平衡点；企业应该考虑提升当前的运营还是考虑建立一个新工厂。因为新科技、培训、原材料、运营等的费用越来越透明，企业就有足够的信息来评价这两个策略的优劣。如果所有的信息显示提升当前运营体系产生的供应链利润大于建立新工厂带来的利润，那么选择很明显。在一些情况下，可能短期的执行和长期的策略并不重合，比如长期来看新工厂能产生更多的利润，但考虑眼前的情况，通过提升当前运营体系能获得短期效益。这种情况下，企业就需要在两者之间建立一个平衡。而这个平衡点的选择就要根据具体的企业供应链状况来决定。

(资料来源：聚焦产能的管理，精益网，精益改善中心，作者刘彬，2016年8月)

问题：为什么编制生产计划要抓好产能？

第一节 生产能力的概念

一、生产能力的定义

(一)生产能力和能力单位

1. 生产能力

生产能力(Production Management)是指制造业生产管理领域使用的方法与技术。生产能力是企业管理的重要组成部分，它要根据企业经营决策所确定的一定时期内的经营战略与计划任务，组织生产活动，并保证实现生产目标。生产管理就是把这种处于理想状态的经营目标，通过产品的制造过程而转化成为现实的。

生产能力(产能)对于所有企业以及企业所有层级来说，都是一个重要的问题。生产能力是指一个作业单元满负荷生产所能处理的最大限度。这里的作业单元可以是一个工厂、部门、机器或单个工人。

2. 能力单位

由于企业种类的广泛性，不同企业的产品和生产过程差别很大，在计算生产能力以前，必须确定本企业的生产能力计量单位。

1) 投入和产出量计量法

生产能力同投入量和产出量密切相关，不同的企业可以根据自身的性质和其他情况选择投入量或产出量作为生产能力的计量单位。

2) 代表产品计量法

当企业以产出量作为计量单位时，则需考虑企业生产的产品种类有多少，如果只有一种主要产品，则可以以该产品作为计量单位；如果生产多种产品，则很难以其中某一种产品的产出量作为整体的计量单位，这时可采用代表产品计量法。选择出代表企业专业方向、产量与工时定额乘积最大的产品作为代表产品，其他的产品可利用换算系数换算到代表产品。换算系统 K_i 的计算公式如下：

$$K_i = \frac{t_i}{t_0} \tag{10-1}$$

式中：K_i ——i 产品的换算系数；

t_i ——i 产品的时间定额；

t_0 ——代表产品的时间定额。

有时企业用产出量计算生产能力准确度不高，不能很好地反映生产能力，则可以用投入量作为计量单位，如总设备数、装机容量等。

3) 以原材料处理量为计量单位

有的企业使用单一固定的原材料生产多种产品，这时以年处理原材料的数量作为生产能力的计量单位是比较适量的。这类企业的生产特征往往是分解型的，即使用一种主要原料，分解制造出多种产品。

(二)生产能力的核算

在计算生产能力时要把握以下内容。

1. 确定生产能力的计算单位

要计算生产能力需要首先确定生产能力的计量单位。不同类型的企业生产能力计算方式不同。相比之下，机械制造企业的生产能力计算稍微复杂一些，主要原因是这类企业产品的加工环节多，参与加工的设备数量大，设备能力又不是连续变动的，而是呈阶梯式发展的，所以各环节的加工能力是不一致的。计算工作通常从底层开始，自下而上进行，先计算单台设备的能力，然后逐步计算班组(生产线)、车间、工厂的生产能力。生产能力的计算主要有以下三种类型：流水线生产类型企业的生产能力计算、成批加工生产类型企业的生产能力计算和服务行业的生产能力计算。

2. 确定影响生产能力的因素

1) 产品因素

产品设计对生产能力有巨大的影响。如果生产相似产品，作业系统生产这类产品的能力要比后续产品不同的生产能力大。一般来说，产出越相近，其生产方式和材料就越有可能实现标准化，从而能达到更大的生产能力。此外，设计的特定产品组合也必须加以考虑，因为不同产品有不同的产量。

2) 人员因素

组成一项工作的任务、涉及活动的各类人员以及履行一项任务需要的培训、技能和经验对潜在和实际产出有重要的影响。另外，相关人员的动机、缺勤和滚动与生产能力也有着直接的联系。

3) 设施因素

生产设施的设计，包括厂房大小以及为扩大规模留有的空间，是一个关键的影响因素。厂址因素，包括运输成本、与市场的距离、劳动供应、能源和扩张空间，也是很重要的因素。同样，工作区的布局也决定着生产作业是否能够平稳执行。

4) 工艺因素

产品工艺设计是决定生产能力的一个明显因素，工艺设计是否合理会影响产品质量。如果产品质量不能达到标准，就会增加产品检验和返工工作，从而导致产量下降。

5) 运作因素

一个组织由于存在不同设备生产能力的矛盾或工作要求的矛盾而产生的排程问题、存货储备的决策、发货的推迟、所采购的原材料部件的合意性，以及质量检验与制程控制，都对有效生产能力具有影响。

6) 其他因素

产品标准，特别是产品最低质量标准，能够限制管理人员增加和使用生产能力的选择余地，比如企业为了达到产品和设备的污染标准，经常会减少有效生产能力。

3. 计算成批加工企业的生产能力

这种类型的企业，生产部门的组织采用工艺专业化原则，产品的投料与产出有较长的间隔期及明显的周期性。它们的生产能力计算与工艺专业化原则划分车间和班组有密切关系。

1) 计算单台设备产能

由于加工的零件不是单一品种，数量可达上百上千种，所有零件的形状大小不同，加工的工艺步骤也不同，而且加工的时间长短不一，这时不能用产出量计算，而只能采用设备能提供的有效加工时间来计算，称为机时。其计算公式如下：

$$H_e = H_o \times \eta = H_o(1-\theta) = F_o - S \tag{10-2}$$

其中：H_o——年制度工作时间；

η——设备制度工作时间计划利用率；

θ——设备计划修理停工率；

F_o——设备计划工作时间；

S——设备计划修理停工时间。

2) 计算班组产能

车间班组是最小生产单位，每个班组配备一定数量的加工工艺相同的设备，但它们的性能与能力不一定相同。所以计算班组生产能力是从单台设备开始，再将这些设备的生产能力整合计算。如果班组内全部设备的加工技术参数差异不大，则全部设备的时间之和就是班组的生产能力。如果技术参数相差很大，这时要分别统计不同参数设备的机时，着重查看某些大工件的设备加工能力能否满足生产要求。

3) 确定车间产能

由于班组的加工对象是零件，它们的能力应该以机时计量，而对于车间，它的生产对象往往是产品或零部件配套数，所以它的生产能力应该以产量计量。工时与产量之间的换算是比较简单的。

4) 确定工厂产能

工厂生产能力可以根据主要生产车间的能力来确定，能力不足的车间，可以用调整措施解决。

4. 计算流水线企业的生产能力

1) 计算流水线生产能力

流水线的生产能力取决于每道工序设备的生产能力，所以从单台设备开始计算。其计算公式如下：

$$M_d = H_e / t_i \tag{10-3}$$

式中：M_d——单台设备生产能力；

H_e——单台设备计划期(年)有效工作时间(小时)；

t_i——单件产品在该设备上加工的时间定额(小时/件)。

如果工序由一台设备承担时，单台设备的生产能力即为该工序能力。当工序由 N 台设备承担时，工序生产能力为 $M_d \times N$。

2) 确定车间的生产能力

如果是制造车间，它既有零件加工流水线，又有部件装配流水线，这时它的生产能力应该由装配流水线的能力决定。即使有个别的零件加工能力低于装配流水线能力，也应该按照这个原则确定。如果是零件加工车间，每个零件有一条专用生产线，而所有零件又都是为本企业的产品配套，那么该车间的生产能力应该取决于生产能力最小的那条生产线的能力。

3) 确定企业的生产能力

由于各车间之间加工对象和加工工艺差别较大，选用的设备性能差别很大，生产能力不一致，因此，基本生产车间的生产能力通常按主导生产环节来确定。而当基本生产车间和辅助生产部门的生产能力不一致时，企业应由基本生产车间的生产能力决定。计算生产能力是做好生产能力规划工作所必需的步骤，也是企业必须重视的问题。通过计算企业的生产能力，不仅可以认识自己的实际能力，做到心中有数，还可以发现生产过程的瓶颈部分和过剩环节，为科学合理地规划生产能力提供基础资料。

二、生产能力的衡量

(一)生产能力的度量

1. 生产能力利用率

制订生产能力计划需要了解当前生产能力水平和生产能力的利用程度，通常是以设备、生产空间和人力利用程度来反映生产能力的利用情况，采用统计调查的结果来衡量生产能力的平均利用率。可表示为

$$U = p/P'(\%) \tag{10-4}$$

式中：U——生产能力平均利用率，以%表示；

P'——平均产出率，以%表示；

p——生产能力。

生产能力平均利用率是对有效生产能力的衡量。需要注意的是，上式中平均产出率和生产能力的衡量必须采用相同的计量单位。例如：时间、顾客数量、生产数量或货币。在后面的内容中，我们将会看到生产能力利用率或者反映对增加额外生产能力的需要或者表明现有生产能力过剩需要处置。另一个相关的概念是生产能力的使用效率。生产能力使用效率取决于生产设施的使用和管理方式，通常很难或不可能达到100%的水平。一般生产能力使用效率可以表示为

$$E = q/U \tag{10-5}$$

式中：E——生产能力使用效率，%；

q——实际产出率，%；

U——生产能力平均利用率，%。

为了设计适宜的生产能力利用率，管理人员首先需要度量生产能力。

2. 度量生产能力的基本方法

还没有一种方法可以适用于所有情境下生产能力的度量。表10-1列出了一些常用的度量生产能力的方法，它们的使用取决于实践中所应用的对象。

表10-1　度量生产能力方法举例

企业组织类型	生产能力度量	
	输入表达方式	产出表达方式
车辆制造商	每工作班次的机器小时数	每工作班次生产的车辆数量
医院	可供治疗的床位数量	每天治疗的病人数量
航空公司	飞机数量每周	飞机的座位数与飞行的公里数
餐饮店	可供就餐的座位数量	每天服务的顾客数量
零售商	可供商品展示的空间规模	每天商品销售额
影剧院	观众座位数量	每周的观众数量
仓储企业	库房、场地面积	每天储存货物数量

在医院度量生产能力的适宜标准可能是每天能够治疗的病人数量；在零售商店可能是年销售量，而在工厂则可能是所拥有的机器数量。一般而言，生产能力的度量可以用产出或输入的形式来表达。

(1) 产出表达方式。以产出形式来度量生产能力，常见于产品专业化流水式生产方式。在这种情况下，非标准化程度低，产出率的高低更能体现生产能力的大小。但在多品种生产情况下，生产能力的度量应能够反映多种产品混合生产的综合产出水平。例如，某个餐饮店每小时可以提供100份外卖或50位顾客就餐，或者同时提供50份外卖和25位顾客就餐，或者其他形式的外卖与顾客就餐的组合。

(2) 输入表达方式。以输入形式来度量生产能力，常见于工艺专业化加工装配型生产方式。例如，工厂所拥有的机器数量或所能提供的机器小时数可作为度量生产能力的标准。正如多品种混合生产会使产出形式表达生产能力的度量复杂化一样，需求量也会导致输入形式表达生产能力的度量复杂化。以产出率表示的需求量必须能转换成以输入形式度量的生产能力，只有这样，生产运作经理才能够将生产需求与生产能力在相同的基础上进行比较和衡量。

(二)可持续性生产能力

当生产能力的度量是就生产设备而言时，常以额定生产能力(Rated Capacity)来衡量。额定生产能力是指从工程角度进行测算，在扣除了正常维修时间条件下，生产设备连续运转所能达到的最大年产出量。额定生产能力可以计算如下：

$$C = cUE \tag{10-6}$$

式中：C——额定生产能力；

c——设计生产能力；

U——生产能力平均利用率，%；

E——生产能力使用效率，%。

现通过举例来说明额定生产能力的确定。

【例10-1】某公司生产一种面点食品供早餐用，其生产设施的使用效率为90%，生产能力平均利用率为80%。该公司有3条生产线用于生产这种早餐食品，每条生产线每周工作运转7天，每天3个班次，每班工作8小时。每条生产线的设计生产能力为每小时可生产120份标准型早餐面点，试计算这3条生产线1周的额定生产能力。

解：每条生产线1周的工作运转时间7天×3班/天×8小时/1班=168小时/周

利用公式(10-6)可计算额定生产能力为

$$C=cUE=120×3×168×0.8×0.9 \approx 43546(份/周)$$

但是，额定生产能力并非意味着经济上的可持续性。生产运作经理必须确定在相当长的时间内可持续的经济生产能力水平。经济生产能力可能是1个班次运作，也可能是3个班次运作，视不同企业而异。从这种意义上说，生产能力可以被定义为利用实际现有人员和设备在保持适当可持续性条件下所能达到的最大生产能力水平。当然，企业还可以采用增加工作班次或延长工作时间、减少机器维修次数以及分包合同等形式来增加生产能力，使之超出可持续经济生产能力的水平，以此来应付高峰需求等特殊情况。

但由于员工们并不期望长期处于加班状态，这会导致生产率降低，并且加班造成生产成本上升，这种方式不能持久，也不具备经济性，只能在短期内应用。因此，需要对可持续的经济生产能力有一个合理的衡量，并把握在适度的水平。

三、规模经济与经验曲线

(一)规模经济概述

1. 规模经济的概念

规模经济(Economies of Scale)是指通过扩大生产规模而引起经济效益增加的现象。规模经济反映的是生产要素的集中程度同经济效益之间的关系。规模经济的优越性在于：随着产量的增加，长期平均总成本下降。但这并不仅仅意味着生产规模越大越好，因为规模经济追求的是能获取最佳经济效益的生产规模。一旦企业生产规模扩大到超过一定的规模，边际效益却会逐渐下降，甚至跌破趋向零，乃至变成负值，引发规模不经济现象。

2. 规模经济的含义

规模经济又称"规模利益"(Scale Merit)，指在一定科技水平下生产能力的扩大，使长期生产呈现平均成本下降的趋势，即长期费用曲线呈下降趋势。规模指的是生产的批量，具体有两种情况，一种是生产设备条件不变，即生产能力不变情况下的生产批量变化，另一种是生产设备条件变化即生产能力变化时的生产批量变化。

规模经济概念中的规模指的是后者，即伴随着生产能力扩大而出现的生产批量的扩大，而经济则含有节省、效益、好处的意思。按照拉夫经济学辞典的解释，规模经济指的是给定技术的条件下(指没有技术变化)，对于某一产品(无论是单一产品还是复合产品)，如果在某些产量范围内平均成本是下降(或上升)的话，我们就认为存在规模经济(或不经济)。同边际效益一样，在某一特定的区域里才满足此规模经济性。具体表现为"长期平均成本曲线"向下倾斜，从这种意义上说，长期平均成本曲线便是规模曲线，长期平均成本曲线上的最低点就是"最小最佳规模"(Minimum Optimal Scale，MOS)。上述定义具有普遍性，银行业规模经济便由此引申而来。规模经济一般界定为初始阶段，厂商由于扩大生产规模而使经济效益得到提高，这叫规模经济；而当生产扩张到一定规模以后，厂商继续扩大生产规模，会导致经济效益下降，这叫规模不经济。

范围经济理论的主要思想是，如果联合生产几种产出的支出比分别生产它们的支出要少，那么就称联合生产存在范围经济。

(二)规模经济分类

规模经济的分类方法很多，例如按规模经济来源不同，可以分为内部经济、外部经济和聚集经济。其中，聚集经济是指生产的产品虽然不同，但在某一环节却有共同指向的多个工厂、多家企业聚集而产生的某些经济效益。严格来说，这种聚集经济本身也是一种外部经济。

如果按规模经济作用的主体划分，规模经济可分为工厂(生产)规模经济、企业规模经济和产业规模经济。

(三)规模不经济(Dis Economies of Scale)

随着企业生产规模扩大，而边际效益却渐渐下降，甚至跌破零，成为负值。造成此现象的原因，可能是内部结构因规模扩大而更趋复杂，这种复杂性会消耗内部资源，而此耗损使规模扩大本应带来的好处相互抵消，因此出现了规模不经济的现象。

经济学中，有总成本曲线和平均成本曲线，这两条曲线都是凹向上的。这两条曲线的交点意味着最佳规模的存在。在达到这个最佳规模之前，规模越大越好，称之为"规模经济"；在达到最佳规模之后，规模越大越不经济，就是"规模不经济"。

(四)经验曲线

1. 经验曲线的定义

经验曲线又称经验学习曲线或改善曲线，是一种表示生产的单位时间与连续生产单位之间的关系曲线。经验曲线是指当某一产品的累积生产量增加时，产品的单位成本趋于下降。随着经验的增加，能够形成单位成本下降的趋势主要有三个原因，即劳动效率的提高、工艺的改进和产品的改善。学习曲线效应及与其密切相关的经验曲线效应表示了经验与效率之间的关系。当个体或组织在一项任务中习得更多的经验，他们会变得效率更高。这两个概念出自英语谚语："实践出真知"。

2. 规模经济和经验曲线的结合

经验曲线又称波士顿经验学习曲线、改善曲线，指的是越是经常执行一项任务，每次所需的时间就越少。这个关系最初于1925年在美国怀特-彼得森空军基地量化，使得航空效率加倍而所需劳动时间下降了10%~15%。随后在其他行业的经验研究得出了不同值：从百分之几到百分之三十。但在大多数情况下这是一个常量值：它不随行为规模的变化而变化。

一家工厂生产某种产品的数量越多，生产者就能更多地了解如何生产该产品，从生产中获得的经验也就越来越多。那么，在以后的生产中，工厂可以有目的并且较为准确地减少该产品的生产成本。每当工厂的累积产量增大一倍时，其生产成本就可以降低一定的百分比(该百分比的具体大小因行业不同而有所差别)。

(五)生产设施单元化

大规模生产虽然有助于降低生产成本，但存在柔性低、对市场需求变化的应变能力差等缺点。随着市场竞争特点的变化，仅有经济生产规模不再能够确保竞争优势。技术快速更新、产品生命周期缩短对生产设施柔性方面提出了越来越高的要求，这使得维持具有大规模生产能力设施的经济性越来越困难。

生产设施单元化是指企业通过缩小生产设施的规模及范围，在保持其柔性的同时集中精力于优势产品或项目方面，提高生产经营绩效。生产设施单元的概念已为许多大型企业所接受和采纳，这些企业中不乏世界级著名企业，如通用电气航空工程公司、惠普公司、美国电话电报公司等。生产设施单元的优点还包括减少管理层次，易于实行团队工作来解决问题，改善沟通方式和途径等。生产设施单元的概念同样适用于服务行业，例如专业连锁店，在地处比较显眼的位置场所开设小型分店，充分利用自身特长，注重为特定顾客服务。

四、生产能力指标标准

(一)生产能力指标

企业的生产能力指标，一般有设计能力、查定能力、计划能力三种。

(1) 设计能力，是指工业企业设计任务书与技术设计文件中所规定的生产能力。它是按照设计中规定的产品方案和各种设计数据来确定的，在企业建成投产后，由于各种条件限制，一般均需经过一定时间后才能达到。

(2) 查定能力，是指企业生产了一段时间以后，重新调查核定的生产能力，当原设计能力水平已经明显落后，或企业的生产技术条件发生了重大变化后，企业需要重新查定生产能力。查定能力是根据查定年度内可能实现的先进的组织技术措施来计算确定的。

(3) 计划能力或现有能力，是指工业企业在计划年度内依据现有的生产技术条件，实际能达到的生产能力。

(二)计划、排产与调度

在没有生产计划管理系统的情况下，工厂生产主管在编制生产计划时主要是依据"经验值"及生产要素的"粗略"情况进行的，对生产进度的反馈也无法及时掌握，造成排产"不准确""可执行度差"。更因为人员变动因素、设备性能因素、产品多样化等因素，手工编制生产计划已经出现"力不从心""无法执行"的窘境。

在没有生产计划管理系统的情况下，工厂生产主管在编制生产计划时主要依据"经验值"及生产要素的"粗略"情况进行，对生产进度的反馈也无法及时掌握，造成排产"不准确""可执行度差"。更因为人员变动因素、设备性能因素、产品多样化等因素，使手工编织生产计划出现"力不从心""无法执行"的窘境。

建立一套有能力约束的、实时生产数据动态反馈的生产调度模型，对制造资源的统一管理与合理配置，实现作业计划与调度的优化和动态管理，提高制造过程的透明化、均衡化和设备利用率，保证产品的制造周期，并使生产计划真正成为生产活动的龙头。

该系统提供订单实时模拟，及时进行订单排产信息甘特图查询、资源排产信息查询、资源负荷信息查询以及日历排产信息查询。

可以实时了解生产进度情况，车间出异常时，相关计划系统自动调整，给出符合实际的可执行计划，可根据现在订单，依据有限产能回复客户交期，通过可视化的订单调整(插单)，直观地分析影响的计划情况。

(三)生产作业计划内容与标准

(1) 编制企业生产作业计划和车间内部的生产作业计划。这就是把企业的生产计划(一般是年度分季)具体分解(一般是按月编制)，并进一步规定车间、工段、班组在短时期内(月、旬、周等)的具体生产任务。

(2) 编制生产准备计划。根据生产作业计划任务，规定原材料和外协件的供应、设备维修和工具准备、技术文件的准备、劳动力的调配等生产准备工作要求，以保障生产作业计划的执行。

(3) 进行设备和生产面积的负荷核算和平衡。这就是要使生产任务在生产能力方面得到落实，并使生产能力得到充分的利用。

(4) 日常生产派工。这就是依据工段和班组的作业计划任务，在更短的时间内具体安排每个工作地和工人的生产任务和进度，做好作业前准备，下达生产指令，使作业计划任务开始执行。

(5) 制定或修改期量标准。这是编制生产作业计划所依据的一些定额和标准资料，需要首先加以确定。有关这些标准的制定或修改，也是作业计划编制工作的重要内容。

(6) 生产计划管理，往往被多数人理解为生产排产，或者是生产排程，但实际上，这仅仅是生产计划的一小部分，也是管理难度比较小的一部分；更为重要的是，生产系统也需要预测，即根据营销预测、生产系统状况、生产能力、资金状况等资源，在生产系统均衡的前提下，利用科学的方法进行生产预测，以便能够使得生产资金占用达到最小、成本最低。

(7) 生产计划管理，还要求更好地考虑和均衡所有的生产资源，包括企业生产运营管理的全部内容，通过 APS 层实现企业的生产和销售一体化，由信息化系统来综合平衡、优化设定生产销售的模式，由信息系统来进行生产计划排程，最终实现企业效益最大化。企业生产计划体系管理过程涵盖销售、生产、质量、物流等多个方面，是企业的核心价值增值过程，是企业优化企业管理、提升管理效益的关键。

(8) APS 系统以 JIT 为理论基础，通过平衡能力与物流帮助企业建立及时准确的生产计划，在必要的时间准备必要的物料与资源，在必要的时间生产出必要的产品与服务。

第二节　生产能力的规划

一、生产能力计划的时间类别

(一)生产能力计划

生产能力计划决策是否合理直接影响到企业的长期经营和发展。生产能力过大或过小都不利于企业的经营运作。对于生产能力计划的制订，企业应选择和确定相应的生产能力发展策略，并思考相关的问题，诸如是需要一个大规模设施还是若干个小规模设施？是应该在需求刚出现时就扩大生产能力还是等到需求已经比较明显时再确定？对此需要采用系统的方法来回答这些以及类似的问题，并制定适合于不同情境的生产能力发展策略。

(二)生产能力计划的时间类别

生产能力计划按计划期长短可分为长期生产能力计划、中期生产能力计划和短期生产能力计划。

1. 长期生产能力计划

长期生产能力计划是指时间在一年以上的生产能力计划。长期生产能力计划中涉及的生产性资源需要一段较长时间才能获得，也将在一段较长的时间内消耗完毕，如建筑物、设备、物料设施等。长期生产能力计划可分为扩张型生产能力计划和收缩型生产能力计划两类。

长期生产能力计划具有战略性质，是在考虑长期需求预测、企业长期发展战略和产品开发计划的基础上，对企业生产能力作出的规划。长期生产能力计划具有风险性，需要周密研究，充分论证，谨慎决策。

2. 中期生产能力计划

中期生产能力计划是指在半年至18个月的时间内制订的月计划或季度计划。这里，雇员人数的变化(招聘或解雇)、新工具的增加、小型设备购买以及转包合同的签订等情况发生时，中期计划可能需要调整。

3. 短期生产能力计划

短期生产能力计划是指小于一个月的生产能力计划。这种类型的生产能力计划关系到每天或每周的生产调度情况，而且为了消除计划产量与实际产量的矛盾，短期计划需做相应调整，这包括超时工作、人员调动或替代性生产程序计划等。

二、产能平衡问题

(一)产能平衡的概念

1. 生产能力平衡

生产能力平衡(Balance of Production Capability)是指企业的生产能力同计划的生产任务进行比较、调整，从而达到生产能力与生产任务的一致。采取对外生产协作、组织专业化生产、签订外包协作合同等措施，使生产能力满足生产任务的要求，达到生产能力与生产任务的平衡。

通常，生产能力的一般衡量尺度取为不同类型机器在一定时间内(如每天、每周或每月)的可利用小时数。之所以说它是个较好的衡量尺度，是因为我们能够比较容易地将物质生产能力相应地换算为所需机器的数量，而这个数量，正是以后进行平面布置时所不可缺少的。进行生产能力核算时，即可把其他所有的表示方式都换算为这一数量。考虑到工厂的生产效率和废品率会影响设备的利用率，在实际制订这一数量的计划时应留有余地。

2. 生产效率

工厂的生产效率表示在固定投入量下，制程的实际产出与最大产出的比率。由于调度延误、机械故障和预防性维修等原因，设备的可利用时数的一部分实际上是无法利用的。工厂的生产效率因厂而异，一般为0.50～0.95。这样，如果每周生产100台马达的生产能力换算成每周所需的铣床工作时数为550(由作业流程卡、时间研究等估算获得)，那么，若假定工厂的生产效率为0.80，则实际上我们所需的等价铣床工作时数为550/0.80≈688，也就是说，我们预计约有 138 个工作时数是无法利用的。

3. 废品率

废品率是指废品数量在合格品、次品和废品三者总数量中所占的百分比。任何实际的生产过程都不可避免地会生产出一定量的废品。仍以上面提到的马达生产为例，我们所称的每周 100 台马达显然指的是没有缺陷的合格马达。但实际上，设备的一部分工作时数会耗费在若干废品的生产上，这一因素必须予以考虑，假定废品率为 3%，那么就必须再把 688 个可用工作时数增加到 688/0.97≈709 小时。这样，如我们预计在两班制下每台铣床每周可工作 75 小时，则我们需要 709/75≈9.45 台铣床，由于机床需整件购进，所以我们应提供 9 台或是 10 台铣床。如我们最后决定使用 10 台铣床，那么预计将会有些闲置生产能力；如果我们将铣床数量压缩至 9 台来勉强维持，则生产中不可避免地会出现瓶颈现象，对此，我们可以靠加班工作的办法来加以解决。这样，100 台马达的生产能力即被等价地换算为 9 台或 10 台铣床的工作量。

4. 收缩

当企业不能适应市场的变化，因经营不佳而陷入困境时，需要进行产能收缩。在收缩中应尽可能减少损失，力争在收缩中求得新的发展。下面介绍产能收缩的几条途径。

1) 逐步退出无前景行业

经过周密的市场分析，如果确认本企业所从事的行业行将衰退，企业就需要考虑如何退出该行业。由于市场衰退是预测分析的结果，还不是现实，企业只不过感觉到衰退的迹象。所以企业首先停止在此行业的投资，然后分阶段地撤出资金和人员。之所以采取逐步退出的策略，是因为还有市场。另外，企业资金的转移也不是一件容易的事情，企业不能轻易放弃还有利可图的市场，这样做可以尽可能地减少损失。

2) 出售部分亏损部门

对于一些大企业，如果某些子公司或分厂的经营状况很差，消耗企业大量的资源，使公司背上了沉重的负担，扭亏又无望，这时不如抛售亏损部门。这个方法是西方企业处理亏损子公司通常所采用的方法。对待出售资产的决策应有积极的态度，出售是收缩，但收缩是为了卸掉包袱，争取主动，为发展创造条件。

3) 转产

如果本行业已日暮途穷，而企业的设备还是比较先进的，员工的素质也很好，可以考虑转向相关的行业。由于是相关行业，加工工艺相似，大部分设备可以继续使用，员工们的经验可以得到充分的发挥。例如，服装厂可以转向床上用品和居室装饰品，食品厂可以转向生产动物食品等。

(二)产能计划的类型

产能计划的类型包括领先策略、滞后策略和匹配策略。领先策略是指根据对需求增长的预期增加产能。领先策略是一种进攻性策略，其目标是将客户从企业的竞争者手中吸引过来。这种策略的潜在劣势在于其通常会产生过量存货；过量的存货导致成本既高昂又浪费。滞后策略是指仅当企业因需求增长而满负荷生产或超额生产后才增加产能。该策略是一种相对保守的策略，它能降低浪费的风险，但也可能导致潜在客户的流失。匹配策略是指少量地增加产能来应对市场需求的变化。这是一种比较稳健的策略。

三、增加生产能力的三种策略与步骤

(一)扩充时机的选择

对任何企业来说，生产能力决策的主要内容是扩充的时机与扩充的数量，主要有三种选择：第一，能力大于需求；第二，大致平衡；第三，能力小于需求。

(二)扩充数量的确定

在生产过程中，企业有时可能需要扩大产能。企业在扩大其生产能力时，应考虑许多方面的问题，其中最重要的几个方面是维持生产系统的平衡、控制扩大生产能力的频率以及有效利用外部生产能力。

1. 维持生产系统的平衡

在一家生产完全平衡的工厂里，生产第一阶段的输出恰好完全满足生产第二阶段输入的要求，生产第二阶段的输出又恰好完全满足生产第三阶段的输入要求，依此类推。然而，实际生产中达到这样一个"完美"的设计几乎是不可能的，而且也是人们不希望的，因为：其一，每一生产阶段的最佳生产水平不同；其二，产品需求是会发生变化的，而且由于生产过程本身的一些问题也会导致生产不平衡的现象发生，除非生产完全是在自动化生产线上进行，因为一条自动化生产线就像是一台大机器一样，是一个整体。

解决生产系统不平衡问题的方法有很多：其一，增大瓶颈的生产能力，可采取一些临时措施，如加班工作、租赁设备、通过转包合同购买其他厂家的产成品等；其二，在生产瓶颈之前留些缓冲库存，以保证瓶颈环节持续运转，不会停工；其三，如果某一部门的生产依赖于前一部门的生产，那么就重复设置前一部门的生产设备，可以充足地生产以便供应下一部门的生产所需。

2. 控制扩大生产能力的频率

在扩大生产能力时，应考虑两种类型的成本问题：生产能力升级过于频繁造成的成本与生产能力升级过于滞缓造成的成本。首先，生产能力升级过于频繁会带来许多直接成本的投入，如旧设备的拆卸与更换、培训工人、使用新设备等。此外，升级时必须购买新设备，新设备的购置费用往往远大于处理旧设备回收的资金量。最后，在设备更换期间，生产场地或服务场所的闲置也会造成机会成本的浪费。

反之，生产能力升级过于滞缓也会有很大的成本支出。由于生产能力升级的间隔期较长，每次升级时，都需要投入大笔资金，大幅度地扩大生产能力。然而，如果当前尚不需要的那些生产能力被闲置，那么，在这些闲置生产能力上的投资就将作为管理费用计入成本，这就造成了资金的占用和投资的浪费。

3. 有效利用外部生产能力

有些情况下还可以利用一种更为经济有效的办法，那就是不扩大本企业的生产能力，而是利用现有的外部生产能力来增加产量。常用的两种方式分别是：签订转包合同或共享生产能力。共享生产能力的方式就是利用一种企业联合体间的分时柔性工厂实现产能共享。制造业产能共享成为新的发展亮点。产能共享的基础设施日益完善，众创型产能共享成为大型骨干企业创新发展的重要方向，服务型产能共享日益成为生产性服务新模式，中介型产能共享开启"无工厂"制造模式。采取外部生产能力的方式，多是因为产品品种多，而数量相对较少；或是产品数量是不确定的；或是以不定期的订单为前提。重点是如何控制供应商的质量和产能保证。因此需要签订转包合同。

(三)扩充生产能力的步骤

1. 估计未来的能力需求

在进行生产能力计划时，首先要进行需求预测。由于能力需求的长期计划不仅与未来的市场需求有关，还与技术变化、竞争关系以及生产率提高等多种因素有关，因此必须综合考虑。还应该注意的是，所预测的时间段越长，预测的误差可能性就越大。

对市场需求所做的预测必须转变为一种能与能力直接进行比较的度量。在制造业企业中，企业能力经常是以可利用的设备数来表示的，在这种情况下，管理人员必须把市场需求(通常是产品产量)转变为所需的设备数。

2. 计算需求与现有能力之间的差

当预测需求与现有能力之间的差为正数时，很显然，就需要扩大产能，这里要注意的是，当一个生产运作系统包括多个环节或多个工序时，能力的计划和选择就需要格外谨慎。

3. 制定候选方案

处理能力与需求之差的方法可有多种。最简单的一种是：不考虑能力扩大，任由这部分顾客或订单失去。其他方法包括能力扩大规模和时间的多种方案，包括积极策略、消极策略或中间策略的选择，也包括新设施地点的选择，还包括是否考虑使用加班、外包等临时措施等。

4. 评价每个方案

评价包括两方面：定量评价和定性评价。定量评价主要是从财务的角度，以所要进行的投资为基准，比较各种方案给企业带来的收益以及投资回收情况。这里可使用净现值法、盈亏平衡分析法、投资回收率法等不同方法。

四、生产能力计划的步骤

尽管每种情境有所不同，但生产能力计划决策一般可分为以下四个步骤。
步骤1：确定对生产设备的需求。
步骤2：识别现有生产能力与预计生产需求之间的差距。
步骤3：制定扩展生产能力备选方案。
步骤4：扩展生产能力备选方案评价。
下面依次对这四个步骤进行论述。

(一)确定对生产设备的需求

确定对生产设备的需求,首先要对生产(市场)需求进行预测和估计。由于涉及长期决策,要求对需求预测、生产率要求、竞争态势以及技术进步等因素在未来时期的变化趋势予以考察和进行判断。正如本章前面所述,对需求的预测结果必须转换成可与生产能力度量直接进行对比的数量。比如,生产能力采用可供利用的机器设备数量来衡量,与这种度量表示方式相对应,生产分析人员必须将需求率转换成为完成生产需求所需机器设备的数量。通过将每年生产所有产品及服务所需的生产加工时间与生产操作准备时间进行加和来求得所需机器设备的数量。所需机器小时数的具体计算可采用如下公式:

$$R = \sum_{i=1}^{m} DP + \sum_{i=1}^{m} SD/Q \tag{10-7}$$

式中:R——每年所需总机器小时数;
   D——每年第#种产品或服务的需求预测值;
   P——每单位第#种产品或服务的生产加工时间;
   Q——每批第#种产品或服务的生产数量;
   S——生产每批第#种产品或服务的操作准备时间;
   m——生产运作中生产或提供的所有种类的产品或服务。

接下来在考虑生产设施利用率条件下,计算每台机器设备可以提供的工作小时数。即:

$$H = N(1 - C_b/100) \tag{10-8}$$

式中:H——考虑备用生产能力条件下一台机器每年可提供的工作小时数;
   N——一年当中所有工作天数以及所有工作班次可提供的全部工作小时数;
   C_b——备用生产能力以百分比表示。

在已知每年所需总机器小时数(R)和每台机器所能提供工作小时数(H)的情况下,我们可根据下式计算出所需机器设备数量(以 M 表示),并取整数:

$$M = R/H \tag{10-9}$$

上述将生产需求转换成生产能力度量形式的过程不只限于机器设备,输入量可以是影剧院里的观众座位、银行的业务接待职位或任何一种其他生产能力表达形式。

【例10-2】某一办公大楼的服务中心提供文字打印、资料复印与装订业务,其业务需求主要来自两个顾客,为其制作报告资料的复制件。每种报告资料通常都是分批进行制作,制作包括打印、校对、复制和装订,所需时间取决于每种报告资料的页数。有关每一顾客的必要信息内容列示在表10-2 中。服务中心每年工作 250 天,均为 8 小时工作日。管理人员认为机器设备的备用生产能力取 15%为最佳,问服务中心需要多少台设备为宜?

表10-2 顾客业务需求必要信息一览表

信息内容	顾客A	顾客B
年需求预测(制作报告资料种类)	50	100
每次批量(每种报告复制份数)	40	60
年需求预测(总复制份数)	2000	6000
制作所需标准时间(小时/份)	0.5	0.7
操作准备所需标准时间(小时/报告)	5	8

解: 每年所需机器小时数为

$$D = 250 \times 8 = 2000(\text{小时})$$

$$R=(2000\times0.5+5\times2000/40)+(6000\times0.7+8\times6000/60)=6250(\text{小时})$$

在考虑备用生产能力条件下,每台机器一年可提供的工作小时数为

$$H=250 \text{ 天/年} \times 1 \text{ 班次/天} \times 8 \text{ 小时/班次} \times (1.0-15/100)=1700 \text{ 小时}$$

所需机器设备数量为

$$M=6250/1700=3.68\approx 4(\text{台})$$

(二)识别现有生产能力与预计生产需求之间的差距

相对于预计生产需求而言,现有生产能力可能过剩,也可能不足,两者之间常常会存在差别。由于生产运作过程中存在着多重作业和多种资源输入,使生产能力的合理确定与使用变得相对复杂。例如,许多航空公司主管都认为拥有具有众多座位的大型飞机的航线会吸引大部分乘客,换句话说,拥有更多的飞行座位就会有更多的乘客。为此,许多航空公司购买了更多的大型喷气式客机。然而,实际情况却表明较小型的飞机更具竞争力并取得了成功,这是因为影响市场份额的关键因素是飞机起飞的次数而不是其所拥有的座位。其结果是一些航空公司不得不减少大型喷气式客机的数量,通过调整小型飞机与大型飞机数量来改善其生产能力的非均衡程度。生产能力的均衡性原则同样也适用于制造业。例如,一家工厂只扩展某些生产作业工序的生产能力,而未增加那些处于瓶颈状态的生产作业工序的生产能力,则工厂整体生产能力的提高将极其有限,甚至不会有所提高。

(三)制定扩展生产能力备选方案

在识别了预计需求与现有生产能力之间的差距后,接下来的步骤是制定可行的生产能力扩展备选方案,并选择合适的方案以弥补现有生产能力的不足。可选择的方案之一是基本方案,即不采取任何行动措施,只是容忍生产能力的不足和相应的订货损失。其他备选方案是以不同的方法和措施从时间或规模上补充和扩展生产能力,包括采取进攻型策略,如在新的区域或地点设立生产设施,或采取保守型策略,利用短期措施,如延长工作时间、雇用临时员工和生产外包,或采取介于两者之间的折中策略等。

(四)扩展生产能力备选方案评价

生产能力计划的最后一个步骤是管理者对每一种可行方案进行定量与定性分析和评价。作为定量分析,管理者可以采取"有无对比"分析,对采取每种方案所发生的现金流量的变化进行估算,并与基本方案相比较,考察净现金流量。现金流量分为现金流入量和现金流出量,包括销售收入、成本和费用、资产或债务的变化等,而净现金流量是指一定期间内,企业在其经营过程中所发生的现金流入量与现金流出量之间的差别。在这里所需要关注的是那些真正与生产能力扩展项目有关联的现金流量,因为这些现金流量与项目寿命期间若干年中的经营运作和效益相关联。通常为了反映货币的时间价值,还要求应用净现值方法对生产能力扩展项目方案进行评价。

在定性分析方面,管理者应考察每种可行方案与企业总生产能力扩展战略相适应的程

度，并且注意在经营运作的其他方面不需过分强调财务分析结果。应注重需求的非确定性、竞争对手的反应、技术进步与发展、成本估算等方面的定性分析，因为其中有些因素的影响很难甚至不可能以定量的财务分析方式予以表述或评价，而必须以主观判断和经验作为评价基础。对于可量化因素，可以在合理的范围内对未来变化进行不同的假设或推测。比如，可将未来设想为悲观、一般和乐观等不同情境，悲观情境可表现为市场需求疲软、竞争激烈、建设或生产成本高于所预期的水平。进行定量与定性分析可以使管理者了解每种备选方案的实质，为最终决策提供依据和支持。

第三节　设计生产能力的影响因素

　　设计生产能力时需要考虑的因素是多方面的，主要有三个方面需要予以重视，即备用生产能力、扩展生产能力的时机与规模、备用生产能力与生产运营战略之间的联系。

一、备用生产能力

(一)备用生产能力的概念

　　一般来说，生产设施的平均利用率不应当太高，如若太接近100%的话，意味着需要增加生产能力，否则会因生产能力不足而失去顾客订单或容忍生产率下降。设计生产能力首先要考虑的因素是备用生产能力。备用生产能力是指生产设施的平均利用率低于100%的程度，亦即设计生产能力超出预计产出的程度，以百分比表示，可用下式表述：

$$C_b = 100 - U \tag{10-10}$$

式中：C_b——备用生产能力；

　　　U——生产设施能力平均利用率。

　　备用生产能力低意味着生产设施平均利用率高，备用生产能力高则意味着生产设施平均利用率低。不同行业和企业，其最佳备用生产能力的确定也有所差异。对于资本密集型行业(如造纸业)设备投资成本很高，备用生产能力以低于10%为宜。而对于供电企业，虽然也属于资本密集型产业，但是倾向于考虑留有备用发电能力达15%～20%为宜，以避免供电不足而失去对顾客的服务。因此，必须慎重考虑和权衡备用生产能力的高低。对于服务行业来说，如一个银行职员，每天接待顾客的业务能力是一定的，但由于顾客需求流并非是均匀分布的，在一周内某些天，如星期一顾客的需求可能会高于一周中的其他天，甚至在一天中各时间段的顾客也会有较大差别。诸如此类的需求，尤其是在服务性行业不可能通过产品库存的方式或长时间等候使之均一化，而要求在顾客到来之后尽快为其提供服务。为此，这种即时性服务的特点要求具备足够充裕的备用生产能力来应付高峰期的需求。

(二)备用生产能力的权衡

　　人人都有这样的感觉，比如在超级市场购物，如果在出口处付款排队等候的时间稍长一点，即使多延长了几分钟，也会增加不耐烦的情绪。当未来需求不确定时，有必要具备较大的备用生产能力，特别是在可供生产或服务调用的资源缺乏灵活性的情况下。

需求的不确定性程度越大，所拥有的备用生产能力相对应更充分一些。要求有较大备用生产能力的原因还来自生产资源的供应方面。在确定备用生产能力时，还应考虑到缺勤、假日和节日以及其他种种因素，留有一定余地。工作时常加班和工作任务不得不实行外包而使得生产成本增加都是由于备用生产能力过低所致，也是需要扩大生产能力的征兆。

另一方面，在权衡备用生产能力高低时，要求保持较小备用生产能力的动因简洁而明确，即未得到利用的生产能力意味着生产资源的浪费和增加成本。尤其是在资本密集型企业，由于生产设施昂贵，保持低水平备用生产能力是非常重要的。表10-3列出了根据阿贝尔(Abell)和哈芒德(Hammand)调查统计得到的在不同备用生产能力程度下资本密集型产业的投资回报率(ROI)。

表10-3 产业资本密集程度与投资回报率

资本密集程度 投资强度	备用生产能力		
	较低水平(低于15%)	中等水平(15%~30%)	较高水平(高于30%)
	投资回报率(ROI)(%)		
低	28	21	25
中等	24	17	20
高	17	11	7

ROI=税前收入/平均投资额

由表10-3中数据知：对于资本密集程度高的企业，备用生产能力高(高于30%)时，投资回报率只有7%，备用生产能力低(低于15%)时，投资回报率增至17%。可见，对于资本密集型产业，投资回报率与备用生产能力之间存在着较强的相关关系，保持低水平的备用生产能力对资本密集型高的企业来说是重要的。需要指出的是，这种较强的相关关系并不存在于劳动密集程度低的企业之中。无论劳动密集程度低的企业的生产设施利用程度如何，其投资回报率差别不大，这是因为在劳动密集程度低的企业中，生产设施所需投资强度低，使得生产设施利用率的高低对企业投资回报率的衡量显得不很重要。低程度的备用生产能力还可以避免由于保持高程度备用生产能力而造成的成本耗费，即被高程度备用生产能力所隐藏的低效率乃至无效率。例如，缺勤或生产供应缺乏可靠性等问题被过多的备用生产能力所掩盖而未显现出来。因此，生产运作经理要善于发现和识别这类问题，并寻求解决的最佳途径。

二、扩展生产能力的时机与规模

(一)扩展生产能力的策略

设计生产能力要考虑的第二个因素是何时需要在现有生产能力的基础上进行扩展和以多大规模进行扩展。这里给出了两种相对极端的策略：一种是进攻型策略，即生产能力每次扩展规模较大，持续时间较长；另一种是保守型策略，即生产能力每次扩展规模较小，持续时间较短，扩展次数相对较为频繁一些。可见，扩展生产能力的时机与规模是相互关联的，即随着生产能力的扩展和规模的增加，可持续时间也随之延长。

(二)进攻型策略下的生产能力扩展

进攻型策略下的生产能力扩展通常超前于生产需求，拥有较多的备用生产能力，可使因缺乏生产能力而导致的销售额损失减少到最低。

就进攻型策略而言，生产能力大规模扩展通常意味着昂贵的设备购买成本，并在一定期间内会形成过剩的生产能力使生产成本增加。对于保守型策略，虽然设备购买成本相对较低，但较为频繁地更新设备会增加生产设施置换成本和人员培训费，同时难免因原有设备闲置而造成的机会成本的浪费。在若干因素或条件下实行进攻型策略将会更有利一些，比如在经济规模效应和学习效应比较明显的情况下，企业可降低生产成本和实行价格竞争策略，以强大的生产能力抢先占有市场，并以此作为竞争优势来扩大市场份额。

(三)保守型策略下的生产能力扩展

保守型策略下的生产能力扩展滞后于生产需求，但灵活性较强，通常可依赖短期措施以应付和弥补生产能力的不足，这些短期措施包括延长工作时间、雇用临时员工、租赁设备、将工作任务外包、容忍缺货、延迟设备的防护性维修等。这些短期措施也存在着不利方面，如延长工作时间使工资成本增加，并有可能降低生产率。尽管如此，综合采用不同的短期措施，在某些场合下也不失为保守型策略的最佳选择。

保守型策略承受较低的风险。在此策略下，企业生产能力的扩展可通过对生产设施的技术改造与革新来实现。企业对某一设施投资越多，它对该设施成功应用的依赖性就越大。采用保守型策略可以降低风险，这些风险可能来自对需求的预测过分乐观、技术进步导致现有设备过时，以及对竞争对手估计过低等。保守型策略具有短期行为特征，在短期内以较低的资本投入来保持较高的投资回报率，但由于技术更新上的落后，会逐渐失去市场份额，与企业的长期经营目标和利益相违背。

需要指出的是，上述两种极端性策略并不一定经济。企业在生产能力设计决策中可以选择上述任何一种策略，也可以在权衡利弊的基础上介于两者之间，比如采取跟随他人进攻型生产能力扩展的策略。当他人的进攻型生产能力策略在实施中前景看好，企业也与之不相上下，当他人在进攻型策略中生产能力扩展过度，企业也与之同样，相互之间相差不大。此外，充分利用外部资源，如与他人共享某一生产能力资源、在不同时间段使用同一生产服务设施也是常见的方式之一。这样不但解决了生产能力不足的缺陷，还可以节省扩展生产能力所需要的投资，降低成本。

三、备用生产能力与生产运营战略

备用生产能力与企业的生产运营战略有着紧密联系。有关生产系统布局、资源灵活调用和库存等方面的决策通常都会影响到备用生产能力的确定。表10-4列举了一些备用生产能力如何与生产运营战略决策相关联的情境。

第十章　生产能力与生产能力计划

表 10-4　备用生产能力与生产运营战略决策的关联性

生产运营战略决策	决策目的与效果	备用生产能力需求变化
竞争优势——供货速度	更加注重快速供货	在需求不稳定或不确定时，较大的备用生产能力可提供快速的市场应变能力
质量管理	减少原材料消耗	由于减少不可预见的产出损失，只需较低的备用生产能力
生产工艺流程设计——资本密集型	提高生产过程自动化	保持较低的备用生产能力，以提高设备平均利用率，并获得较满意的投资回报率
生产资源灵活调用	员工作业相对稳定	较高的备用生产能力有助于减少超负荷生产，但通常会伴随着员工灵活性的降低
库存管理	低存货水平	均衡生产依赖于库存水平较高的备用生产能力，有助于满足高峰期需求
生产作业计划	创造稳定的生产环境	由于生产作业计划安排相对稳定，只需较低的备用生产能力

例如，企业竞争优势的保持与其备用生产能力的高低相关联，相对充裕的备用生产能力有助于提高企业的应变能力和供货速度。资本密集型的备用生产能力拥有较高的自动化水平，易于达到较高的平均利用程度，通用性程度较高的备用生产能力则更适用于满足顾客多样化需求。

第四节　生产能力计划方法

一、决策树分析

决策树分析方法应用比较多，前面用于对新产品设计开发决策的分析。决策树分析法适用于信息不确定情况下的决策，尤其是在需求不确定并涉及间接性决策的情况下，采用该方法评价不同生产能力扩展方案非常有效。决策树是确定生产能力方案的一条简捷的途径。决策树不仅可以帮助人们理解问题，还可以帮助人们解决问题。决策树是一种通过图示罗列解题的有关步骤以及各步骤发生的条件与结果的一种方法。近年来出现的许多专门软件包可以用来建立和分析决策树，利用这些专门软件包，解决问题就变得更简便了。

(一)决策树分析原理

1. 决策树的概念

决策树由决策结点、机会结点与结点间的分枝连线组成。通常，人们用方框表示决策结点，用圆圈表示机会结点，从决策结点引出的分枝连线表示决策者可作出的选择，从机会结点引出的分枝连线表示机会结点所示事件发生的概率。

2. 决策树

在利用决策树解题时，应从决策树末端起，从后向前，步步推进到决策树的始端。在向前推进的过程中，应在每一阶段计算事件发生的期望值。需特别注意：如果决策树所处理问题的计划期较长，计算时应考虑资金的时间价值。

计算完毕后，开始对决策树进行剪枝，在每个决策结点删去除了最高期望值以外的其他所有的分枝，最后步步推进到第一个决策结点，这时就找到了问题的最佳方案。

(二)决策树分析应用

【例 10-3】以南方某供应公司为例，看一看如何利用决策树作出合适的生产能力计划。南方某供应公司是一家制造医护人员的工装大褂的公司，该公司正在考虑扩大生产能力。它可以有以下几个选择：①什么也不做；②建一个小厂；③建一个中型厂；④建一个大厂。新增加的设备将生产一种新型的大褂，目前该产品的潜力或市场还是未知数。如果建一个大厂且市场较好就可实现$100000 的利润。如果市场不好则会导致$90000 的损失。但是，如果市场较好，建一个中型厂将会获得$60000 的利润，小型厂将会获得$40000 的利润，市场不好则建中型厂将会损失$10000，小型厂将会损失$5000。当然，还有一个选择就是什么也不干。最近的市场研究表明市场好的概率是 0.4，也就是说市场不好的概率是 0.6。如图 10-1 所示。

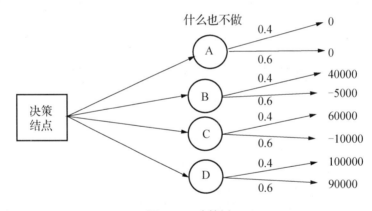

图 10-1　决策树

解：

A 方案是什么也不做；B 方案是建一个小厂；C 方案是建一个中型厂；D 方案是建一个大厂。

在这些数据的基础上，能产生最大的预期货币价值(EMV)的选择就可找到。

EMV(建大厂)=0.4×$100000+0.6×(-$90000)=-$14000

EMV(中型厂)=0.4×$600000+0.6×(-$10000)=+$18000

EMV(建小厂)=0.4×$40000+0.6×(-$5000)=+$13000

EMV(不建厂)=$0

根据 EMV 标准，南方公司应该建一个中型厂。

【例 10-4】某建筑公司拟建一预制构件厂，一个方案是建大厂，需投资 300 万元，建成后如销路好每年可获利 100 万元，如销路差，每年要亏损 20 万元，该方案的使用期均为 10 年；另一个方案是建小厂，需投资 170 万元，建成后如销路好，每年可获利 40 万元，如销路差，每年可获利 30 万元；若建小厂，则考虑在销路好的情况下 3 年以后再扩建，扩建投资 130 万元，可使用 7 年，每年盈利 85 万元。假设前 3 年销路好的概率是 0.7，销路差的概率是 0.3，后 7 年的销路情况完全取决于前 3 年。试用决策树法选择方案。

解：这个问题可以分前 3 年和后 7 年两期考虑，属于多级决策类型，如图 10-2 所示。

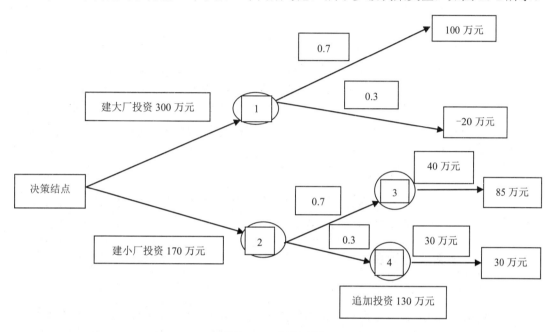

图 10-2 决策树图示

建大厂投入 300 万元，销路好 0.7(100×10)；销路差 0.3(-20×10)。
建小厂投入(170)+扩建(130)；销路好 0.7×40×3；销路差 0.3×30×3。
扩建：$P=85×7+40×3$。
不扩建：$P=30×7$ 保持前 3 年；考虑资金的时间价值，各点益损期望值计算如下。
决策点①：净收益=[100×$(P/A,10\%,10)$×0.7+(-20)×$(P/A,10\%,10)$×0.3]-300=93.35(万元)
决策点③：净收益=85×$(P/A,10\%,7)$×1.0-130=283.84(万元)
决策点④：净收益=40×$(P/A,10\%,7)$×1.0=194.74(万元)
可知决策点Ⅱ的决策结果为扩建，决策点Ⅱ的期望值为
$$283.84+194.74=478.58(万元)$$
决策点②：净收益=(283.84+194.74)×0.7+40×$(P/A,10\%,3)$×0.7+30×$(P/A,10\%,10)$×0.3-170= 345.62(万元)

由上可知，最合理的方案是先建小厂，如果销路好，再进行扩建。在本例中，有两个决策点Ⅰ和Ⅱ，在多级决策中，期望值计算先从最小的分枝决策开始，逐级决定取舍到决策能选定为止。

二、本量利分析

从经营战略角度上讲,如何选择合适的生产能力规模是至关重要的。而生产能力规模的确定与潜在市场需求和投资成本相关联。本量利分析又称盈亏平衡分析,将有助于这方面的决策。

(一)盈亏平衡点概述

1. 盈亏平衡点的定义

盈亏平衡点(Break Even Point,BEP)又称零利润点、保本点、盈亏临界点、损益分歧点、收益转折点,通常是指全部销售收入等于全部成本时(销售收入线与总成本线的交点)的产量。以盈亏平衡点的界限,当销售收入高于盈亏平衡点时企业盈利,反之,企业就亏损。盈亏平衡点可以用销售量来表示,即盈亏平衡点的销售量;也可以用销售额来表示,即盈亏平衡点的销售额。

2. 盈亏平衡点的基本做法

假定利润为零和利润为目标利润时,先分别测算原材料保本采购价格和保利采购价格,再分别测算产品保本销售价格和保利销售价格。

(二)盈亏平衡点的计算

1. 计算公式

按实物单位计算:盈亏平衡点=固定成本/(单位产品销售收入-单位产品变动成本)

按金额计算:盈亏平衡点=固定成本/(1-变动成本/销售收入)=固定成本/贡献毛益率盈亏平衡点(又称保本点),设你的固定资产为 a,单位产品售价为 p,单位产品成本为 v,则保本点=$a/(p-v)$。

2. 盈亏平衡分析

盈亏平衡分析又称保本点分析或本量利分析法,是根据产品的业务量(产量或销量)、成本、利润之间的相互制约关系的综合分析,用来预测利润、控制成本、判断经营状况的一种数学分析方法。一般来说,企业收入=成本+利润,如果利润为零,则有收入=成本=固定成本+变动成本,而收入=销售量×价格,变动成本=单位变动成本×销售量,这样由销售量×价格=固定成本+单位变动成本×销售量,可以推导出盈亏平衡点的计算公式为

盈亏平衡点(销售量)=固定成本/每计量单位的贡献差数

3. 盈亏平衡分析的分类

(1) 按采用的分析方法的不同分为图解法和方程式法。
(2) 按分析要素间的函数关系不同分为线性和非线性盈亏平衡分析。
(3) 按分析的产品品种数目多少,可以分为单一产品和多产品盈亏平衡分析。
(4) 按是否考虑货币的时间价值分为静态和动态的盈亏平衡分析。

(三)盈亏平衡分析的应用

关于盈亏平衡分析的平衡点，是多方案相对评价指标，此值越低越好。但说"此点为保本点"，很容易引起误解。这是因为盈亏平衡点的计算，假定在这一点上的销售利润为零。这对于投资者来说不仅无利可图，而且仅靠折旧摊销偿还借款本金和收回投资本金的时间漫长，必然失去自有资金的机会利润或白白贴上借来作为自有资金的资金成本，对于投资者来说，实际是大大的亏损点。由于各年的固定成本和可变成本不同，各年的产品销售价格、销售额可能不同，所以各年的盈亏平衡点不同。计算盈亏平衡点的公式为

某年的盈亏平衡点=该年固定成本÷[(该年含税销售额-该年可变成本-该年销售税金及附加)÷该年生产负荷]

该分析的目的在于找到使销售收入能够覆盖生产经营成本所必需的最低生产或销售水平，即盈亏平衡点。在该水平下销售收入等于生产经营成本。进行本量利分析需要对销售收入、固定成本和变动成本进行准确的估算。根据相应的定量关系表达式，可对产品生产和销售盈亏平衡点进行计算。下面就单一产品和多种产品的生产决策进行举例说明。

【例 10-5】 某建筑工地需抽除积水保证施工顺利进行，现有 A、B 两个方案可供选择。A 方案：新建一条动力线，需购置一台 2.5W 电动机并线运转，其投资为 1400 元，第四年末残值为 200 元，电动机每小时运行成本为 0.84 元，每年预计的维护费用为 120 元，因设备完全自动化无须专人看管。B 方案：购置一台 3.86kW(5 马力)的柴油机，其购置费用为 550 元，使用寿命为 4 年，设备无残值。运行每小时燃料费为 0.42 元，平均每小时维护费为 0.15 元，每小时的人工成本为 0.8 元。若寿命都为 4 年，基准折现率为 10%，试比较 A、B 方案的优劣。

解： 两方案的总费用都与年开机小时数 t 有关，故两方案的年成本均可表示 t 的函数。

$C_A = 1400(A/P,10\%,4) - 200(A/F,10\%,4) + 120 + 0.84t = 518.56 + 0.84t$

$C_B = 550(A/P,10\%,4) + (0.42+0.15+0.8)t = 175.51 + 1.37t$

令 $C_A = C_B$，即 $518.56 + 0.84t = 173.51 + 1.37t$

可解出：$t = 651(h)$，所以在 $t = 651h$ 这一点上，$C_A = C_B = 1065.4$(元)

A、B 两方案的年成本函数如图 10-3 所示。从图 10-3 中可见，当年开机小时数低于 651h，选 B 方案有利；当年开机小时数高于 651h 则选 A 方案有利。

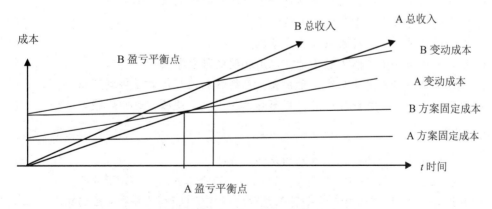

图 10-3 A、B 方案成本函数曲线

本 章 小 结

本章阐述的生产能力(产能)对于所有企业以及企业所有层级来说，都是一个重要的问题。生产能力是指一个作业单元满负荷生产所能处理的最大限度。这里的作业单元可以是一个工厂、部门、机器或单个工人。在计算生产能力时要把握以下内容：确定生产能力的计算单位，确定影响生产能力的因素。

产能计划的类型包括领先策略、滞后策略和匹配策略。领先策略是指根据对需求增长的预期增加产能。制订生产能力计划需要了解当前生产能力水平和生产能力的利用程度，通常是以设备、生产空间和人力利用程度来反映生产能力的利用情况，采用统计调查的结果来衡量生产能力的平均利用率。但生产能力计划决策一般可分为以下四个步骤。步骤1：估计生产设备需求；步骤2：识别现有生产能力与预计生产需求之间的差距；步骤3：制定扩展生产能力备选方案；步骤4：生产能力扩展备选方案评价。

设计生产能力时需要考虑的因素是多方面的，主要有三个方面需要予以重视，即备用生产能力、扩展生产能力的时机与规模、备用生产能力与生产运营战略之间的联系。备用生产能力与企业的生产运营战略有着紧密联系。有关生产系统布局、资源灵活调用和库存等方面的决策通常都会影响到备用生产能力的确定。在生产作业分析方法中，决策树分析法适用于信息不确定情况下的决策，尤其是在需求不确定并涉及间接性决策的情况下，采用该方法评价不同生产能力的扩展方案非常有效。本量利分析法也是一个常用的分析方法，该分析的目的在于找到使销售收入能够覆盖生产经营成本所必需的最低生产或销售水平，即盈亏平衡点。在该水平下销售收入等于生产经营成本，可以确定生产作业情况。

自 测 题

(一)判断题

1. 生产能力是指一个作业单元满负荷生产所能处理的最大限度。（　）
2. 生产能力计算没有生产能力单位就不行。（　）
3. 生产设施单元化已经在服务业广泛应用。（　）
4. 平均产出率和生产能力的衡量可以用相同的计量单位。（　）
5. 规模经济一般界定为厂商由于扩大生产规模而使经济效益得到提高。（　）
6. 当生产扩张到一定规模以后，厂商继续扩大生产规模，这叫规模不经济。（　）

(二)单选题

1. 不能作为生产能力的作业单元的是(　　)。
    A. 工厂　　　　B. 部门　　　　C. 单个工人　　　D. 产品
2. 签订转包合同：指承包人将一种承包权所规定的权利、义务和风险转由(　　)来承担。
    A. 承包人　　　B. 中标单位　　C. 发包人　　　　D. 转包人
3. 额定生产能力是生产设备连续运转所能达到的(　　)。

A. 实际生产能力 B. 最小生产能力 C. 最大生产能力 D. 设计生产能力

4. 对于资本密集型行业如造纸业设备投资成本很高，备用生产能力以(　　)为宜。

   A. 高于10%　　B. 10%～20%　　C. 高于20%　　D. 低于10%

5. 进攻型策略下的生产能力扩展通常超前于生产需求，拥有较多的备用生产能力，可使因缺乏生产能力而导致的销售额损失减少到最低，则意味着(　　)。

   A. 购买昂贵的设备　　　　　　B. 置换设备
   C. 保持设备使用　　　　　　　D. 培训人员

(三)问答题

1. 什么是生产能力？哪些因素将影响生产能力？如何影响？试举例说明。
2. 经济规模存在哪些实际约束？一个工厂(或公司)在怎样的情况下要停止扩大规模？
3. 一个能力聚焦的企业可以有若干个PWP，试比较PWP与对象专业化有什么异同？
4. 能力利用不一定马上可以达到设计能力水平，为什么？有哪些影响因素？
5. 企业经常综合使用规模经济与经验曲线，两者如何结合？需要哪些条件？试讨论之。
6. 讨论以下组织所面对的制造或服务能力有怎么样的特点？家电制造厂、学校的图书馆、麦当劳餐厅、黄山旅游景点。
7. 如何理解产能平衡问题？有哪些因素会影响产能平衡？如何维护系统平衡？
8. 一般旅游景区的能力计划应考虑哪些内容？与一般的制造企业的生产能力计划有什么不同？
9. 2017年，在我国国庆7天长假期间，由于出行旅游人数大大超过各地方的旅游接待能力，导致节后频频出现旅游投诉；而统计当年主要景点旅游需求都大大低于各地的旅游接待能力。请从能力计划角度对上述现象进行分析，并提出解决这些问题的建议。
10. 企业在扩充能力时，可以根据预测的需求去扩充能力，也可以根据实际需求去扩充能力，谈谈这两种方式的优缺点。

(四)计算题

某轻工机械厂拟订一个有关企业经营发展的规划。根据本企业的实际生产能力、本地区生产能力的布局以及市场近期和长期的需求趋势，初步拟订三个可行方案：第一个方案是扩建现有工厂，需投资100万元；第二个方案是新建一个工厂，需投资200万元；第三个方案是与小厂联合经营、合同转包，需投资20万元。企业经营年限为10年。根据市场预测和分析，三个方案在实施过程中均可能遇到以下四种情况，有关资料估算如下表所示。

要求：(1)绘制决策树；(2)计算收益值；(3)方案选优(剪枝)。

损益值(万元) 方案	状态概率	销路好	销路一般	销路差	销路极差
		0.5	0.3	0.1	0.1
扩建		50	25	−25	−45
新建		70	30	−40	−80
合同转包		30	15	−5	−10

第十一章

生产计划

【学习要点及目标】

通过本章的学习,掌握生产与运作计划的概念;了解生产与运作计划的体系与框架;掌握生产与运作标准指标;了解企业综合计划的编制;熟悉企业主生产计划的编制。

【关键概念】

生产与运作计划的概念 生产与运作计划体系 生产与运作计划框架 企业综合计划 企业主生产计划

引导案例：联想企业如何实施ERP？

联想ERP系统主要分五大部分：财务模块、管理会计模块、销售与分销模块、物料管理模块和生产计划模块。正因为联想是一个IT企业，拥有一大批对应用系统极为了解的科技人员，他们对IT技术本身的把握能力非常强，因此，在这些系统的二次开发过程中，联想的科技人员发挥了极大的作用。通过ERP的实施，初步实现了流程的电子化，利用信息系统整合的手段实现了信息的一次处理与共享机制，将串行工作流程改造为并行工作流程，同时转变为以客户为导向的设计流程，为今后以电子商务为核心的互联网业务提供了前提。

ERP的实施减少了工作中的冗余环节，促进了公司的管理扁平化，为新的矩阵管理的引入和变革提供了技术条件；为联想在企业信息功能和结构方面建立了统一的业务标准，使其拥有了一个统一的信息平台，利用这个平台，可以对整个公司的信息流进行统一的规划和建设，公司的财务、销售、库存管理等多个环节被集成在同一个信息系统里面，减少了数据冗余，使整个公司的信息流动更加有序和安全。由于系统高度集成，用户订单、库存、采购等业务流程中的数据流能够进行实时更新，数据也实现了在用户之间的集成和共享，既保证了用户的满意度，又是企业降低运作成本、提高盈利水平和工作效率的保障。

(资料来源：摘自MBA智库百科，升华管理，举重若轻——联想通过实施ERP疏通企业经络)

问题：联想企业实施的ERP有何不同？

第一节 生产与运作计划的体系和框架

一、生产与运作计划概述

(一)生产计划的概念与特征

1. 生产计划的概念

生产计划是关于企业生产运作系统总体方面的计划，是企业在计划期应达到的产品品种、质量、产量和产值等生产任务的计划和对产品生产进度的安排。它反映的并非是某几个生产岗位或某一条生产线的生产活动，也并非是产品生产的细节问题以及一些具体的机器设备、人力和其他生产资源的使用安排问题，而是指导企业计划期生产活动的纲领性方案。

生产计划是指一方面为满足客户要求的三要素"交货期、品质、成本"而计划；另一方面又使企业获得适当利益，而对生产的三要素"材料、人员、机器设备"的确切准备、分配及使用的计划。

2. 生产计划的特征

一个优化的生产计划必须具备以下三个特征。
(1) 有利于充分利用销售机会，满足市场需求。
(2) 有利于充分利用盈利机会，实现生产成本最低化。

(3) 有利于充分利用生产资源，最大限度地减少生产资源的闲置和浪费。

(二)生产计划的内容

(1) 生产什么东西——产品名称、零件名称。

例：生产汽配行业的一种凸轮，名称代号：kj908。

(2) 生产多少——数量或重量。

因客人订单需要 10000 只，那实际生产应考虑到报废的产生，我们需要投产 10500 只，方能保证 10000 只的交货量。

(3) 在哪里生产——部门、单位。

因生产制造行业的特性，显然我们主要是在生产部门完成指标，部门细化是在生产的各个工序、班组间加工，包括铸造、锻压、车床、铣床、高频淬火、磨床、清洗等。

(4) 要求什么时候完成——期间、交货期。

生产计划是工厂管理内部运作的核心。一个优秀的工厂，其内部管理应该是围绕着生产计划来进行的。生产计划有月度计划、周计划、日计划。生产计划一般以主生产计划具体实施，随着 MRP 的使用，"主生产计划"成为控制工厂内部运作的核心。

二、生产计划标准指标及生产的产值类型

(一)生产计划标准指标

(1) 产品品种指标是指企业在生产计划期应该生产的品种、规格的名称和数目。产品品种指标表明企业在品种方面满足社会需求的程度，反映企业的专业化协作水平、技术水平和管理水平。努力发展新品种和产品的更新换代，对于满足国家建设和人民生活的需求，具有重要意义。产品品种指标是指企业在报告期内规定生产产品的名称、型号、规格和种类。它不仅反映企业对社会需求的满足能力，还反映了企业的专业化水平和管理水平。产品品种指标的确定首先要考虑市场需求和企业实力，按产品品种系列平衡法来确定。

(2) 产品质量指标。指企业在计划期内各种产品应该达到的质量标准。它反映了产品的内在质量(如机械性能、工作精度、使用寿命、使用经济性等)及外观质量(如产品的外形、颜色、装潢等)。产品质量是衡量产品使用价值的重要标志。保证和提高产品质量，是企业实现生产任务、满足社会需要的一个十分重要的方面。企业的产品质量，也综合反映了企业的技术水平和管理水平。产品质量指标是衡量企业经济状况和技术发展水平的重要指标之一。产品质量受若干个质量控制参数控制。对质量参数的统一规定形成了质量技术标准，包括国际标准、国家标准、部颁标准、企业标准、企业内部标准等。

(3) 产品产量指标。通常采用实物单位或假定实物单位来计量。它是企业在计划期内应当生产的可供销售的工业产品的实物数量和工业性劳务的数量。产品产量指标是表示企业生产成果的一个重要指标。它是国家进行物资平衡工作的依据，也是企业进行供、产、销平衡和编制生产作业计划、组织日常生产管理的重要依据。产品产量指标是指企业在一定时期内生产的，并符合产品质量要求的实物数量。以实物量计算的产品产量，反映企业生产的发展水平，是制定和检查产量完成情况、分析各种产品质检比例关系和进行产品平衡

分配、计算实物量生产指数的依据。

确定产品产量指标主要采用盈亏平衡法、线性规划法等。

(4) 产品产值指标是企业生产计划指标的主要内容之一,是用货币表示的产量指标,能综合反映企业生产经营活动成果,以便进行不同行业间的比较。产品产值指标是用货币表示的产量指标,能综合反映企业生产经营活动成果,以便进行不同行业间的比较。

(二)生产的产值类型

根据具体内容和作用不同,生产的产值分为工业总产值、工业商品产值和工业增加值三种形式。

三、生产运作计划的体系和框架

(一)生产计划的构成及其关系

生产计划是根据需求和企业生产能力,对生产系统拟产出的产品品种、时间、数量、人力和设备等资源的配置以及库存等的预先安排。

生产计划包括综合生产计划、主生产计划、物料需求计划三个层次。综合生产计划是战略计划下对未来一段时间内不同产品系列所做的概括性安排,具有一定的指导性,它不是一种用来具体操作的实施计划。主生产计划是把综合生产计划具体展开操作的实施计划,确定每一最终产品的具体生产时间和数量。物料需求计划是根据主生产计划的要求,对所需全部物料所做出的安排。

生产计划的用途主要包括物料需求计划的依据;产能需求计划的依据;其他相关计划的制订依据。

生产计划按不同性质划分有各种类型,如表11-1所示。

表11-1 生产计划类型、种类对象、期间与期别

生产计划类型	划分种类	对象、期间、期别
大日程(长期)	长期生产计划	产品群、2～3年、季
	年度生产计划	产品群、产品别、1年、月
中日程(中期)	3～6月生产计划	产品别、季、半年、周、月
	月份生产计划	产品别、零件别、月、日
小日程(短期)	旬生产计划	产品别、零件别、旬、日
	周生产计划	产品别、零件别、周、日
	日生产计划	产品别、零件别、日、小时

生产计划应满足的条件主要包括:①计划应是综合考虑各有关因素的结果;②必须是有能力基础的生产计划;③计划的粗细必须符合活动的内容;④计划的下达必须在必要的时期。

(二)生产运作计划的体系和框架

生产计划按管理层次划分一般可以分为战略层计划、管理层计划和作业层计划,具体特点如表 11-2 所示。

表 11-2 按管理层划分的分层生产计划主要特点及内容

分层特点	战略层计划(长期)	管理层计划(中期)	作业层计划(短期)
管理层次	高层领导	中层领导	基层
计划期	一年以上、3~5 年或更长	6~18 个月	小于 6 个月
空间范围	整个企业	工厂	车间、工段
详细程度	非常概括	概略	具体、详细
不确定性	高	中	低
计划时间单位	粗	中	细
计划重点	产品发展方向 生产发展规模 技术发展水平 新生产设备投入	确定生产目标:产品产量、品种、产值和利润等	确定日常生产经营活动
计划类型的内容	市场需求预测、生产战略规划、资源需求计划	综合生产计划、主生产计划、粗能力计划、物料需求计划、能力需求计划	最终装配计划、生产作业计划、采购计划

1. 长期计划

长期计划主要包括市场需求预测、生产战略规划、资源需求计划。

市场需求预测可以分为长期预测和短期预测,长期预测主要为生产战略规划提供依据,而短期预测则为综合生产计划提供依据,市场需求分析主要是预估市场规模的大小及产品潜在需求量,确定目标市场,确定地理区域的目标市场,考虑消费限制条件,计算每位顾客每年平均购买数量以及其他需要考虑的因素。

生产战略规划是在长期预测的基础上,制定企业的长远发展规划,主要考虑产品的开发方向、生产能力的决策和技术发展水平等。

资源需求计划(Resource Requirements Planning,RRP):在建立长期需求预测之后,运行主生产计划(MPS)之前,可依据长期需求预测数据,来估算完成生产计划所需的资源。RRP 有助于企业解决长期的计划问题,如扩充现有设施、增加新设施、人员配备、设施资金预算等。 RRP 就是针对中长期计划进行资源评估的工具。它可以用于评估现有资源能否满足一个中长期计划的需要,以便及时安排人力、设备等资源配备。

2. 中期计划

中期计划主要包括综合生产计划、主生产计划、粗能力计划、物料需求计划、能力需求计划。

综合生产计划是依据企业的长期计划对各年的任务要求以及市场需求预测的结果制订的。综合计划又称为生产大纲，它是对企业未来较长一段时间内资源和需求之间的平衡所作的概括性设想，是根据企业所拥有的生产能力和需求预测对企业未来较长一段时间内的产出内容、产出量、劳动力水平、库存投资等问题所作的大致性描述。

主生产计划是综合生产计划的展开计划，即确定每一具体的最终产品在每一时段内的生产数量。主生产计划(Master Production Schedule，MPS)是闭环计划系统的一部分。MPS的实质是保证销售规划和生产规划所规定的需求(需求什么、需求多少和什么时候需求)与所使用的资源取得一致。MPS 考虑了经营规划和销售规划，使生产规划同它们相协调。它着眼于销售什么和能够制造什么，这就能为车间制订一个合适的"主生产进度计划"，并且以粗能力数据调整这个计划，直到负荷平衡。

粗能力计划是指在闭环 MRP 设定完毕主生产计划后，通过对关键工作中心生产能力和计划生产量的对比，判断主生产计划是否可行。它是对关键工作中心的能力进行运算而产生的一种能力计划，它的计划对象是"关键工作中心"的工作能力，计算量要比能力需求计划小许多。

物料需求计划系统是专门为装配型产品生产所设计的生产计划与控制系统，它的基本工作原理是满足相关性需求的原理。物料需求计划中的物料指的是构成产品的所有物品，包括部件、零件、外购件、标准件以及制造零件所用的毛坯与材料等。这类物料的需求性质属于相关性需求，其特点是：需要量与需要时间确定而且已知；需求成批并分时段，即呈现出离散性；百分之百地保证供应。

由于企业中相关需求物料的种类和数量相当繁多，而且不同的零部件之间还具有多层"母子"关系，因此这种相关需求物料的计划和管理比独立需求要复杂得多。对于相关需求物料来说，就很有必要采用已有的最终产品的生产计划作为主要的信息来源，而不是根据过去的统计平均值来制订生产和库存计划。而 MRP(物料需求计划)正是基于这样一种思路的相关需求物料的生产与库存计划。

能力需求计划又称为细能力计划，确定现有生产能力能否完成物料需求计划规定的生产任务，对所有的工作中心进行生产能力与任务负荷的平衡分析，如果不满足，需要采取相应的措施。

3. 短期计划

短期计划主要包括最终装配计划、生产作业计划、采购计划。

最终配装计划是指在特定情况下(主生产计划的对象非最终产品)将主生产计划的物料组装成最终的产品的计划。

生产作业计划是生产车间根据物料需求计划的具体任务，确定每种零件的投入时间和完工时间，以及在各工种中心的加工顺序。要求在保证生产任务按期完成的前提下，使设备的负荷均匀，且在制品尽可能少。

采购计划是根据物料需求计划中对外购、外协件等的需求而编制的计划，是物料需求计划的执行计划的一部分。

由图 11-1 生产计划构成及其关系图可见，企业目标决定之后，长期市场预测就是根据长期市场预测与资源需求规划制定生产战略规划。中期市场预测就是综合生产计划、主生产计划、粗能力计划、物料需求计划、能力需求计划相互关联的关系图，整体具有承上启下的作用。短期市场预测基本上是实施计划，去执行最终作业的方案。

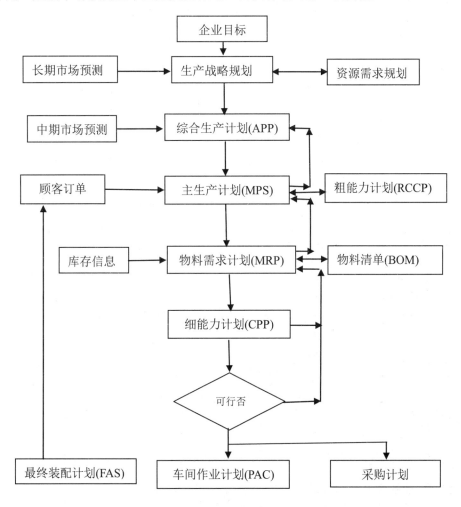

图 11-1 生产计划构成及其关系图

第二节 企业综合计划的编制

一、企业综合计划

(一)企业综合计划概述

1. 综合计划的定义

综合计划又称为生产大纲，它是对企业未来较长一段时间内资源和需求之间的平衡所作的概括性设想，是根据企业所拥有的生产能力和需求预测对企业未来较长一段时间内的产出内容、产出量、劳动力水平、库存投资等问题所作的大致性描述。综合计划并不具体制定每一品种的生产数量，生产时间，每一车间、人员的具体工作任务，而是按照以下的方式对产品、时间和人员作安排。

(1) 产品：按照产品的需求特性、加工特性、所需人员和设备上的相似性等，将产品综合为几大系列，以系列为单位来制订综合计划。例如，服装厂根据产品的需求特性分为女装和童装两大系列，自行车厂分为24型和28型两大系列。

(2) 时间：综合计划的计划期通常是年(有些生产周期较长的产品，如大型机床等，可能是2年、3年或5年)，因此有些企业也把综合计划称为年度生产计划或年度生产大纲。在该计划期内，使用的计划时间单位是月、双月或季。在采用滚动式计划方式的企业，还有可能未来3个月的计划时间单位是月，其余9个月的计划时间单位是季等。

(3) 人员：综合计划可用几种不同方式来考虑人员安排问题。例如，将人员按照产品系列也分成相应的组，分别考虑所需人员水平；将人员根据产品的工艺特点和人员所需的技能水平分组等。综合计划中对人员的考虑还需考虑到需求变化引起的对所需人员数量的变动，决定是采取加班，还是扩大聘用等基本方针。

2. 企业综合计划的目标制定

综合计划是企业的整体计划，要达到企业的整体经营目标。它不是一个部门计划，因此其目标与部门目标也有所不同。而且，这些目标的综合实现与部门目标有时是相悖的。因此，在综合计划的制订过程中必须处理好这些关系，妥善解决矛盾。

综合计划的主要目标可概括为产量、成本、需求、快速、交货期、服务。很显然，这六个目标之间存在某种相悖的特性。

例如，最大限度地提供顾客服务要求快速、按时交货，但这是可以通过增加库存，而不是减少库存来达到的；在业务量随季节变化的部门，以成本最小为目标的人员计划不可能同时做到既使人员变动水平最低，又使顾客服务最好。

(二)制造企业编制综合计划的体系和发展趋势

1. 制造企业的生产计划

制造企业的生产计划是指在一定的时间和空间里，将所需的物资、设备、运输、仓储、人员和通信联系等若干相互制约的动态要素相协调，以最小的成本、最快的速度、最优的服务和产品在最大限度上满足市场的需要。其目的是实现物资的空间效益和时间效益，在保证和实现各个环节的合理衔接的前提下，通过企业内部和外部合理的运作和协作来取得企业最佳的经济效益。其目的详细阐述如下。

(1) 降低库存，提高库存精度。

(2) 促进企业资源优化。

(3) 降低采购、生产和运营成本。

(4) 提高企业对客户的服务水平，确保按时发货，提高发货率水平。

(5) 缩短采购、生产、发货等活动的提前期。

(6) 实现数据信息共享和生产管理自动化，完善企业管理模式。

(7) 减少资金占用，提高资金利用率和周转率。

(8) 提高产品质量、工作效率和工作的有序性。

制造企业生产计划体系如图 11-2 所示，在制造企业中，生产计划工作按长度分为长期计划、中期计划、短期计划三个层次。它们之间相互紧密联系，协调构成制造企业生产计划工作的总体系。长期生产计划通常是按年定制，时间跨度往往超过一年，更加关注企业长期的盈利水平；中期计划周期一般跨越 6~18 个月，有时会每季度或每月定期制订；短期计划覆盖了一天到 6 个月以内的计划安排，有时会每周定制出台。制造企业的生产计划由三部分组成：综合生产计划、主生产计划、物料需求计划。

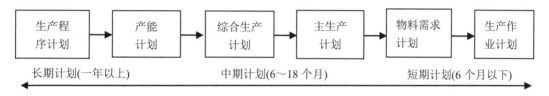

图 11-2　主要生产计划活动总览

由于不同的生产计划体系类型对制造系统和模式有着显著不同的要求，而不同制造业生产计划体系也往往支持不同的生产类型，或在某种生产类型上有优势，因此了解生产计划体系有必要了解制造业的生产类型。制造业采用的生产类型，从总体上可以分为离散型、连续型和混合型三种类型。

2. 不同的生产类型下的生产计划体系

离散型、连续型和混合型三种生产类型在产品的需求特征、制造特征和成本构成等方面存在明显差别，如表 11-3 所示。

表 11-3　三种生产模式的特征比较

比较项目	离散型	连续型	混合型
需求特征	客户化程度高，质量判定简单，产品品种多	主要面向库存生产，质量需求特征判定复杂，产品品种相对稳定	生产过程对时间缓冲要求并不苛刻，但仍是以生产线形式组织的连续生产
计划约束	存在最小生产批量，生产线产能固定，生产线开停机费用固定，以产品线的形式组织生产	关键资源价值；不同零件加工时间差异较大；按时交货	交货期和数量；生产线产能和时间的最小批量
优化目标	增加生产批量，降低产品单位成本，减少停机次数，缩短生产准备时间	保证零配件配套生产；减少停机待料；增大采购批量	增大生产批量，降低损失率和单位成本；提高一个单位时间内的生产线处理量；提高设备利用率；保持生产均衡进行
有效反馈	车间制造执行过程	MRP 计划和粗能力平衡计划	因产品不同不确定

续表

比较项目	离散型	连续型	混合型
制造特征	产品相对稳定；不同零部件加工时间差异较大；配套性要求高，但工艺相对稳定，设备通用性强	产品构成表现为配方，具有保密性；工艺动态性强，同一产品机加工相似，设备专用性强	不同产品生产批量，差异较大；工艺动态性强(包括配方和工艺路线)；生产工艺过程中工艺难以控制
成本构成	成本汇集清晰；一般增加物料清单计算	成本构成不清晰；成本需分摊获得	成本构成较为清晰
原料特征	原料标准化程度高	主要进行预处理	原料市场供给受供求关系和季节因素影响；价格波动较大；原料采购主要以长期计划为主

离散制造和连续制造的不同需求特征和生产特征，决定了其作业计划排程在计划约束条件、计划优化目标和计划有效反馈点等几个方面存在很大差异。

3. 目前主要的制造业生产体系

(1) MRP(物料需求计划)。MRP 是制造业生产计划的早期阶段，是为解决原材料库存和零组件投产计划问题而发展起来的。MRP 明确指出生产必须以市场需求为导向，把由市场决定而不是能由企业决定的外部需求称之为"独立需求"，把为产品出厂所需用的一切物料称之为"相关需求"；阐述了物料存在的相关性。它建立以时间为坐标的产品结构模型，并将要销售的产成品、生产物料和采购物料分为三层。产成品、采购件和加工件都集成在一个模型中，能够实现生产计划和采购计划同步生成和调整。MRP 所依据的管理理念主要是：①供应必须与需求平衡，即供需平衡原则，②生产与供应计划必须根据需用时间和数量来确定优先顺序，即优先级计划原则。这两条简单明了的理念适合任何制造业企业。

(2) MRP Ⅱ(制造资源计划)。MRP Ⅱ通过具有成本属性的产品结构(成本物料单)，赋予物料以货币价值，实现了资金与物料静态信息的集成。MRP Ⅱ 系统的成本计算是在正确产品结构的基础上进行的；通过定义物料流动的事务处理(如物料位置、数量、价值和状态的变化)，对每一项事务处理赋予代码，定义会计科目上的借、贷方关系，实现了资金流同物流的动态信息集成的问题，做到财务与业务同步，随时将经营生产状况通过资金运行状况反映出来，提供给企业的决策层，以便不误时机地纠正和处理。MRP Ⅱ 在 MRP 的基础上主要增加了管理会计的应用。

(3) ERP(企业资源计划)。要把信息集成的范围扩大到企业所有的上下游，也就是同企业所有的供应商和客户实现信息集成；"管理整个供需链"就是 ERP(企业资源计划)要解决的问题。ERP 完全建立在信息技术和网络通信技术的迅猛发展与企业业务流程的改进和优化的基础之上。从 MRP 到 ERP 的发展过程，就像水的波纹一样，由中心逐渐向外扩张。我们说 MRP 是制造业 ERP 的核心，因为它就是处在水波的中心，而且波纹首先就是由它引发。

(4) WLC(生产负荷控制技术)。WLC 适用于 Job Shop 生产流程，面向订货生产的生产计划与控制技术。它起源于 1970 年由 Wight 提出的输入/输出控制思想。Wight 认为订货生产中出现的许多严重问题都可以通过有效地控制工厂的输入(机器负荷)和输出(机器生产能力)来解决。与MRP(Ⅱ)、JIT、OPT等常见的生产计划技术相比,WLC技术更加适用于订货生产企业,订货生产方式将被越来越多的企业所采用。

(5) JIT(准时化生产方式)。JIT的目标是彻底消除无效劳动和浪费,具体要达到以下目标。

第一,质量目标:废品量最低,JIT要求消除各种引起不合理的原因,在加工过程中每一工序都要求达到最好水平。

第二,生产目标:①库存量最低,JIT认为,库存是生产系统不合理、生产过程不协调、生产操作不良的证明;②减少零件搬运,搬运量低,节约装配时间,减少装配中可能出现的问题;③机器损坏低;④批量尽量小。

第三,时间目标:①准备时间最短,准备时间长短与批量选择相联系,如果准备时间趋于零,准备成本也趋于零,就有可能采用极小批量;②生产提前期最短,短的生产提前期与小批量相结合的系统,应变能力强,柔性好。

(6) OPT(最佳生产技术)。OPT是一种改善生产管理的技术,强调任何企业的真正目标是现在和未来都赚钱;要实现这个目标,必须在增加产销率的同时,减少库存和营运费用。它吸收MRP和JIT的长处,是以相应的管理原理和软件系统为支柱,以增加产销率、减少库存和运行为目标的优化生产管理技术。其特别之处不仅在于提供了一种新的管理思想,而且在于它的软件系统。OPT的两大支柱是OPT原理及OPT软件。它是一套可提高产出、减少存货的分析性技术理论。OPT系统将重点放在控制整体产出的瓶颈资源上,优先处理所有瓶颈作业,并以平衡物料流动为原则,使整个系统达到产出最大的目的。

(7) TOC(约束理论)。由OPT技术发展而来,简单来讲,TOC理论就是关于进行改进和如何最好地实施这些改进的一套管理理念和管理原则,可以帮助企业识别出在实现目标的过程中存在着哪些制约因素,TOC理论称之为"约束",并进一步指出如何实施必要的改进来一一消除这些约束,从而更有效地实现企业目标。TOC逻辑地、系统地回答以下三个问题:改进什么?(What to change?);改成什么样子?(What to change to?);怎样使改进得以实现?(How to cause the change?)。这个定义主要着眼于对阻碍发展的瓶颈因素的理性思考,这三个问题是任何企业改进流程时都必须思考的。

4. 制造业生产体系发展趋势分析

市场竞争环境千变万化,市场竞争的核心力也随之不断地发生变化。在目前制造业市场竞争的因素正在发生变化,主要体现在以下几方面。

(1) 产品生命周期越来越短。
(2) 产品品种数飞速膨胀。
(3) 对交货期的要求越来越高。
(4) 对产品和服务的期望越来越高。

在愈来愈激烈的市场竞争中,制造企业在生产计划管理方面需要更多的协调机制。概括来讲,与旧的生产计划管理相比,新的理念下的生产计划工作更加侧重于控制如下几个方面的内容:第一,生产进度计划控制,必须建立一种有效的跟踪机制进行生产进度信息的跟踪和反馈;第二,做好生产进度计划是生产物料和库存控制计划中的一个重要方面;

第三，生产节奏控制，在制订主生产计划和物料计划中如何把握好生产节奏是生产计划控制好坏的关键。

二、两种基本的决策思路

在一个制造业企业，当产品需求随季节波动时，要想保持稳定的产出速率，也需要同时保持较大的库存等，这些均说明了这六个目标之间的相悖性。但是，可以把这些目标归结为：用最小的成本，最大限度地满足需求。因此，在制订综合计划时，需要权衡上述的这些目标因素，进行适当的折中，并同时考虑到一些非定量因素。

在对这些具有相悖关系的目标进行平衡时，首先需要提出初步的综合计划，然后采用四个危机管理阶段选方案，最后综合考虑，做出抉择。那么，第一步如何制定初步的候选方案？一般来说，有以下两种基本思路。

在进行综合计划决策时，可以有多种方法和手段，但其基本思路可分为两种：稳妥应变型和积极进取型。

(一)稳妥应变型

这种类型的基本思路是：根据市场需求制订相应的计划。即，将预测的市场需求视为给定条件，通过改变人员水平、加班加点、安排休假、改变库存水平、外协等方式来对应市场需求。在这种基本思路之下，常用的应变方法有以下几种。

1. 调节人力水平

通过聘用和解聘人员来实现这一点。当人员来源充足且主要是非熟练工人或半熟练工人时，采用这一方法是可行的，但是，对于很多企业来说，符合其技能要求的人员来源是非常有限的，并不是什么时候想聘用什么时候就有；新工人是需要加以培训的，培训是需要时间的，一个企业的培训设施能力也是有限的；此外，对于很多企业来说，解聘工人是很困难的，或者说在很特殊情况下才有可能(例如社会制度的不同、工会强大与否、行业特点、社会保险制度的特点)；而对于某些产业来说，解聘再聘则是很平常的事，例如，旅游业、农场等。

2. 加班或部分开工

调节人员水平的另一个方法是加班或者减少工作时间。当正常工作时间不足以满足需求时，可考虑加班；反过来，正常工作时间的产量大于需求量时，可部分开工，只生产所需的量。但是，加班是需要付出更高的工资的，通常为正常工资的1.5倍，这是运营管理人员经常限制加班时间的主要原因。有时候也不愿意加班太多，或长期加班。此外，加班过多还会导致生产率降低、质量下降等。部分开工是在需求量不足，但又不解聘人员的情况下才使用的方法。在许多采取工艺对象专业化组织方式的企业，对工人所需技能的要求较高，再聘具有相当技能的人不容易，就常常采用这种方法。但在有些情况下，这只是一种不得已而为之的方法，例如，根据合同或有关法规不能解聘人员。这种方法的主要缺点是导致生产成本升高(单位产品中的人工成本增加)，以及人力资源、设备资源的效率低下。

3. 安排休假

安排休假是在需求淡季时只留下一部分骨干人员进行设备维修和最低限度的生产,大部分设备和人员都停工。在这段时间内,可使工人全部休假或部分休假。例如,西方企业经常在圣诞节期间使用这种方案。他们不仅利用这段时间进行设备维修、安装等,还借此减少库存。这种方案可有几种使用方法,例如由企业安排工人的休假时间和休假长度(按需求),或企业规定每年的休假长度,由工人自由选择时间。前者是容易操作的,但在后者的情况下就需要考虑在需求高峰时工人的休假要求如何对应。此外,还有带薪休假、无薪休假等方式。

4. 利用调节库存

可在需求淡季储存一些调节库存,在需求旺季时使用。这种方法可以使生产速率和人员水平保持一定,但这却是一种需要耗费相当成本的方法。如前所述,成品的储存是最费钱的一种库存投资形式,因为它所包含的附加劳动最多。因此,如果有可能的话,应该尽量储藏零部件、半成品,当需求到来时,再迅速组装。

5. 外协

这是用来弥补生产能力短期不足的一种常用方法,可利用承包商提供服务、制作零部件,某些情况下,也可以让他们承包完成品。

总而言之,稳妥应变型的决策最终要决定不同时间段的不同生产速率,无论上述哪一种应变方法或哪几种应变方法被考虑,都意味着在该时间段内的产出速率被决定了。换言之,生产速率是上述这些因素的函数。

(二)积极进取型

用稳妥应变型的思路来处理季节性需求或其他波动较大的需求往往需要花费较高成本。与之相反,积极进取型的思路则力图通过调节需求模式,影响、改变需求,调节对企业综合计划管理系统源的不平衡要求来达到有效地、低成本地满足需求的目的。常用的方法有以下几种。

1. 导入互补产品

导入互补产品即使不同产品的需求峰谷错开。例如,生产拖拉机的企业可同时生产机动雪橇,这样其主要部件——发动机的年需求则可基本保持稳定(春季、夏季主要装配拖拉机,秋季、冬季主要装配雪橇)。这里的关键是:找到合适的互补产品,它们既能够充分使用现有资源(人力、设备),又可以使不同需求的峰谷错开,使产出保持均衡。

2. 调整价格,刺激淡季需求

在需求淡季,可通过各种促销活动刺激需求。例如,夏季削价出售冬季服装,冬季降价出售空调,航空货运业在需求淡季出售廉价飞机票等。

三、综合生产计划编制程序

综合生产计划的编制程序是动态的、连续的，计划需要周期性地重新审视、更新，尤其是当新的信息输入和新的经营机会出现的时候。

综合生产计划的制定程序有以下基本步骤。

(一)确定计划期内每一单位计划期的市场需求

重点是需求信息来源：对产品的未来需求预测；现有订单；未来的库存计划；批发商或零售环节的信息(未发出订单之前的信息)等。

(二)制定初步候选方案，考虑相关关系、约束条件和成本

1. 基本相关关系

一是在给定时间段内的人员关系式：

本期人员数=上期末人员数+本期初聘用人员数-本期初解聘人员数

二是库存水平与生产量之间的关系，是最主要的基本相关关系。这一关系式的基本表述是：

本期末库存量=上期末库存量+本期生产量-本期需求量

例如，某油漆厂，一月末有油漆库存 60 万升，2 月份的市场需求预计为 25 万升，2 月份计划生产 10 万升，则 2 月底的库存：60+10-25=45 万升。与人员计划中需要分组确定人员的基本关系式一样，在生产大纲中，需要按产品族来分别考虑这一基本关系式。

2. 其他约束条件

其他约束条件包括两大类：物理性约束条件和政策性约束条件。前者是指一个组织的设施空间限制、生产能力限制等问题，例如，某工厂的培训设施有限，一个计划期内所新聘的人员最多不得超过多少；设备能力决定了每月的最大产出，仓库面积决定了库存量的上限等。后者是指一个组织经营管理方针上的限制，例如，企业规定订单积压时间最长不能超过多少、一月的最大加班时数、外协量必须在百分之多少以下、最小安全库存不得低于多少等。一个综合计划必须满足这些约束条件，但是，应该注意的是，全部满足这些约束条件的计划并不意味着就是一个最优计划，因为在该约束条件范围内，还可得出多个方案，这多个方案的经营结果可能是截然不同的。

3. 制订综合计划时还必须考虑成本因素

只有成本在可接受范围内，一个计划最终才是可接受的。制订综合计划时所要考虑的成本主要包括以下几方面。

(1) 正式人员的人员成本。

它包括正常工资和正式人员的各种福利待遇，例如，医疗保险、劳动保险、退休基金、有偿休假等。

(2) 加班成本。

加班工资通常是正常工资的 1.5 倍,但是不必考虑其他福利待遇。也有一些企业,平时加班工资为 1.5 倍,周日和法定节假日加班为 2 倍。

(3) 库存成本(持有库存所发生的成本)。

它只指随库存投资而变化的那些成本,其中包括:资金占用成本、各种仓储成本(仓库费用、仓储管理人员费用等)、库存品的自然和非自然损耗(丢失、失盗、腐烂等)、保险费用等。

(4) 订单积压成本和库存缺货成本。

在订单积压的情况下,可能会发生合同延期罚款,还可能发生失去客户的潜在的机会成本。

(三)制订可行的综合生产计划

这是一个反复修改和调整的过程,直到计划被接受。

(四)批准综合生产计划

专门的委员会加以审定,批准计划实施。

四、综合生产计划编制方法

(一)用试算法制订综合生产计划

根据基础数据采用试算法进行综合生产计划优化决策(分别用日工资制和小时工资制进行试算),并针对成本参数进行敏感性分析。

1. 试算法基本原理

通过计算不同生产计划的成本来选择最佳方案。①确定每一时段的需求、安全库存量及期初的库存水平;②确定每一时段的正常生产能力;③确定加班、转包等生产能力;④确定库存策略;⑤计算劳动成本、库存成本、缺货成本、招聘和解聘成本、加班成本、外包成本等相关成本;⑥初步设定几种可行的方案;⑦计算每个方案的总成本;⑧寻找总成本最低的方案。

2. 设计过程

分析已知变量、所求变量、中间变量之间的关系。

(1) 已给定:每月的预测量、月工作天数、安全库存、期初库存量、每天工作小时数、月份数,招聘成本、解聘成本、库存成本、缺货成本、外包成本、单位产品加工时间、正常人工成本、加班人工成本、期初工人人数。

(2) 各变量间关系:

期初库存量=上月期末库存量

最低需求量=需求预测量+安全库存-期初库存量

期末库存量=期初库存量+实际补充量-需求预测量

多余库存量=期末库存量-安全库存量

(3) 人工调整：实际补充量满足需求所需生产时间(h)=实际补充量×单位产品加工时间

每人每月正常工时(h)=每天工作小时数×月工作天数

多余库存成本(元)=多余库存量×库存成本

所需人数=[满足需求所需生产时间(h)/每人每月正常工时(h),0]

招聘人数=(本月所需人数-上月所需人数>0,本月所需人数-上月所需人数,0)

解聘人数=(本月所需人数-上月所需人数<0,上月所需人数-本月所需人数)

成本(元)=招聘人数×招聘成本

解聘成本(元)=解聘人数×解聘成本

正常人工成本(元)=实际补充量×单位产品加工时间×正常人工成本

可用生产时间(h)=期初工人人数×每天工作小时数×月工作天数

正常生产量(减班前)=可用生产时间(h)/单位产品加工时间

(4) 人工调整：正常生产量(减班后)

外包件数=实际补充量-正常生产量(减班后)

外包成本(元)=外包件数×外包成本

加减班前期末库存量=期初库存+正常生产量(未减班前)-预测量

加班生产件数=(加减班前期末库存量-安全库存量>0,0,安全库存量-加减班前期末库存量)

加班成本=加班生产件数×加班人工成本×单位产品加工时间

减班生产件数=(加减班前期末库存量-安全库存量<0,0,加减班前期末库存量-安全库存量)

减班成本=减班生产件数×减班人工成本×单位产品加工时间

加减班后期末库存=期初库存+正常生产量(未减班前)+加班生产件数-预测量-减班生产件数

3. 制定策略

策略1：追逐策略，即满足需求量的变化，以改变工人人数来调节生产能力。

总成本=招聘成本(元)+解聘成本(元)+正常人工成本(元)

策略2：平准策略，即保持工人人数不变，变动库存，既不加班也不外包。

总成本=缺货成本(元)+正常人工成本(元)

策略3：外包+减班策略，即将超出能力之外的工作外包出去，工人人数固定，超出实际补充量的部分减班。

总成本=外包成本(元)+正常人工成本(元)

策略4：加减班策略，即保持工人人数不变，通过加班或减班来改变能力。

总成本=加班成本(元)+正常人工成本(元)

(二)直观试算法实例

某公司制订未来6个月的生产计划。已知信息如下：为了解决问题，我们可以不考虑材料成本，也可将100美元的材料成本包括在所有的计算中。但如果每件产品都要花费100

美元。我们便仅考虑边际成本。由于分包费用为 120 美元，但我们因此节约原材料，所以分包的真正费用仅有 20 美元。

第一阶段月库存为 400 件。由于需求预测是有误差的，该公司决定建立一个安全库存(缓冲库存)以减少缺货的可能性。本例中，安全库存为预测需求量的 1/4。在研究备选生产计划之前，一般将预测需求量转换为生产需求量，生产需求量包括了安全库存。现在我们为该公司制订生产计划，以确定总成本最低的方案。根据需求与工作天数确定每日需求量，如表 11-4～表 11-6 所示。

表 11-4 确定每日需求量计算表

月　份	预测需求	每月工作天数	每日需求
1	1800	22	82
2	900	21	43
3	1500	19	79
4	1100	21	52
5	1100	22	50
6	1600	20	80
总计	8000	125	64

注：安全库存 400 件；月需求预测量的 25%。

表 11-5 费用一览表

成本项目	数　值	成本项目	数　值
材料成本	00.00 美元/件	解聘费用	250.00 美元/人
库存成本	11.50 美元/件·月	单位产品加工时间	5 小时/件
缺货损失	5.00 美元/件·月	正常人工成本(每天 8 小时)	4.00 美元/小时
分包边际成本	20.00 美元/件 (分包费用-材料费用)	加班人工成本(1.5 倍正常人工费用)	6.00 美元/小时
招聘与培训成本	200.00 美元/人		

表 11-6 综合生产计划需要数据

月　份	需求预测量	期初库存	生产需求量	期末库存
1	1800	400	1850	450
2	1500	450	1425	375
3	1100	375	1000	275
4	900	275	850	225
5	1100	225	1150	275
6	1600	275	1725	400
合计				

附：安全库存(0.25×需求预测量)；

生产需求量(需求预测量+安全库存-期初库存)；

期末库存(期初库存+生产需求量-需求预测量)。

方案1：增、解聘工人——在需求量大时应多雇用工人，在需求量小时可以裁减工人。这种做法比较常用，但不一定通用。如对技术要求高的工种一般不能采取这种策略，因技术工人不是随时可以雇用到的。另外，工人队伍不稳定也会引起产品质量下降和一系列的管理问题。

方案2：库存调节——在正常的工作时间内用固定人数的工人进行生产，以满足最小的预测需求量。就是通过库存来调节生产，而维持生产率和工人数量不变。当需求不足时，由于生产率不变，库存就会积累起来。当需求过大时，将利用库存来满足需求，库存就会减少。

方案3：外包——维持正常工人不变，需求不能满足部分采用外包解决，风险是：客户有可能被别人拿走。

方案4：加班加点——在正常工作时间内用固定人数的工人进行生产，满足所有预测需求量。加班完成其余生产需求量。该计划中工人人数难以确定。但其目标是使6月份的期末库存与安全库存尽可能接近。

方案1，试计算确定满足生产需求量的企业变动的工人人数、所需生产时间、工时定额。计算方法如下。

生产时间=生产需求量×5 小时/件

工时定额=工作天数×8 小时/天

工人人数=生产时间/工时定额

企业变动的工人人数如表11-7所示。

表11-7 企业变动的工人人数情况计算表

月份	生产需求量	所需生产时间	每月工作天数	每人每月工时	所需人数	变动的工人人数
1	1850	9250	22	176	53	0
2	1425	7125	19	152	47	6
3	1000	5000	21	168	30	17
4	850	4250	21	168	25	5
5	1150	5750	22	176	33	8
6	1725	8625	20	160	54	21
总和						57

附：计算企业人员变动数如表11-8所示。其中，计算新增工人数时，假定期初工人数等于1月份的53人；招聘费=新增工人数×$200；解聘费=解聘人数×$250；正常人工成本=所需生产时间×$4。

方案2，试算确定变动的库存与缺货情况。由表11-9企业库存变化及缺货损失计算表获得。

表 11-8　企业人员变动成本计算表

新增工人数	招聘费	解聘人数	解聘费	正常人工成本
0	$0	6	$1500	$37000
0	$0	17	$4250	$28500
0	$0	5	$1250	$20000
8	$1600	0	$0	$17000
21	$4200	0	$0	$23000
0	$0	0	$0	$34500
29	$5800	28	$7000	$160000

表 11-9　企业库存变化及缺货损失计算表

月份	期初库存	每月工作天数	可用生产时间	实际生产量	需求预测量	期末库存	安全库存	缺货损失	多余库存	库存费用	正常人工成本
1	400	22	7040	1408	1800	8	450	0	0	0	28160
2	8	19	6080	1216	1500	−276	375	1380	0	0	24320
3	−276	21	6720	1344	1100	−32	275	160	0	0	26880
4	−32	21	6720	1344	900	412	225	0	187	281	26880
5	412	22	7040	1408	1100	720	275	0	445	668	28160
6	720	20	6400	1280	1600	400	400	0	0	0	25600
合计								1540		948	160000

附：可用生产时间(工作天数×8 小时/天×40 人)；实际生产量(可用生产时间÷5 小时/件)；需求预测量(根据表)；期末库存(期初库存+实际产量-需求预测量)；缺货损失(缺货件数×$5)；安全库存(根据表)(正数)；多余库存(期末库存-安全库存)；库存费用(多余库存×$1.50)；正常人工成本(生产时间×$4)。

方案 3，试算外包策略下成本情况。由表 11-10 企业外包成本计算表获得。

表 11-10　企业外包成本计算表

月份	生产需求量	每月工作天数	可用生产时间(h)	实际生产量	外包件数	外包成本	正常人工成本
1	1850	22	4400	880	970	$19400	$17600
2	1425	19	3800	760	665	$13300	$15200
3	1000	21	4200	840	160	$3200	$16800
4	850	21	4200	840	10	$200	$16800
5	1150	22	4400	880	270	$5400	$17600
6	1725	20	4000	800	925	$18500	$16000
小计						60000	100000

生产需求量(根据表)每月工作天数可用生产时间(工作天数×8 小时/天×25 人);
实际生产量(可用时间÷5 小时/件);
分包件数(生产需求量-实际产量)。
附：外包成本(分包件数×$20)；正常人工成本(所需生产时间×$4)。

方案 4，试算加班策略下企业加班费用和多余库存费用情况。由表 11-11 加班策略下企业加班费用和多余库存费用计算表获得。

表 11-11　加班策略下企业加班费用和多余库存费用计算表

月份	1	2	3	4	5	6	费用小计
期初库存	400	8	−276	−32	412	720	
每月工作天数	22	19	21	21	22	20	
可用生产时间	6688	5776	6384	6384	6688	6080	
固定生产量	1338	1155	1277	1277	1338	1216	
需求预测量	1800	1500	1100	900	1100	1600	
加班前库存量	−62	−345	177	554	792	408	
加班生产件数	62	345	0	0	0	0	
期末库存	0	0	177	554	792	408	
加班成本	1860	10350	0	0	0	0	12210
安全库存	450	375	275	225	275	400	
多余库存	0	0	0	329	517	8	854
库存费用	0	0	0	494	776	12	1282
正常人工成本	26752	23104	25536	25536	26752	24320	152000

附：固定生产量(可用生产时间÷5 小时/件)；需求预测量(根据上表)。
加班前库存量(期初库存+固定生产-需求预测量)，近似整数。
加班生产件数、加班成本($6/小时)；多余库存(加班前库存量-安全库存)。
四个综合生产计划方案的比较如表 11-12 所示。

表 11-12　企业四个综合生产计划方案总成本比较

成本项目	策略一	策略二	策略三	策略四
正常人工成本(元)	160000	160000	100000	152000
加班人工成本(元)	0	0	0	12210
招聘成本(元)	5800	0	0	0
解聘成本(元)	7000	0	0	0
外包成本(元)	0	0	60000	0
库存成本(元)	0	969	0	1282
缺货成本(元)	0	1540	0	0
总成本(元)	172800	162509	160000	165492

经过计算四种策略的总成本，发现第三种策略总成本最低，方案最佳。

第三节　企业主生产计划编制

一、主生产计划概述

(一)主生产计划的概念、作用、意义以及编制依据

1. 主生产计划

在信息化行业，MPS(Master Production Schedule)是指主生产计划。简单地说，MPS 是确定每一具体的最终产品在每一具体时间段内生产数量的计划。这里的最终产品是指对于企业来说最终完成、要出厂的完成品，它要具体到产品的品种、型号。这里的具体时间段，通常是以周为单位，在有些情况下，也可以是日、旬、月。主生产计划详细规定生产什么、什么时段应该产出，它是独立需求计划。主生产计划根据客户合同和市场预测，把经营计划或生产大纲中的产品系列具体化，使之成为展开物料需求计划的主要依据，起到了从综合计划向具体计划过渡的作用。主生产计划说明在可用资源条件下，企业在一定时间内，生产什么，生产多少，什么时间生产。

2. MPS 的作用和意义

主生产计划是按时间分段方法，去计划企业将生产的最终产品的数量和交货期。主生产计划是一种先期生产计划，它给出了特定的项目或产品在每个计划周期的生产数量。这是个实际的详细制造计划。这个计划力图考虑各种可能的制造要求。主生产计划是 MRP Ⅱ 的一个重要的计划层次。粗略地说，主生产计划是关于"将要生产什么"的一种描述，它根据客户合同和预测，把销售与运作规划中的产品系列具体化，确定出厂产品，使之成为展开 MRP 与 CRP(粗能力计划)运算的主要依据，它起着从宏观计划向微观过渡的作用。

主生产计划是计划系统中的关键环节。一个有效的主生产计划是生产对客户需求的一种承诺，它充分利用企业资源，协调生产与市场，实现生产计划大纲中所表达的企业经营目标。

主生产计划在计划管理中起"龙头"模块作用，它决定了后续的所有计划及制造行为的目标。在短期内作为物料需求计划、零件生产计划、订货优先级和短期能力需求计划的依据。在长期内作为估计本厂生产能力、仓储能力、技术人员、资金等资源需求的依据。

3. MPS 编制依据

为什么要先有主生产计划，再根据主生产计划制订物料需求计划？直接根据销售预测和客户订单来制订物料需求计划不行吗？

产生这样的疑问和想法的原因在于不了解 MRP 的计划方式。概括地说，MRP 的计划方式就是追踪需求。如果直接根据预测和客户订单的需求来运行 MRP，那么得到的计划将在数量和时间上与预测和订单需求完全匹配。但是，预测和客户订单是不稳定、不均衡的，直接用来安排生产将会出现时而加班加点也不能完成任务，时而设备闲置，很多人没活干的现象，这将给企业带来灾难性的后果，而且企业的生产能力和其他资源是有限的，这样

的安排也不是总能做得到的。加上主生产计划这一层次，通过人工干预，均衡安排，使得在一段时间内主生产计划量和预测及客户订单在时间上相匹配，而不追求在每个具体时刻均与需求相匹配，从而得到一份稳定、均衡的计划。由于在产品或最终项目(独立需求项目)这一级上的主生产计划是稳定和均衡的，据此所得到的关于非独立需求项目的物料需求计划也将是稳定和匀称的。因此，制订主生产计划是为了得到一份稳定、均衡的生产计划。主生产计划的输入输出如图 11-3 所示，它是由预测、订单和生产大纲所驱动，根据能力和产品提前期的限制，来识别生产产品品种，安排生产时间和确定生产数量。从较短的时间来看，主生产计划可以作为物料需求计划、组件的生产，订单优先计划、短期资源的基础；从较长的时间来看，主生产计划可以作为各项资源长期计划的基础。主生产计划是生产部门的工具，主生产计划又是联系市场销售和生产制造的桥梁，使生产计划和能力计划符合销售计划要求的顺序，并能适应不断变化的市场需求；同时，主生产计划又能向销售部门提供生产和库存信息，提供可供销售量的信息，作为同客户洽商的依据，起到了沟通内外的作用。MPS 把企业规划同日常的生产作业计划关联起来，为日常作业的管理提供一个"控制把手"，驱动了一体化的生产计划与库存控制系统的运作。总之，主生产计划在 MRPⅡ 系统中的位置是一个上下、内外交叉的枢纽，地位十分重要。在运行主生产计划时相伴运行粗能力计划，只有经过按时段平衡了供应与需求后的主生产计划，才能作为下一个计划层次——物料需求计划的输入信息。主生产计划必须是现实可行的，需求量和需求时间都是符合实际的。主生产计划编制和控制是否得当，在相当大程度上关系到 MRPⅡ 系统的成败。这也是它称为"主"生产计划的根本含义，就是因为它在 MRPⅡ 系统中起着"主控"的作用。

(二)主生产计划的原理

主生产计划确定每一个具体产品在每一个具体时间的生产计划；计划的对象一般是最终产品。ERP 系统计划的真正运行是从主生产计划开始的。企业的物料需求计划、车间作业计划、采购计划等均来源于主生产计划，即先由主生产计划驱动物料需求计划，再由物料需求计划生成车间计划与采购计划，所以主生产计划在 ERP 系统中起到承上起下的作用，实现从宏观到微观计划的过渡与连接，同时又是联系生产部门与企业经济部门的桥梁。

MPS 主要是对成品一级的需求安排计划。而 MRP 是指物料需求计划,针对主生产计划，根据 BOM，展开所有材料的需求，如图 11-3 所示。

MPS 是闭环计划系统的一部分。MPS 的实质是保证销售规划和生产规划对规定的需求(需求什么、需求多少和什么时候需要)与所使用的资源取得一致。MPS 考虑了经营规划和销售规划，使生产规划同它们相协调。它着眼于销售什么和能够制造什么，这就能为车间制订一个合适的"主生产进度计划"，并且以粗能力数据调整这个计划，直到负荷平衡。然后，主生产进度计划作为物料需求计划 MRP 的输入，MRP 用来制订所需零件和组件的生产作业计划或物料采购计划，当生产或采购不能满足 MPS 的要求时，采购系统和车间作业系统就要把信息返回给 MPS，形成一个闭环反馈系统。通过图 11-3 可以看出，MPS 说明企业计划生产什么、什么时候生产、生产多少。MRPⅡ的其他计划都是围绕 MPS 进行的。正是从这个意义上可以说，MPS 是 MRPⅡ 的起点。主生产计划的来源：客户订单、预测、备品备件、厂际间需求、客户选择件及附加件、计划维修件。

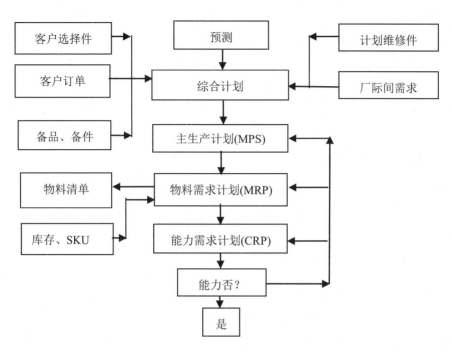

图 11-3 主生产计划系统图

(三)MPS 编制原则

主生产计划是根据企业的能力确定要做的事情,通过均衡地安排生产实现生产规划的目标,使企业在客户服务水平、库存周转率和生产率方面都能得到提高,并及时更新、保持计划的切实可行和有效性。主生产计划中不能有超越可用物料和可能能力的项目。在编制主生产计划时,应遵循这样一些基本原则。

(1) 最少项目原则:用最少的项目数进行主生产计划的安排。如果 MPS 中的项目数过多,就会使预测和管理都变得困难。因此,要根据不同的制造环境,选取产品结构不同的级,进行主生产计划的编制。使得在产品结构这一级的制造和装配过程中,产品(或)部件选型的数目最少,以改进管理评审与控制。

(2) 独立具体原则:要列出实际的、具体的可构造项目,而不是一些项目组或计划清单项目。这些产品可分解成可识别的零件或组件。MPS 应该列出实际的要采购或制造的项目,而不是计划清单项目。

(3) 关键项目原则:列出对生产能力、财务指标或关键材料有重大影响的项目。对生产能力有重大影响的项目,是指那些对生产和装配过程起重大影响的项目。如一些大批量项目、造成生产能力的瓶颈环节的项目或通过关键工作中心的项目。对财务指标而言,指的是对公司的利润效益最为关键的项目。如制造费用高、含有贵重部件、昂贵的原材料、高费用的生产工艺或有特殊要求的部件项目,也包括那些作为公司主要利润来源的,相对不贵的项目。而对于关键材料而言,是指那些提前期很长或供应厂商有限的项目。

(4) 全面代表原则:计划的项目应尽可能全面代表企业的生产产品。MPS 应覆盖被该 MPS 驱动的 MRP 程序中尽可能多的组件,反映关于制造设施,特别是瓶颈资源或关键工作中心尽可能多的信息。

(5) 适当裕量原则：留有适当余地，并考虑预防性维修设备的时间。可把预防性维修作为一个项目安排在 MPS 中，也可以按预防性维修的时间，减少工作中心的能力。

(6) 适当稳定原则：在有效的期限内应保持适当稳定。主生产计划制订后在有效的期限内应保持适当稳定，那种只按照主观愿望随意改动的做法，将会引起系统原有合理的正常的优先级计划的破坏，削弱系统的计划能力。

(四)主生产计划的对象

主生产计划的计划对象主要是把生产规划中的产品系列具体化以后的出厂产品，通称最终项目，所谓"最终项目"，通常是独立需求件，对它的需求不依赖于对其他物料的需求而独立存在。但是由于计划范围和销售环境不同，作为计划对象的最终项目其含义也不完全相同。从满足最少项目数的原则出发，下面对三种制造环境分别考虑 MPS 应选取的计划对象。

(1) 在为库存而生产(MTS)的公司：用很多种原材料和部件制造出少量品种的标准产品，则产品、备品备件等独立需求项目成为 MPS 计划对象的最终项目。对产品系列下有多种具体产品的情况，有时要根据市场分析估计产品占系列产品总产量的比例。此时，生产规划的计划对象是系列产品，而 MPS 的计划对象是按预测比例计算的。产品系列同具体产品的比例结构形式，类似一个产品结构图，通常称为计划物料或计划 BOM。

(2) 在为订单生产(MTO)的公司：最终项目一般就是标准定型产品或按订货要求设计的产品，MPS 的计划对象可以放在相当于 T 形或 V 形产品结构的低层，以减少计划物料的数量。如果产品是标准设计或专项，最终项目一般就是产品结构中 0 层的最终产品。

(3) 在为订单而装配(ATO)的公司：产品是一个系列，结构相同，表现为模块化产品结构，都是由若干基本组件和一些通用部件组成。每项基本组件又有多种可选件，有多种搭配选择(如轿车等)，从而可形成一系列规格的变形产品，可将主生产计划设立在基本组件级。在这种情况下，最终项目指的是基本组件和通用部件。这时主生产计划是基本组件(如发动机、车身等)的生产计划。

一般地，对于一些由标准模块组合而成的、型号多样的、有多种选择性的产品(如个人电脑)，将 MPS 设立在基本零部件这一级，不必预测确切的、最终项目的配置，辅助以成品装配计划(FAS)来简化 MPS 的处理过程。FAS 也是一个实际的生产制造计划，它可表达用户对成品项目的、特定的多种配置需求，包括从部件和零配件的制造到产品发货这一部分的生产和装配，如产品的最终装配、测试和包装等。对于有多种选择项的项目，采用 FAS 时，可简化 MPS 的。可用总装进度(FAS)安排出厂产品的计划，用多层 MPS 和计划 BOM 制订通用件、基本组件和可选件的计划。这时，MPS 的计划对象相当于 X 形产品结构中"腰部"的物料，顶部物料是 FAS 的计划对象。用 FAS 来组合最终项目，仅根据用户的订单对成品装配制订短期的生产计划。MPS 和 FAS 的协同运行，实现了从原材料的采购、部件的制造到最终产品交货的整个计划过程。例如，电脑制造公司可用零配件来简化 MPS 的排产。市场需求的电脑型号，可由若干种不同的零部件组合而成，可选择的零配件包括：6 种 CPU、4 种主板、3 种硬盘、1 种软驱、2 种光驱、3 种内存、4 种显示器、3 种显卡、2 种声卡、2

种 Modem、5 种机箱电源。基于这些不同的选择,可装配出的电脑种类有 6×4×3×1×2×3×4×3×2×2×5=103680 种,但主要的零配件只有 6+4+3+…=35 种,零配件的总数比最终产品的总数少得多。显然,将 MPS 定在比最终产品(电脑)这一层次低的某一级(零配件)比较合理。经过对装配过程的分析,确定只对这些配件进行 MPS 的编制,而对最后生成的 103680 种可选产品,将根据客户的订单来制订最终装配计划。这种生产计划环境即是面向订单装配。实际编制计划时,先根据历史资料确定各基本组件中各种可选件占需求量的百分比,并以此安排生产或采购,保持一定库存储备。一旦收到正式订单,只要再编制一个总装计划(FAS),规定从接到订单开始,核查库存、组装、测试检验、发货的进度,就可以选装出各种变形产品,从而缩短交货期,满足客户需求。

(五)MPS 基本流程

主生产计划编制过程包括编制 MPS 项目的初步计划、进行粗能力平衡、评价 MPS 这三个方面,涉及的工作包括收集需求信息、编制主生产计划、编制粗能力计划、评估主生产计划、下达主生产计划等。制订主生产计划的基本思路,可表述为以下程序。

(1) 根据生产规划和计划清单确定对每个最终项目的生产预测。它反映某产品类的生产规划总生产量中预期分配到该产品的部分,可用于指导主生产计划的编制,使得主生产计划员在编制主生产计划时能遵循生产规划的目标。

(2) 根据生产预测、已收到的客户订单、配件预测以及该最终项目的需求数量,计算毛需求量。需求的信息来源主要包括:当前库存、期望的安全库存、已存在的客户订单、其他实际需求、预测其他各项综合需求等。某个时段的毛需求量即为本时段的客户订单合同以及预测之关系和。"关系和"指的是如何把预测值和实际订单值组合取舍得出的需求。这时,MPS 的毛需求量已不再是预测信息,而是具有指导意义的生产信息了。

(3) 根据毛需求量和事先确定好的批量规则,以及安全库存量和期初预计可用库存量,计算各时段的计划产出量和预计可用库存量。

(4) 计算可供销售量供销售部门机动销售选用。

(5) 计算粗能力,用粗能力计划评价主生产计划方案的可行性。粗能力计划是对生产中所需的关键资源进行计算和分析。关键资源通常指瓶颈工作中心。粗能力计划用于核定主要生产资源的情况,即关键工作中心能否满足 MPS 的需要,以使得 MPS 在需求与能力上取得平衡。

(6) 评估主生产计划。一旦初步的主生产计划测算了生产量,测试了关键工作中心的生产能力并对主生产计划与能力进行平衡之后,初步的主生产计划就确定了。如果需求和能力基本平衡,则同意主生产计划;如果需求和能力偏差较大,则否定主生产计划,并提出修正方案,力求达到平衡。调整的方法:其一,改变预计负荷,可以采取的措施主要有重新安排毛需求量,并通知销售部门拖延订单、终止订单等。其二,改变生产能力,可以采取的措施主要有申请加班、改变生产工艺,提高生产率等。

(7) 在 MRP 运算以及细能力平衡评估通过后,批准和下达主生产计划。

(六)MPS 与 MRP 的区别

(1) MPS 是 MRP 的直接目的,MPS 体现的是净需求,MRP 运算出来的作业计划和采购计划的目的就是完成 MPS 提出的任务，从而达到企业外部市场需求的目标。

(2) MPS 主要针对有独立需求计划而言，它是整个计划系统的调节器，在充分考虑企业粗能力和资源平衡的基础上平衡外部需求和企业供给能力。有些行业可以没有 MPS，直接通过 MRP 来满足预测和订单的需要。

(3) 简单地说：MPS 针对的是总装，MRP 针对的是总装下的采购及零件。

(4) 如果是从客户订单或预测得来的需求都需要计划部门评估一下这个需求成品的交货期和粗能力情况，在成品的评审没有完成之前，不允许产生下一阶段的材料相关需求。

(5) MPS 主要是控制那些对企业来说比较重要，特别是那些高价值的半成品，这样在运行 MPS 调整后，再运行 MRP 产生下面相关件的需求。

(6) 两者的运行原理相同。

运行 MPS 的物料不能运行 MRP，运行 MRP 的物料可以运行 MPS。(看物料主数据中设置的 MRP 类型)MPS 一般对公司有重大利润的产品或者关键物资进行计划。一般先运行 MPS，然后对下一层的物料运行 MRP。

二、主生产计划编制逻辑

(一)主生产计划编制程序

1. 主生产计划的来源

主生产计划的理论非常复杂，需考虑关键工作中心关键工序的能力是否足够，如果完全按理论计算确定主生产计划，企业需要很多的基础资料，如果基础资料不准确，则计划形同虚设。因此，在 ERP 系统中，从企业的实际情况出发，把主生产计划进行了彻底简化，使之变得非常实用。企业一般都会知道一段时期内各类产品的生产能力(简称产能类别)。表 11-13 所示是一个钟表制造企业每天的生产能力状况。

表 11-13 钟表制造企业每天的生产能力状况表

产能类别	电子手表	金属手表	贵重手表	钟
每日产能	30000	10000	2000	2000

因此，计划管理人员只需对产品进行分类，定义产品的产能类别，然后对每一产能类别排定生产完工日期，使得排定日期的负荷与该类每天的生产能力基本平衡，就可据此进行后续的 MRP、CRP、ERP 计划。主生产计划的来源主要有如图 11-4 所示的几种途径。

2. 产能类别

生产能力按产品进行分类，对每一类进行主生产计划，这样的类别称为产能类别。在定义物料的产能类别之前，应规划有几类产能类别，对每个类别定义一个代码。产能类别代码只在 MPS 中用到。

3. 主生产计划的制订程序

在 ERP 系统中，主生产计划有两种制订方式：①手工制订主生产计划；②自动排定主生产计划。

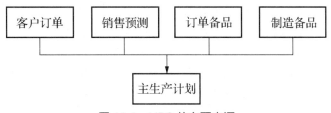

图 11-4　MPS 的主要来源

其制订过程是一个不断循环、反复动态调整的过程，当接到新的客户订单时，需重新排定 MPS，只有当制订的计划比较合理，调整计划的频率才不会很快，否则需经常进行调整。在 ERP 系统启用之初，可能两三天排一次 MPS，系统运作正常后可能一个星期或半个月排一次 MPS。如果是每天都接到新的订单，则每天都要排定 MPS。

MPS 的制订流程如图 11-5 所示。有的客户订单必须指定在某一天生产完成，因此需手工排定该订单的生产完成日期。有的订单批量很大时，可能会要拆单。而大部分的客户订单，会按交货日期的顺序和生产能力的大小由系统自动排定生产完成日期。

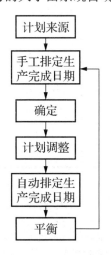

图 11-5　MPS 制订流程

4．手工排定主生产计划

接收客户订单时，系统预设的生产完成日期是交货日期的前一个工作日。手工调整生产完成日期后，需进行日期确定，在运行 MPS 时生产完成日期已确定的订单不再自动排定计划。手工排定 MPS 时请注意：①订单需完成量的确定，即订单需完成量=订单数量+订单备品+制造备品-订单已出货数量-订单备品已出货数量-库存数量。②只有需出货的订单在库存不足时才需排定 MPS。③订单需完成量等于对应产能类别和生产完成日期的需完成量的汇总数。④当需完成量很大时，可进行订单拆分。

5．自动排定主生产计划

当订单很多时，手工排定 MPS 工作量很大，大部分应按交货日期的顺序，考虑生产能力，进行 MPS 计算。手工排定中日期没有确定的部分，在运行 MPS 时会全部重新排定生产完成日期。

在运行 MPS 前，必须先建立公司的工作日历，只有工作日才安排生产。如果某一天已手工排定了生产计划，则 MPS 计算时会扣除其排定的数量。除了指定每日产能和产能调整百分比外，还需指明从哪天开始排定生产完成日期。每个产能类别都要运行 MPS。

除日产能和产能调整百分比外，还需指明从哪天开始排定生产完成日期。每个产能类别都要运行 MPS。主生产计划典型报表如表 11-14 所示。

表 11-14 主生产计划典型报表

物料号：10000		主生产计划典型报表					计划日期：				
物料名称：电子挂钟		安全库存量：5					计划员：				
提前期：1		批量：10					批量增量：10				
现有库存量：8		需求时界：3					计划时界：8				
时区、计算项目	期初库存	1	2	3	4	5	6	7	8	9	10	11
预测量												
合同订单量												
毛需求量												
计划接收量												
预计可用库存量												
净需求量												
计划产出量												
计划投入量												
可供销售量												

(二) 不同生产类型中的主生产计划的变形

主生产计划是要确定每一具体的最终产品在每一具体时间段内的生产数量。其中的最终产品，是指对于企业来说，最终完成的要出厂的产品，但实际上，这主要是对大多数"备货生产型"(make-to-stock)的企业而言。在这类企业中，虽然可能要用到多种原材料和零部件，但最终产品的种类一般较少，且大都是标准产品，这种产品的市场需求的可靠性也较高。因此，通常是将最终产品预先生产出来，放置于仓库，随时准备交货。在另外一些情况下，特别是随着市场需求的日益多样化，企业要生产的最终产品的"变形"是很多的。

所谓变形产品，往往是若干标准模块的不同组合。例如，以汽车生产为例，传统的汽车生产是一种大批量备货生产类型，但在今天，一个汽车装配厂每天所生产的汽车可以说几乎没有两辆是一样的，因为顾客对汽车的车身颜色、驱动系统、方向盘、座椅、音响、空调系统等不同部件可以自由选择，最终产品的装配只能根据顾客的需求来决定，车的基本型号也是由若干不同部件组合而成的。而另一方面，由于构成最终产品的组合部件的种类较少，因此预测这些主要部件的需求要容易得多，也精确得多。所以，在这种情况下，通常只是持有主要部件和组件的库存，当最终产品的订货到达以后，才开始按订单生产。这样，由于最终产品的种类很多，该计划将大大复杂化，而且由于难以预测需求，计划的可靠性也难以保证。

因此，在这种情况下，主生产计划是以主要部件和组件为对象来制订的。例如，在上述汽车厂的例子中，只以 26 种主要部件为对象制订 MPS。当订单来了以后，只需将这些部件作适当组合，就可在很短的时间内提供顾客所需的特定产品，还有很多采取"订货生产"类型(make-to-order)的企业，如特殊医疗器械、模具等生产企业，当最终产品和主要的部件、组件都是顾客订货的特殊产品时，这些最终产品和主要部件、组件的种类比它们所需的主要原材料和基本零件的数量可能要多得多。因此，类似于组装生产，在这种情况下，主生产计划也可能是以主要原材料和基本零件为对象来制订的。

(三)主生产计划在生产管理中的用途

在使用标准成本核算的公司里，对每一制造批次都要核算积累物料与劳务成本。在大多数公司里，跟踪此批次的运动情况是更新工作定位记录的基础，使得工作进展与对车间生产计划的执行情况能得到监控，也会引起相关主管的抵触情绪。为此，应该让这些主管去真正懂得一个制造控制系统是什么，他们必须如何同它合作并使用它，他们提供的信息与他们所采取的行动会如何对系统的绩效产生影响，这是任何公司的成功所不可缺少的。为了压低一个特定组件的成本，采购者通常把供应来源减少到单一的供应商。这样依靠单一来源能使供应商处在一个强势的地位，但供应商为了长期关系而不敢滥用这一权力。

在备货生产与订货生产相结合的企业中，真正需要的是某种对两类产品分摊恰当份额的物料与能力的手段，然后使用投入/产出控制法去确保各自受到其恰当的份额。当然，存货物品可作为停货生产物品的缓冲，使短期的物料与能力的改道成为可能，但这些必须很快被归还。

在 ERP 系统里，MPS 主生产计划被用来制订计划，用以工厂结合库存和供给水平来平衡计划、销售需求(订单、预测或这两者的结合)。最终，MPS 计划变成 MRP 计算的输入，计算也会根据主计划的采购订单和所有物料的协同制造来展开生产。经证实，有效的过程能给全球的厂商带来许多益处。既然 MRP 计算假定无限的生产产能，其他的条件是被加至排程过程中，包括粗排程计划(RCCP)和产能需求计划(CRP)。在其给计划过程增加条件的时候，传统的 CRP 就变得有点格格不入。此结果控制库存量能告知生产经理工厂是否产能负荷过重，甚至可追溯到加工至哪个工序及问题出现在哪个工序。但生产计划人员仍需尽力应付订单所出的故障，在传统的系统里，模拟排程的功能，即便是有，也是很少的。

本 章 小 结

生产计划是指一方面为满足客户要求的三要素"交期、品质、成本"而计划；另一方面又使企业获得适当利益，而对生产的三要素"材料、人员、机器设备"的确切准备、分配及使用的计划。生产计划是工厂管理内部运作的核心。一个优秀的工厂，其内部管理应该是围绕着生产计划来进行的。生产计划有月度计划、周计划、日计划。生产计划是根据需求和企业生产能力，对生产系统拟产出的产品品种、时间、数量、人力和设备等资源的配置以及库存等的预先安排。生产计划包括综合生产计划、主生产计划、物料需求计划三个层次。生产计划按管理层次划分一般可以分成战略层计划、战术层计划和作业层计划。综合计划是企业的整体计划,要达到企业的整体经营目标。在信息化行业,MPS 是指主生产计划。简单地说,MPS 是确定每一具体的最终产品在每一具体时间段内生产数量的计划。主生产计划是根据企业的能力确定要做的事情,通过均衡地安排生产实现生产规划的目标,使企业在客户服务水平、库存周转率和生产率方面都能得到提高,并及时更新、保持计划的切实可行性和有效性。

自 测 题

(一)判断题

1. 主生产计划是综合计划的关键输入。( )
2. 粗能力计划的计划对象是针对所有工作中心。( )
3. 主生产计划中的物料需求均属于相关需求。( )
4. 准时生产方式起源于日本丰田汽车公司。( )
5. 准时生产是多动力源的拉动式生产方式。( )
6. 与大量生产方式相比,准时生产是一种资源节约型的生产方式。( )
7. 准时生产方式用最后的装配工序来调节整个生产过程。( )
8. 在大规模定制中,低成本主要是通过规模经济实现的。( )
9. 大规模定制是指个性化定制产品和服务的大规模生产。( )
10. 主生产计划只能通过确定最终产品作为对象来制定。( )
11. 敏捷制造的支撑体系只包括技术手段。( )

(二)单选题

1. 下列各项不属于综合生产计划所考虑的成本因素是( )。
   A. 人员成本　　B. 库存成本　　C. 加班成本　　D. 销售成本
2. 下列哪项是编制 MPS 的依据?( )
   A. 零部件库存状态　　　　　　B. 生产计划大纲
   C. 产品结构文件　　　　　　　D. 车间生产作业计划
3. 下述哪项方法将产品出产计划中的具体产品的需求转化为构成产品的零部件和原材料的需求?( )
   A. 粗略能力计划　B. 物料需求计划　C. 能力需求计划　D. 库存计划
4. 短期预测是以下哪种计划的依据( )。
   A. 生产战略计划　B. 综合生产计划　C. 资源需求计划　D. 生产作业计划
5. 在生产大纲确定后,一般来说,紧接着进行哪项活动?( )
   A. 流程设计　　　　　　　　　B. 制订战略性的能力计划
   C. 编制产品出产计划　　　　　D. 编制物料需求计划

(三)填空题

1. 计划是管理的_____职能,它是_____的前提,_____的依据,_____的标准,_____的工具。

2. 计划管理是一个过程，通常包括_____、_____、_____和_____四个阶段。

3. 一般计划可以分成三个层次，即_____、_____和_____，其中_____涉及资源获取。

4. 生产计划的主要指标包括_____、_____、_____、_____和_____。

5. 生产计划以_____为对象，厂级生产作业计划以_____为对象，车间生产作业计划以_____为对象。

6. 备货型生产(MTS)企业编制年度生产计划的核心内容是确定_____和_____。

(四)问答题

1. 编制综合生产计划的程序是什么？
2. 主生产计划如何编制？
3. 什么是粗能力计划？
4. 什么是细能力计划？

(五)计算题

1. 中兴企业要扩大生产线生产新型产品：A型、B型和C型。它们将在同样的生产设备上生产，生产目标是在必要的时候加班以满足需求量。下表是接下来四个月的需求量，以生产所需的小时数表示。

产品	4月	5月	6月	7月
A型	800	600	800	1200
B型	600	700	900	1100
C型	700	500	700	850

因为产品变质速度很快，质量损失严重，故产品保管到下一期的费用很高。每小时的产品保管到未来月份的成本为：A型，3元/小时；B型，4元/小时；C型，5元/小时。

生产可以正常时间进行，也可以加班进行。正常付薪为：A，4元；B，5元；C，6元。加班附加50%的奖金。

正常工作时间和加班时间的可用生产能力如下表所示。

月份	4月	5月	6月	7月
正常时间	1500	1300	1800	1700
加班时间	700	650	900	850

(1) 建立模型矩阵并表示恰当的成本。
(2) 求出可行方案。

2. 一公司生产卫浴设施。今后六周内的需求预测和订单数如下表所示，求MPS(产品出产计划)及ATP。(已知期初库存为750，生产批量为1100。)

周次	1	2	3	4	5	6
需求预测	550	540	540	540	540	540
用户订单	600	400	500	150	100	0

续表

现有库存						
MPS						
ATP						

3. 某采购员需要采购一种用于半导体产品的硅片,他必须从三个供应商中选择。供应商 A 的售价是每片硅片 2.50 元,其价格与订购量无关。供应商 B 的售价是每片 2.40 元,但是订单必须大于或等于 3000 片。供应商 C 的价格是每片 2.30 元,要求订单必须大于等于 4000 片。假设订货成本为 100 元,硅片的年需求为 20000 片,年库存维持费率为 20%。

(1) 应该采用哪个供应商？订货量是多少？

(2) 当选择最优供应商时,订货成本和库存成本是多少？

(3) 如果补货提前期是三个月,那么再订货点是多少？

4. 小王是某计算机商店的经理。估计今后 5 个月对 20GB 的硬盘需求量是 10、2、12、4、14 块。因为需求量是波动的,王经理应用 W-W 方法确定正确的订货量。每次的订货费用是 40 元。他估计维持一个硬盘一个月的库存成本是 1.00 元。你有何订货建议？

5. 一种电话机是由话筒和机座装配而成的。话筒是由一个把手和一条电线组装成的,机座是由一个外壳、一个电路板和一个面板组装而成。物料清单现有库存数和生产提前期如下图和下表所示。

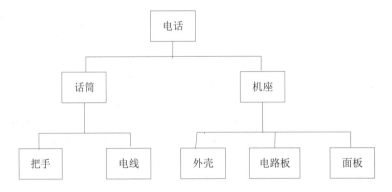

	现有库存数	生产提前期(周)
电话	200	1
话筒	300	1
把手	200	2
电线	75	2
机座	250	1
外壳	200	2
电路板	150	1
面板	300	2

公司希望尽快开始装配电话机,目前已有的部件能装配多少电话机？何时能交货？制订物料计划来解释你的答案。

第十二章

企业资源计划

【学习要点及目标】

通过本章的学习，掌握生产运作管理的物料需求计划概念；了解物料需求计划的内容和作用；认识 MRP 的原理和逻辑；掌握 MRP 的计算方法；了解制造资源计划的概念、特点和工作逻辑；掌握产品结构与产品树；熟悉 MRP 方案编制方法；了解 ERP 系统管理技术与应用；掌握 ERP 工作特点及服务功能。

【关键概念】

物料需求计划　产品结构　BOM　ERP　制造资源计划　企业资源物料单计划

引导案例：计划就是供需链的"发动机"

中国有句谚语：一年之计在于春。它暗含了两个关键因素：一个是时间，一个是计划。西方也有一句经典名言：If you fail to plan, you plan to fail.(如果你疏于计划，那你的计划就失败)。两者都强调了计划的重要性，但前者更强调了时间因素。作为排计划的人，如果不知道需求时间，就无法排出一个好的计划来。如果把供需链比作一辆火车，那么，那个驱动这个巨型火车按预定时间向预定方向前进的发动机，就是生产计划。操纵这辆火车的人，就是那个安排生产计划的计划员。有的公司会有两个计划员类型：一个是物料部门排产品需求数量主计划及运行物料需求计划的人，一个是生产部门排具体生产排程的计划员。

对于制造工厂来说，一切活动都是围绕生产计划展开的。对工厂外部来讲，计划衔接的前端是客户，计划衔接的后端是供应商。对工厂内部来讲，计划衔接的前端是销售部门，计划衔接的后端是物料/生产部门及其他部门。其他部门都是围绕计划和生产在运转。没有这个生产计划，工厂运作就会无序而混乱，找不到方向；就会出现急需的原材料没有库存，而不急着需要的原材料却放满了仓库；就会出现生产产品入库的不是客户立即需要的，而客户急着需要的可能还没有安排生产呢。没有一个好的计划，供应商怨声载道，觉得无法与你配合，客户觉得总是缺货，干脆减少给你的订单量。这样的局面，迟早会让工厂停顿。所以，生产计划在供应链日常运作中就是"发动机"。

(资料来源：摘自世界经理人闻道供应链栏目，计划就是供需链的"发动机"，2018年1月)

问题：为什么供应链上也注重计划？

第一节　物料需求计划

一、物料需求计划概述

(一)物料需求计划的概念

1. 物料需求计划及与其相关的概念

物料需求计划(Material Requirement Planning，MRP)是经济学上的专业术语，是指根据产品结构各层次物品的从属和数量关系，以每个物品为计划对象，以完工时期为时间基准倒排计划，按提前期长短区别各个物品下达计划时间的先后顺序，是一种工业制造企业内物资计划管理模式。

美国生产与库存控制协会(American Production and Inventory Control Society，APICS)对物料需求计划的定义：物料需求计划就是依据主生产计划(MPS)、物料清单、库存记录和已订未交订单等资料，经由计算而得到各种相关需求(Dependent Demand)物料的需求状况，同时提出各种新订单补充的建议，以及修正各种已开出订单的一种实用技术。

物料需求计划系统是专门为装配型产品生产所设计的生产计划与控制系统，它的基本工作原理是满足相关性需求的原理。物料需求计划中的物料指的是构成产品的所有物品，包括部件、零件、外购件、标准件以及制造零件所用的毛坯与材料等。

2. 与物料需求计划相关的概念

在制订物料需求计划中，涉及一些概念，如独立需求与相关需求、时间分段与提前期等。

独立需求是指企业外部需求决定库存量项目，如产品、成品、样品、备品和备件等。

相关需求是指由企业内部物料转化各环节之间所发生的需求，如半成品、零部件和原材料等。

(二)从 MRP 到 ERP

MRP 起初出现在美国，美国生产管理与计算机应用专家 Oliver W.Wight(欧·威特)和 George W.Plosh(乔·伯劳士)首先提出了物料需求计划，IBM 公司则首先在计算机上实现了 MRP 处理，并由美国生产与库存管理协会倡导而发展起来。

MRP 是一种以计算机为基础的编制生产运作计划与实行控制的系统，它不仅是一种新的计划管理方法，而且也是一种新的组织生产方式。MRP 的出现和发展，引起了生产管理理论和实践的变革。MRP 是根据总生产进度计划中规定的最终产品的交货日期，规定必须完成各项作业的时间，编制所有较低层次零部件的生产进度计划，对外计划各种零部件的采购时间与数量，对内确定生产部门应进行加工生产的时间和数量。一旦作业不能按计划完成时，MRP 系统可以对采购和生产进度的时间和数量加以调整，使各项作业的优先顺序符合实际情况。

物料需求计划与主生产计划一样属于 ERP 计划管理体系，它主要解决企业生产中的物料需求与供给之间的关系，即无论是对独立需求的物料，还是相关需求的物料，物料需求计划都要解决"需求什么？现有什么？还缺什么？什么时候需要？"等问题。它是一个时段优先计划系统，其主要对象是决定制造与采购的净需求计划。它是由主生产计划推动运行的，但反过来，它又是主生产计划的具体化和实现主生产计划的保证。

物料需求计划是一种企业管理软件，实现对企业的库存和生产的有效管理。物料需求计划是以物料计划人员或存货管理人员为核心的物料需求计划体系，它的涵盖范围仅仅为物料管理这一块。

制造资源计划(Manufacturing Resources Planning，MRP Ⅱ)是在物料需求计划上发展出的一种规划方法和辅助软件。它是以物料需求计划为核心，覆盖企业生产活动所有的领域、有效利用资源的生产管理思想和方法的人-机应用系统。它将公司高层管理与中层管理结合在一起，以制造资源计划为活动核心，促使企业管理系统循序改善，达到最有效的企业生产运作管理。其涵盖范围包含了企业的整个生产运作体系，包括生产运作目标、销售策划、财务策划、生产策划、物料需求计划、采购管理、现场管理、运输管理、绩效评价等各个方面。

ERP 系统是企业资源计划(Enterprise Resource Planning)的简称，是指建立在信息技术基础上，以系统化的管理思想，为企业决策层及员工提供生产与运作决策运行手段的管理平台。它是从 MRP 发展而来的新一代集成化管理信息系统，它扩展了 MRP 的功能，其核心思想是供应链管理。它跳出了传统企业界限，从供应链范围去优化企业的资源。ERP 系统集信息技术与先进管理思想于一身，优化了现代企业的运行模式，反映了时代对于企业合理调配资源的要求，最大化地创造了社会财富，成为企业在信息时代生存、发展的基石。

它对于改善企业业务流程、提高企业核心竞争力具有显著作用。

(三)MRP 的原理和系统运行

1. MRP 的原理

1975 年,美国人约瑟夫·奥里奇编写了有关 MRP 的权威性专著,他针对订货点法的应用范围,提出了一些对制造业库存管理有重要影响的新观点,他认为:

(1) 根据主生产计划确定独立需求产品或备件备品的需求数量和日期。

(2) 依据物料清单自动推导出构成独立需求物料的所有相关需求物料的需求,即毛需求。

(3) 由毛需求量以及现有库存量和计划接收量得到每种相关需求的净需求量。

MRP 通用计算公式:

净需求=毛需求+已分配量+安全库存-计划在途-实际在途-可用库存

(4) 根据每种相关需求物料的各自提前期(采购或制造)推导出每种相关需求物料开始采购或制造的日期。如图 12-1 所示为 MRP 的逻辑图。

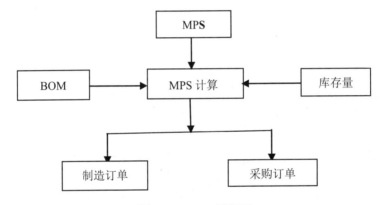

图 12-1　MPR 逻辑图

净需求量=毛需求量-计划接收量-现货量(现有库存量)

2. MRP 的目标

(1) 及时取得生产所需的原材料及零部件,保证按时供应用户所需产品。

(2) 保证尽可能低的库存水平。

(3) 计划生产活动与采购活动,使各部门生产的零部件、采购的外购件在装配要求的时间和数量上精确衔接。

3. MRP 的工作逻辑

一般来说,物料需求计划的制订是按照先通过主生产计划导出有关物料的需求量与需求时间,然后,再根据物料的提前期确定投产或订货时间的计算思路。其基本计算步骤如下。

(1) 计算物料的毛需求量。即根据主生产计划、物料清单得到第一层级物料品目的毛需求量,再通过第一层级物料品目计算出下一层级物料品目的毛需求量,依次一直往下展开计算,直到最低层级原材料毛坯或采购件为止。

(2) 净需求量计算。即根据毛需求量、可用库存量、已分配量等计算出每种物料的净需求量，即净需求量=毛需求量+已分配量-可用库存量-在途量。

(3) 批量计算。即由相关计划人员对物料生产作出批量策略决定，不管采用何种批量规则或不采用批量规则，净需求量计算后都应该表明是否有批量要求。

(4) 安全库存量、废品率和损耗率等的计算。即由相关计划人员来规划是否要对每个物料的净需求量作这三项计算。

(5) 下达计划订单。即通过以上计算后，根据提前期生成计划订单。物料需求计划所生成的计划订单，要通过能力资源平衡确认后，才能开始正式下达计划订单。

(6) 再一次计算。物料需求计划的再次生成大致有两种方式：第一种方式会对库存信息重新计算，同时覆盖原来计算的数据，生成的是全新的物料需求计划；第二种方式则只是在制订、生成物料需求计划的条件发生变化时，才相应地更新物料需求计划有关部分的记录。这两种生成方式都有实际应用的案例，至于选择哪一种要看企业实际的条件和状况。

4. MRP 系统的运行步骤

(1) 根据市场预测和客户订单，正确编制可靠的生产计划和生产作业计划，在计划中规定生产的品种、规格、数量和交货日期，同时，生产计划必须是同现有生产能力相适应的计划。

(2) 正确编制产品结构图和各种物料、零件的用料明细表。

(3) 正确掌握各种物料和零件的实际库存量。

(4) 正确规定各种物料和零件的采购交货日期，以及订货周期和订购批量。

(5) 通过 MRP 逻辑运算确定各种物料和零件的总需要量以及实际需要量。

(6) 向采购部门发出采购通知单或向本企业生产车间发出生产指令。

由于物料需求计划是把主生产计划排产的产品分解为各个零部件的生产计划和采购件的采购计划，因此，制订物料需求计划前就必须具备以下基本数据：第一项数据是主生产计划，它指明在某一计划时间段内应生产出的各种产品和备件，它是物料需求计划制订的一个最重要的数据来源。第二项数据是物料清单(BOM)，它指明了物料之间的结构关系，以及每种物料需求的数量，它是物料需求计划系统中最基础的数据。第三项数据是库存记录，它把每个物料品目的现有库存量和计划接收量的实际状态反映出来。第四项数据是提前期，决定着每种物料何时开工、何时完工。这四项数据都是至关重要、缺一不可的。因此，在制订物料需求计划之前，这四项数据都必须先完整地建立好控制点，而且保证是绝对可靠的、可执行的数据。

二、MRP II

(一)闭环物料需求计划

在计算机中 MRP 的计算，是以矩阵形式展开的，MRP 是以计算出执行某一计划时应该在何时筹备多少必要物料为目的的计划。然而，在进行实际生产时，即便具备了物料，如果没有与生产量相对应的产能，那么计划就是纸上谈兵。此时，验证产能是否符合生产计划，在不相符的情况下计算产能需求量以采取修正措施，把能力需求计划和执行与控制计划的功能也包括起来，形成一个环形回路，并为 MRP 赋予反馈功能，也就是在闭环 MRP(闭环物料需求计划)中进行生产，如图 12-2 所示。

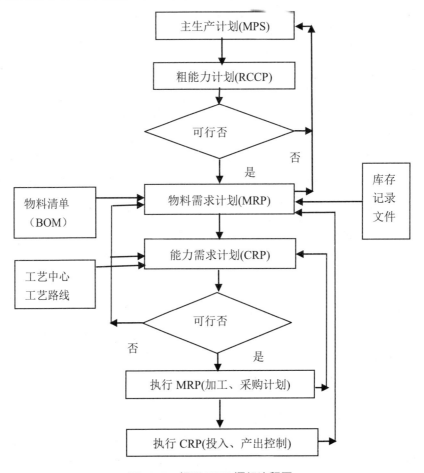

图 12-2 闭环 MRP 逻辑流程图

但是，生产所必需的资源并非只有物料和产能，资金也必不可少，同时还必须有物流和信息，此外也不能缺少作为生产活动基础的高精度生产计划。

(二)制造资源计划的概念、特点、层次和工作逻辑

1. 制造资源计划的概念

制造资源计划就是制订与这些生产所必需的众多"资源"相关的综合计划的系统，如图 12-3 所示。

在 MRPⅡ中，会将何时生产多少何种产品的计划(优先计划)以及与实施该优先计划所必需的产能和资源相关的计划(产能计划)由粗到细、由长到短地逐步分析并提高精度。具体来说，就是在各个层次上反复从产能方面验证所制订的优先计划是否可行，并逐步提高优先计划的精准度。如此一来，最终会选择优先计划中最为详细的 MRP，并付诸实施。在简化古典生产的相关模式中，生产厂商仅仅针对客户的订单制订生产计划，结果常常导致生

产厂商无法制订与设备和劳动力相适应的确切计划,并因为计划的突然变更、追加订单或是需求的急剧减少造成的设备和劳动力过剩而饱受困扰。

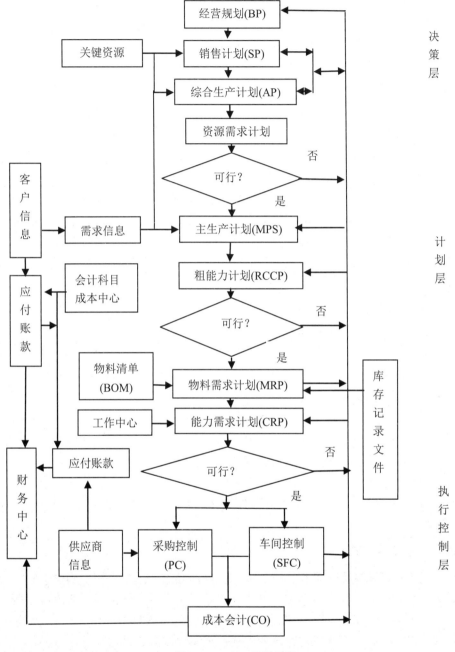

图 12-3　MRP Ⅱ 逻辑图

MRP Ⅱ 不单单涉及物料和产能,它还以与销售和运作相关的计划(S&OP,销售运作计划)以及与签约量相关的管理(ATP,可签约量)等企业进行制造时所必需的资源为对象制订计划,并以包括制造部门和销售部门在内的企业内部所有相关制造部门整体为对象进行调整。通过这项调整工作,明确每个品目的进展状况会对其他品目造成何种影响,以及为了减小影响应该对哪些方面进行何种调整，这样就能对制造部门整体做出最佳调整。

MRP 的计算是根据反工艺路线的原理，按照主生产计划规定的产品生产数量及期限要求，利用产品结构、零部件和在制品库存情况，各生产(或订购)的提前期、安全库存等信息，反工艺顺序地推算出各个零部件的出产数量与期限。

MRP Ⅱ 的逻辑起点是企业经营规划(Business Plan，BP)，在此基础上制订企业相应的销售计划和生产计划，从而把企业的宏观决策层纳入系统之中，然后是计划层、执行控制层，逐层优化。其功能和范围覆盖整个企业生产资源，实现企业内部管理系统一体化，集成了各个子系统，实现了数据共享。

2. MRP Ⅱ 的特点

由于它采用电子计算机辅助计算，因此具有以下三个主要特点。

(1) 根据产品计划，可以自动连锁地推算出制造这些产品所需的各部件、零件的生产任务。

(2) 可以进行动态模拟。不仅可以计算出零部件需要的数量，而且可以同时计算出它们生产的期限要求；不仅可以算出下一周期的计划要求，而且可推算出今后多个周期的要求。

(3) 计算速度快，便于计划的调整与修正。这样，MRP Ⅱ 针对企业进行制造时所必需的资源，能够让经营负责人也参与计划的制订。总之，MRP Ⅱ 就是一个收集多种类信息并进行加工的系统。

3. MRP Ⅱ 的层次

MRP Ⅱ 能够制订以下三个层次的计划。

1) 基本计划

在构成 MRP Ⅱ 的功能当中，由 S&OP 和 MPS 负责，以 1~5 年为计划期间，根据最终产品的生产量制订公司整体的基本计划。

2) 战术性计划

由 MRP、CRP(产能需求计划)和 VRP(供应商需求计划)负责，作为 MRP Ⅱ 核心的功能，以 1 个月~3 年为计划期间，制订实现计划所必需的资源和产能的相关计划。

3) 作业计划

由 SFC(车间作业管理)负责，以实际所需时间至一周左右为计划期间，以辅助实际制造活动的实施。

4. MRP Ⅱ 的工作逻辑

MRP Ⅱ 的运算逻辑基本上遵循如下过程：按照产品结构进行分解，确定不同层次物料的总需求量；根据产品最终交货期和生产工艺关系，反推各零部件的投入出产日期；根据库存状态，确定各物料的净需求量；根据订货批量与提前期最终确定订货日期与数量。MRP Ⅱ 有两种运行方式，即重新生成与净改变方式。重新生成方式是每隔一定时期，从主生产计划开始，重新计算 MRP Ⅱ。这种方式适合于计划比较稳定、需求变化不大的 MTS(面向库存生产)。净改变方式是当需求方式变化，只对发生变化的数据进行处理，计算那些受影响的零件的需求变化部分。净改变方式可以随时处理，或者每天结束后进行一次处理。

第二节 产品结构与产品树

一、MRP 系统的常用数据

MRP 的基本处理模型主要包括基本条件数据和展开数据两方面,如表 12-1 所示。MRP 基本条件数据主要有:产品出产计划(主生产计划)、产品结构计划、库存状态文件。

表 12-1 MRP 基本处理模型输入输出信息一览表

输入信息:管理者输入信息		输出信息:管理者接收信息	
产品出产计划	净(总)需求量;计划期;时段;时界等	主报告	计划订单(订货数量与时间);计划下达通知;审核产品需求数量和时间;MRP系统自身的状态等
产品结构计划	产品结构树;物料清单文件	辅助报告	预测在未来某一时刻的库存和需求计划报告
库存状态文件	库存数据(预计到货量、现有数)、需求数据(总需求量、净需求量、计划发出订货量)		指出呆滞的物料;确定物料的提前期、数量和成本;计划和实际间的差别的绩效报告
			指出严重偏差的例外报告

MRP 的展开数据主要是生产与库存控制计划与报告,其内容与形式与企业生产的特点有关,主要有以下几个方面:第一,发出的计划订单,主要是零部件的投入出产计划、原材料采购或外协件计划。这两种计划是 MRP 的主要展开数据。第二,订单执行的注意事项通知。第三,订单的变动通知。第四,工艺装备的需求计划。第五,库存状态数据。此外,也有一些辅助的报告,比如:例外情况报告,如迟到或过期的订货报告、过量的废品与缺件报告等。用于预测需求与库存的计划报告,如采购约定与评价需求的信息。交货期模拟报告,对不同的产品实际交货期进行模拟。执行控制报告,如指出呆滞物品、实际的使用量与费用的偏差报告等。

1. MRP 系统的输入信息

1) 主生产计划

企业主生产计划又称产品出产计划,是根据需求订单、市场预测和生产能力等来确定的,它规定在计划时间内(年、月),每一生产周期(旬、周、日)最终产品的计划生产量。

在主生产计划中必须确定的三个时间要素是 MRP 系统跨越的时间范围、所采用的时间单位和计划期的分隔点。其中跨越的时间范围就是计划期,也称计划展望期。计划期的长短决定于计划中物料的最长累计提前期。一般把产品出产计划从时间上分成两部分:近期为确定性计划,远期为尝试性计划。MRP 所采用的时间单位称作时段或周期,也称计划的时间单位。如月、旬、周和日等。MRP 系统计划期的分隔点称时界或时间栏。在一个计划期一般存在两个时界,即需求时界与计划时界,这样计划期分为三个时区:计划冻结时区(不变区间)、计划确认时区(中间区间)和计划应变时区(暂定区间)，如图12-4所示。

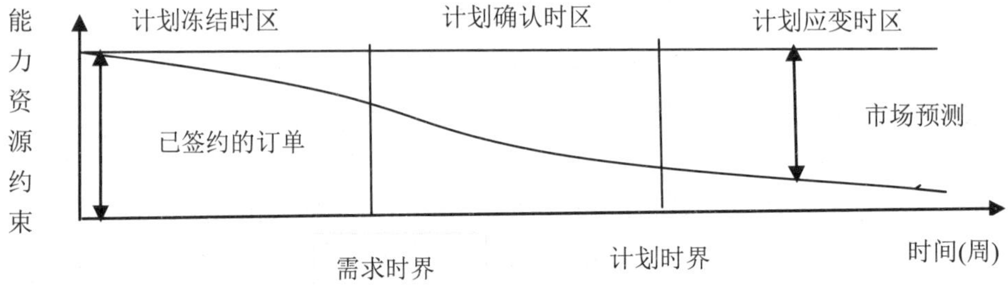

图 12-4 主生产计划时界

图 12-4 中计划冻结时区的需求订单通常是已签约的客户订单，不允许轻易改动。计划确认时区内的订单改变一般影响 MRP 系统计划员的分析，必须得到允许才能改变。在计划应变时区如果生产能力不变，物料等项目充分，产品计划是允许更改的。

2) 产品结构文件

产品结构文件也叫物料清单，是 MRP 的核心文件，它在物料分解与产品计划过程中占有重要的地位，是物料计划的控制文件，也是制造企业的核心文件。

产品结构又称为零件(材料)需求明细，其提供了产品全部构成项目以及这些项目的相互依赖的隶属关系。表 12-2 所示为物料需求清单。

表 12-2 物料需求清单

物料品种	A	B	C	D	E
数量	3	4	5	6	7

图 12-5 为产品 M 的结构图，以字母表示部件组件，数字表示零件，括号中数字表示装配数。最高层(0 层)的 M 是企业的最终成品，它是由部件 B(一件 M 产品需用 1 个 B)、部件 C(一件 M 产品需用 2 个 C)及部件 E(一件 M 产品需用 2 个 E)组成的。依此类推，这些部件、组件和零件中，有些是工厂生产的，有些可能是外购件。如果是外购件，如图 12-5 中的 E，则不必再进一步分解。

当产品结构信息输入计算机后，计算机根据输入的结构关系自动赋予各部件、零件一个低层代码。低层代码概念的引入，是为了简化 MRP 的计算。当一个零件或部件出现在多种产品结构的不同层次或者出现在一个产品结构的不同层次上时，该零(部)件就具有不同的层次码。如图 12-5 中的部件 C 既处于 1 层，也处于 2 层，即部件 C 的层次代码是 1 和 2。D、F、G 类似。在产品结构展开时，是按层次代码逐级展开，相同零(部)件处于不同层次就会产生重复展开，增加计算工作量。因此当一个零部件有一个以上层次码时，应以它的最低层代码(其中数字最大者)为其低层代码。图 12-5 中各零部件低层代码如表 12-3 所示。一个零件的需求量为其上层(父项)部件对其需求量之和，图 12-5 按低层代码在作第二层分解时，每件 M 直接需要 2 件 C；B 需要 1 件 C，因此，生产 1 件成品 M 共需 3 件 C。部件 C 的全部需要量可以在第二层展开时一次求出，从而简化了运算过程。

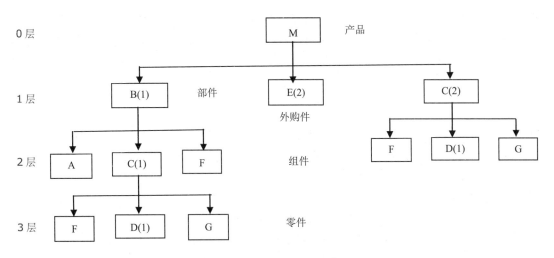

图 12-5 产品 M 的结构图

表 12-3 零部件低层代码

件号	M	B	E	C	D	A	F	G
低层代码	0	1	1	2	2	2	3	3

以光缆产品为例,其产品结构文件中,各物料处于不同层次,我们采用层次码表示。光缆成品的层次码为最高层,或用 0 层表示,钢带、成缆半成品、护套料等分为第 2 层,缆膏、松套半成品、聚酯带等分为第 3 层……有时一种原料同时在不同的部件上使用,为了方便计算机处理,把同一种原料集中表示在它们的最低层次上,即采用低层码,提高计算机的运行效率。

3) 库存状态文件

MRP 中的库存状态文件的数据主要有两部分:一部分是静态的数据,在运行 MRP 之前就确定的数据,如物料的编号、描述、提前期、安全库存等;另一部分是动态的数据,如总需求量、库存量、净需求量、计划发出(订货)量等。MRP 在运行时,不断变更的是动态数据。下面对库存状态文件中的几个数据进行说明。

总需求量(Gross Requirements)。如果是产品级物料,则总需求由 MPS(Master Production Schedule)决定;如果是零件级物料,则总需求来自于上层物料(父项)的计划发出订货量。

预计到货量(Scheduled Receipts)。该项目有的系统称为在途量,即计划在某一时刻入库但尚在生产或采购中,可以作为 MRP 使用。

现有数(On Hand)。表示上期末结转到本期初可用的库存量。

现有数=上期末现有数+本期预计到货量-本期总需求量

净需求量(Net Requirements)。当现有数加上预计到货不能满足需求时产生净需求。

净需求=现有数+预计到货-总需求

计划接收订货(Planned Order Receipts)。当净需求为正时,就需要接收一个订货量,以弥补净需求。计划收货量取决于订货批量的考虑,如果采用逐批订货的方式,则计划收货量就是净需求量。

计划发出订货(Planned Order Release)。计划发出订货量与计划接收订货量相等,但是时间上提前一个时间段,即订货提前期。订货日期是计划接收订货日期减去订货提前期。

另外,有的系统设计的库存状态数据可能还包括一些辅助数据项,如订货情况、盘点记录、尚未解决的订货、需求的变化等。

2. MRP 系统的输出信息

1) 主报告

主报告是用于库存和生产控制的最普遍、最主要的报告,包括将来要下达的计划订单、执行计划订单的计划下达通知、改变应重新计划的订单的交货日期、取消或暂停主生产计划中某些准备下达的订单和库存状态数据等。

2) 辅助报告

辅助报告又称二次报告。它是在 MRP 系统中可选的一些附加报告,一般分成三类:第一类是用于预测在未来某时刻的库存和需求计划报告;第二类是用于指出呆滞的物料,确定物料提前期、数量和成本的计算情况之间的差别的绩效报告;第三类是指出严重偏差的例外报告,它具体包括一些错误、超出某种范围、过期的订单、过多的残料或不存在的零件等。

二、MRP 产品结构树

(一)产品结构树概述

1. 产品结构树的定义

产品结构树(Product Structure Tree,PST)是描述某一产品的物料组成及各部分文件组成的层次结构树状图。它是将产品数据管理中的产品信息,结合各个零部件之间的层级关系,组成一种有效的属性管理结构。

产品分解是制造业的基础工作,是企业产品管理主要工作之一。产品管理中,产品对零件的需求量计算,即产品分解计算广泛用于产品生产计划编制、物资采购计划编制和新产品开发中。企业生产多种系列产品,产品结构很复杂,编制生产作业计划时,产品分解是非常耗时的计算。若产品对零件独立需求,可用产品零件汇总表方式表示;若产品需求是相关需求,一般采用产品零件结构树来表示。如图 12-6 所示是产品树结构相关图。

产品零件结构树是由产品装配系统图、产品零部件明细表(包括通用件、标准件、自制件、外购件、外协件、原材料)产生。产品结构树以树状方式描述,树中各结点分别表示部件或组件,叶结点表示零件。这种图示方式反映了产品、零部件间层次关系。有了结构树,管理者即可分层展开,走不同的分支,直观地找到自己所要的数据,而不用考虑其物理位置。每个零部件都有其属性,如零件的材料、重量、尺寸、颜色以及部件由多少零件组成等。由于对象实例被分散地存放在网络中的若干结点上,为实现面向对象数据模型到关系数据模型的转换,将对象的描述属性转换为关系数据库中二维表信息,结构树的每个结点都连接着相关的零部件属性。

每个零部件都有相关的文档,如各零件的二维图纸、三维模型、技术说明及各部件的装配图等。这些文件都存放在文件服务器内,一个企业可能有多个文件服务器,甚至有的文件服务器在异地。电子资料室是一逻辑单元,它连接数据库和文件系统,使描述零部件的文件信息与结点上的相关零部件有机地连接在一起,实现不同类型的产品数据管理,形成完整的产品结构化信息树。

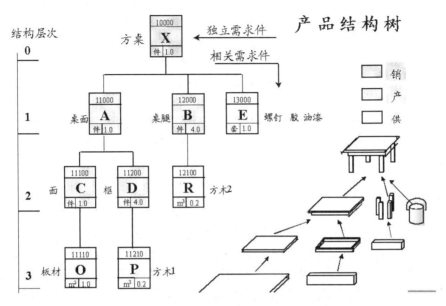

图 12-6 产品树结构相关图

2. 产品结构树的层次

产品结构树要根据企业管理模式来决定。有的企业把一个系列的产品用一棵树表示,也有的企业一个产品就用一棵树表示。产品结构树层次要根据产品复杂程度来决定。

产品结构树根据该产品的层次关系,将产品各种零部件按照一定的层级关系组织起来,可以清晰地描述产品各个部件、零件之间的关系,树上的结点代表部件、零件或者组件,每个结点都会与该部件的图号、材质、规格、型号等属性信息以及相关文档有所关联。

产品结构树的层次划分必须反映产品的功能划分与组成,它必须考虑产品的生产和商务需求。在产品的总体设计方案完成后,要通过产品结构树来实现产品的功能划分,将产品实物化。产品结构树层次要根据产品复杂程度决定。同时也因企业管理模式的不同而有所差异。

3. 产品结构树的作用

(1) 产品结构树是企业物料采购的依据之一。
(2) 产品结构树便于企业规划管理产品所包含的全部生产文件。
(3) 产品结构树是企业制定产品物料清单(BOM)的主要依据。
(4) 产品结构树是制造部门配料和领料的依据之一。
(5) 产品结构树是仓库进行原材料、零组件配套管理的依据。

(二)物料清单

狭义上的BOM(Bill of Materials)通常称为"物料清单",就是产品结构(Product Structure),

仅仅表述的是对物料物理结构按照一定的划分规则进行简单的分解，描述了物料的物理组成。它一般按照功能进行层次的划分和描述。

广义上的 BOM 是产品结构和工艺流程的结合体，二者不可分割。离开工艺流程谈产品结构，没有现实意义。要客观科学地通过 BOM 来描述某一制造业产品，必须从制造工艺入手，才能准确描述和体现产品的结构。构成父项装配件的所有子装配件、中间件、零件及原材料的物料清单，其中包括装配所需的各子项的数量。物料清单和主生产计划一起作用，来安排仓库的发料、车间的生产和待采购件的种类和数量。可以用多种方法描述物料清单，如单层法、缩进法、模块法、暂停法、矩阵法以及成本法等。在某些工业领域，可能称为"配方""要素表"或其他名称。

物料清单是一个制造企业的核心文件，各个部门的活动都要用到物料清单。物料清单根据使用目的或特点不同，有多种表现形式，例如单级 BOM、多级 BOM、百分比式的计划用 BOM、模式化 BOM、制造 BOM 和虚拟 BOM 等。

(三) 提前期

不同类型和类别的库存项目，其提前期的含义是不同的。例如：外购件应定义采购提前期，是指物料进货入库日期与订货日期之差，零件制造提前期是指各工艺阶段比成品出产要提前的时间。MRP 对生产库存的计划与控制就是按各相关需求的提前期进行计算实现的。因此，MRP 基本理论和方法与传统的订货点法有着明显的不同，它在传统方法的基础上引入了反映产品结构的物料清单，较好地解决了库存管理与生产控制中的难题，即按时按量得到所需的物料。

【例 12-1】某厂生产产品 X，产品 X 的需求量如表 12-4 所示，并已知安全库存为 3 件，批量为 25 件，投入提前期为 1 周，期初库存为 8 件，期初计划到货为 20 件。1 件产品 X 需要 2 个部件 Y，并已知部件 Y 每周作为备件外售需要量为 4 件，安全库存为 12 件，批量为 60 件，投入提前期为 1 周，期初库存为 18 件，计划第 1 周入库 50 件，试用 MRP 方法编制 X 和部件 Y 的生产计划。

表 12-4 产品需求表

时间/周	1	2	3	4	5	6	7	8
需求量/件	14	16	10	14	15	16	13	15

解：根据主生产计划(MPS)、库存计划、物料清单(BOM)，制订物料需求计划(MRP)。
主要公式：
毛需求量=独立需求量+相关需求量
计划库存量=上期库存量+本期订单产出量+本期预计入库量-毛需求量
净需求量=本期毛需求量-上期库存量-本期预计入库量+安全库存量
净需求量=毛需求量+已分配量-计划收到量-现有库存量
净需求量=毛需求量-[(现有库存量-已分配量)+计划收到量]
毛需求量：总共需要的需求量
[(现有库存量-已分配量)+计划收到量]：目前可满足的需求量
净需求量：还需要满足的需求量

MRP 计算是对所有零件进行"供给"和"需求"的平衡计算。计算的顺序按照零件的低阶码由小到大顺序平衡计算。其中不能平衡掉的零件"需求"需求量，是 MRP 的计算结果。MRP 的计算结果分"外购件""自制件"两类，分别对应于零件的外购、自制两类属性。其中，"外购件"的采购时间是需求时间提前一个供应商的交货周期。"自制件"的生产时间有两种情况：①如果该项对应的需求为独立需求，则开工时间按照其需求时间提前一个 BOM 的生产工期时间。②如果该项对应的需求隶属某成品，则其开工时间按照隶属成品的工艺路线计算提前时间。

MRP 的计算分以下几个步骤：①展开需求成品的 BOM，获得单位成品的物料需求。需求成品主要源于 MPS 计算结果、生产任务、未分解任务的工令单。②展开需求成品的工艺路线，获得单位成品的作业需求。③展开需求成品的资源需求，获得单位成品的资源需求。④通过计算需求成品需求数量和时间与步骤①展开的 BOM 交叉乘积，获得展开后实际的物料需求、作业需求和资源需求。⑤按照优先级顺序："未分解任务的工令单、生产任务、MPS 计算结果"，计算作业的"开工时间""完工时间"，以及对应资源的需求时间，并且把作业需求量和资源需求量按时间比例分解到每一个工作日。⑥计算作业的"开工时间""完工时间"时，系统按照"生产排程约束"参数是否为 1 来判断是否考虑工作中心的"饱和日最低负载率"来计算有限能力排程，如果参数为 0，系统则按企业是无限生产能力来排程。⑦按照低级码顺序来计算零件的工序平衡，产生自制件清单和外购件清单。⑧寻找采购的供应商，计算订购日期、订购批量。⑨计算自制件的开工日期。

BOM 中各物料的数量关系，期初库存 S_0=8；安全库存 S_s=3；提前期 LT=1；批量为 25。高层次与其下一层在数量上的倍数关系，由下一层旁边括号内的数字决定，结果如表 12-5 所示。

表 12-5 物料需求计划表

物料需求计划 期间	1	2	3	4	5	6	7	8
毛需求量	14	16	10	14	15	16	13	15
预计入库量	20							
计划库存量(S_0=8；S_s=3)	14	23	13	24	9	18	5	15
净需求量		5		4		10		13
计划订单产出量(批量=25)		25		25		25		25
计划订单投入量(Lead Time=1week)	25		25		25		25	
Y 的物料需求计划								
毛需求量	54	4	54	4	54	4	54	4
预计入库量	50							
计划库存量(S_0=18；S_s=12)	14	70	16	12	18	14	20	16
净需求量		2			54		52	
计划订单产出量(批量=60)		60			60		60	
计划订单投入量(Lead Time=1week)	60			60		60		

第三节　MRP 方案的编制

一、物料需求计划方案

物流需求计划方案如图 12-7 所示。

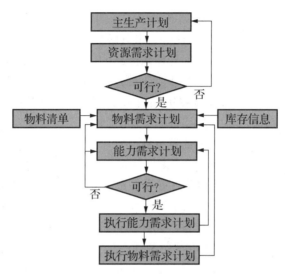

图 12-7　物料需求计划编制逻辑流程图

二、物料需求计划编制案例

【例 12-2】求毛需求及发出订货计划：已知 MPS 为在第 8 个计划周期时产出 100 件 A 产品，其中 A 产品的 BOM 图如图 12-8 所示的产品结构树。编制物料需求计划如表 12-6 所示。

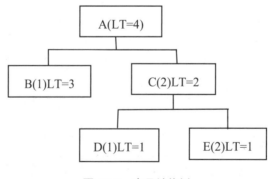

图 12-8　产品结构树

表 12-6 物料需求计划

提前期	零部件	计划期段	1	2	3	4	5	6	7	8
4	A	毛需求								100
		发出订单计划				100				
3	B	毛需求				100				
		发出订单计划	100							
2	C	毛需求				200				
		发出订单计划		200						
1	D	毛需求		200						
		发出订单计划	200							
1	E	毛需求		400						
		发出订单计划	400							

【例 12-3】物料需求的计算(当独立需求与相对需求同时存在时)。

已知物料 A 既是产品 X 的组件又是产品 Y 的组件,BOM 图如图 12-9 所示。物料 A 的毛需求计算见表 12-7。

图 12-9 产品 X、Y 的 BOM 图

表 12-7 物料 A 的毛需求计算表

周	1	2	3	4	5	6	7	8	9	10	11	12	13
X(LT=4)						25		30			15		
Y(LT=6)									40		15		30
相关需求 X-A		25		30			15						
相关需求 Y-A			40		15		30						
独立需求 A	15	15											
A 的毛需求	15	40	40	30	15		45						

【例 12-4】物料净需求的计算(当同一零件分布在同一产品的不同层次上时,即低位的应用)。

已知 MPS 为在第 8 个计划周期时产出 100 件 A 产品,各物料的计划接收量和已分配量均为零;物料 A、B、C、D 期初库存量分别为 0、120、60、70 件,安全库存量为 0;求物料 A、B、C、D 的净需求。其中 A 产品的 BOM 图如图 12-10 所示。

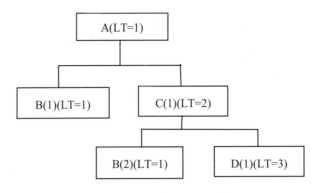

图 12-10　A 产品 BOM 图

用低位码计算零件 B 的净需求,如表 12-8 所示。

表 12-8　低位码计算零件 B 的净需求一览表

提前期	物料名	现库存	需求	1	2	3	4	5	6	7	8
1	A	0	毛需求								100
			净需求								100
3	C	60	毛需求							100	
			净需求							40	
2	D	70	毛需求					40			
			净需求					0			
用低位码运算	B	120	毛需求					80		100	
			净需求					0		60	

【例 12-5】MRP 的编制(当考虑批量规则时)。

已知:某产品的毛需求和到货计划如表 12-9 所示,该产品的已分配量为零,提前期为 2 周,第 2 周计划接收量为 20 件,现在库存量为 20。现分别采用按需订货法和固定批量法(批量为 15)编制 MRP。

(1) 某产品的毛需求与计划收到量表(见表 12-9)。

表 12-9　编制 MRP(1)

计划时期		1	2	3	4	5	6	7	8
毛需求		5	10	18	0	10	6	0	14
计划收到量			20						
现有库存	20								
净需求									
发出订货计划									

(2) 采用按需订货法计算订货量表(见表 12-10)。

(3) 采用固定批量法计算订货量表(见表 12-11)。

表 12-10　编制 MRP(2)

计划时期		1	2	3	4	5	6	7	8
毛需求		5	10	18	0	10	6	0	14
计划收到量			20						
现有库存	20	15	25	7	7	0	0	0	0
净需求						3	6		14
发出订货计划				3	6		14		

表 12-11　编制 MRP(3)

计划时期		1	2	3	4	5	6	7	8
毛需求		5	10	18	0	10	6	0	14
计划收到量			20						
现有库存	20	15	25	7	7	12	0	0	0
净需求						3			8
发出订货计划				15			15		

【例 12-6】MRP 计划的编制。

已知：产品 A 的 BOM 图如图 12-11 所示，MRP 的四个输入分别如表 12-12 所示，请编制项目 B、C 的物料需求计划(或为项目 B、C 编制 MRP)。

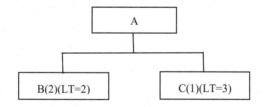

图 12-11　产品 A 的 BOM 图

表 12-12　项目 A 的主生产计划

周期	1	2	3	4	5	6	7	8
项目 A	10	10	10	10	10	10	10	10

根据图 12-11 和表 12-12 计算 MRP 的输入项见表 12-13 项目 C 的独立需求计划、表 12-14 物料清单、表 12-15 库存信息，项目 A 的 MRP 直接来自计划订单下达，见表 12-16。项目 B 的毛需求是项目 A 的 2 倍，见表 12-17 计算出项目 B 的 MRP；项目 C 有独立需求计划，所以项目 C 的毛需求为 1.5 个，项目 C 的 MRP 编制见表 12-18 所示。

表 12-13　项目 C 的独立需求计划

周期	1	2	3	4	5	6	7	8
项目 C	5	5	5	5	5	5	5	5

表 12-14 物料清单

项目	层	用量
A	0	0
B	1	2
C	1	1

表 12-15 库存信息

项目	计划收到(周)								现有库存	已分配量	提前期	订货批量
	1	2	3	4	5	6	7	8				
B				40					65	0	2	40
C			30						30	0	3	30

表 12-16 项目 A 的物料需求计划

周期	1	2	3	4	5	6	7	8
计划订单下达	10	10	10	10	10	10	10	10

表 12-17 项目 B 的物料需求计划

周期		1	2	3	4	5	6	7	8
毛需求		20	20	20	20	20	20	20	20
计划收到量					40				
预计库存	65	45	25	5	25	5	25	5	25
净需求							15		15
计划订单入库							40		40
计划订单下达					40	40			

表 12-18 项目 C 的物料需求计划

周期		1	2	3	4	5	6	7	8
毛需求		15	15	15	15	15	15	15	15
计划收到量				30					
预计库存	30	15		15		15		15	
净需求						15		15	
计划订单入库						30		30	
计划订单下达			30		30				

【例 12-7】物料需求计划的编制。

(1) 已知：产品 X 由 2 个单位的 Y 与 3 个单位的 Z 组成。Y 由 1 个单位的 A 与 2 个单位的 B 组成。Z 由 2 个单位的 A 与 4 个单位的 C 组成。X 的提前期是 1 周；Y—3 周；Z—3 周；A—2 周；B—1 周；C—3 周。

(2) 要求：①绘制 BOM；②如果第 10 周需要单位 100，制定一张时间表显示每一种物料应在什么时间订货以及订货量，如表 12-19 所示。

表 12-19　绘制 BOM

产品	说明	3	4	5	6	7	8	9	10
X								100 (投产)	100 (产出)
Y						200 (投产)		200 (产出)	
Z					300 (投产)			300 (产出)	
A			600 (采购)	200 (采购)	600 (到货)	200 (到货)			
B					400 (采购)	400 (到货)			
C		1200 (采购)			1200 (到货)				

答：在 4 周和 5 周分别采购 A 600 和 200 单位；第 6 周采购 400 单位 B，在第 3 周采购 1200 单位 C，其他因素都正常进行的话，则第 10 周后肯定能够向客户交出 100 单位 A 产品。

【例 12-8】物料需求计划的编制。

已知：产品 A 由 2 单位的 B 与 4 单位的 C 组成。B 由 3 单位的 D 与 2 单位的 E 组成。C 由 2 单位的 F 与 4 单位的 E 组成。A 的提前期是 1 周；B、C、E 均是 2 周；D、F 是 3 周。

要求：(1)绘制 BOM；(2)如果第 10 周需要单位 100，制定一张时间表显示每一种物料应在什么时间订货以及订货量，如表 12-20 所示。

表 12-20　绘制 BOM

产品名	提前期	层级	4	5	6	7	8	9	10
A	1	0						100 (投入)	100 (产出)
B	2	1				200 (投入)		200 (产出)	
C	2	1				400 (投入)		400 (产出)	
D	3	2	600 (投入)			600 (产出)			
E	2	2		400 (投入)		400 (产出)			
F	3	2		2000 (投入)		2000 (产出)			

第四节 ERP 系统管理技术和应用

一、企业资源计划的由来

(一)企业资源计划的概念

ERP(Enterprise Resource Planning，企业资源计划)系统是指建立在信息技术基础上，以系统化的管理思想，为企业决策层及员工提供决策运行手段的管理平台。它是从 MRP(物料需求计划)发展而来的新一代集成化管理信息系统，它扩展了 MRP 的功能，其核心思想是供应链管理。它跳出了传统企业的界限，从供应链范围去优化企业的资源。ERP 系统集信息技术与先进管理思想于一身，成为现代企业的运行模式，反映了时代对企业合理调配资源、最大化地创造社会财富的要求，成为企业在信息时代生存、发展的基石。它对于改善企业业务流程、提高企业核心竞争力具有显著作用。

(二)ERP 的发展演变

ERP 是由美国 Gartner Group Inc.咨询公司首先提出的。ERP 的提出与计算机技术的高度发展是分不开的，用户对系统有更大的主动性，作为计算机辅助管理所涉及的功能已远远超过 MRPⅡ的范围。

ERP 是一个庞大的管理系统，要讲清楚 ERP 原理，我们首先要沿着 ERP 发展的主要阶段分析其演变情况。

信息技术最初在管理上的运用，也是十分简单的，主要是记录一些数据，方便查询和汇总，而发展到现在已经形成建立在全球 Internet 基础上的跨国家、跨企业的运行体系，其过程可分为如下阶段。

1. MIS 系统(Management Information System)阶段

企业的信息管理系统主要是记录大量原始数据，支持查询、汇总等方面的工作。

2. MRP(Material Require Planning)阶段

20 世纪 40 年代，为解决库存控制问题，人们提出了订货点法，当时计算机系统还没有出现。60 年代，随着计算机系统的发展，使得短时间内对大量数据的复杂运算成为可能，人们为解决订货点法的缺陷，提出了 MRP 理论，作为一种库存订货计划——MRP，即物料需求计划阶段，或称基本 MRP 阶段。70 年代，随着人们认识的加深及计算机系统的进一步普及，MRP 的理论范畴也得到了发展，为解决采购、库存、生产、销售的管理，发展了生产能力需求计划、车间作业计划以及采购作业计划的理论，作为一种生产计划与控制系统被应用起来，称为闭环 MRP 阶段(Closed-loop MRP)。企业的信息管理系统对产品构成进行了管理，借助计算机的运算能力及系统对客户订单、在库物料、产品构成分解、重组运算，实现依据客户订单确定产品结构清单，并且应用计算物料需求计划，实现减少库存、优化库存的管理目标。

3. MRPⅡ(Manufacture Resource Planning)阶段

20 世纪 80 年代，在 MRP 管理系统的基础上，系统增加了对企业生产中心、加工工时、生产能力等方面的管理，以实现计算机进行生产排程的功能，同时也将财务的功能囊括进来，在企业资源计划中形成以计算机为核心的闭环管理系统，这种管理系统已能动态监察到产、供、销的全部生产过程。

4. ERP(Enterprise Resource Planning)阶段

20 世纪 90 年代进入 ERP 阶段后，以计算机为核心的企业级的管理系统更为成熟，系统增加了包括财务预测、生产能力、调整资源调度等方面的功能，配合企业实现 JIT 管理、全面质量管理和生产资源调度管理及辅助决策的功能，成为企业进行生产管理及决策的平台工具。

5. 电子商务时代的 ERP

Internet 技术的日益成熟，为企业信息管理系统扩大了空间和范围，增加了与客户或供应商的沟通与交流，增强了直接进行数据交换的能力，可以实现信息共享，从而强化了企业间的联系，形成共同发展的生存链，体现企业为达到生存竞争的供应链管理思想。ERP 系统相应地实现这方面的功能，使决策者及业务部门实现跨企业的联合作战。ERP 的应用的确可以有效地促进现有企业管理的现代化、科学化，适应竞争日益激烈的市场要求，它的导入，已经成为大势所趋。电子商务 ERP 在这几年的电子商务快速发展中，已经成为一个热门词。

电子商务的迅速发展使得涉及电子商务的企业对电子商务平台上的软件系统产生了新的需求。例如，淘宝、京东或苏宁等企业的很多用户，随着品牌的做大，就会发现作为卖家越来越需要一种适合自己的个性化的产品服务系统，帮助卖家实现从前端到后端的无缝数据对接，即从策划、设计、销售到供应商、客户体验以及客户回访的一个完整的数据整合 ERP 系统。通过系统分析产品的市场前景，从而提高客户体验，为企业带来更大的效益，让企业更积极地参与到电子商务中去。

因此，电商企业 ERP 系统需要及时、准确地掌握客户订单信息，经过对数据的加工处理和分析对市场前景和产品需求作出预测，同时，把产品需求结果反馈给生产部门，并及时对收集用户反馈，整合整条生产链的数据，并真正实现零库存，极大地减少资金占用，这也是影响企业参与电子商务热情的一大因素，也势必影响电子商务与 ERP 的融合。

二、ERP 的核心思想

1) 帮助企业实现体制创新

ERP 帮助企业实现体制创新的意义在于它能够帮助企业建立一种新的管理体制，其特点在于能实现企业内部的相互监督和相互促进，并保证每个员工都自觉发挥最大的潜能去工作，使每个员工的报酬与他的劳动成果紧密相连，管理层也不会出现独裁现象。新的管理机制必须能迅速提高工作效率，节约劳动成本。

ERP 作为一种先进的管理思想和手段，它所改变的不仅仅是某个人的行为或表层上的一个组织动作，而是从思想上去剔除管理者的旧观念，注入新观念。从这个意义上讲，不管是国外的 ERP 产品还是本土的 ERP 产品，关键看其管理思想是否新颖又实用，并且不脱离现实。必须要指出的是，目前我国企业中的确存在捧着"金饭碗"要饭的情况，即企业花巨资购买并实施了 ERP 系统，但却发挥不出该系统的作用，也就是说买而不用。这样，不要说实现企业体制管理创新，连企业基本的信息化也很难实现。

2) 形成"以人为本"的竞争机制

许多企业都不约而同地提到了"以人为本"的管理思想。ERP 的管理思想认为，"以人为本"的前提是必须在企业内部建立一种竞争机制，仅靠员工的自觉性和职业道德是不够的。因此，应首先在企业内部建立一种竞争机制，在此基础上，给每一个员工制定一个工作评价标准，并以此作为对员工的奖励标准，使每个员工都必须达到这个标准，并不断超越这个标准，而且超越得越远越好。随着标准的不断提高，生产效率也必然跟着提高。

3) 把组织看作一个社会系统

ERP 吸收了西方现代管理理论中社会系统学派的创始人巴纳德的管理思想，他把组织看作一个社会系统，这个系统要求人们之间相互合作。在 ERP 的管理思想中，组织是一个协作的系统，应用 ERP 的现代企业管理思想，结合通信技术和网络技术，在组织内部建立起上情下达、下情上传的有效信息交流沟通系统，这一系统能保证上级及时掌握情况，获得作为决策基础的准确信息，又能保证指令的顺利下达和执行。

这样一种信息交流系统的建立和维护，是一个组织存在与发展的首要条件，其后才谈得上组织的有效性和高效率。另外，在运用这一系统时，还应当注意信息交流系统的完整性。

4) 实现以"供应链管理"为核心的 ERP 快速发展

ERP 系统在 MRP II 的基础上扩展了管理范围，它把客户需求和企业内部的制造活动以及供应商的制造资源整合在一起，形成一个完整的供应链(SCM)，并对供应链上的所有环节进行有效管理，这样就形成了以供应链为核心的 ERP 管理系统。供应链跨越了部门与企业，形成了以产品或服务为核心的业务流程。以制造业为例，供应链上的主要活动者包括原材料供应商、产品制造商、分销商与零售商和最终用户。

以 SCM 为核心的 ERP 系统，适应了企业在知识经济时代、市场竞争激烈环境中生存与发展的需要，给有关企业带来了显著的利益。SCM 从整个市场竞争与社会需求出发，实现了社会资源的重组与业务的重组，大大改善了社会经济活动中物流与信息流运转的效率和有效性，消除了中间冗余的环节，减少了浪费，避免了延误。

5) 增强以"客户关系管理"为前台的管理基础

在以客户为中心的市场经济时代，企业关注的焦点逐渐由过去关注产品转移到关注客户上来。由于需要将更多的注意力集中到客户身上，关系营销、服务营销等理念层出不穷。与此同时，信息科技的长足发展从技术上为企业加强客户关系管理提供了强有力的支持。

ERP 系统在以供应链为核心的管理基础上，增加了客户关系管理后，将着重解决企业业务活动的自动化和流程改进，尤其是在销售、市场营销、客户服务和支持等与客户直接打交道的前台领域。客户关系管理(CRM)能帮助企业最大限度地利用以客户为中心的资源(包括人力资源、有形和无形资产)，并将这些资源集中应用于现有客户和潜在客户身上。其目标是通过缩短销售周期和降低销售成本，通过寻求扩展业务所需的新市场和新渠道，并通过改进客户价值、客户满意度、盈利能力以及客户的忠诚度等方面来改善企业的管理。

6) 运用电子商务全面整合企业内外资源

随着网络技术的飞速发展和电子化企业管理思想的出现，ERP 也进行着不断地调整，以适应电子商务时代的来临。网络时代的 ERP 将使企业适应全球化竞争所引起的管理模式的变革，它采用最新的信息技术，呈现出数字化、网络化、集成化、智能化、柔性化、行业化和本地化的特点。电子商务时代的 ERP 将围绕如何帮助企业实现管理模式的调整以及如何为企业提供电子商务解决方案来迎接数字化知识经济时代的到来。它支持敏捷化企业的组织形式(动态联盟)、企业管理方式(以团队为核心的扁平化组织结构方式)和工作方式(并行工程和协同工作)，通过计算机网络将企业、用户、供应商及其他商贸活动涉及的职能机构集成起来，完成信息流、物流和价值流的有效转移与优化，实现企业内部运营的网络化，供应链管理、渠道管理和客户关系管理的网络化。

三、ERP 系统的管理技术

(一)ERP 的功能

ERP 的功能除了 MRPⅡ(制造、供销、财务)外，还包括多工厂管理、质量管理、实验室管理、设备维修管理、仓库管理、运输管理、过程控制接口、数据采集接口、电子通信、电子邮件、法规与标准、项目管理、金融投资管理、市场信息管理等。它将重新定义各项业务及其相互关系，在管理和组织上采取更加灵活的方式，对供应链上供需关系的变动(包括法规、标准和技术发展造成的变动)，同步、敏捷、实时地作出响应；在掌握准确、及时、完整信息的基础上，作出正确决策，能动地采取措施。与 MRPⅡ 相比，ERP 除了扩大管理功能外，同时还采用了计算机技术的最新成就，如扩大用户自定义范围、面向对象技术、客户机/服务器体系结构、多种数据库平台、SQL 结构化查询语言、图形用户界面、4GL/CASE、窗口技术、人工智能、仿真技术等。

(二)ERP 企业资源计划概况

如图 12-12 所示为企业资源集成框架图。

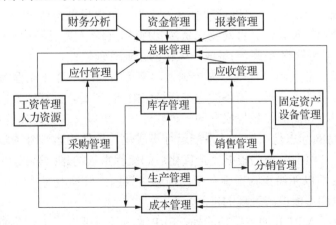

图 12-12 企业资源集成框架图

如图 12-13 所示为企业资源计划业务集成示意图。

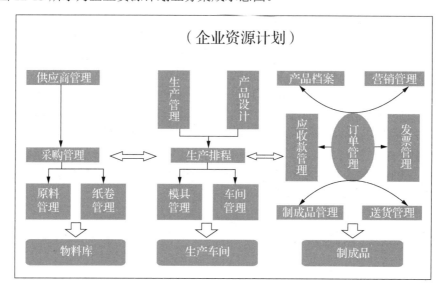

图 12-13　企业资源计划业务集成示意图

ERP 把客户需求和企业内部的制造活动以及供应商的制造资源整合在一起，形成企业一个完整的供应链，其核心管理思想主要体现在以下三个方面：其一，体现对整个供应链资源进行管理的思想；其二，体现精益生产、敏捷制造和同步工程的思想；其三，体现事先计划与事前控制的思想。

(三)ERP 的特点

ERP 汇合了离散型生产和流程型生产的特点，面向全球市场，包罗了供应链上所有的主导和支持能力，协调企业各管理部门围绕市场导向，更加灵活或柔性地开展业务活动，实时地响应市场需求。为此，重新定义供应商、分销商和制造商相互之间的业务关系，重新构建企业的业务和信息流程及组织结构，使企业在市场竞争中有更大的能动性。

ERP 是一种主要面向制造行业进行物质资源、资金资源和信息资源集成一体化管理的企业信息管理系统。ERP 是一个以管理会计为核心，可以提供跨地区、跨部门甚至跨公司整合实时信息的企业管理软件。针对物资资源管理(物流)、人力资源管理(人流)、财务资源管理(财流)、信息资源管理(信息流)集成一体化的企业管理软件。

流程化的管理，即利用流程规范去控制人，避免人为地不遵守流程而犯错。数据记录详细，便于查询、统计、分析。简单的电子商务 ERP 起到了分析基础数据的作用，最简单地，把财务、销售、仓储的信息集成在同一个软件里，可以实现数据化管理。

ERP 应用成功的标志是：第一，系统运行集成化，软件的运作跨越多个部门；第二，业务流程合理化，各级业务部门根据完全优化后的流程重新构建；第三，绩效监控动态化，绩效系统能即时反馈以便纠正管理中存在的问题；第四，管理改善持续化，企业建立一个可以不断自我评价和不断改善管理的机制。

一般而言，除了 MRP Ⅱ 的主要功能外，ERP 系统还包括以下主要功能：供应链管理、销售与市场、分销、客户服务、财务管理、制造管理、库存管理、工厂与设备维护、人力资源、报表、制造执行系统(Manufacturing Executive System，MES)、工作流服务和企业信息系统等方面，此外，还包括金融投资管理、质量管理、运输管理、项目管理、法规与标准和过程控制等补充功能。

ERP 是信息时代的现代企业向国际化发展的更高层管理模式，它能更好地支持企业各方面的集成，并将给企业带来更广泛、更长远的经济效益与社会效益。

ERP 具有整合性、系统性、灵活性、实时控制性等显著特点。

(四)ERP 的主要优点

1. 借助供应链管理整合企业内外的资源，提高整体竞争力

ERP 系统的供应链管理思想对企业提出了更高的要求，是企业在信息化社会、在知识经济时代繁荣发展的核心管理模式。它可以帮助企业有效地利用全社会供应链上的一切资源来快速高效地响应市场需求的变化，形成企业供应链之间的竞争。

2. 利用供应链管理功能扩大了 ERP 管理系统的服务能力

ERP 更加面向市场、面向销售前端，能够对市场快速响应；它将供应链管理功能包含了进来，强调即时供应、即时生产；并且新的电子办公即时通信，电子审批，面向多组织一体化经营融合，强调了供应商、制造商与分销商间的新的伙伴关系，并且支持企业间物流管理。

3. 纳入产品数据管理(Product Data Management，PDM)功能

增加了对设计数据与过程的管理，并进一步加强了生产管理系统与 CAD、CAM 系统的集成，减少了大量数据管理和数据准备的工作量。

4. 增加了工作流功能

工作流：将工作分解成几段不同的任务，然后通过一定的规则和过程来执行这些任务并对它们进行监控，达到提高工作效率、降低生产成本、提高企业竞争力等目的，它大多应用于办公自动化领域。

业务流：它是企业内部资源之间的数据流动，一般通过企业资源计划系统(ERP)对企业中的物流、资金流和信息流进行全面集成管理。

但是在实际的企业中，有些需求常常需要在 OA 系统和 ERP 系统中来回切换，如采购用款申请、付款、做凭证则是 ERP 系统中的功能(见图 12-14)。

5. 增加了数据仓库(Data Warehouse)和联机分析处理(OLAP)功能

新 ERP 系统扩展了图形用户界面、多交互式界面、自定义的桌面管理界面、第四代语言及辅助工具、分布式结构服务器、服务器分布式结构、面向对象技术、基于 Web 技术的电子数据交换 EDI、多数据库集成、数据仓库等，为企业高层决策提供了数据与工具。

6. 增加了虚拟仿真、实时同步化和可视化技术，提高了实时快速响应能力

新型办公设备的加入加速了 ERP 的即时性，PDA、手机、高清摄像头等条码录入管理、

二维码快速导入、RFID 技术、App 技术，极大地完善了 ERP 系统服务功能，满足了互联网+时代企业管理的需要。

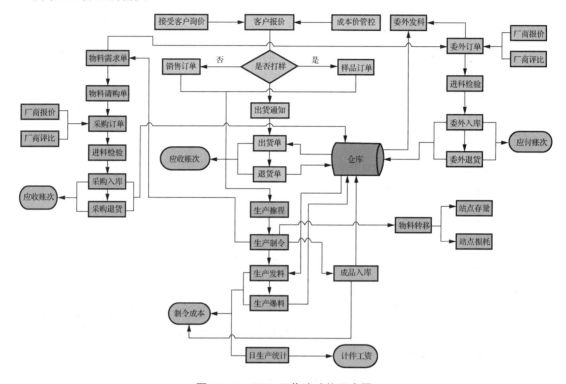

图 12-14　ERP 工作流功能示意图

ERP 的优点主要体现在以下几方面：缩短周转的时间；物流与资金流的集成；加强物料和生产计划；模拟不同市场状况对生产计划、能力需求计划、物料采购计划和储运等工作的影响；增强企业对经营环境改变的快速反应能力；实现管理层对信息的实时和在线查询；为企业决策提供更加准确及时的财务报告；及时提供各种管理报告、分析数据；系统本身具有严格的内部控制功能和强大的对外服务能力。

本 章 小 结

本章介绍了生产与运作管理的物料需求计划概念、内容和作用；阐述了 MRP 和 MRP Ⅱ 的原理和逻辑。重点阐述了 MRP 的计算方法。详细阐述了 MRP 方案的编制，进一步介绍了 ERP 系统管理技术和应用，反映了从 MRP 到 ERP 的基本情况。分析了 MRP 的基本条件数据组成，具体展开的 MRP 基本条件数据主要有产品出产计划(主生产计划)、产品结构、库存状态。

自 测 题

(一)填空题

1. MRP 经历了三个发展阶段,即_____、_____和_____,其中_____相当于需求计算器,_____为计划与控制系统,_____为资源协调系统。
2. MRP 的基本思想是围绕_____转化,组织制造资源,实现_____生产。
3. MRP 的三项基本输入是_____、_____、_____。
4. 当维修工人修理出故障的机器时,按排序的观点,工件是_____,机器是_____。
5. 按 SPT 法则,优先选择_____最短的工件,而按 SCR 法则,优先选择_____最小的工件。

(二)判断题

1. MRP 处理的是相关需求,因此不需要安全库存。( )
2. 闭环 MRP 主要应用于订购情况,涉及的是企业与市场的界面,没有深入到企业生产管理的核心。( )
3. 把能力需求计划和执行与控制计划的功能也包括起来,就是闭环物料需求计划。( )
4. 在闭环 MRP 中进行生产,形成一个环形回路,并为 MRP 赋予反馈功能。( )

(三)单选题

1. 哪种行业最适合应用 MRP?( )
   A. 机床厂　　B. 医院　　C. 造纸厂　　D. 炼油厂
2. MRP 的输出是( )。
   A. 总需求量　　　　　　B. 净需求量
   C. 计划发出订货量　　　D. 预计在库量
3. 企业资源计划管理思想的核心部分是( )。
   A. 物料需求　　B. 资源需求　　C. 供应链管理　　D. 业务流程重组
4. 在 MRP 系统中起"主控"作用的是( )。
   A. 物料清单　　B. 库存信息　　C. 主生产计划　　D. 工艺路线
5. 不仅解决了企业内部的物流问题,而且形成了从原材料起点到最终用户的一个供销链的是( )。
   A. 基本 MRP　　B. 闭环 MRP　　C. MRP Ⅱ　　D. ERP
6. 提出要形成一个虚拟公司的是( )。
   A. ERP　　B. MRP Ⅱ　　C. 敏捷制造　　D. 并行工程
7. 是否考虑生产活动与财务活动的联系是( )的主要区别。
   A. 基本 MRP 与闭环 MRP　　B. 闭环 MRP 与 MRP Ⅱ
   C. MRP Ⅱ 与 ERP　　　　　D. 敏捷制造与传统制造模式
8. 下列哪一个是避免库存管理盲目性的关键系统?( )
   A. MRP　　B. MRP Ⅱ　　C. JIT　　D. ERP

(四)问答题

1. 何谓 ERP 系统？它有哪些要求？
2. 如何确定毛需求？
3. 物料需求计划是怎样应用于服务业的？与制造业相比，此时所需的输入及输出有何异同？
4. 简述 MRP/MRPⅡ/ERP 的核心管理理念及相互之间的关系。
5. 您认为在一个典型的大、中、小型制造业企业里实施 MRPⅡ/ERP 分别有多困难？造成这些困难的主要原因有哪些？
6. 为什么说引入 ERP 是一场管理变革？
7. 结合您所在的企业，谈谈成功实施 ERP 对企业利润增长因素的影响以及阻碍我国企业成功实施 ERP 的主要问题有哪些？
8. 基本 MRP 的局限性是什么？

(五)计算题

1. 桌子由 3 个构件组装而成，如下列产品结构树所示。桌子制造公司想在第五天一早发送 100 张，第六天一早发送 100 张，第七天一早发送 200 张桌子。按照进度安排，第 2 天一早将接收 100 个桌面。目前尚持有 100 只桌腿。目前持有的支柱数是 80 个，无须安全存货。全部细项的生产提前期(以天为单位)如下表所示。用配套批量订货方法制订物料需求计划。

数量	提前期
1～200	1
201～550	2
551～999	3

2. 产品 A 由两个组件 B 和 C 构成，其中一个 A 中含有 2 个 B 和 4 个 C。要求在第 6 周完成 100 件 A。现知 B 的库存量为 50，C 的库存量为 100。另外，在第 4 周和第 5 周分别接收 100 个组件 C。产品 A 的生产提前期为 2 周，B 和 C 各为 1 周。试按直接批量法编制该产品的 MRP 计划。

3. ABCD 四种产品的作业时间和交货期如下，用 FCFS、SPT 排序原则安排加工顺序。

作业	作业时间	交货期
A	9	7
B	12	19
C	5	25
D	13	15

第十三章

生产与运作作业计划

【学习要点及目标】

通过本章的学习,掌握生产与运作作业的概念,掌握作业期量指标和确定方法,了解生产与运作作业计划的内容和作用,掌握作业计划编制方法,认识生产与运作作业管理,了解现代生产与运作作业管理的方法与应用。

【关键概念】

生产与运作作业　作业管理　期量指标　作业管理系统　作业计划

生产与运作管理

引导案例：BOM 不能满足资源约束和生产能力限制

上海某制药企业，生产过程非常简单，实施 ERP 生产半年多以来一直是人工给出生产时间和数量，再使用 MRP 制订物料需求计划。直到有一次出现了操作错误，同一个生产请求在同一时间被重复下达多次，但是系统都全部接受并生成了相应的计划，造成不小的损失。这时候企业才发现这个系统的功能与他们想象的并不一样，他们一直认为：ERP 给出的计划是"自动并合理"的，不合理的生产要求计算机会给出提示，或者自动安排在合理的时间进行，而实际上，生产计划的这种合理性要用户自己解决。用户在实施半年多以后才发现这对他们来说恰恰是最关键的功能。于是用户很快与软件厂商交涉，但是这时候提出交涉已经太晚。软件厂商一开始同意解决，但是很快发现这个问题不是想象得那么简单。因为对某些产品，在某种情况下，相同的生产请求在相同时间多次下达是正确的。但是什么时候正确？什么时候不正确？正确的时候能下达多少次？不正确的时候每次应间隔多久？这就必须考虑其他计划对设备、人员、厂房等的占用情况，这里面有太复杂的判断和计算，BOM 的功能仅仅是给出物料需求计划，没有对这么多复杂情况进行分析处理的能力。开发商明确表示无法完成这种功能。此时项目款已经几乎付清，经过多方交涉，最终不了了之。

这样的例子并不少见，这是 MRP 的本质缺陷所导致的。为了弥补这种缺陷，一些 MRP 类型的软件涵盖了很多功能。例如人工设定关键资源、人工设定生产提前期等，但是这些方法的本质都是人的经验和估算，计算过程也只是简单的逻辑判断和四则运算，是把传统手工方法的能力判断移植到计算机上完成，不是以先进算法考虑全部资源能力和约束条件来解决复杂的实际问题。一般来说，解决类似问题只能依靠"APS 先进生产排程"类型的软件。

(资料来源：用案例来说明 BOM 方法将被淘汰，开发者论坛，2017.4.25)

问题：约束的作用是什么？

第一节 生产与运作作业管理概述

一、生产与运作作业管理的概念

(一)生产管理系统

1. 生产管理

生产管理(Production Management)是指制造业生产管理领域使用的方法与技术。

生产管理是企业管理的重要组成部分，它要根据企业经营决策所确定的一定时期内的经营战略与计划任务，组织生产活动，并保证实现经营目标。生产管理就是把这种处于理想状态的经营目标，通过产品的制造过程转化成为现实。

2. 作业管理

作业管理是以"作业"作为企业管理的起点和核心，比传统的以"产品"作为企业管理的起点和核心，在层次上大大地深化了，可视为企业管理上一个重大的变革和突破。作业管理的有效实施，有赖于作业成本计算所提供的信息支持；而先进的、具有重大特色的作业成本计算如果不与新兴的作业管理相结合，对于企业生产经营活动的不断改善和效益的不断提高，也就没有什么用武之地了。

作业管理的重点是作业用工、用时和用料，这是作业成本核算的依据，作业成本核算反映了引起一种作业耗费资源的驱动因素——成本动因，并进一步衡量作业完成的效果如何，获得作业业绩计量结果。可见，作业成本计算，从纵、横两个方向对作业管理提供了重要的信息支持，可以为作业管理全面改进和优化企业的"作业链"和"价值链"，不断提高企业生产经营的经济效益。

3. 车间作业管理

(1) 车间作业管理是指对加工环节多、加工过程长的生产任务的每一道工序进行细致的管理。车间作业管理是对每一道工序提供全过程的管理，过程包括生产任务的下达、工序计划，第一道工序的领料、将物料移转到下一道工序、加工、在制品汇报和移转直至完成最后一道加工工序，检验、加工结果汇报至成品入库等。

(2) 车间作业管理的主要功能：提供工序计划、工序派工、工序领料、工序排程、工序汇报和工序移转等工序管理功能，来满足生产过程中多步骤、多工序的要求；提供计时计件工资的处理；支持串行、并行作业工序排产；支持替代工序的定义和执行；支持工序外协的业务处理；支持工序质检；支持废品返工处理；支持计时、计件工资计算，并与工资系统、成本系统集成；提供基于部门、工作中心、设备、操作工的工时、产量统计等。

(二) 车间作业

车间作业是指在车间内部，根据生产计划以及产品工艺路线等组织的日常生产活动。车间作业计划是在 MRP 所产生的加工制造订单(即自制零部件生产计划)的基础上，按照交货期的前后和生产优先级选择原则以及车间的生产资源情况(如设备、人员、物料的可用性，加工能力的大小等)，将零部件的生产计划以订单的形式下达给适当的车间。在车间内部，根据零部件的工艺路线等信息制订车间生产的日计划，组织日常的生产。同时，在订单的生产过程中，实时地采集车间生产的动态信息，了解生产进度，发现问题并及时解决，尽量使车间的实际生产接近计划。

二、车间作业管理系统

(一) 车间作业管理系统及其分类

1. 车间管理系统

车间管理系统是在工业供需链及生产管理各子系统的基础上，为工业企业提供制定生产任务、投料与领料、工序计划与派工、生产检验，到产品入库全过程监督与控制的系统，旨在帮助企业提高业务管理效率与生产效率、减少车间在制品、降低损耗与成本、提高产品质量与客户满意度。

2. 车间管理系统分类

目前应用比较广泛的车间管理系统有：制造企业生产过程执行管理系统(MES)；生产设备及工位智能化联网管理系统(DNC)；生产数据及设备状态信息采集分析管理系统(MDC)；制造过程数据文档管理系统(PDM)；工装及刀夹量具智能数据库管理系统(Tracker)等。

(二)系统功能

1. 生产任务单管理

生产任务单是生产系统唯一的需求来源，可以手工输入，也可由 MPS/MRP 系统自动生成。生产任务单管理同时提供 MRP 的模拟功能，根据指定的任务单产生其下级任务单。通过任务单的拆分，将一个任务单拆分成不同数量和不同加工单位的任务单。对于新增的任务单类型，生产任务单管理允许用户自定义各种生产类型并设置属性，从而使任务单更加灵活。同时允许用户直接根据销售订单生成任务单，这一功能特别适合严格按照销售订单生产的企业。它能够提供对指定任务单可用物料及可用能力的分析和任务单拆分功能，便于用户随时调整并安排任务单。

2. 投料单管理

投料单是一个生产任务单的领料计划表，它不仅能够控制物料的领用数量，而且提供相关生产任务单的 BOM 历史记录。投料单管理允许用户调整、查询并分析单位用量及损耗率等，同时根据投料单提供的四种领料方式供用户选择，即根据投料单、根据投料单的比例关系及指定的配套数配套领/退料、根据投料单汇总领料，以及根据投料单的领料倒冲。投料单的编辑功能允许用户对特制的产品指定临时 BOM，灵活处理返工及产品拆卸等业务。

3. 物料替代

该功能提供对替代物料的定义，以及用于替代的物料和被替代的物料库存数量。可以分别根据 BOM 及产品等指定替代的范围，也可指定适用于所有物料，允许用户定义替代的比率。替代物料定义后，在投料单的维护中即可选择替代。

4. 工票管理

工票管理是普通型企业的特征之一，通过工票管理实现对生产任务工序级的详细安排和分工。工票管理提供自动的正排和倒排工序计划，同时支持串行和并行的生产方式。其中的工序优先设置功能提供多种优先级计算方法，并允许用户自定义优先级。

5. 替代工序

定义替代工序，在工票管理中可以调用替代工序，实现工序替代。

6. 替代工艺路线

替代工艺路线可以大大减轻工艺路线的维护工作，尤其是工艺比较标准的企业，用户可将工艺相同的产品定义为一个工艺路线。

7. 工序汇报

工序汇报配合工票管理，通过汇报功能收集生产车间每一道工序的产量、质量、设备使用、操作人员和操作时间等情况，便于分析考核车间绩效，同时掌握车间的运作情况。

8. 投入产出控制

投入产出控制又称为"输入/输出控制"，是衡量能力执行情况的一种方法。投入产出报告即 I/O 报告，这是一个计划与实际投入，以及计划与实际产出的控制报告。输入/输出计算主要生成某一时间段内各工作中心的计划投入工时(台时和能力标准)及计划产出工时(台时和能力标准)等。

第二节 生产与运作作业计划概述

一、生产与运作作业计划的作用及生产作业计划的期量标准

(一)生产与运作作业计划及其作用

1. 生产与运作作业计划

生产与运作作业计划是指生产作业计划的主要任务是将主生产计划或 MRP 中的零部件投入出产计划细化，也是 MRP 的具体执行计划，具体、详细地规定了各车间、工段、班组以至每个工作地在较短的时间内(月、旬、周、日、轮班、小时)的生产运作任务。

2. 生产与运作作业计划的作用

(1) 保证主生产计划规定的生产运作任务的完成。
(2) 保证企业获取更好的经济效益。

(二)生产作业计划的期量标准

1. 生产作业计划工作

生产作业计划工作由作业计划编制与作业计划控制两部分组成。
(1) 作业计划编制：包括制定期量标准、开展生产运作能力核算与平衡、编制各种形式的生产作业计划等。
(2) 作业计划控制包括生产运作调度、生产运作作业统计与分析等内容。

2. 期量标准

期量标准是生产作业计划工作的重要依据，也称为生产作业计划标准。它是对劳动对

象在生产运作过程中的运动所规定的时间和数量的标准。期量标准按每种产品类型分别制定。如成批生产运作的主要期量标准包括：批量、生产运作间隔期、生产周期、生产提前期。

1) 批量和生产运作间隔期

在成批生产的企业中，按批量来组织生产是一个非常重要的特征。生产批量大，在生产组织的轮番次数就越少，生产过程相对稳定，产品品种更换次数相应减少。然而批量大，每批产品的生产周期比较长，生产中占用的生产面积、仓库面积增加等。因此，必须用科学的方法来确定生产批量。生产间隔期又称生产运作重复期，是指相邻两批相同制品投入或出产的时间间隔。批量和生产间隔期的确定常用的方法有以量定期法和以期定量法。

以量定期法：以量定期法有经济生产批量和最小批量法两种。最小批量法是以保证设备的合理利用和提高生产率为主要目标的一种批量计算方法。

最小批量=更换品种的设备调整时间/(设备调整允许损失系数×单件工序加工时间)

其中设备调整允许损失系数一般为0.02～0.12，主要根据经验确定。

以期定量法：以期定量法是根据标准的生产间隔来确定批量的一种方法。当产品的年产量确定以后，生产间隔期和批量关系可用以下公式表示：

批量=生产运作间隔期×平均日产量

2) 生产周期

生产周期是指产品从开始投产至产出的全部时间。在工业中，指该产品从原材料投入生产开始，经过加工，到产品完成、验收入库为止的全部时间。它是由各个零件、部件的生产周期组成的。零件、部件的生产周期由该零件、部件的各个工艺阶段或工序的生产周期组成。生产周期是主要编制单件生产和成批生产作业计划的期量标准。在现代生产中，不同种类、型号、规格、式样、颜色的产品层出不穷，使得生产周期不断被延长，产品上市的时间被推迟，造成产品生命周期始点难以确定。因此，确定生产周期对生产运作系统管理具有明显的作用，不仅能够保证按时交货，节省作业计划编制的时间，而且，可以提供合理生产、合理交货期限确定的依据。

3) 生产提前期

生产提前期是指产品(毛坯、零件)在各生产环节出产(或投入)的时间，比成品出产时间所要提前的时间量。生产提前期是成批生产企业编制生产作业计划不可或缺的期量标准。生产提前期的制定分为：前后车间生产批量相等情况下提前期的制定；前后工序车间生产批量不等时生产提前期的制定。计算提前期的一般公式为：

某车间出产提前期=后续车间投入提前期+保险期

某车间投入提前期=该车间出产提前期+该车间生产周期

当不同的工艺阶段的批量不同时，公式为：

某车间出产提前期=后续车间投入提前期+保险期+
(本车间生产间隔期-后车间生产间隔期)

二、确定产品的生产周期

(一)生产周期计算步骤

生产周期的计算分两个步骤进行。首先确定产品(或零件)在各个工艺阶段(或工序)上的生产周期,然后计算产品的生产周期。应该注意到,生产周期与批量直接相关:批量越大,生产周期越长;批量越小,生产周期越短。

一般产品的生产周期包括毛坯准备、零件加工、部件装配、成品总装、油漆,直到入库为止的全部时间,如表 13-1 所示为生产周期的构成。

表 13-1 生产周期的构成

毛坯生产周期	保险期	机加工生产周期	保险期	部装生产周期	保险期	总装生产周期	保险期	油漆生产周期	保险期	入库
毛坯周期		加工周期		部装周期		总装周期		油漆周期		入库
产品生产周期										

生产周期可以按零件工序、零件加工过程和产品进行计算。其中零件工序生产周期是计算产品生产周期的基础。

(二)零件工序生产周期

零件加工的生产周期是指零件从投入时刻至加工完毕的时间长度,零件在整个加工过程中要经过多道工序,生产周期在很大程度上与零件在工序间的移动方式有关,如表 13-2 所示。

表 13-2 零件在工序间的移动方式及特点

	生产过程时间组织形式	优点	缺点	适用范围
顺序移动方式	一批制品在前一道工序上全部完工之后,才能整批地从前一道工序流转到后一道工序上继续加工	有利于安排生产作业计划和在制品的管理	生产周期长,在制品数量大	单件小批生产类型及工艺专业化的;零件体积小、重量轻、工序劳动量小和单位加工时间短的生产单位
平行移动方式	每个零件(产品)完成了前一道工序之后,立即流转到下一道工序继续加工。这样,任何一件或一个批量制品在投入生产后,便始终处于加工、运输或检验过程中,前后几道工序平行或同时对一批中的若干零件进行加工	把加工的在制品减到最少,加工周期压缩到最短	增加了运输量,会出现设备等待或零件等待的情况	大量大批生产类型及对象专业化的、零件体积大、重量重和单件加工时间长的生产单位;紧急件、关键件

续表

生产过程时间组织形式		优点	缺点	适用范围
平行顺序移动方式	在每批中的各个零件中上一道工序还没有全部加工完毕以前，就将已加工好的一部分零件转至下一道工序上进行加工，以恰好能使下一道工序连续地全部加工完该批零件。特点：①一批加工零件是单个与部分地从上一道工序转到下一道工序。②该批加工零件分散在若干道工序上同时加工。③每道工序开始时间计算得恰好能够保证在该工序上连续地加工该批零件	劳动过程中断时间比顺序移动方式少，零件生产周期较短。在一定程度上消除了工人与设备的空闲时间，使工人和设备的空闲时间集中起来，便于用来做其他工作	组织安排比较复杂	大量大批生产类型及对象专业化的、零件体积大、重量重和单件加工时间长的生产单位

在实际生产中，产品移动方式的选择既要考虑产品本身的特点，又要考虑企业生产的特点。

(三)零件加工的生产周期计算方法

(1) 顺序移动方式：一批零件在上一道工序全部加工完毕后才整批地转移到下一道工序继续加工。

$$T = n\sum_{i=1}^{m} t_i$$

式中：T——一批零件的加工周期；

n——零件加工批量；

t_i——第i件工序的单件工序时间；

m——零件加工的工序数。

(2) 平行移动方式：每个零件在前一道工序加工完毕后，立即转移到后一道工序去继续加工，形成前后工序交叉作业。

$$T = \sum_{i=1}^{m} t_i + (n-1)t_1$$

式中：T——一批零件的加工周期；

n——零件加工批量；

t_i——第i件工序的单件工序时间；

m——零件加工的工序数；

t_1——最长的单位工序时间。

(3) 平行顺序移动方式：每道工序连续进行加工，但又要求各道工序尽可能平行加工。第一种情况：当$t_i < t_{i+1}$时，零件按平行移动方式转移；第二种情况：当$t_i \geq t_{i+1}$时，以i工序最后一个零件的完工时间为基础，往前推移$(n-1)t_{i+1}$作为零件在$(i+1)$工序的开始加工时间。

$$T = n\sum_{i=1}^{m}t_i + (n-1)\sum_{i=1}^{m}t_i \min(t_j, t_{j+1})$$

式中：T——一批零件的加工周期；

n——零件加工批量；

t_i——第 i 件工序的单件工序时间；

m——零件加工的工序数；

t_j——最长的单位工序时间。

【例 13-1】 一批制品，批量为 4 件，须经四道工序加工，各工序时间分别为：

$$t_1 = 10, \ t_2 = 5, \ t_3 = 15, \ t_4 = 10$$

采用平行顺序移动方式计算，其加工周期为

$$T = 4 \times (10 + 5 + 15 + 10) - (4 - 1) \times (5 + 5 + 10) = 100$$

采用平行移动方式计算，其加工周期为

$$T = (10 + 5 + 15 + 10) + (4 - 1) \times 15 = 85$$

采用顺序移动方式计算，其加工周期为

$$T = 4 \times (10 + 5 + 15 + 10) = 160$$

三、车间作业计划的编制

(一)车间作业计划

车间作业计划(PAC)是在 MRP 所产生加工制造订单(即自制零部件生产计划)的基础上，按照交货期的先后和生产优先级选择原则以及车间的生产资源情况，将零部件的生产计划以订单的形式下达给适当的车间。

车间作业计划的编制步骤简要介绍如下。

1. 建立工序计划

精细化的车间管理，需要将生产控制落实到每一道工序上，业务人员针对每个工序进行计划、领料、生产、完成情况的汇报等业务工作，同时通过对工序上的生产情况的统计数据，为车间管理人员提供信息反馈。在 ERP 系统中，以"工序计划单"为中心，实现工序的业务操作和管理工作。

1) 工序计划单

只有生产类型为工序跟踪的生产任务才能建立工序计划单。所谓工序计划单，是指面向物料的加工说明文件，包括物料的加工工序、工作中心、工作进度及使用的工装设备等。

工序计划单往往是以报表的形式下达的，该表中一般应包括加工单号、物料名称、物料代码、需求数量、需求日期、工序号、工序名称、工作中心代码(名称)、工作中心工时定额、计划进度等。

2) 排产方式

排产通常有两种方式，具体解释如下：正排是以生产任务的计划开工日期为基准，生产任务按工艺路线展开，顺序计算每一道工序的计划开工日期与计划完工日期；倒排是以生产任务的计划完工日期为基准,生产任务按工艺路线展开,倒推计算每一道工序的计划完工日期与计划开工日期。

2. 工序排程

计划员根据计划状态的工序计划单上的工艺时间与批量信息,进行工序排程。排程结果可以作为生产调度人员调整工序生产安排的重要参考。

1) 能力负荷计算

能力负荷计算显示的日期范围为从最早开工日期到最晚完工日期的工序计划单范围。通常有几种负荷策略。其一,平均:将负荷平均分配到从工序计划单的计划开工日期到计划完工日期的时间段上。其二,正排:将负荷按照日能力逐步从时间段第一天开始分配,分配到时间段的最后一天为止,剩余负荷全部分配到最后一天。对某一工序计划单分配负荷时不考虑其他负荷对能力的影响。其三,倒排:将负荷按照日能力逐步从时间段最后一天开始分配,分配到时间段的第一天为止,剩余负荷全部分配到第一天。对某一工序计划单分配负荷时不考虑其他负荷对能力的影响。

2) 负荷指标计算

企业根据负荷分配策略计算该工作中心(资源)的负荷分布情况。

3) 负荷调整

根据能力负荷报告,工作中心(资源)可能在某些时间点上超载,如果不采用加班等延长工作时间以提高能力的方法,则需要采取下列之一或几种方法调整工作中心(资源)的超载负荷:分配到其他空闲的时间点上;分配到其他工作中心(资源);外协;提高工作中心(资源)效率;取消工作任务。这时候就需要修改超载负荷所对应的工序计划单。

4) 能力调整

根据能力负荷报告,工作中心(资源)可能在某些时间点上超载或能力出现富余,假定负荷没有调整的余地,可通过调整工作中心(资源)的能力,使得能力与负荷达到平衡。

3. 优先级确定

当一系列工作任务被分配到一个工作中心时,生产计划员或车间管理者需要决定任务的优先顺序。各种任务的组合编排是比较复杂的,企业可以根据自身的情况来设置本企业的排序方案。一般来说,常采用"优先级"来确定待加工物料的先后顺序,数字越小说明加工的级别越高,应该先加工。以下介绍几种"优先级"的确定方法。

第一种方法:先到先服务法。

按订单送到的先后顺序进行加工,即

$$优先级=(订单送到日期-固定日期)\div 365 \qquad (13\text{-}1)$$

其中,固定日期是系统设置的固定日期,例如可设置成当年的1月1日。

第二种方法:紧迫系数法(Critical Ratio,CR)。

优先级(CR 值)由下式获得:

$$优先级(CR \text{ 值})=(交货日期-系统当前时间)\div 剩余的计划提前期 \qquad (13\text{-}2)$$

式中,所获得的 CR 值有下述四种情况。

(1) 当 0>CR 时,为负值,说明已经拖期。

(2) 当 0<CR<1 时,说明剩余时间不够。

(3) 当 CR=1 时，说明剩余时间刚好够用。

(4) 当 CR>1 时，说明剩余时间有余。

第三种方法：最小单个工序平均时差法(Least Slack Per Operation，LSPO)。

优先级(LSPO 值)由下式获得：

$$\text{优先级(LSPO 值)} = (\text{交货日期} - \text{当前日期} - \text{剩余工序所需加工时间}) \div \text{剩余工序数} \tag{13-3}$$

其中，剩余工序所需加工时间指剩余工序提前期之和。

第四种方法：交货期法。

按"先交货，先加工"的原则进行加工，其优先级由下式获得：

$$\text{优先级} = \text{交货期} - \text{当前日期} \tag{13-4}$$

第五种方法：最早开工法。

按下式计算优先级：

$$\text{优先级} = \text{交货期} - \text{提前期} - \text{当前日期} \tag{13-5}$$

第六种方法：剩余松弛时间法。

按下式计算优先级：

$$\text{优先级} = \text{交货剩余时间(d)} - \text{完工剩余时间(d)} \tag{13-6}$$

4. 工序派工

安排各工作中心加工任务的优先次序。将工序计划按日期、数量分派到具体的班组、操作工、设备。派工单往往也是以报表的形式下达的，该表中一般应包括车间代码、工作中心代码、物料代码、任务号、工序号、需求数量、开工和完工日期、优先级别等。

5. 工序转移

1) 工序移转单(工序转移单)

记录首道工序接收、工序间在制品移转、末道工序移交的情况，包括数量、时间、移转人、接收人等信息。

2) 转出数量

首道工序的工序计划单的移转数量缺省为工序计划单的计划生产数量除以成品率减去接收工序计划单的接收选单数量，如果允许首道工序接收数量大于工序计划单的计划数量除以成品率，移转数量不控制。否则，移交数量小于或等于工序计划单的计划生产数量除以成品率减去接收工序计划单的接收选单数量。如果首道工序的工序移转单领料时移转数量缺省为工序物料的已领套数，则移转数量为投料单中所有首道工序的子项物料的配套数量减去接收工序计划单的接收选单数量。如果非首道工序的工序计划单的移转数量缺省为转出工序计划单的合格数减去转出工序计划单的移交选单数量，且不大于转出工序计划单的合格数减去转出工序计划单的移交选单数量。

3) 转出人和转入人

如果移转类型为领料，转出人为空；如果移转类型为移转、报工和对应的工序计划单的操作工不为空，转出人缺省为操作工。如果移转类型为报工，接收人为空；如果移转类型为领料、移转和对应的工序计划单的操作工不为空，转出人缺省为操作工。

(二)车间作业控制(Shop Floor Control)

1. 车间作业控制的目的

控制生产作业在执行中不偏离 MPS/MRP 计划。出现偏离时,采取措施,纠正偏差,若无法纠正,则反馈到计划层,报告生产作业执行结果。

2. 核实 MRP 的制造订单

MRP 计划为制造订单规定了计划下达日期,但在生产控制人员将这些订单正式批准下达投产之前,还必须检查物料、能力、提前期和工具的可用性。

3. 车间作业控制的内容

控制加工设备完好,人员出勤;控制加工件在工作中心加工按排定的工序加工;保持物流稳定,控制投入和产出的工作量;控制加工成本,结清订单,完成库存事务处理。

4. 生产控制人员要完成以下任务

确定加工工序;确定所需的物料、能力、提前期和工具;确定物料、能力、提前期。

(三)作业计划和排序的关系

(1) 排序(Sequencing)决定不同加工件在加工中心的加工顺序。

作业计划的主要问题不但要确定来件在各台机器上工件的加工顺序,而且在通常情况下都规定了最早可能开工时间和结束时间。但当工件的加工顺序确定之后需要安排作业,依据了工具的可用性;解决物料、能力、提前期和工具的短缺问题等。

(2) 排序完成,作业计划也就基本确定了。所以,人们常常不加区别地使用"排序"与"作业计划"。

第三节　生产与运作作业排序

一、生产与运作作业排序的概念

(一)排序中的相关概念

1. 作业排序

1) 排序的基本概念

排序就是要将不同的工作任务安排一个执行的顺序,使预定的目标最优化。实际上就是要解决如何按时间的先后,将有限的人力、物力分配给不同的工作任务,使预定目标最优化的问题。

2) 派工

在作业计划制订以后,按照作业计划的要求,将具体生产任务通过工票或施工单的形式下达到具体的机床和工人。

3) 赶工

赶工是在实际季度已经落后于计划进度时采取的行动。

4) 调度

调度是作业计划编制以后不断调整执行误差的生产控制的一切行动。

2. 工序的概念

(1) 工件(Job)：服务对象。

(2) 机器(Machine、Process)：服务者。

如：n 个零件在机器上加工，则零件是工件，设备是机器；而工人维修设备，出故障的设备是工件，工人是机器。

3. 工序运作

工序对不允许中断加工的情况来说，一个工件 ($J_j, j=1,2,\cdots,n$) 在一台机器 ($M_i, i=1,2,\cdots,m$) 上连续加工的过程称为工序运作(Operation)。

4. 排序中的约束条件

排序中的约束条件，主要指的是工件的性质以及它们在加工过程中的要求和限制。

1) 加工时间

一个工件的加工时间是由一系列工序时间组成的；n 个工件的加工时间则需要用矩阵来表示，见如下矩阵：

$$P = \begin{bmatrix} p_{11} & p_{12} & \ldots & p_{1n} \\ p_{21} & p_{22} & \ldots & p_{2n} \\ \ldots & \ldots & \ldots & \ldots \\ p_{m1} & p_{m2} & \ldots & p_{mn} \end{bmatrix}$$

其中，p_{ij} 是工件 J_j 在机器 M_i 上所需要的加工时间。

2) 到达时间(Arrival Time)或结束时间(Ready Time)

到达时间或结束时间 r_i 是工件已经准备好可以马上被加工的时间，若所有工件的结束时间相同，则取 $r_i = 0$；$j = 1,2,3,\cdots,n$；$r=(r_1,r_2,r_3,\cdots,r_n)$。

3) 工件工期(Due Date)或截止期限(Dead Line)

工期 d_i 表示对工件 J_i 限定的完工时间，若不按期完工，就会受到一定的惩罚。绝对不允许延误的工期为截止期限。

$$d = (d_1, d_2, d_3, \cdots, d_n)$$

4) 工件权重(Weight)

工件权重是相对其他工作而言，工件的重要性程度。

$$W = (W_1, W_2, W_3, \cdots, W_n)$$

(二)目标函数

目标函数是指所关心的目标(某一变量)与相关的因素(某些变量)的函数关系。简单地说，就是求解后所得出的那个函数。在求解前函数是未知的，按照自己的思路将已知条件利用起来，去求解未知量的函数关系，即为目标函数。在排序问题中，目标函数主要有以下几种。

1. 最大完工时间或时间表长(Schedule Length, Make-Span)

时间表长可定义为最后一个被加工完的工件的完工时间。

2. 加权流程时间(Weighted Flow Time)和加权完工时间

一个工件的流程时间是指工件从到达系统开始一直到加工完为止的时间,包括在系统中的等待时间和加工时间:

$$F_j = C_j - r_j$$

系统的平均加权时间:

$$F = \frac{\sum_{j=1}^{n} w_j F_j}{\sum_{j=1}^{n} w_j} \quad F = \frac{\sum_{j=1}^{n} w_j C_j}{\sum_{j=1}^{n} w_j} - \frac{\sum_{j=1}^{n} w_j r_j}{\sum_{j=1}^{n} w_j}$$

将上述平均流程时间转换一下:

$$C = \sum_{j=1}^{n} w_j C_j$$

由于第二项是常数,第一项的分母也是常数,因此极小化平均加权流程时间相当于极小化总加权完工时间(Total Weighted Completion Time)。

3. 最大延误时间(Maximum Lateness)

工件的延误时间定义为: $L_1 = C_i - d_i$

最大延误时间 $L_{\max} = \max_{1 \leqslant j \leqslant n} \{L_i\}$

4. 加权总误工(Total Weighted Tardiness)

一个工件当其完工时间大于其完工期限时称为误工:

$$D_i = \{C_i - d_i, 0\} = \{L_i, 0\}$$

加权总误工:

$$D = \sum_{i=1}^{m} W_i D_i$$

用 0/1 来表示某工件是否误工:

$$U_i = \{0, 1\}$$

$C_i > d_i$ 为 1, $C_i \leqslant d_i$ 为 0

加权误工件数:

$$U_i = D = \sum_{i=1}^{m} W_i D_i$$

(三)排序问题的分类与表示方法

1. 排序问题的分类

排序问题的类别有多种划分方法,这里采用国际上使用的三参数表示方法来描述排序问题。

(1) a 域表示机器的数量、类型和环境。
(2) b 域表示工件的性质、加工要求和限制,资源的种类、数量和对加工的影响等。
(3) r 域表示要优化的目标函数。

按机器的种类和数量不同,可以分为单台机器的排序问题和多台机器的排序问题;对于多台机器的排序问题,按工件加工路线的特征,可以分成单件作业(job-shop)排序问题和流水作业(flow-shop)排序问题。工件的加工路线不同,是单件作业排序问题的基本特征;而所有工件的加工路线完全相同,则是流水作业排序问题的基本特征。

按工件到达车间的情况不同,可以分为静态的排序问题和动态的排序问题。若工件均已到达,可以一次排序的属于静态排序问题;若工件陆续到达,要随时安排加工顺序的属于动态排序问题。表 13-3 所示为排序问题分类表。

表 13-3 排序问题分类表

排序问题的分类	行业	服务业的排序问题
		制造业的排序问题
	排序对象	服务者排序问题(人、机器人、机器等)
		服务对象排序问题(工件、工具、顾客等)
	服务者数量 (人、机器)	单服务者排序问题(单台机器的排序问题)
		多服务者排序问题(多台机器的排序问题)
	加工路线	流水作业排序问题
		非流水作业排序问题(单件作业排序问题)
	服务对象到达	静态作业排序问题
		动态作业排序问题

按目标函数的性质不同,也可以划分为不同的单目标排序问题和多目标排序问题。另外,按参数的性质,将加工时间和其他有关参数已知确定的量,称为确定型排序问题;而参数为随机变量,则是随机型排序问题。两种解法本质上是不同的。

2. 作业排序的表示方法

康威(Conway)等人提出的四参数表示法:

$$n/m/A/B$$

其中:n 为工件数;m 为机器数;A 为车间类型;B 为目标函数,通常是使其值最小。

在 A 的位置若标以 "F",则代表流水作业排序问题;若标以 "P" 也表示流水排序问题;若标以 "G",则表示一般单件作业排序问题。若 $m=1$,则 A 处为空白,单台机器排序无所谓加工路线问题。

【例 13-2】$n/3/P/C_{max}$。

解:该四参数表示 n 个工件经 3 台机器加工的流水作业排序问题,目标函数是使最长完工时间 C_{max} 最短。

排序的目标:满足交货期、缩短提前期、降低准备成本、降低在制品库存、充分利用资源。

3. 排序问题的求解

排序问题中的机器、工序、资源都是有限的，绝大部分排序问题是从有限个可行解中找出一个最优解，使目标函数达到极小。

【例 13-3】给定排序问题 $1|r_j|\sum C_j$，其中 $p=\{3,2,5,1\}$，$r=(0,1,0,0)$

$[J_1,J_3,J_4,J_2]$ 是一个可行排序，对应总完工时间为 31。

$[J_4,J_2,J_1,J_3]$ 是一个最优排序，对应总完工时间为 21。

【例 13-4】求解排序问题 $1|r_j|\sum W_j C_{max}$，$n=2$，$p=(10,5)$，$r=(0,1)$，$w=(1,5)$

解：这是一个到达时间不能已知、目标函数是加权时间长的单机排序问题。该问题有两个可行排序，图 13-1(a)和(b)给出了它们的甘特图。图 13-1(a)所示的可行排序的目标值是 85，图 13-1(b)所示的可行排序的目标值是 46，这是最优排序，但它是延迟排序。

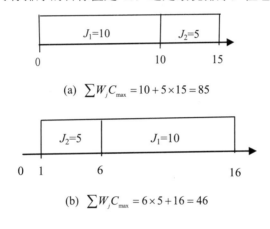

图 13-1 甘特图

二、单台机器的排序问题

(一)为什么会出现排队现象？

假定每小时平均有 4 位顾客到达，服务人员为每位顾客的平均服务时间为 15 分钟。如果顾客到达的间隔时间正好是 15 分钟，而服务人员为每位顾客的服务时间也正好是 15 分钟，那么，就只需要一名服务人员，顾客也根本用不着等待。

在以下情况将出现排队现象：平均到达率(顾客/小时)高于平均服务率(顾客/小时)；顾客到达的间隔时间不一样(随机)；服务时间不一样(随机)。你觉得应以怎样的准则排队？

(二)排序的案例

四种型号的电视机的装配工时定额如表 13-4 所示。

表 13-4 四种型号的电视机的装配工时定额

型 号	一部装配定额工时/小时	总装定额工时/小时
A	15	4
B	8	10
C	6	5
D	12	7

试排序使得总工时最短，如表 13-5 所示。

表 13-5 四种型号的电视机的装配排序表

部装	A(15)	B(8)	C(6)	D(12)	
总装		A(4)	B(10)	C(5)	D(7)

1.装配顺序为 A——B——C——D 总装配时间为 48 小时

部装	C(6)	B(8)	D(12)	A(15)	
总装		C(5)	B(10)	D(7)	A(4)

2.装配顺序为 C——B——D——A 总装配时间为 45 小时

部装	D(12)	C(6)	A(15)	B(8)	
总装		D(7)	C(5)	A(4)	B(10)

3.装配顺序为 D——C——A——B 总装配时间为 51 小时

(三)制造业中的排序问题(Schedule Problem in Manufacturing)

1. n 种工件在单台设备上加工的排序

1) 平均流程时间最短(SOT，SPT，Shortest Operating Time；Shortest Processing Time)

F_i：流程(Flow Time) $w_i + t_i$ $i=1,2,3,\cdots,n$

w_i：i 工件的等待时间；

t_i：i 工件的加工时间。

平均流程 $F = \dfrac{1}{n}\sum_{i=1}^{n} F_i$

总流程：最大流程 $F_{\max} = \max(F_i)$

优化目标：平均流程↓

$$t_1 \leqslant t_2 \leqslant \cdots \leqslant t_n$$

2) 求平均流程时间最短的排序问题

求平均流程时间最短的排序问题，采用 SPT(Shortest Processing Time)原则，即按工件加工时间的长短，按不减的顺序从小到大安排各项作业。

【例 13-5】一个车间有一台加工中心，现有 5 个工件需要这台机器加工。相关的加工时间和要求完成时间(交货期)如表 13-6 所示，求平均流程时间最短的作业顺序。

解：根据 SPT 原则，确定顺序为 J_4—J_5—J_1—J_2—J_3

有关项目的计算如表 13-7 所示。

表 13-6　加工时间和交货时间

工件	J_1	J_2	J_3	J_4	J_5
加工时间	11	29	31	1	2
交货时间	61	35	31	33	32

表 13-7　相关的计算

工件顺序	加工时间	完成时间	交货期	延迟
J_4	1	1	33	0
J_5	2	3	32	0
J_1	11	14	61	0
J_2	29	43	45	0
J_3	31	74	31	43

$$F = \frac{1}{n}\sum_{i=1}^{n} F_i = 135/5 = 27$$

【例 13-6】一个车间有一台加工中心，现有 6 个工件需要用这台机器加工。相关的加工时间和要求完成时间(交货期)如表 13-8 所示，求平均流程时间最短的作业顺序。

解：根据 SPT 原则，确定顺序为 $J_3—J_6—J_1—J_4—J_2—J_5$，即工件加工时间的长短按不减的顺序从小到大安排各项作业。表 13-9 是根据 SAP 原则进行工序流程排序的相关计算表。

表 13-8　加工时间和交货时间

	J_1	J_2	J_3	J_4	J_6	J_5
t_i	4	8	2	5	3	9
D_j	24	23	8	6	13	32

表 13-9　相关计算表

项目	J_3	J_6	J_1	J_4	J_2	J_5
t_i	2	3	4	5	8	9
F_i	2	5	9	14	22	31
D_j	8	13	24	6	23	32
D_i	0	0	0	8	0	0

$$F = \frac{1}{n}\sum_{i=1}^{n} F_i = 83/6 = 13.8$$

$$F = 13.8 \quad D_{max} = 8$$

式中：F_i——i 工件规定交货时间(Due Time)；

D_i——交货延期量(Delay Time)。

3) 使最大交货延期量最小(EDD 规则，Early Delivery Date)

最早交货期：即最早加工，将交货期最早的作业放在第一个进行。

解：续解例 13-6，根据 EDD 原则，确定顺序为 J_3—J_5—J_4—J_2—J_1(见表 13-10)。

表 13-10　排序表

工件顺序	加工时间	完成时间	交货期	延迟
J_3	31	31	31	0
J_5	2	33	32	1
J_4	1	34	33	1
J_2	29	63	45	18
J_1	11	74	61	13

$$F = \frac{1}{n}\sum_{i=1}^{n} F_i = 135/5 = 27$$

平均延迟=33/5=6.6，$D_{max} = 18$

解：续解例 13-6，根据 EDD 原则，确定顺序为 J_4—J_3—J_6—J_2—J_1—J_5(见表 13-11)。$d_1 \leqslant d_2 \leqslant \cdots \leqslant d_n$。

表 13-11　排序表

工件顺序	J_4	J_3	J_6	J_2	J_1	J_5
t_i	5	2	3	8	4	9
F_i	5	7	10	18	22	31
d_i	6	8	13	23	24	32
D_i	0	0	0	0	0	0

$$F = \frac{1}{n}\sum_{i=1}^{n} F_i = 93/6 = 15.5，D_{max} = 0$$

4) 混合法

第一步：先按 EDD 排序。

第二步：找出 $d_i > \max F_i$ 的，按 SPT 排。

第三步：去掉找出的工件，剩下部分继续循环(见表 13-12)。

表 13-12　排序表

工件顺序	J_4	J_3	J_6	J_2	J_1	J_5
t_i	5	2	3	8	4	9
F_i	5	7	10	14	22	31
d_i	6	8	13	23	24	32
D_i	0	0	0	0	0	0

$$F = 14.8, \quad D_{\max} = 0$$

单台设备的使用场合：维修、单工艺、加工中心等。

2. n 种工件在两台设备上的流水型排序问题(Scheduling n Jobs on 2 Machines)

约翰逊法是作业排序中比较常用的一种排序方法，解决 $n/2/P/F_{\max}$ 的排序问题。它适用的条件是：n 个工件经过两台设备加工，所有工件在有限设备上加工的顺序相同。

约翰逊法的操作步骤如下：选出最短加工时间 i，若最短加工时间有多个，任选 1 个；若 i 出现在机床 1，它对应的工件先安排加工，否则放在最后安排，安排后划去该工件。重复上两个步骤，直到所有工件都排序完毕。

【例 13-7】 有 5 个工件在 2 台设备上加工，加工顺序相同，先在设备 1 上加工，再在设备 2 上加工，工时列于表 13-13 中，用约翰逊法排序。

表 13-13　加工工时表

零件(i)	作业时间 t_{ix}	
	机器 1(j)	机器 2(k)
A	5	2
B	3	6
C	7	5
D	4	3
E	6	4

解：具体步骤如下。

第一步，取出最小工时 $t_{12}=2$。若该工时是第一工序的，则最先加工；反之，若是第二工序的，则放在最后加工。此例是 A 工件第二工序时间最短，按规则排在最后加工，将已排序工作 A 划去。

第二步，$t_{21}=t_{42}=3$，B 工件第一工序时间最短，最先加工，然后划去 B。

第三步，$t_{42}=3$，D 工件第二工序时间最短，最后加工，然后划去 D。余下的工作重复上述排序步骤，直至完毕。

最后得到的排序为：B—C—E—D—A，见表 13-14。

表 13-14　约翰逊法排序表

步　骤	加工顺序				
1					A
2	B				A
3	B			D	A
4	B		E	D	A
5	B	C	E	D	A

零件加工时间表见表 13-15。

表 13-15　零件加工时间表

零件	B	C	E	D	A
机器 1	3/3	7/10	6/16	4/20	5/25
机器 2	6/9	5/15	4/20	3/23	2/27

经计算，整批工件的停留时间为27min。

第四节　生产与运作作业控制

一、生产与运作作业控制的概念

(一)生产与运作作业控制的原因和条件

1. 实行生产作业控制的原因

由于作业计划均是先前制订的，尽管考虑了现有能力的变化，但计划实施过程会受以下因素的影响。

(1) 生产环境的变化，外部因素和内部因素均会影响，如任务变化、人员变化、市场变化、供应变化以及电、水、暖等条件变化导致计划难以完成。

(2) 加工时间估计得不准确，计划的失误，出现偏离计划的情况。

(3) 执行过程中，有可能会出现操作人员执行不力、效率不高和工作态度差等现象，造成计划完不成。

(4) 加工路线的多样性，实施人员在决定作业路径上受执行因素的影响，造成完成时间偏离和任务的落空。

2. 实施生产控制的条件

(1) 标准。

(2) 差距。

(3) 纠偏。

(二)生产作业控制的程序

(1) 制定生产作业监控体系。

(2) 监控实际生产过程。

(3) 评估偏差情况。

(4) 采取纠偏措施。

二、生产作业控制的功能

(一)进度控制

按照作业计划,为每个车间的工单指派优先级,将车间工单信息传送到相应的办公室,根据车间工单对机位的要求,为在制品库存管理提供数量信息,及时反映生产作业完成情况、计划实施差额和不均衡情况,实现均衡生产。

(二)生产调度

专门部门协调计划、指导作业实施方案、纠正生产偏差,提出瓶颈工序或环节的处理措施。具体维护车间在制品数量,获取在制品占用信息,及时反映车间作业状况给相关部门,确定车间作业指令,提供实际产出信息,提供实际产出数据来为生产能力控制服务,做好生产作业检查、监督和调整。

(三)成本核算

作业是人、财、物具体资源消耗的实际环节,可以具体提供车间成本核算信息资料,核定作业成本。生产作业核算的内容,一般有产品及其零部件的出产量和投入量(出产期和投入期)、完工的进度(完成的工作量或工序道数)、各个单位(从厂部到各个工作地)完成的工作任务、生产工人和设备的利用率等。

生产作业核算的方法和具体形式虽然因生产条件的不同而不同,但其基本原则是相同的。首先将生产中有关这方面的活动记载在原始凭证上,然后按照一定的目的把资料汇总记入有关的台账或编成各种图表。

生产作业的原始凭证主要是通过单卡、票据等形式,用数字或文字对生产活动所做的一种最初的直接的记录,故又称原始记录。

生产作业核算所用的原始凭证,不仅是生产调度的一项重要依据,同时也是会计核算、统计核算的依据。

(四)绩效评价

作业管理中需要测量人员和设备的效率、利用率和产量。为生产运作管理提供人力、设备的利用率、效率和生产率实际完成情况,评定产量、质量、进度、成本和效率等一系列企业生产运作管理的关键指标。

本 章 小 结

本章作业管理是以"作业"作为企业管理的起点和核心,作业管理的重点是作业用工、用时和用料,这是作业成本核算的依据,作业成本核算反映引起一种作业耗费资源的驱动因素——成本动因，并进一步衡量作业完成的效果如何，获得作业业绩计量结果。车间作业管理是对每一道工序提供全过程的管理，过程包括生产任务的下达、工序计划，第一道工序的领料、将物料移转到下一道工序、加工、在制品汇报和移转直至完成最后一道加工工序、检验、加工结果汇报至成品入库等。车间管理系统是在工业供需链及生产管理各子系统的基础上，为工业企业提供制定生产任务、投料与领料、工序计划与派工、生产检验，到产品入库全过程监督与控制的系统。生产与运作作业计划是指生产作业计划的主要任务是将主生产计划或 MRP 中的零部件投入出产计划细化，它是 MRP 的具体执行计划，具体、详细地规定了各车间、工段、班组以至每个工作地在较短的时间内(月、旬、周、日、轮班、小时)的生产运作任务。作业计划编制：包括制定期量标准、开展生产运作能力核算与平衡、编制各种形式的生产作业计划等；排序就是要将不同的工作任务安排一个执行的顺序，使预定的目标最优化。实际上就是要解决如何按时间的先后，将有限的人力、物力分配给不同的工作任务，使预定目标最优化的问题。作业计划控制包括生产运作调度、生产运作作业统计与分析等内容。

车间作业计划是依据主生产计划(MPS)而编制的具体执行工作方案，它把车间的生产任务落实到每个人、每台设备上，是车间组织生产的依据，也是企业管理中最重要的部分。

自 测 题

(一)填空题

1. 生产计划是_____计划，而生产作业计划是作业层的计划。
2. 订货型生产(MTO)企业编制年度生产计划的主要依据是_____。
3. 顺序移动方式的加工周期_____，运输次数_____，设备利用状况较_____。
4. 与平行顺序移动方式相比，顺序移动方式的组织管理较_____。

(二)单选题

1. 任务分派情况下，5 个工件分派到 5 台机器上有多少种不同的方法？(　　)
   A. 5　　　　B. 25　　　　C. 120　　　　D. 125
2. 通过哪项可将生产计划任务最终落实到操作工人身上？(　　)
   A. 流程设计　　　　　　　　B. 能力计划
   C. 生产大纲　　　　　　　　D. 排序和车间生产作业计划
3. 为什么在无限源排队系统中会有等待？(　　)
   A. 安排欠妥当　　B. 服务太慢　　C. 使用率太低
   D. 到达率与服务率不稳定　　E. 多阶段处理
4. 下列不属于车间管理工作内容的是(　　)。
   A. 核实 MRP 产生的计划清单　　B. 下达生产订单
   C. 核算生产提前期　　　　　　D. 监控在制品生产
5. 到本月 10 日某工件需要 5 天才能完成加工，若该工件 15 日到期，其关键比率是(　　)。

  A. 0.2   B. 4   C. 1   D. 0.8

6. 主生产计划不需要考虑(　　)。
  A. 客户订单和预测   B. 已完成订单
  C. 可用物料数量   D. 现有能力

7. 粗能力计划是一种(　　)。
  A. 短期计划   B. 长期计划   C. 中期计划   D. 永久计划

(三)问答题

1. 为什么服务业的作业排序与制造业有很多不同？

2. 请分析在服务业中，调整顾客到达率和调节服务能力存在哪些可行的措施。

3. 某理发店的服务率服从负指数分布，平均服务率为每 12 分钟 1 个顾客；顾客的到达时间服从泊松分布，平均到达率为每小时 4 人。求：(1)理发店的理发师空闲的概率是多大？(2)理发店平均有多少时间处于服务状态？(3)顾客平均要等到多久才能得到服务？

4. 已知某邮局从星期一至星期五的工作日期间需要有 12 人当班，周六需要 6 人当班，周日需要 7 人当班，求在以下 3 种条件下的单班次计划：(1)保证每位职工每周有两个休息日；(2)保证每位职工每周的两个休息日是连续的两天；(3)除保证每位职工每周有两个休息日以外，在连续 2 周内每名职工有一周是在周末休息。

5. 说明作业排序与作业计划的含义及其相互关系。

6. 说明作业排序的几种常用的优先规则。

(四)计算题

1. 有 6 项待加工的作业在某工作中心需要进行的加工时间如下表所示。

作业	作业时间/小时	预定交付日期/小时
A	12	15
B	10	25
C	6	20
D	14	12
E	5	9
F	7	14

求使用以下各种优先规则，得出的加工顺序。

SPT

EDD

2. 按下表给出的数据，找出：(1)平均流程时间最短的作业顺序；(2)最大延期量最小的作业顺序。

任务	1	2	3	4	5	6	7	8	9	10
t_i	17	22	12	6	11	17	9	15	10	9
d_i	67	75	37	59	67	88	61	48	79	57

3. 考虑由三台机器组成的流水作业生产线，具体数据如下表所示。

任务	J_1	J_2	J_3	J_4	J_5	J_6
机器 A	2	23	25	5	15	10
机器 B	29	3	20	7	11	2
机器 C	19	8	11	14	7	4

求：

(1) 总加工周期最短的作业顺序。

(2) 计算出总加工周期。

(3) 画出甘特图。

参 考 文 献

[1] 李全喜. 生产与运作管理[M]. 4版. 北京：北京大学出版社，2014.
[2] 陈荣秋，马士华. 生产与运作管理[M]. 4版. 北京：机械工业出版社，2013.
[3] 宋克勤. 运营管理教程[M]. 2版. 上海：上海财经大学出版社，2013.
[4] 马士华，等. 生产运作管理[M]. 3版. 北京：科学出版社，2015.
[5] (美)戴维·A.科利尔，詹姆斯R.埃文斯. 运营管理[M]. 1版. 北京：机械工业出版社，2013.
[6] 陈福军. 生产与运作管理[M]. 3版. 北京：中国人民大学出版社，2012.
[7] 姚小风. 工厂生产计划制订与执行精细化管理手册[M]. 2版. 北京：人民邮电出版社，2014.
[8] 王文信. 生产计划管理实务[M]. 1版. 厦门：厦门大学出版社，2002.
[9] 吴明. 工厂现场精细化管理手册[M]. 2版. 北京：人民邮电出版社，2014.
[10] (美)纳罕姆斯(Steven Nahmias). 生产与运作分析[M]. 5版. 高杰，贺竹磐，孙林岩，译. 北京：清华大学出版社，2009.
[11] (美)杰伊·海泽，巴里·伦德尔. 生产与运作管理教程[M]. 10版. 陈荣秋，张祥，等，译. 北京：中国人民大学出版社，2012.
[12] (日)门田安弘. 新丰田生产方式[M]. 4版. 王瑞珠，译. 保定：河北大学出版社，2012.
[13] (美)杰弗里·莱克(Jeffrey K.Liker). 丰田汽车案例[M]. 李芳龄，译. 北京：中国财政经济出版社，2004.
[14] (美)理查德·B.蔡斯. 运营管理[M]. 14版. 任建标，译. 北京：机械工业出版社，2015.
[15] (美)罗格·施迈纳. 服务运作管理[M]. 刘丽文，译. 北京：清华大学出版社，2001.
[16] (英)斯莱克，等. 运营管理[M]. 陈福军，吴晓巍，译. 北京：清华大学出版社，2015.
[17] 陈旭. 服务运营管理案例(中国管理案例库)[M]. 北京：中国人民大学出版社，2012.
[18] (美)鲍·迈叶圣(Paul Myerson). 精益供应链与物流管理[M]. 梁峥，等，译. 北京：人民邮电出版社，2014.
[19] 刘宝红. 采购与供应链管理[M]. 2版. 北京：机械工业出版社，2015.
[20] 燕鹏飞. 智能物流(链接"互联网+"时代亿万商业梦想)[M]. 北京：人民邮电出版社，2016.
[21] [美]娜达·R. 桑德斯(Sanders,N.R.). 大数据供应链：构建工业4.0时代智能物流新模式[M]. 丁晓松，译. 北京：中国人民大学出版社，2015.
[22] 龚国华，李旭. 生产与运营管理：制造业与服务业[M]. 3版. 上海：复旦大学出版社，2010.
[23] 精益界组. 精益班组管理自检手册[M]. 北京：中国电力出版社，2015.
[24] 徐春珺，杨东，闫麒化. 工业4.0核心之德国精益管理实践[M]. 北京：机械工业出版社，2016.